남과 북, 좌와 우의 경계에서

남과 북,

서울에서 띄우는
평양 소식

주성하 지음

경계
에서

부웅웅

싱긋

정성껏 쓴
머리말입니다

입사 10년 차 평기자 시절부터 '서울과 평양 사이'라는 칼럼을 동아일보에 연재하기 시작했습니다. 그리고 다시 10년이 지났습니다.

신문사는 특성상 내·외부 필진이 주기적으로 바뀝니다. 한 사람이 10년 동안 꾸준히 칼럼을 쓰는 것은 흔치 않은 일입니다. 그래서 책을 시작하기에 앞서 칼럼을 전문으로 쓰는 논설위원도 아니고, 회사 간부도 아닌 저에게 10년이라는 긴 시간 동안 지면을 허락해준 동아일보에 감사를 표하고 싶습니다. 그렇지 않았다면 이 책이 나올 수 없었을 겁니다.

10년 동안 대다수 격주로 칼럼을 연재했고, 남북 관계가 소강상태에 들어간 최근엔 3주에 한 번씩 글을 씁니다. 그렇게 썼던 칼럼을 모아놓으니 분량이 상당해졌습니다.

그래서 2017년에 먼저 썼던 칼럼을 모아 『서울과 평양 사이』라는 책을 냈고, 이번에 약 6년 동안의 칼럼을 모아 다시 책을 출판하게 됐습니다. 워낙 방대한 분량이기 때문에 독자 여러분들은 마지막 페이지를 덮게 될 때 그 어떤 책 못지않게 북한에 대한 다양하고도 풍부한 지식을

남과 북, 좌와 우의 경계에서

함께 얻으실 수 있을 것이라고 생각합니다.

저는 직업이 글을 쓰는 사람입니다. 기사, 인터뷰, 방송 원고, 기고문 등 다양한 글을 쓰지만, 그중에서 가장 심력을 기울여 쓰는 글이 여기에 실린 칼럼입니다. 대한민국을 대표하는 메이저 언론의 지면에 게재돼 한국은 물론 해외, 심지어 북한에서도 관심을 두고 살펴보기 때문입니다.

2013년 첫 칼럼을 시작할 때 제호를 '서울과 평양 사이'라고 정했던 것은 칼럼 주제를 북한에만 한정 짓지 않겠다는 의미이기도 했습니다. 그래서 제 칼럼의 소재는 다양합니다. 남과 북을 넘나들기도 하고, 때로는 경계에 서 있기도 합니다. 칼럼을 쓸 때가 돌아오면 이번엔 어떤 주제로 써야 하는지 며칠을 두고 고민합니다.

그래서 어떤 때는 그 시기에 남북 관계에서 가장 화제가 됐던 사건이 주제가 되기도 하고, 또 어떤 때는 한국에 알려지지 않은 북한의 비화가 주제가 되기도 하며, 어떤 때는 새로 발굴한 비화가 주제가 되기도 합니다. 북한을 다루는 글은 대개 무거울 수가 있습니다. 그렇기 때문에 재미와 감동까지 녹여야 하는 부담감을 걸머쥐고 글을 써왔습니다.

주제가 바뀌긴 하지만 이 책의 흐름을 따라가다 보면 지난 6년 동안 남북 관계의 변화 흐름이 함께 숨을 쉬고 있다는 것을 알 수 있을 겁니다. 칼럼은 객관적으로 써야 하는 기사와는 다릅니다. 칼럼에는 필자의 관점이 녹아 있습니다. 그렇기 때문에 여러분들은 이 책을 통해 남북 관계의 변화를 저의 관점과 함께 읽으실 수 있습니다.

저의 관점은 독특하게도 경계인의 관점입니다.

저는 대한민국을 너무나 사랑합니다. 한국의 번영을 위해 피와 땀을 흘린 사람이 없었다면, 빈손으로 온 제가 곧바로 경제적 풍요를 맛보며 살 수 있었겠습니까. 이제 이 땅에서 기자로 살게 된 저는 대한민국의 영원한 번영을 위해 그 짐을 함께 걸머지고 가려 합니다. 목숨 걸고 탈북해 이 땅에 와서 받은 그 모든 감사한 마음을 후대들도 느낄 수 있도록 최선을 다할 생각입니다. 또 이 땅엔 나와 함께 부대끼고 숨쉬고 있는 사랑하는 동료들과 친구들, 동생들이 다 살고 있습니다.

그러나 저는 대한민국과 적대 관계인 북한도 사랑합니다. 북한은 저의 고향일 뿐만 아니라 가족과 형제, 친구들이 여전히 살아 있습니다. 그렇기 때문에 저는 북한도 미워할 수 없습니다. 그 땅을 남쪽만큼 발전시켜야겠다는 사명감으로 불타오르고 있습니다. 제가 사랑하는 대상은 북한 주민이고, 아름다운 국토입니다. 그래서 그 사랑하는 마음에 비례해 전대미문의 연좌제와 독재로 인민을 노예화하고, 그들의 행복과 번영을 막고 있는 북한 김정은 독재 정권에 분노를 표할 수밖에 없습니다.

이 책에는 그런 애증의 관점이 녹아 있습니다. 여러분들이 책을 읽으면서 이러한 탈북 지식인의 고뇌도 함께 느끼시길 바랍니다. 2022년에 탈북 20주년을 맞은 제 소회를 칼럼으로 담은 「탈북해 한국에서 20년을 살아보니」를 읽으시면 저에 대해 더 많은 것들을 알게 될 것이라고 생각합니다.

이 책에는 150편에 가까운 칼럼이 실려 있습니다. 하나하나가 다 심혈을 기울여 쓴 글이긴 하지만, 특별히 애정이 가는 칼럼도 있습니다. 이중 딱 10개만 추천해보라고 한다면 아래의 칼럼들을 선택하려 합니다.

우선 북한의 실상을 잘 보여주는 칼럼으로 「당신이 북에서 태어났다면 무슨 직업일까」 「채찍 꺼내든 노예주 '생각할 시간도 못줘'」 「08학번 평양 여대생의 청춘 시절」 「사회주의 3시간, 자본주의 5시간」을 추천합

남과 북, 좌와 우의 경계에서

니다. 한국에 알려지지 않은 사회성분 제도를 통해 북한에서 태어나는 순간 어떤 정해진 운명을 살게 되는지를, 왜 김정은은 돈도 없으면서 계속 공사판을 벌여놓는지를, 그 채찍질 속에서 북한 주민들은 어떻게 살아가고 있는지를, 그러나 한 개인의 운명은 어떻게 비참해질 수 있는지를 알 수 있을 겁니다.

지난해 쓴 「'고물이 온다, 고물이 간다'」를 읽으시면 김정은이 자랑스럽게 벌여놓은 열병식이 얼마나 허세에 가득한 것인지, 왜 두려워할 필요가 없는지 알게 될 겁니다. 북한은 지난해 태양절 명절에 열병식을 하려 했는데 정작 당일에 하지 않았습니다. 몇몇 독자들은 김정은이 이 칼럼을 읽고 화가 나서 열병식을 취소했다고 전화를 하기도 했습니다.

「남북 관계 패러다임을 바꿀 때다」는 남북 관계를 인도적 지원에만 국한시키고 있는 한국의 시각에 대한 의미있는 칼럼이라고 생각하며, 「북한 가짜 뉴스 왜 생산되나」를 통해 최근 조회수만 노리고 무분별하게 생산되는 가짜 북한 뉴스들에 휘둘리지 않게 되는 시각을 가질 수 있을 것이라고 봅니다.

「왜 순교의 피는 북한 사람의 몫인가요」는 북한 주민의 생명도 고귀한 것이라는 시각을 담았고, 「'바보' 탈북자, 유상준」을 통해 감동적인 삶을 살아가는 탈북민도 있다는 것을 보여주려 했습니다. 끝으로 「탈북 1호견 '이리'의 한국 정착 이야기」는 개를 의인화해 탈북민의 현실을 담아보려 시도했습니다. 기자들이 쓰는 글은 워낙 딱딱하게 느껴질 수가 있는데 모처럼 우화처럼 써보니 제가 볼 때도 재미도 있고 감동도 있는 괜찮은 글이 된 것 같습니다.

이 칼럼들이 나올 때까지 도와주신 많은 분들이 있습니다. 저 혼자의 힘만으로 이렇게 많은 소재들을 선별해 쓸 수는 없었겠죠. 북한에서 정보를 보내주신 정보원, 글을 다듬어준 선배들과 교열팀, 인터뷰에 기꺼이 응해준 취재원, 그리고 칼럼이 나올 때마다 의견을 보내주신 독자들에게 모두 감사한 마음입니다.

이번에 지난 6년의 칼럼을 모아 『서울과 평양 사이』 2부에 해당되는 책을 내긴 하지만, 동아일보에서 저의 칼럼은 계속 이어집니다. 앞으로 5년 뒤쯤 다시 그 칼럼들을 모아 3부를 낼 생각입니다. 2부를 읽고 만족하신 분들은 1부도 읽어주시고, 앞으로 3부도 기다려주시길 부탁드립니다.

끝으로 서점에서 이 책을 들고 머리말을 읽으시는 분들께, 가식을 다 빼고 진짜, 정말 진짜로 솔직한 이야기를 편지를 적듯 하고 싶습니다.

요즘 출판 시장이 매우 좋지 않습니다. 또 남북 관계가 악화되면서 북한에 대한 관심도 크게 식었습니다. 예전에는 제가 책을 내면 최소 2000부는 판매가 됐는데 지금은 그것도 어려운 실정입니다. 이런 어려운 상황에서도 이 책을 들고 머리말까지 읽으셨다는 것은 저에겐 매우 각별한 분이라는 의미가 될 것입니다.

나중에 저를 만나셔서 『서울과 평양 사이』를 읽었다고 이야기해주신다면 저 역시 그분을 매우, 매우 각별한 인연으로 여기게 될 것입니다.

어쩌면 가까운 시일 내에 30만 명 구독자를 돌파할 '주성하TV' 독자분들이 가장 많이 사주실 것 같습니다. 그래서 더욱 각별한 것입니다. 유튜브를 오래 보셨다면 제가 이런 말을 할 때 지을 얼굴 표정이 잘 상상되시죠?

솔직히 책이 1000권 더 팔려봐야 제가 인세를 얼마나 더 받겠습니까. 한국에 와서 10권 넘게 책을 썼지만, 인세 때문에 책을 쓴 적이 한 번도 없습니다. 책이 많이 팔리면 돈을 벌게 돼 기쁜 마음은 전혀 없고, 오로지 저와 책을 통해 인연이 될 분들이 많아지기 때문에 기쁜 것입니다.

이 책을 계기로 저와 좋은 인연들이 또 늘어나기를 기대합니다. 책을 봐주셔서 정말 감사합니다.

2023년 11월 8일 겨울의 초입에

주성하 드립니다.

차례

2018

2017

2023

친일파가 창작한 혁명가극 〈꽃파는 처녀〉

대북 제재와 신종 코로나바이러스 감염증(코로나19) 사태로 돈줄이 말라버린 김정은이 북한 사정이 어려워진 원인을 간부들의 정신력 탓으로 돌리며 채찍질하자 문화예술 관련 간부들도 고민이 깊었던 듯하다. 이럴 때는 모범적인 간부를 주인공으로 하는 영화를 만들어야 하지만 지금은 영화 한 편 찍을 능력도 없다. 그래서 찾은 답이 과거의 인기 영화를 재방영하는 것이다.

문제는 김정은이 수시로 사람들을 처형하다 보니 영화에서 지워야 할 얼굴이 적지 않은 것이다. 하지만 이들은 마침내 답을 찾은 듯 보인다.

올해 2023년 초 방영된 6부작 예술영화 〈대홍단 책임비서〉를 보니 주연 배우 얼굴이 컴퓨터그래픽으로 수정돼 다른 배우로 바뀌었다. 1997년에 제작된 이 영화는 대홍단군(郡) 당책임비서가 어려운 고난들을 연이어 극복하면서 충성한다는 내용이다.

이 영화에는 장성택의 조카사위인 공훈 배우 최웅철이 출연했다. 장성택보다 먼저 처형된 최웅철은 1990년대 가장 유명한 배우였다. 1년에 영화 몇 편 만들지 못하던 시기에 최웅철은 무려 25편의 영화에 출연했다. 최웅철의 얼굴을 지우지 못하면 옛날 선전영화의 상당수를 사장시켜야 한다. 노동당 선전선동부에는 기록영화에서 얼굴을 지우는 작업을 하는 기술팀만 100명이 넘는 것으로 알려졌는데, 앞으로 영화까지 재작업하려면 훨씬 더 많은 인원이 필요할 것이다.

그래도 지금은 컴퓨터그래픽이라도 쓰니 다행이지, 과거엔 배우가 처형되면 영화를 아예 다시 찍었다. 대표적으로 1970년대를 대표하는 미녀 배우였던 우인희가 1980년 김정일의 지시로 공개 처형된 이후 그가 출연한 〈첫 무장대오에서 있은 이야기〉 〈적후의 진달래〉 등 많은 영화가 여주인공이 바뀌어 다시 촬영됐다.

'반동'의 얼굴을 바꾸는 데 성공한 문화예술 담당 간부들은 지난주 『영화예술론』이라는 김정일의 노작(勞作) 발표 50주년 기념 보고회를 크게 열었다. 김정일이 31세 때 썼다는 이 저서는 지금까지도 북한에서 인류 영화사의 한 획을 그은 독창적이고 천재적인 저서라고 추앙받고 있다. 『영화예술론』이 발표된 지 반세기가 지났음에도 아직까지 북한의 영화는 이 책에서 지시한 대로 제작해야 한다. 참고로 김정일은 각종 노작이란 것을 수없이 남겼는데, 예술 분야만 봐도 『연극예술에 대하여』 『무용예술론』 『음악예술론』 『건축예술론』 『미술론』 『주체문학론』 등 참견하지 않은 곳이 없다.

『영화예술론』이 발표됐던 시기는 김정일이 〈피바다〉 〈꽃파는 처녀〉 등 5대 혁명가극과 5대 혁명연극을 창작한다며 바빴던 때였다. 하지만 알고 보면 그 가극들의 실제 창작 책임자는 친일 인사로 알려진 조명암이었다. 〈낙화유수〉 〈꿈꾸는 백마강〉 등 광복 전에만 700여 곡의 가사를 쓴 조명암은 천재적인 작사가이자 극작가, 연출가였지만 1940년대

　　　　　　　　　　　　　남과 북, 좌와 우의 경계에서

들어 〈아들의 혈서〉〈지원병의 어머니〉〈결사대의 처〉 등 군국가요를 대거 창작했다. 지금까지 확인된 노골적인 군국가요 중 3분의 2가 조명암의 가사라고 하니 그는 진심으로 친일을 했던 듯싶다.

이랬던 조명암은 1948년 월북해 조령출이란 이름으로 활동하면서 북한에서 숱한 작품을 남겼다. 항일 빨치산이 나오는 북한의 대표적 혁명가극이나 영화들이 알고 보면 일본군을 칭송하던 친일 인사 조명암이 제작한 것이라니 참 아이러니한 일이다. 조명암은 공로를 인정받아 김일성 상과 각종 고위 관직을 받았고 1993년 사망한 이후 애국열사릉에 묻혔다.

주체사상 관련 저서들을 사실상 황장엽 전 노동당 비서가 써줬음을 감안할 때 김정일이 썼다는 영화나 연극, 무용 등의 저서도 누군가 대신 써줬을 것인데, 그가 조명암일 가능성이 상당히 높다.

김정일은 『영화예술론』에서 주체니 혁명이니 온갖 미사여구를 늘어놓았지만, 정작 본인은 전혀 그에 맞지 않게 살았던 위선자였다. 서울에서 성장한 성혜림과 일본에서 온 고용희에게 빠졌던 이유도 북한에서 사상 교육을 받고 성장한 여인들과는 대화가 통하지 않았기 때문이 아닐까.

그렇게 김정일이 열심히 가르쳤다는 북한의 예술은 지금 영화도 제대로 못 만드는 처지에 빠졌고, 설사 만들어도 한국 영화와 드라마를 맛본 인민에게 재미가 없어 외면받는다. 이런 처지에서도 반세기 전 발표된 케케묵은 책을 추앙하고 교본으로 삼으니, 마치 거세된 환관이 다산(多産)의 기쁨을 노래하는 광경을 보는 듯한 괴이한 기분이 든다.

탈북 기자가 본 「북한인권보고서」 유감

통일부가 작성한 「2023 북한인권보고서」가 지난 3월 31일 공개됐다. 이번 보고서는 북한 인권 문제를 정부 차원에서 다시 한번 공론화한다는 데 의미가 있다. 하지만 솔직히 이것만 빼고는 칭찬할 게 별로 없다.

통일부에 북한인권기록센터가 생긴 지 벌써 7년째다. 기존에 북한 인권 실태를 조사하던 민간단체들의 하나원 접근 권한까지 박탈하면서 그동안 독점적으로 조사한 것이 고작 이게 다인지 의아할 따름이다. 아무런 통계도, 실명도 없는 단순 나열식의 보고서를 읽어보면서 수십 명의 공무원과 최소 수십억 원 이상의 예산을 쓰며 존재한 북한인권기록센터가 그동안 도대체 무엇을 한 것인지 의문만 든다. 다 읽은 소감을 한마디로 요약하면 '하나원에서 설문조사를 할 권한만 부여받는다면 나 혼자서도 매년 이것보단 몇 배로 더 잘 쓸 수 있다'였다.

통일부가 북한 인권 문제를 직접 조사하겠다며 팔을 걷어붙이기 전 이미 국내에선 여러 버전의 '북한 인권 백서'가 발간되고 있었다. 통일교육원, 북한인권정보센터(NKDB), 대한변호사협회 등이 백서를 매년 발간했다. 북한 인권 상황을 자세히 알고 싶은 사람들에겐 통일부의

「북한인권백서」는 추천하지 않는다. 이번 보고서는 통일교육원 버전을 그대로 베낀 것이란 의심도 든다. 정부는 '그래도 숨겨오던 기록을 공개한 것이 어디냐'며 변명을 하겠지만 이런 식으로 만들려면 앞으로 정부는 손을 떼고 민간단체에 맡기는 것이 더 나을 것 같다.

통일부의 「북한인권보고서」는 내용의 부실함도 문제지만 더 큰 문제는 이걸 왜 만드는지에 대한 목적의식이 엿보이지 않는다는 데 있다. 「북한인권보고서」 발행의 목표는 북한 주민의 인권을 개선하기 위한 데 있을 것이다. 그러기 위해 북한의 참혹한 인권 상황을 널리 알리는 것과 동시에 인권 범죄의 가해자들을 위축시켜야 한다. 그런데 통계가 전혀 없고, 증언의 구체성과 정황이 사라진 이런 보고서는 국제사회에 내놓기에도 창피한 수준이다.

단순하게 누가 죽었다더라가 아니라 '누가 무엇 때문에 언제 어디서 누구에 의해 어떻게' 죽었는지 자세하게 적시해야 한다. 물론 증언자의 신상 노출 우려 때문에 모든 것을 공개할 순 없겠지만 가능한 한 피해자와 가해자의 이름을 적시하는 노력은 해야 한다. 그래야 보고서가 힘을 갖게 된다.

비유한다면 '고문기술자 이근안은 납북자 김성학을 간첩으로 만들기 위해 몽둥이 구타와 물고문은 물론이고 전기 고문을 가해 척추 디스크가 녹아내렸다'고 써야 증언이 힘을 얻는 것이다. 그런데 지금 보고서는 '납북자를 간첩으로 만들려고 전기 고문을 했다는 증언이 있다'는 식으로 적는 데 그쳤다.

북한에는 수많은 이근안이 존재한다. 중국과 북한에서 참혹한 인권 유린 감옥을 여섯 곳이나 경험하며 고문을 받았던 내가 그 산증인이다.

2023

난 지금도 감옥에서 심심하다는 이유로 수시로 구금자들을 불러내 구타와 성희롱을 일삼던 자들, 새로 끌려온 여성을 끌고 나가 잔혹하게 짓밟고 성폭행을 일삼던 자들을 생생히 기억하고 있다. 20~30대 중반이던 그자들은 어쩌면 지금도 현직에서 저승사자로 군림하고 있을지도 모른다.

우리가 무엇이 두려워 희생자와 가해자의 실명을 숨겨줘야 하는가. 북한은 소문이 빠른 사회다. 무서운 줄 모르고 날뛰는 가해자들에게 누군가 '당신의 악행이 남조선 보고서에 올라 있고, 당신에게 당한 사람들이 자손 대대로 꼭 복수하겠다고 벼르고 있다'고 전해준다면 그들은 어떤 충격을 받을 것인가. 우리가 북한의 참혹한 인권 현장을 손바닥처럼 보고 있다는 것, 그리고 그걸 좌시하지 않고 꼭 책임을 묻기 위해 낱낱이 기록한다는 것을 보여주는 것이 북한 인권을 기록하는 가장 중요한 이유이기도 하다.

나중에 김정은 체제가 붕괴된 뒤 「북한인권보고서」는 과거사 청산을 위한 소중한 자료가 될 것이다. 하지만 구체성이 결여되고 시늉 내기에 그친 지금의 통일부 보고서에 기초한다면 그때 가서 재조사가 불가피할 것이고, 오랜 세월이 흐른 뒤라면 피해자와 가해자를 찾지 못할지도 모른다. 이번에 공개된 통일부의 「북한인권보고서」는 북한의 참혹한 인권 실상에 분노할 줄 모르고 공감하지 못하는 복지부동, 무사안일주의에 빠진 공무원들에게 막중한 책임감을 가져야 하는 북한 인권 기록 작업을 지금처럼 계속 맡겨야 하는지 의문만 들게 할 뿐이다.

남과 북, 좌와 우의 경계에서

김정은이 자초한
북한의 식량 위기

지난 2월 말 통일부에 북한에서 보냈다는 서신이 왔다고 한다. 내용은 남북 이산가족 상봉 협의에 나올 테니 중국 다롄(大連)항을 통해 우선 쌀 2만 톤을 보내달라는 것. 북한이 보낸 것이 맞다면 남북 관계가 급진전되는 계기가 될 수도 있다.

통일부는 서신의 진위가 의심된다고 판단해 이를 무시했다고 한다. 전문성을 가진 통일부가 그렇게 판단했을 때는 이유가 있을 것이다. 그러나 이 서신을 장난이라고 판단하기엔 북한의 식량 사정이 심각한 것도 사실이다. '북한에서 아사자가 속출하고 있다'는 것은 대통령실과 통일부가 직접 지난달에 밝힌 내용이기도 하다.

물론 아사자 통계 같은 것은 있을 수가 없다. 1990년대 중반의 '고난의 행군' 때에도 북한에선 굶어 죽은 사람들이 앓아 죽은 사람들로 보고가 됐다. 자기 관할 지역에서 아사자가 발생하면 책임 추궁을 면하기 어렵기 때문에 하급 간부들부터 아사자 발생을 인정하지 않는다. 지금도 김정은이 화를 내면 목숨을 부지하기 어려우니 같은 일이 반복될 것으로 보인다. 더구나 요즘은 코로나까지 돌기 때문에 아파서 죽었다고 핑계를 대기도 더 좋다. 그러니 아사자가 얼마나 발생했는지는 김정은도 정확히 모를 가능성이 높다.

북한 내부 소식통들을 통해 전해지는 소식들은 암담하기만 하다. 시장에 식량이 없어 돈이 있어도 구하기 힘들다는 것. 시장에 쌀이 없다면 아사자가 발생할 수밖에 없다. 북한이 김정은의 참석하에 지난달 26일부터 나흘이나 식량 생산을 주제로 노동당 중앙위 전원회의 확대회의를 연 것도 내부 식량 사정이 심상치 않음을 보여주는 방증이다.

그렇다면 북한은 왜 다시 아사 위기로 몰렸을까. 여러 원인이 복합적으로 작용한 까닭이다. 코로나로 국경을 3년 넘게 봉쇄하다 보니 식량이나 비료가 제대로 들어가지 못한 것도 한 원인이다. 또 지난해 봄에 곡창지대가 심각한 가뭄 피해를 본 데다 장마철에 집중호우로 많은 논밭이 유실됐다.

그러나 북한 소식통들에 따르면 제일 큰 원인은 밀 농사를 망쳤기 때문이라고 한다. 김정은은 2021년 9월 '옥수수에서 밀과 보리 농사 중심으로의 방향 전환'을 새로운 농업 정책으로 제시했다. 이후 지난해 전국 곳곳에서 벼나 옥수수를 심던 논밭에 밀을 심기 시작했다. 어떤 곳에선 개인들의 텃밭에도 밀을 심으라고 강제했다는 말도 있다. 그래서 작년 전체적으로 밀과 보리 재배지가 30퍼센트 정도 늘었다고 한다.

그런데 지난해 밀 농사를 시작했던 거의 모든 농장이 계획을 수행하지 못했다고 한다. 밀을 심지 않았으면 벼나 옥수수를 심어 수확을 했을 텐데, 대신 심은 밀 농사가 망한 만큼 북한 전체의 식량 생산이 줄어든 결과로 나타난다.

밀 농사가 제대로 되지 않은 것은 비료가 없고 기상 조건도 좋지 않왔기 때문이기도 하지만, 가장 큰 원인은 북한 농토가 너무 산성화돼서 밀 재배에 적합하지 않기 때문이라고 한다. 밀은 산성화된 토지에 취약하다.

식량난이 현실로 다가오자 북한은 6월까지 중국을 통해 60만 톤의 식량을 수입한다는 계획을 세웠고 지금까지 약 10만 톤이 선박과 열차로 북한에 들어간 것으로 파악되고 있다. 4월까지는 식량 위기가 존재하지만 60만 톤이 다 들어가면 아사자 발생은 제한적일 수도 있다. 그런데 올해는 그렇다 쳐도 내년이라고 농사가 잘된다는 보장은 없다.

앞으로 밥 대신에 빵을 먹이겠다는 김정은의 구상이 옳은지는 논외로 하더라도, 농업의 방향을 확 바꾸는 일은 충분한 검토와 시험 단계를 거치며 점차적으로 진행되는 것이 맞다. 그런데 북한은 그럴 수가 없는 구조다. 김정은이 지시하면 온 나라가 무조건 따라야 한다. 지난해 흉작에도 불구하고 올해 북한의 밀 재배지는 더 늘어날 것으로 전망된다. 농민들이 밀 농사가 적합하지 않다고 판단해도 불만을 말하면 반동으로 몰린다. 실제로 북한은 밀 농사 확대에 부정적인 의견을 내놓는 자는 반당·반혁명 분자로 처벌하겠다는 공문도 하달했다고 한다.

김정은이 집권한 지 벌써 12년이 지났다. 그런데 김정은이 농가를 방문한 것을 본 적이 없다. 심지어 농촌을 시찰한 것도 몇 년 전인지 가물가물하다. 이런 김정은이 농업의 총사령관이 돼서 '이거 심으라, 저거 심으라' 지시하고, 농민들은 불만도 말하지 못한다면 그런 북한 농업엔 미래가 있을 수가 없다.

세습 타도야말로
백두의 혁명정신

2023. 2. 23.

이달 2월 8일 평양 김일성광장에서 열린 열병식에서 군인들은 주석단에 오른 김주애를 향해 '백두혈통 결사보위'라는 구호를 열심히 외쳤다. 열병식에서 백두혈통을 결사보위하겠다는 구호가 나온 것은 이번이 처음이다.

세습 체제의 노예로 전락한 청년들이 열 살 어린애를 향해 충성을 맹세하는 씁쓸한 장면을 보면서 북한 땅을 인질처럼 타고 앉아 4대째 향락을 누리고 있는 지긋지긋한 '백두혈통'에 저주를 보내지 않을 수가 없다. 만민 평등의 사회주의를 만든다는 사기에 속아 반세기 넘게 살았더니 혈통을 결사보위하라는 노골적인 협박이 기다리고 있었다.

그 백두혈통이란 것은 알고 보면 순전히 운발로 만들어진 것이다.

중국 연변에 김일성의 부대였던 항일연군 2군 6사 출신의 여영준이라는 사람이 1990년대 초반까지 살았다. 광복 후 북에 나가지 않고 고향인 연변에 남았던 항일연군 출신 중의 한 명이다. 그는 생전에 회고록도 남겼는데, 자신을 찾아온 작가에게 이런 말을 했다.

"한번은 김일성에게 이렇게 물어보았던 적이 있다. '김 정위(정치위원의 줄임말), 우리가 이렇게 먹을 것도 못 먹고 입을 것도 못 입으면서 일제와 싸우느라 고생하고 있는데, 언젠가 왜놈을 다 몰아내고 해방이 되면 공산당에서 우리한테 무엇을 시킬까요?' 그랬더니 김일성이 이렇게 대답하더라. '나는 안도(중국 연변 백두산 인근의 현) 사람이고 안도에서 많이 활동해왔는데 최소한 안도현장쯤이야 시켜주겠지.' 그래서 우리 몇은 김일성의 주변에 모여 앉아 '너는 김 정위 밑에서 안도현의 공안국장을 하고, 나는 안도현의 위수사령관을 하마' 하고 말장난하던 기억이 지금도 생생하다. 그때까지 김일성도 북조선에 돌아가 이렇게 한 나라를 세울 줄은 정말이지 꿈에도 생각하지 못했을 것이다."

해방이 되면 안도현장이 되는 게 꿈이었던 김일성은 상관들이 전사하거나 투항하는 바람에, 또 싸우라는 지휘부의 명령을 묵살하고 맨 먼저 소련으로 도망간 덕분에 끝까지 살아남아 북한을 타고 앉았다. 광복 후 78년 동안 북한은 왕이 된 김일성과 그의 부하들, 그들의 자손을 위한 나라였다.

운 없이 그 땅에서 태어난 사람들은 '출신성분'이라는 55개의 씨실과 '사회성분'이라는 4개의 날실로 구성된 계급 사회에서 꼼짝달싹 못하고 살아야 했다. '혁명가 가족'으로 태어나면 바보라도 간부가 됐지만 '지주, 자본가, 종파, 종교인' 등의 출신성분으로 태어나면 아무리 똑똑해도 힘든 육체노동에 시달려야 했다. 농민이라는 사회성분이면 평생 농촌을 벗어날 수 없었다.

'백두혈통 결사보위'는 태어나는 순간부터 운명이 성분이라는 바둑판

위에서 결정되는 이런 사회를 대대손손 목숨을 걸고 지키라는 뜻이다.

지키라는 것이 어디 백두혈통뿐인가. 김정은은 집권 이후 백두의 혁명정신을 따라 배우라며 겨울마다 사람들을 백두산에 내몰았다. 백두의 혁명정신을 내세워 수혜 본 자들은 뜨뜻한 곳에 앉아 채찍질을 하고, 노예가 된 자들이 칼바람 속에서 백두산에 오르고 또 올랐다. 영하 40도의 기록적 한파가 찾아온 지난달에도 수천 명이 깃발을 들고 무거운 배낭을 메고 며칠 동안 백두산에 오르다가 동상을 입었다.

어린애를 새 주인으로 내세운 지금 북한 사람들은 백두 혁명정신의 본질을 깨달아야 한다. 백두의 혁명정신은 노예의 정신이 아니다. 그 본질은 '혈통 뒤집기' 정신이다.

백두혈통이란 것을 거슬러 올라가 보면 묘지기 혈통이 나온다. 묘지기의 증손자 김일성과, 비슷한 처지의 까막눈 소작농들은 총을 잡고 타고난 팔자를 바꾸었다. 그들은 권력을 잡은 뒤 자신들이 섬기던 부자들을 죽이고, 그 자손들을 노예로 만들었다. 그리고 자기들이 부자가 돼서 80년 가까이 대대손손 떵떵거리며 살고 있다. 북한 사람들은 백두산에서 그런 정신을 배워 가야 한다. 콘크리트처럼 굳은 신분 세습, 계급 사회를 목숨 걸고 뒤집어버리고 운명을 바꾸는 것이 바로 혁명이고, 백두의 혁명정신이다.

백두혈통에게 반항하면 일족을 멸족시키는 연좌제 속에서 무장투쟁이 엄두가 나지 않는다면, 탈북하는 것도 백두의 혁명정신이다. 목숨 걸고 남쪽에 온 보상으로 본인뿐만 아니라 자손들까지 노예의 굴레를 벗고 행복하게 살게 할 수 있다. 혈통이란 것을 섬기지 않고 내가 주인이 돼 살 수 있다. 이것이야말로 북한 인민이 따라 배워야 할 백두의 혁명정신이다.

남과 북, 좌와 우의 경계에서

"어디에 계십니까, 그리운 장군님"

〈어디에 계십니까 그리운 장군님〉이란 노래를 북한에선 모르는 사람이 없다. 김정일이 5대 혁명가극을 창작하면서 1971년에 직접 지었다고 한다. 호칭도 3대째 세습됐으니, 지금은 김정은이 장군님이다. 김정은을 자주 보면 좋을지 나쁠지 사람마다 생각은 다르겠지만 분명한 것은 요즘 김정은을 보기가 진짜 힘들다.

2023년 1월 1일 소년단 행사에 잠깐 얼굴을 비친 김정일은 지금까지 자취를 감췄다. 한 달 동안 어디서 무엇을 하는지 알 수가 없는 것이다. 이렇게 지도자가 한 달이나 사라져도 아무 문제가 없으니 북한은 참 기이한 곳이긴 하다.

김정은이 사라지면 남쪽 전문가들은 "중요한 결단을 두고 숙고 중"이란 판에 박힌 대답을 내놓는다. 노는지 생각하는지는 알 수 없지만, 그럼에도 한 달은 좀 너무한 감이 있다. 그런데 1월엔 김정은이 사라질 만한 중요한 이유가 두 가지나 생겼다.

하나는 평양의 신종 코로나19 재확산이다. 평양에 발열 환자가 급증해 25일부터 닷새간 봉쇄령이 떨어졌다는 소식은 평양 주재 러시아대사관이 공개한 북한 외무성 공지문을 통해 이미 알려졌다. 대북(對北) 소식통도 현재 평양엔 발열자가 급증하고 있다고 전해 왔다. 주변에 온통 열이 나는 환자들인데, 코로나인지 독감인지 평양 사람들도 알 방법이 없다고 한다. 검사 키트가 없기 때문이다. 또 진단을 받는다고 해도 방법도 없다. 병원에 약이 없다. 그나마 있던 약은 작년 5~6월의 대유행 때 탈탈 털어 다 썼는데, 이후 보충했을 리도 만무하다. 가동되는 의약품 공장도 거의 없는데다 국경 봉쇄로 수입도 못 했기 때문이다.

김정은의 처지에서 보면 이번 코로나를 특별히 무서워할 충분한 이유가 있다.

2022년 8월 전국비상방역총화회의 토론에서 김여정은 "방역 전쟁의 나날 고열 속에 심히 앓으시면서도 자신이 끝까지 책임져야 하는 인민들 생각으로 한순간도 자리에 누우실 수 없었던 원수님"이라고 했다. 오빠가 발열자였다는 사실을 공식 석상에서 언급한 것인데, 5~6월의 발열자는 사실상 모두 코로나 환자였다고 봐도 무방할 것이다. 김여정의 말대로라면 김정은은 코로나에 걸렸다 회복했다는 뜻이다.

그런데 김정은처럼 초고도 비만 환자는 회복했어도 위험하다. 지난달 19일 유럽심장학회(ESC) 잡지에는 코로나 감염자 7584명과 비감염자 7만 5790명을 대상으로 후유증이 얼마나 가는지 평균 18개월간 추적 관찰한 연구 결과가 실렸다. 코로나에 감염됐을 경우 완치 이후 약 3주간 심혈관 질환 발생 위험이 4.3배나 높아지고, 모든 원인으로 인한 사망률은 무려 81배나 높아졌다는 게 요지다. 코로나 감염 후 18개월이 지난 뒤에도 심혈관 질환 발생 위험은 1.4배, 모든 원인으로 인한 사망률은 5배나 높은 상태가 유지됐다. 완치된 지 6개월가량밖에 되지 않은

남과 북, 좌와 우의 경계에서

김정은은 지금 후유증이 강한 위험 구간에 있는 셈이다.

지난달 18일 발표된 중앙방역대책본부의 조사 결과도 주목할 만하다. 확진자 847만 명을 조사해보니 재감염자는 1회 감염자보다 치명률이 1.79배나 더 높았다.

코로나가 아니더라도 김정은은 이미 충분히 건강이 좋지 않다. 특히 코로나가 큰 후유증을 남기는 심혈관 질환은 김씨 집안의 치명적 약점이자 가족력이다. 김일성과 김정일 모두 심근경색으로 사망했다. 심근경색의 4대 위험인자는 흡연과 당뇨, 고지혈증, 고혈압이다. 김정은은 오래전부터 4대 인자 모두를 갖고 있는 것 같다. 이런 사람은 심근경색 발생 위험성이 여섯 배나 높은데 가족력까지 있으면 훨씬 더 위험하다. 여기에 코로나 재감염까지 된다면 말할 나위가 없다.

김정은이 외부 노출을 자제할 만한 두번째 이유는 올해 북한에 23년 내 가장 심한 추위가 닥친 것이다. 심혈관 환자는 가장 더운 날과 가장 추운 날을 조심해야 한다. 김일성은 폭염 기록을 연이어 세우던 1994년 7월에 사망했다. 김정일은 매서운 한파가 들이닥쳤던 2011년 12월에 숨졌다.

심혈관 환자에게 미치는 코로나의 악영향과 후유증, 재감염자의 치명률 증가, 기록적 한파 등을 종합적으로 보면 가족력을 가진 초고도 비만환자 김정은에게 있어 1월은 참 잔인한 달일 수밖에 없다. 나 같아도 밖에 쉽게 나가진 못할 것 같다.

그런데 너무 오래 사라지면 북한 사람들은 궁금해할 것 같다. 모두 이렇게 생각하지는 않을까?

'어디에 계십니까, 그리운 장군님. 안녕하십니까?'

북한판 '김빠'와
'개딸'들이 만든 세상

2023. 1. 12.

북한에서 연초마다 벌어지는 쓸데없는 짓이 2023년 올해도 어김없이 반복되고 있다. 북한 매체들은 지난해 말에 열린 노동당 전원회의 보고 문헌 학습 열풍이 전국적으로 불고 있다고 연일 보도하고 있다. 학습뿐만 아니라 각 지역과 직장에서 연일 전원회의 결정 관철 궐기대회와 군중 시위가 벌어지고 있다.

내가 북한에서 대학을 다니던 1990년대엔 방학을 일주일 앞당겨 학생들을 대학에 소환한 뒤 신년사를 달달 외우게 하고, 학부별로 토너먼트 경연을 진행했다. 답변을 못 해 학부 탈락의 원인을 제공하면 졸업 때까지 찍혀 고생한다.

이것이 북한에서 반세기 동안 벌어져온 일이다. 노동력이 얼마나 낭비되는지는 더 설명할 필요조차 없다. 이렇게 모두에게 작년의 자랑 찬 성과와 올해의 위대한 목표를 외우게 해 만들어진 것이 오늘의 북한이다. 신년사의 성과만 종합해도 북한은 이미 공산주의는 물론이고 세계 최강국이 돼 있어야 맞을 것이다. 하지만 누구나 알다시피 그동안 북한은 가난한 시궁창으로 열심히 달려갔을 뿐이다.

김정은은 신년사도 읽기 귀찮은지 4년째 전원회의 보고라는 문서를 만들어 전국에 하달하고 있다. 올해 보고에서도 "지난해에 괄목할 만한 성과와 진전이 이룩되었다"고 했지만 도대체 미사일 열심히 쏜 것 말고 괄목할 성과는 무엇이고 어디로 전진했는지 도통 알 수가 없다.

올해에도 "12개 중요 고지들을 기본 과녁으로 정하고 점령 방도들을 구체적으로 명시했다"면서도 그게 뭔지 밝히진 않았다. 들으나 마나다. 방도는 늘 있었다. 다만 실천을 못 했을 뿐이다. 가령 "철도는 나라의 동맥"이라며 매년 방도를 내놓지만 현실은 기차가 다니는 게 신기할 정도로 동맥경화가 심각해졌다.

올해 김정은은 "다시 한번 1960, 1970년대의 투쟁 정신과 기치를 높이 들고 혁명의 난국을 우리 힘으로 타개해 나가자"고 했다. 상황이 어려울 때마다 김일성 만세를 부르던 케케묵은 과거가 소환된다. 그런데 북한은 그 과거부터 바로잡아야 한다. 시작부터 잘사는 방향과 정반대의 길을 택했는데, 다시 처음처럼 기운을 내 뛰어봐야 가난에만 더 가까워질 뿐이다.

북한이 과거에 잘못된 길을 택해 열심히 달린 것에 대한 책임을 김씨 3대에게만 물을 수는 없다. 1950, 1960년대를 살았던 북한판 '김빠' '개딸'들의 업보를 지금 그 자손들이 뒤집어쓰고 있다.

북한에서 1인 수령 체제를 강화하며 충성을 강요할 때마다 등장하는 표본 인물인 '태성 할머니'가 대표적 개딸이다. 1950년대 후반 김일성의 독재가 저항에 직면했을 때 남포시 태성리의 할머니가 김일성에게 "종파 놈들이 인민 생활에 대해 떠들어도 염려하지 마십시오. 우리는 무조건 수상님을 지지합니다"라고 했다고 한다. 김일성은 그 말에 힘을 얻고 반대파들을 단호하게 숙청했다고 한다. 북한판 '너 하고 싶은 거 다 해'였던 셈이다.

그런 '묻지 마' 지지자들을 업고 김일성은 하고 싶은 것 다 했다. 독재 체제도 만들고 자자손손 권력을 세습해도 반항도 못 하게 만들었다. 돌아보면 그때 반당·반혁명 종파분자라고 처형된 사람들이 진짜 애국자들이었다.

김정은이 바라는 1960년대의 투쟁 정신이란 무슨 짓을 해도 '우리 으니 하고 싶은 대로 다 해'를 외치며 시키는 대로 고분고분 따르고 굶어 죽어도 반항하지 않는 맹목적 충성심일 것이다. 하지만 1960년대엔 배급이라도 주고 일을 시켰지만, 지금은 무보수 충성을 강요하니 그런 호소가 얼마나 먹혀들진 미지수다.

이젠 북한 인민도 깨달아야 한다. 설날부터 고지 점령 방도라는 의미 없는 헛소리나 외우지 말고, 시키는 대로 다 해서 어떤 사회가 됐는지를 돌아봐야 한다. 자신들이 어디에서 떠나 어디로 가는지, 왜 북한이 이렇게 됐는지를 고민해봐야 한다. 과거에서 찾을 것은 투쟁 정신이 아니라 맹목적 지지가 어떤 지옥을 만들었는지에 대한 교훈이다.

올해 북한의 상황은 매우 어렵고, 굶어 죽는 사람도 많이 나올지 모른다. 그래도 김정은은 내년 전원회의 보고에서 또 어김없이 '괄목할 만한 성과와 진전이 이룩된 2023년이었다'고 할 것이다. 죽는 날까지 반복될 이 저주의 굴레를 자손들에게 넘겨주고 싶지 않다면, 북한 주민들도 이젠 노예 마인드에서 벗어나야 한다. 김정은이 외우라는 것을 외우지 않고, 하라는 것을 하지 않는 것부터 시작하면 될 것이다.

2022

북한에 군사정찰위성이 왜 필요한지 모를 일

2022. 12. 22.

김여정이 북한의 첫 군사정찰위성 시험용 사진 공개에 대한 남쪽의 보도에 발끈해 노동당 부부장 명의로 2022년 12월 20일 담화를 발표했다.

'주둥이에서 풍기는 구린내'를 운운한 담화문의 수준이 조악하다. 굳이 구린내가 어디서 나는지를 따지고 들고 싶진 않다. "누가 일회성 시험에 값비싼 고분해능 촬영기를 설치하고 시험을 하겠는가"라는 설명도 나름의 일리가 있다고 생각한다. 내년 4월 군사정찰위성을 발사한다니 그때 가서 선명한 사진을 보여주길 기대한다.

북한은 19일에 서울과 인천을 찍은 사진을 공개했다. 하루 뒤에 바로 담화가 나온 것을 보니 김여정이 북한의 기술력을 깎아내리는 '몹쓸 버릇 남조선 괴뢰들(?)'에게 단단히 화가 난 것 같다. 하루 종일 한국 포털을 검색해 '동네 전문가'들의 발언까지 다 조사한 뒤 장문의 담화를 준비했으니 말이다.

2014년에 일본제 보급형 DSLR 카메라를 달고 날아왔다가 기지로 돌아가지도 못하고 남쪽 곳곳에 추락한 북한의 조악한 무인기들이 기억에 생생하다. 그런 북한이 8년 뒤 정찰위성까지 쏘겠다는데 별것 아니라고 폄훼하니 김여정이 화가 날지도 모르겠다. 제재 와중에 각종 첨단 부품을 힘들게 구해 만든 노력은 설명 없이도 눈물겨울 것이다. 김여정은 담화에서 "우리가 하겠다고 한 것을 못한 것이 있었는가를 돌이켜 보라"고 큰소리를 쳐댔다.

그런데 이것이 북한의 문제다. 왜 북한이 기어이 지키겠다고 이를 악무는 것이 핵실험과 미사일 개발밖에 없는가. 군사정찰위성을 쏜다는 북한의 곳곳에선 지금 어떤 일이 벌어지고 있는지 살펴보자.

시계 배터리 하나 자체적으로 못 만드는 북한이다. 코로나로 수입까지 중단하니 가정과 손목에서 시계가 멈춰 섰다. 많은 사람들이 시간이 멈춰 선 세상에서 살고 있는 것이다. 성냥공장도 제대로 가동되지 못한다. 라이터돌을 수입해 오지 못하니 사람들이 아궁이에 불을 지피기도, 담배를 피우기도 힘들다.

불이 없고, 해를 보고 시간을 가늠하면 원시시대나 다름없다고 할 것이다. 원시시대는 그나마 산과 들에 먹을 것이라도 풍족했지만, 지금 북한에선 주민들이 굶주림과 싸워야 한다. 농촌진흥청은 기상 악화와 비료 부족 등의 원인으로 올해 북한 식량 수확량이 수요에 비해 100만 톤 가량 부족할 것으로 추산했다. 이는 500만 명이 먹을 수 있는 양이다.

이런 열악한 처지에도 아랑곳 않고 군사정찰위성을 쏜다고 자랑하니 이 무슨 기괴한 부조화인지 할 말을 잃게 된다. 솔직히 북한에 왜 군사정찰위성이 필요한지도 아무리 생각해도 모르겠다. 구글어스, 항공뷰, 거리뷰 서비스로 특정 건물 간판까지 다 볼 수 있는 세상이다. 군부대의 이동을 감시할 목적이라면 이렇게 묻고 싶다. '알면 제대로 막을 수 있을까?'

북한군은 육해공 모두 반세기 전에 생산된, 뜨고 굴러가는 것조차 신기한 고물 장비로 무장하고 있다. 남북의 군사력 격차는 알고도 막지 못할 수준에 이르렀다. 여기에 미군까지 합세하면 더 긴 설명이 필요 없다.

김여정은 "우리가 하겠다고 한 것을 못한 것이 있었는가를 돌이켜보라"라고 말했다. 굳이 그런 사례들을 일일이 설명해줘야 아는지 궁금하다. 다른 것 다 떠나 김정은이 집권 첫 연설에서 "우리 인민이 다시는 허리띠를 조이지 않게 하겠다"고 했던 다짐은 기억하고 있는 것일까. 김여정은 잊어버렸는지 몰라도 인민들은 똑똑히 기억할 것이다. 지금 북한에서 김정은 빼고 허리띠를 풀고 사는 사람이 과연 몇이나 있을까.

김여정은 북한에 대한 한국의 여론만 보지 말고 다른 것도 많이 검색해봤으면 좋겠다. 가령 이달 초 응우옌쑤언푹 베트남 국가주석의 방한도 북한에 주는 시사점이 많다. 어제의 적이었던 한국과 베트남은 지금 상생의 전략적 동반자이다. 지난 10년 동안 베트남 국민총생산액은 세 배 이상, 1인당 소득은 2010년 1690달러에서 2021년 3716달러로 두 배 이상으로 증가했다.

베트남 성장에 가장 크게 기여한 것이 다름 아닌 한국이다. 1988년부터 작년 말까지 외국 누적 투자액 1위가 한국이다. 삼성이 215억 달러를 투자하는 등 한국 기업의 누적 투자액은 비공식 포함 900억 달러가 넘는다. 한국이 인구 1억 명의 베트남 경제를 견인하고 있다는 사실을 아는지 모르는지 궁금하다.

김여정은 악담만 퍼붓지 말고 남쪽을 향해 한번 손 내밀어보길 바란다. 북핵만 포기한다면, 대한민국을 향해 총부리를 겨누지 않는다면 한국은 북한을 언제든 도와줄 의지와 능력이 있다. 다시는 허리띠를 조이지 않게 하겠다는 첫 약속부터 지켜야 인민의 신뢰를 받을 수 있지 않을까.

남과 북, 좌와 우의 경계에서

김정은은 지금 '괴뢰말찌꺼기'와의 전쟁 중

최근 북한에서 44만여 어휘가 수록된 『조선말대사전』 신규 편찬 작업이 한창이라고 한다. 최신 증보판은 2017년에 발행됐지만 '괴뢰말찌꺼기'를 소탕하라는 김정은의 지시가 하달됨에 따라 10~15년마다 진행하던 증보판 발행이 황급히 앞당겨질 것으로 보인다.

한국에 입수된 김정은의 2020년 6월 19일 비준 방침 '괴뢰들의 말투를 본따거나 흉내내는 쓰레기들을 철저히 소탕해버리기 위한 대책과 관련한 제의서'에는 김정은이 한국 말투에 어떤 분노를 느끼는지가 생생하게 드러난다.

이에 따르면 김정은은 그해 5월 13일 "청년들의 일상적인 언어생활에서 괴뢰 말투를 본뜨거나 흉내내는 현상이 나타나고 있는 것은 매우 심각한 국가적인 문제"라며 "괴뢰말찌꺼기들을 몽땅 불살라버리기 위한 저격전 추격전 수색전 소탕전을 전 당적, 전 국가적, 전 동맹적으로 강도 높이 진행하라"고 지시했다. 또 "청년들 속에서 손전화로 말하거나 통보문을 주고받을 때 괴뢰들의 말투를 본뜨거나 흉내내는 현상이 집중적으로 나타나고 있는데, 이런 것들을 괴뢰들의 문화에 오염된 쓰레기들로 단정하면서 시대적으로 배척당하게 만드는 것도 필요하다"고 했다.

2020년 5월은 "북한에서 한국 드라마 〈사랑의 불시착〉이 퍼지고, '니가 장군님이네'가 유행어로 뜨고 있다"는 보도가 한국 언론에 나올 때다. 김정은이 이걸 보고 분노했을 가능성이 매우 높다.

그해 12월 공포된 '반동문화사상배격법'은 한국의 영상물, 도서, 노래, 그림, 사진을 유입 유포한 경우 최대 사형에 처하도록 규정하고 있다. 남조선식으로 말하거나 글을 쓰고 남조선 창법으로 노래를 부르면 최대 노동교화형 2년을 언도할 수 있다.

지난해 상반기엔 긴급하게 '괴뢰말찌꺼기 자료'라는 것이 전국에 배포됐는데, 내용이 경악스럽다. 남편을 '오빠'라고 부르면 괴뢰 문화에 오염된 쓰레기가 된다. 오빠는 친인척 간에만 부를 수 있다.

'친구' '여친' '남친'은 물론이고 기존에 잘만 쓰던 '정상회담' '수교' 같은 단어도 괴뢰말찌꺼기로 분류돼 '최고위급회담' '외교관계 수립' 등으로 써야 한다. '올케' '이례적' '파격적' '차원' '퍼센트' '전전긍긍' 등도 괴뢰말찌꺼기로 분류됐다. '~세요' '~게요' '~거야' '~드립니다'로 말을 끝맺어도 처벌 대상이 된다. 이뿐만 아니라 2000년 이후 출생자가 한국이나 중국 드라마에 나왔던 이름을 쓰면 개명하라는 지시도 내려졌다. '세나' '채린' '자영' 등 수십 개의 이름이 금지됐다.

북한 사전 편찬자들은 언제 김정은의 불호령이 또 떨어질지 몰라 밤을 새워 괴뢰말찌꺼기 분리 작업을 해야 하는 처지다. 남쪽에선 민족 동질성을 회복한다며 '겨레말큰사전' 편찬 작업에 18년 동안 450억 원 이상의 세금을 쓰고 있는데, 북한에선 민족 이질성을 목표로 탄압이 벌어지는 것이다.

반동문화사상배격법 발표 이후 북한 거리에는 '대학생규찰대' '여맹규찰대' 등 각종 규찰대들이 늘어서서 '손전화기(휴대전화)' 검열을 한다. 불응하면 김정은의 방침에 불응하는 반동이 된다. 학교와 직장에서도 당 비서나 담당 보위원이 수시로 휴대전화를 검열한다. 휴대전화 검열에선 제일 먼저 주소록에 '오빠'라고 적힌 이름이 있는지부터 보고, 이어 '통보문(문자)'을 검사한다. 이제 북한에선 사생활 따윈 존재하지 않는다.

외부의 시선이 북한 미사일 발사나 김정은의 딸 같은 이슈에 머물러 있는 동안 북한 주민들은 2년 넘게 김정은의 화풀이를 받아내고 있다. 그런데도 김정은은 고삐를 늦출 생각이 조금도 없어 보인다.

지난달 19일부터 23일 사이 평양에선 전국 공안기관 종사자들이 참가한 가운데 '전국보위일꾼' 대회가 열렸다. 장성택 숙청 한 달 전인 2013년 11월에 열리고 9년 만에 다시 열리는 대회다. 북한 매체들에 따르면 대회에선 "반사회주의, 비사회주의적 행위들을 분쇄하기 위한 투쟁을 벌이는 과정에 이룩된 성과와 경험들이 소개됐다"고 한다. 공안기관끼리 사람을 잡아들이는 방법을 공유하고, 서로 경쟁하게 만드는 것이다.

그런데 반동문화사상배격법에 따르면 2018년 4월 평양 수천 명의 관객 앞에서 〈뒤늦은 후회〉라는 한국 가요를 불러줄 것을 요청한 김정은부터 사형돼야 마땅하다. '봄이 온다'는 이름이 붙은 그 공연이 열린 뒤 북한엔 죽음의 칼바람이 부는 겨울이 왔다.

미사일보다 더 위험한
전방의 구멍

북한이 한미 연합공중훈련 '비질런트 스톰(Vigilant Storm)'에 대응한다는 명목으로 11월 2일부터 나흘 동안 미사일 35발을 쐈다. 단기간에 이렇게 많은 미사일을 쏜 것도 이례적이거니와 북방한계선(NLL)을 넘겨 미사일을 쏜 것도 이번이 처음이다. 이런 북한의 반응에서 강력하게 복원된 한미 연합훈련에 절대 기죽지 않겠다는 결기가 엿보이는 것과 동시에 신경질적인 짜증마저 읽힌다.

매뉴얼대로라면 한미 연합군이 공중 훈련을 하면서 비행기를 100대 띄우면 북한도 최소 동수의 비행기가 떠 맞대응해야 한다. 그러나 이런 원칙은 언제부터인가 사라졌다. 북한의 경제력으론 맞대응할 능력을 상실한 것이다. 공중 훈련뿐만 아니라 다른 훈련도 마찬가지다. 연료난도 문제지만 고물 장비들이 훈련하다가 손실되면 보충할 능력도 없다.

그러니 북한이 선택할 수 있는 유일한 대응은 남쪽에서 어떤 훈련을 해도 미사일이든 포든 계속 쏘는 것뿐이다. 그런데 쏘는 것도 결국 소모다. 인건비가 거의 공짜인 북한의 미사일 생산 단가를 우리 식으로 계산하는 것은 무리가 있다. 그렇지만 구형 스커드 미사일과는 달리 명중률이 정확한 최신 미사일은 비싼 전자 부품 덩어리다. 대북 제재와 코로나로 미사일에 쓰일 반도체를 매우 어렵게 구입해야 하는 북한으로선 미사일 발사도 큰 부담이다.

특히 끊임없이 지형을 대조하며 날아가는 순항미사일은 원리상 무인기라 할 수 있는데, 전자 부품이 더 많이 든다. 2017년 한국에서 자주 발견됐던 북한의 조잡한 무인기를 떠올린다면 최근 몇 년 사이에 북한이 순항미사일을 개발했다는 것은 놀라운 일이긴 하다. 하지만 반도체 수급 여건상 생산 수량은 극히 제한됐을 것이다. 이런 비싼 순항미사일을 울산 앞바다로 2발이나 쐈다는데 합참이 부인해버렸으니 북한은 알아주지 않아 섭섭한 생각마저 들지 모른다. 물론 과거 북한 행태로 보면 순항미사일을 쐈다는 말을 믿기도 어렵다.

어쨌든 북한 형편에서 나흘 새 미사일을 35발이나 쐈으면 엄청난 지출을 한 셈이다. 그런데 이번에 한미 훈련에 무리하게 대응한 이유는 무엇일까. 한미의 강력한 공군력이 북한을 급습할지 모른다는 두려움 때문이었을까.

1990년대부터 2000년 초반까지 평안북도 창성의 김정일 특각을 지켰던 전직 974부대원의 증언에 따르면 한국에서 대규모 군사훈련이 시작되면 김정일은 늘 가족을 데리고 창성으로 들어와 지냈다고 한다. 이곳은 중국과 인접해 폭격이 어렵고, 여차하면 보트를 타고 순식간에 중국으로 도망갈 수 있기 때문이다.

하지만 북한이 핵을 보유한 뒤로는 이런 걱정은 크게 덜었다고 볼 수 있다. 핵이 없을 때도 공격하지 않았는데, 핵이 있는 지금 군이 공격할 이유는 더더욱 없다. 또 경제가 거덜난 북한을 점령해 2000만 북한 주민을 먹여 살리겠다는 의지를 가진 정치인도 없다. 이런 사실은 김정은도 잘 알고 있기 때문에 선제공격을 받을 두려움은 과거보다 훨씬 적을 것이다.

그럼에도 북한이 최근 대규모 군사훈련과 미사일 발사를 강행한 이유는 기 싸움에서 밀리지 않겠다는 의도도 있지만 한편으론 북한도 군사력을 점검할 시점이기 때문이라고 볼 수 있다. 2018년 남북이 9·19 군사합의를 채택한 이후 우리도 훈련을 거의 못 했지만 북한 역시 마찬가지다. 훈련을 하지 않는 군대는 군대가 아니다.

김정은 역시 지난 4년 동안 북한군이 얼마나 해이해졌는지, 싸울 준비는 어느 정도 돼 있는지 파악할 필요가 있는 것이다. 미사일 부대 역시 점검이 필수다. 유사시 제공권을 단시간에 빼앗길 것이 뻔하기에 북한 미사일 부대가 쏠 수 있는 미사일 수량은 극히 한정적이다. 그러니 초기 몇 발을 불량 없이 확실히 쏠 수 있을지 파악하는 게 매우 중요하다.

북한이 미사일을 좀 쐈다고 도발로 단정해 겁먹을 필요는 없다. 가뜩이나 없는 미사일을 바다에 스스로 버리는데 우리도 나쁠 것은 없다. 그렇지만 다른 도발의 가능성은 여전히 대비해야 한다. 가령 2018년 비무장지대 최전방 감시초소(GP)를 철수할 때 북한은 160여 개 중에 11개를 철수했지만 우리는 60여 개 중에 11개를 철수했다. 우리의 구멍이 훨씬 더 커진 것이다. 북한이 미사일을 몇 발 쏘는지에 신경을 쓰는 것도 필요하겠지만 당장 9·19군사합의로 구멍이 뚫린 전방부터 점검하는 것이 더 중요해 보인다.

남과 북, 좌와 우의 경계에서

고물 전투기 띄운다고
겁먹을 사람 있을까

'전투기 150여 대를 동시 출격시킨 대규모 항공 공격 종합훈련이 8일 진행됐다'고 북한이 공개했을 때 지인에게 이렇게 말했다.

"북한에 날 수 있는 전투기가 150대가 된다고? 아무리 빡빡 긁어모아도 어려울 건데……. 만약 진짜로 150대나 떴다면 그 중 몇 대가 추락했을지 그게 제일 궁금해."

이후 북한이 발표한 150여 대는 크게 과장된 것이고, 훈련에 참가한 비행기도 추락하거나 비상 착륙했다는 여러 보도가 정보 소식통을 인용해 나왔다. 게다가 "북한이 사진에 같은 전투기를 복사해 여러 번 붙여 넣은 것 같다"는 독일 훔볼트-엘스비어연구소(Humboldt-Elsevier Advanced Data & Text Center) 사진 분석 전문가 토르스텐 벡(Thorsten Beck) 박사의 분석도 나왔다. 워낙 예전에도 군사훈련 때마다 이런 사진 조작이 많았기에 충분히 가능한 일이다.

북한은 "합동타격훈련은 적 군사기지를 모의(가상)한 섬 목표에 대한 공군 비행대들의 중거리 공중대지상 유도폭탄 및 순항미사일 타격과 각종 근접 습격 및 폭격 비행 임무를 수행했다"고 밝혔지만 막상 공개한 사진을 보면 참담한 북한 공군의 사정이 그대로 담겨 있다.

검은 연기를 풀풀 날리는 고물 비행기들이 제2차 세계대전 때의 공습처럼 섬 상공을 저공비행하며 폭탄을 투하하고 있었다. 북한이 보유한 전투기가 중거리 공대지 미사일과 순항미사일을 탑재할 수 있다는 소리는 처음 듣는데, 그걸 찍은 사진은 없었다.

북한 매체는 김정은이 훈련 직후 "건군사에 전례 없는 대규모의 항공 공격 종합훈련에서 무비의 용감성과 불굴의 전투 정신을 발휘하며 인민 공군의 위용을 만방에 떨친" 비행사들과 만나 축하 격려를 하고 기념사진을 찍었다고 한다. 고작 출격 한 번 했을 뿐인데, 무비의 용감성과 불굴의 전투 정신을 운운한 것도 어처구니가 없는데, 고물 전투기들을 놓고 인민 공군의 위용을 만방에 떨쳤다니 할 말을 잃게 된다.

북한군 비행사들은 자신들이 하루살이보다 못한 운명이라는 것을 알고는 있을지 모르겠다. 그들을 만나면 해줄 말이 참 많지만, 하나만 고르면 1982년 6월의 '비까 계곡 공중전'을 설명해주고 싶다.

역사상 가장 일방적인 공중전으로 알려진 이 공중전에선 이스라엘의 F-15, F-16 전투기와 시리아의 미그-23, 미그-25 전투기들이 격돌해 85 대 0이라는 스코어를 냈다. 시리아 공군의 최신예 미그기 85대가 격추될 동안 이스라엘 전투기는 단 한 대의 피해도 없었다.

40년 전의 서방 전투기에도 추풍낙엽이던 러시아제 전투기들이 지금 북한 공군의 주력이다. 게다가 대다수 전투기는 환갑을 넘기거나 앞두고 있어 노후화가 심각하다. 반면 미군을 언급할 필요 없이 한국 공군의 독자적인 능력만 봐도 5세대 F-35 스텔스 전투기 40대와 4세대 전투기 수백 대를 보유하고 있다. 아무리 수천 시간 최정예 훈련을 받은 비행사라도 한 세대 차이의 전투기를 이길 수 없는데, 북한 비행사들은 항공유가 없어 지상에서 입으로 편대 훈련을 하는 수준이다.

시간이 갈수록 상황은 더 암담해진다. 추가로 전투기를 사 올 돈도 없지만, 설사 돈이 있어도 사기 더 어려워지기 때문이다. 세계 2위 군사력이라고 알려진 러시아는 북한보다 훨씬 더 좋은 전투기를 보유하고 있지만 우크라이나에서 제공권 장악에 실패했다. 이미 항공기 수백 대를 잃은 러시아가 앞으로 상당 기간 북한에 항공기를 팔 여유는 없을 것이다.

김정은은 정말 고물 전투기들을 많이 띄우면 상대가 겁을 먹을 거라 믿은 것일까. 공군에 대한 상식이 조금만 있는 사람이라면 코웃음만 칠 일이다.

외부와 단절돼 무지 속에 사는 북한 주민에게 힘을 주기 위한 내부용이라면, 진심으로 바라건대 앞으로 이런 훈련 자주 하길 바란다. 전시용 창고에 고이 보관한 항공유가 바닥이 나고 비행사들은 기량을 쌓기 전에 추락해 사라질 것이다. 대규모 훈련을 몇 번만 더 하면 그나마 남아 있는 북한 공군 전력의 몇십 퍼센트는 줄지 않을까 싶다.

이런 훈련은 한미 연합군에도 더없이 고마운 훈련이다. 북한 비행사들이 백날 훈련을 해봐야 그런 고물 비행기는 별 위협이 되지 못한다. 반면 유사시 북한 항공기가 뜨면 우리는 싫든 좋든 수억 수십억 원짜리 미사일을 쏴야 한다. 그러니 날 수 있는 것은 적을수록 좋다. 김정은이 보충하기도 어려운 항공기를 셀프로 소모만 시키면 진심으로 박수를 쳐야 할 일이 아닌가 싶다.

평남도당 해산,
간부 300여 명 숙청

지난 8월 초 기상 관측 사상 최다 시간당 및 일일 강우량을 기록한 강남은 물난리로 큰 피해를 입었다. 이때 북한이라고 무사했던 것은 아니다. 평양 역시 대동강물이 인도까지 넘쳐나 낮은 지대가 물에 잠겼다. 조선중앙TV에선 300~400mm 국지성 호우를 예고하며 홍수를 철저히 방지하라고 주문했다. 하지만 가난한 북한은 홍수를 피해 갈 능력이 없다. 이번에도 어김없이 수많은 사망자가 발생했다.

가장 큰 피해를 본 지역은 평양 인근의 탄광, 광산이었다. 북한 소식통에 따르면 평안남도 북창군 득장탄광과 회창군 회창광산 등이 침수돼 광산 노동자와 주민 등 500여 명이 사망·실종됐다고 한다.

이 지역은 7월 말 호우에도 수많은 갱도가 물에 잠긴 것으로 알려졌다. 득장탄광은 북창화력발전소에 석탄을 대는 핵심 탄광인데, 이곳이 침수되자 평양 전기 사정이 급격히 나빠졌다. 당장 탄광을 살려내라는 불호령이 떨어지면서 숱한 인력이 동원돼 복구 작업을 진행했는데, 그 와중에 기록적 호우까지 겹치면서 막대한 인명 피해를 낸 것이다.

이 사실이 보고가 되면 간부들이 무사할 리가 없었다. 평안남도당 간

남과 북, 좌와 우의 경계에서

부들은 처벌을 피하기 위해 피해 상황을 축소해 보고했다. 하지만 이게 김정은의 '조사장악선'에 의해 발각됐다. 아래 간부들의 보고를 신뢰할 수 없는 김정은은 '조사장악선'이라는 암행어사 역할을 하는 비밀 조직을 가동하고 있는데 북한의 대다수 간부들은 이런 것을 잘 모른다.

화가 불같이 난 김정은은 즉시 평안남도 시·군당일군회의를 소집했다. 회의장에서 평안남도 최고 책임자인 도당 책임비서와 2인자인 조직비서, 선전비서 등이 체포돼 끌려갔다. 피해 지역 책임 간부들까지 포함해 회의가 끝났을 때 체포된 간부가 무려 300여 명이나 됐다.

거기서 끝나지 않았다. 김정은은 평안남도당위원회를 해산시키고 중앙과 각 지방당 조직에서 간부를 선발해 새 도당위원회를 구성할 것을 지시했다. 회의 도중 김정은의 각별한 신임을 받고 있는, 노동당의 2인자 조용원 조직비서가 통솔하는 조직지도부 역시 산하 당 기관에 대한 통제를 제대로 못 했다는 이유로 호된 비판을 받았다. 조용원 조직비서는 김정은을 대신해 각종 회의를 주재하는 등 북한에서 김정은 패밀리를 제외하면 최고의 권력을 갖고 있지만, 결국 집사 신세일 뿐이다. 다행히 그는 해임되진 않았다.

이어 이달 4~5일 이틀 동안 평양에선 국가재해방지사업총화회의가 열렸다. 김정은이 직접 참석했다. 조선중앙TV가 방영한 영상 속에서 김정은은 인상을 잔뜩 찌푸린 채 앉아 있었다. 하지만 김정은이 아무리 격노하고 인재가 발생할 때마다 숱한 간부들을 체포한다고 해서 상황이 나아질 가능성은 거의 없다. 북한의 자연재해는 경제난이 만든 인재이기 때문이다.

수십 년 동안 북한의 강하천 관리는 사실상 방치됐다. 하천 관리 기업소들이 보유한 차량과 굴착기 등 장비는 장부에만 올라 있는 고물이 태반이다. 김정은이 매년 거창하게 벌여놓는 평양 건설 등 각종 공사판에 동원할 장비와 연료, 인력이 부족한데 강하천 관리에 투자할 간부가 있을 리 만무하다. 뙈기밭 때문에 벌거숭이가 된 산은 비만 조금 와도 무너져 내린다. 이 때문에 북한은 폭우 때마다 막대한 피해를 피할 수 없다.

2년 전 태풍 '마이삭'이 북한을 통과했을 때도 함경남도 검덕지구에 선 수천 채의 집이 홍수로 사라졌다. 강원도 김화군에선 임남저수지가 붕괴될 위기에 처해 긴급 방류를 시작했는데, 수천 명의 김화읍 사람들이 이를 피하려 뒷산에 올라갔다가 무게를 견디지 못한 민둥산이 붕괴되는 바람에 1000여 명의 사상자가 발생했다. 수천 명이 사망하고 10만 명 이상의 이재민이 발생한 2016년 함경북도 북부 지역 홍수, 수천 채의 집이 파괴된 2015년 나선시 홍수 등 북한의 폭우 피해 사례는 이루 말할 수 없이 많다.

국가재해방지사업총화회의 직후인 8일 김정은은 '동서해 연결 대운하 건설 계획'을 발표했다. 이명박 정부의 '한반도 대운하' 구상처럼 강바닥을 파내 평양의 홍수까지 막겠다는 구상인지는 알 수 없다. 그러나 운하 건설이 오히려 더 큰 홍수를 부른 사례도 많다. 북한 수리학계의 우물 안 개구리 수준도 미덥지 않지만, 김정은의 의도에 반해 말할 수 있는 과학자가 있을지도 모르겠다. 운하를 건설할 힘이 남아 있는지는 더 큰 의문이다.

일론 머스크가 만든 김정은의 최대 위기

　일론 머스크 테슬라 최고경영자(CEO)는 우크라이나 전쟁의 숨은 주역 중 한 명이다. 러시아는 개전 초 우크라이나 통신시설을 주요 목표로 삼고 미사일과 폭탄을 퍼부었다. 그 결과 우크라이나 통신 인프라는 대거 파괴됐다. 위기 상황에서 미하일로 페도로프 우크라이나 부총리는 머스크에게 '스타링크'를 지원해줄 것을 요청했다. 스타링크는 머스크가 설립한 우주기업 스페이스X의 위성인터넷 서비스다.

　머스크는 스타링크 위성인터넷 단말기를 대거 우크라이나에 보냈다. 6월까지 1만 5000대 이상의 단말기가 우크라이나에 들어갔는데, 이것이 전쟁 판도를 바꿨다. 지구 저궤도를 돌고 있는 2800여 개의 위성이 제공하는 스타링크 덕분에 우크라이나는 통신 마비라는 최악의 상황을 면할 수 있었다. 그뿐만 아니라 러시아군의 진격을 며칠 동안 멈추게 한 드론 공격과 실시간 포사격 좌표 제공, 러시아의 자존심인 모스크바함 격침 등 군사작전에도 스타링크가 활용됐다.

　볼로디미르 젤렌스키 우크라이나 대통령이 세계를 향해 여론전을 펼 수 있었던 것도, 러시아의 학살이 만천하에 알려진 것도, 전황이 생생하게 중계된 것도 모두 스타링크 덕분이다. 러시아는 해킹과 전파 방해 등을 동원해 스타링크를 공격했지만 모두 실패했다. 스타링크의 안정성도 뛰어나다는 의미다.

우크라이나에서 검증된 스타링크 서비스가 북한에 들어가면 어떤 일이 벌어질까. 김정은이 가장 두려워하는 것은 북한 인민이 진실을 아는 것이다. 북한 주민이 인터넷을 하고 외부와 통화도 할 수 있다면, 자신들이 굶주릴 때 김씨 일가가 얼마나 호화롭게 살았는지 등 당국의 거짓말을 모두 알게 된다. 진실의 힘은 북한 체제가 쌓은 거짓의 성을 순식간에 허물어버릴 수 있다.

마침 2년 전 코로나 대유행이 시작되자 북한과 중국은 북-중 국경에 뚫기 어려운 높은 철조망과 촘촘한 감시 카메라로 군사분계선 못지않은 장벽을 만들었다. 과거 사람이 오가며 북한에 유입되던 정보의 흐름이 거의 막혔다.

하지만 땅을 막을 순 있어도 하늘까지 막을 수는 없다. 그럼에도 아직은 우크라이나에서 위력을 발휘한 스타링크가 북한에선 활용되기 어렵다. 이를 사용하려면 위성 안테나가 반드시 필요하기 때문이다. 비록 안테나의 크기가 직경 수십 센티미터 수준으로 줄어들었지만, 그럼에도 보위부가 가택을 수색하면 적발될 수밖에 없다.

그런데 8월 말 머스크 CEO는 위성 안테나가 필요 없는 서비스를 내년 2023년부터 도입하겠다고 발표했다. 다시 말해 위성과 휴대전화가 직접 연결이 되게 한다는 것이다. 위성 안테나가 필요한 이유는 295kg의 소형 위성이 쏘는 전파가 휴대전화로 받기엔 충분히 강력하지 않았기 때문이다.

머스크는 이를 해결하기 위해 휴대전화가 직접 수신할 수 있는 강력한 신호를 내쏘는 위성을 개발했다. 위성에는 한 변이 5m, 전체 면적이 25m²인 강력한 안테나가 장착된다. 이미 실험은 성공했다. 내년부터 미국 내 점유율 2위 이동통신사인 티모바일(T-Mobile)과 제휴해 2023년 베타 테스트를, 2024년 상용화를 한다는 계획이다.

올해 6월 스타링크는 내년부터 한국을 서비스 지역에 포함한다고 발표했다. 인터넷 강국인 한국에서는 스타링크가 성공하지 못할 것이라고 말하는 전문가도 많다. 그러나 북한이라면 이야기가 달라진다. 한반도 상공에서 스타링크 위성들이 휴대전화로 수신할 수 있는 신호를 내쏜다면 엄청난 일이다. 이젠 북한도 위성 안테나가 필요 없게 된다. 북한 당국이 이미 보급된 500만 대 이상의 휴대전화가 위성 신호를 받지 못하게 할 수 있을진 몰라도 휴대전화를 외부에서 몰래 들여가면 막기 어려울 것이다. 스타링크를 막기 위한 전파 방해와 해킹은 러시아도 성공하지 못했다.

과거 북한과의 통화는 중국 휴대전화 신호가 잡히는 북-중 국경의 제한된 지역에서만 가능했다. 그러나 앞으로는 스타링크 수신이 가능한 휴대전화만 있으면 평양을 비롯해 어느 지역에서도 외부와의 통화는 물론이고 사진과 동영상까지 주고받을 수 있게 된다. 당장 내년부터 가능한 시나리오다. 휴대전화는 몰래 숨기면 찾기도 매우 어렵다.

김정은은 엄청난 위기를 맞게 됐다. 설사 스타링크를 막는 데 성공한다 해도 몇 년 뒤 또 어떤 기술이 나올지 모른다. 김정은의 버티기 한계는 어디까지일까. 머스크가 북한 인민에게 구세주가 될 수 있을지 궁금해진다.

2022

남북 관계 패러다임을 바꿀 때다   2022. 8. 18.

윤석열 대통령이 8월 15일 광복절 경축사에서 6개 항목으로 구성된 '담대한 구상'을 대북 정책으로 제안했다. 사실 담대함을 따지자면 과거 보수 정부들이 훨씬 더 담대했다.

이명박 정부의 '비핵·개방·3000'은 북한의 평균 소득이 3000달러에 이를 때까지 지원해주겠다고 했고 항목도 6개에 국한시키지 않았다. 박근혜 정부의 '한반도 신뢰 프로세스'는 시베리아횡단철도(TSR)와 중국횡단철도(TCR)의 연결, 남-북-러 가스관 부설, 송전망 구축 사업 등을 통해 중국과 러시아까지 참여시키려 했다. 인프라도 송배선에 국한시키지 않고, 전력·교통·통신을 다 포괄했다. 남북교류협력사무소 설치, 개성공단 국제화, 지하자원 공동 개발, 국제금융기구 가입 주선 및 국제투자 유치 지원 등도 포함됐다.

그러나 대북 제안이 담대한지 소극적인지는 중요한 게 아니다. 아무리 좋은 제안을 해도 북한이 거부하면 의미가 없다. 과거 보수 정권 시절 남북 관계가 작명과는 오히려 반대로 흘러갔던 것도 제안에 담긴 당근이 작았기 때문은 아니다.

윤 정부의 제안은 '북한이 실질적인 비핵화로 전환한다면'이라는 단서를 달았다. 지금 북한은 여섯 차례의 핵실험을 통해 핵무기의 소형화와 수소탄 개발까지 선언한 상태다. 북한이 생각하는 핵무기 가격이 훌쩍 뛰었다는 뜻이다. 훨씬 더 북한에 호의적이었던 문재인 정부에도 상욕을 퍼붓던 북한이 비핵화 대화를 전제로 한 윤 정부의 '당근'에 어떤 반응을 보일지는 짐작 가능한 일이다.

그렇다고 우려할 필요는 없다. 한국 정부가 비핵화를 대북 정책의 전제로 내거는 한 아무리 파격적 지원을 해준다 해도 북한의 태도는 달라지지 않을 것이다. 북한은 핵 협상에 있어서 철저히 미국하고만 상대하고 있다.

비핵화와 대북 정책을 연계시키는 정책은 진보·보수 정부를 막론하고 성공하지 못했다. 심지어 문재인 정부는 세 번씩이나 김정은과 마주앉아 회담을 하고도 성공하지 못했다. 이런 관계를 깨달았다면 비핵화와 대북 지원을 연계한 전임 정권들의 접근법에서 벗어날 필요가 있다. 객관적으로 보면 윤석열 정부는 그 어느 정권보다 당당한 대북 정책을 펼 수 있는 조건을 갖추고 있기 때문이다.

첫째, 과거 정부의 유산이 없다. 이명박 정부는 개성공단과 금강산 관광은 물론 매년 식량 약 40만 톤, 비료 10만 톤을 지원하던 노무현 정부의 대북 정책을 이어받았다. 북한은 이명박 정부에 쌀 10만 톤, 옥수수 10만 톤, 비료 30만 톤, 아스팔트용 피치 1억 달러어치를 당당하게 요구했다. 이를 거절하고 옥수수 1만 톤을 주겠다고 하자 북한의 분노는 극에 달했다. 불과 4개월 뒤 천안함을 공격했고 이어 거리낌없이 연평도까지 포격했다. 박근혜 정부는 북한의 4차 핵실험 이후 개성공단을 폐쇄시켰다. 이제 남북 간에는 계승할 것이 없다. 원래 줬다 빼앗기가 제일 어려운 법이다. 이제 북한이 문재인 정부도 못 해준 것을 윤 정부에 해내라고 할 일도 없다.

둘째, 코로나가 터진 이후로 북한은 지금까지 셀프 봉쇄를 단행하고 있다. 남북이 서로 마주앉지 못하는 것은 북한 때문이지 한국 때문은 아니다.

셋째, 한국은 훨씬 부유해졌고 북한은 훨씬 가난해졌다. 가장 강력한 유엔 대북 제재에 이어 코로나 봉쇄까지 겹쳐 북한의 금고와 창고는 이미 텅텅 비었다. 국방력에 있어 한국은 국토가 포격 받아도 소극적 대응밖에 못 했던 과거와 다르다. 반면 북한은 연료와 식량 부족으로 몇 년째 연례 군사훈련도 못 하고 있다.

이젠 남북 관계의 패러다임을 유연하게 바꿀 필요가 있다. 왜 항상 우리가 욕설을 퍼붓는 북한에 먼저 다가가야 하는가. 미국과 비핵화 협상을 하겠다면 적극 중재할 의향이 있다고만 밝히면 된다. 봉쇄를 풀고 경제 교류를 할 의향이 있다면 언제든 만나 북한의 요구를 외면하지 않겠다고만 하면 된다. 먼저 뭘 해주겠다고 말빚을 질 필요도 없고, 북한이 필요한 것을 제시하면 하는 것 봐서 파격적으로 지원해준다고 해도 충분하다.

끝으로 북한의 도발엔 남북 관계 단절을 각오하고 과거 경험해보지 못한 강력한 반격으로 대응한다는 의지와 대비 태세를 보여줘야 한다. 지금은 남북 관계가 단절되면 괴로운 것은 북한일 뿐이다. 시간도 북한 편이 아니다.

남과 북, 좌와 우의 경계에서

탈출할 수 없는 지옥이 펼쳐지나

2022년 올해 상반기 입국한 탈북민은 19명에 불과했다. 2021년 상반기엔 36명, 전체로는 63명밖에 입국하지 않았는데, 올해는 그보다도 더 줄어들 것이다. 지난해 입국자 중 북한을 떠나 한국으로 입국하는 통상 경로인 중국과 동남아를 거쳐 온 탈북민은 한 명도 없는 것으로 알려졌다. 지난해 입국자 대다수는 유럽이나 아프리카에서 일하다가 온 사람들이라고 한다. 올해 역시 사정은 비슷할 것으로 보인다.

중국을 거쳐 탈북민이 오지 않는 이유는 우선 탈북이 막혔기 때문이다. 북한은 코로나가 시작되자 국경 1~2km 구간을 접근 금지 구간으로 정하고 밤에 접근하면 사살하도록 국경경비대에 지시했다. 철조망도 새로 세웠고 지뢰까지 매설했다는 이야기도 들린다.

그걸 넘어 중국 땅에 도착해도 이번에는 더 넘기 어려운 철조망이 기다린다. 땅을 파지 못하게 콘크리트로 기초를 만들고 굵은 철사로 촘촘히 엮은 높은 울타리를 세운 뒤 그 위에 다시 원형 철조망을 쳤다. 차로 일산 자유로를 따라 달리다가 한강 옆에서 보게 되는 군 경계용 철조망과 똑같다. 폐쇄회로(CC)TV도 1~2km 간격으로 달아 철조망 앞에서 조금만 시간을 지체하면 바로 중국 변방대가 출동한다. 그렇게 잡혀 끌려가면, 코로나 기간에 탈북했다는 죄로 살아남기 어렵다. 목숨을 여분으로 몇 개 가지고 있지 않는 한 탈북할 엄두도 못 내는 것이다.

북중 국경이 봉쇄되면 코로나 이전에 탈북해 중국에 숨어 살고 있던 탈북민이라도 한국에 와야 하는데 이것도 거의 불가능하다. 우선 지금까지도 한국에 오는 길이 없어 중국에 사는 탈북민 수가 많지 않다. 고작해야 수천 명 정도로 추산된다. 또한 코로나 통제로 지역 간 이동이 철저히 차단됐거나 검문이 엄격해져 신분증이 없는 탈북민은 이동이 거의 불가능하다. 그걸 뚫고 기존의 탈북 통로인 동남아 국경까지 와도 또다시 높은 장벽이 막아선다.

외신들에 따르면 중국은 코로나 방역을 이유로 남부와 동남아 국경 사이에 길이가 4800km에 이르는 철조망을 쳤다고 한다. 사실상 남부의 '만리장성'이 된 이 철조망 역시 북중 국경의 철조망과 비슷하게 최대 3.6m 높이로 설치됐고, 감시카메라와 센서로 주야간 감시된다. 2000년대 초반 탈북민들이 사용하던 몽골행 루트에도 철조망이 대거 보강됐다.

결국 탈북해 한국까지 오려면 북중 국경을 넘을 때 목숨을 두 번 걸면서 철조망을 넘고, 검문을 피해 그 넓은 중국을 가로질러야 하며, 다시 남부에서 목숨 걸고 또 철조망을 넘어야 한다. 지난해엔 이 어려운 미션에 성공한 사람이 한 명도 없다고 알려졌다. 올해에도 있을 것 같지 않다. 사실상 북한이 탈출이 불가능한 감옥으로 알려진 미국 샌프란시스코의 알카트라즈처럼 변하고 있는 셈이다. 그토록 원하던 탈북 제로를 달성했다고 기뻐할진 모르겠지만, 이러한 상황의 변화는 사실 최근 20일째 자취를 감춘 김정은에게도 좋은 일은 아니다.

남과 북, 좌와 우의 경계에서

1990년대 중반 '고난의 행군'이 닥쳐 수많은 사람들이 굶어 죽을 때, 북중 국경 지역을 중심으로 많은 사람들이 중국으로 탈북했다. 당시엔 국경에 철조망도 없었고, 경비대 숫자도 훨씬 적었다. 김정일 시대엔 중국에서 체포돼 북송돼도 정말 굶어 죽을 형편에서 탈북한 것이라는 것이 인정되면 이를 감안해 강제노동 몇 달 시키고 풀어주었다. 지금처럼 탈북을 곧 반역이라고 간주하지 않았던 것이다. 그 결과 약 20만 명이 중국으로 탈북한 것으로 추산되며, 이들이 보내준 돈으로 북한에 남은 많은 가족들도 살았다.

그러나 이젠 북한에서 고난의 행군이 다시 시작돼도 도망갈 길조차 없어 앉아서 굶어 죽어야 한다. 쌓여가는 그 수많은 시체와 원망을 김정은이 과연 감당할 수 있을까.

지금 북한 내부 경제 상황은 매우 좋지 않다. 코로나 봉쇄로 2년 반 동안 수출입이 차단된 데다 비상용 창고도 다 바닥이 난 지 오래다. 이렇게 버틸 여력이 사라진 상태에서 올해 들어 연이어 닥친 극심한 가뭄과 홍수로 흉작이 오면 대량 아사는 현실이 된다. 벌써 황해도에선 전염병과 굶주림으로 사람이 죽어간다는 소식이 들려온다.

얼마 전 수해로 떠내려 온 북한 주민으로 추정되는 시신 네 구가 임진강 하구에서 발견됐다. 슬픈 비극의 전조처럼 느껴졌다. 이제는 죽어서라도 그 땅을 벗어나면 다행인 걸까.

북한의 대량 아사, 하늘에 달렸다

2022. 7. 7.

지난달 중순 북한 매체들은 김정은이 가정상비약품을 본부 당위원회에 기부했다고 보도했다. 이틀 뒤 김정은을 따라 김여정과 현송월 등 노동당 간부들도 가정의약품을 급성 장내성 전염병이 퍼진 황해남도에 보내는 사진들이 노동신문에 나왔다. 북한 매체들은 '사랑의 불사약'이라고 선전했지만 이면을 보면 최악의 상황에 직면한 북한의 사정이 여실히 드러난다.

우선 1990년대 중반 '고난의 행군' 시기에 창궐했던 급성 장내성 전염병이 다시 퍼지기 시작했다. 이는 콜레라, 장티푸스, 이질 등을 말하는데 약이 없으면 코로나보다 치사율이 훨씬 더 높다.

둘째, 통치자의 가정상비약품까지 털어야 할 정도로 북한 창고들이 텅텅 비었다. 4월 말부터 퍼진 코로나로 약품은 물론이고 격리된 주민에게 공급할 식량까지 바닥났을 것이다.

셋째, 북한 식량 생산량의 4분의 1을 차지하는 최대 곡창지대 황해남도가 지금 큰 위기를 맞았다. 코로나와 콜레라 등 전염병도 문제지만 이에 못지않은 위기는 자연재해다. 북한은 올봄 황해남도에 기상 관측 이

남과 북, 좌와 우의 경계에서

래 두번째로 꼽히는 극심한 가뭄 현상이 발생했다고 보도했다. 가뭄에 코로나까지 겹쳐 노력 동원에 의존하는 모내기가 큰 차질을 빚었다.

올봄 극심한 가뭄은 북한 식량 생산의 4분의 3을 차지하는 황해도, 평안도 지역이 똑같이 겪었다. 봄 농사를 망쳐 굶어 죽는 사람들이 생긴다는 말이 들려올 즈음 황해남도에 급성 장내성 전염병이 퍼지기 시작했다고 북한이 발표했다.

하늘도 올해는 북한을 전혀 봐주지 않기로 한 듯하다. 극심한 가뭄에 이어 6월 말에서 7월 초에 폭우가 황해도와 평안도에 쏟아졌다. 단 며칠 동안 300mm 이상 폭우가 내려 겨우 모내기를 마친 논밭들이 침수됐다. 3년째 비료도 제대로 수입하지 못한 상황에서 자연재해까지 겹쳤으니 올가을 북한의 작황은 안 봐도 뻔하다.

흉작이 들면 식량을 수입이라도 해야 하는데, 중국이 코로나 방역을 이유로 지금 북-중 무역을 완전히 차단했다. 예비 식량마저 없으니 이제 굶주리는 일밖에 남지 않은 것이다. 거기에 각종 전염병까지 돌게 되면 고난의 행군의 재현이다. 김정은은 집권 이후 최악의 위기에 맞닥뜨렸다.

문제는 지금이 7월 초라는 것이다. 우리나라 농사에 가장 큰 피해를 주는 태풍은 아직 오지도 않았다. 올해는 이상 기후로 세계 곳곳이 고온 현상에 시달리는데, 이러면 태풍의 위력이 커진다. 만약 엎친 데 덮친 격으로 북한에 올여름 강력한 태풍이라도 덮치면 치명타를 입게 된다. 태풍이 아니라 극심한 가뭄이나 고온 현상이 올 수도 있다. 이는 북한에서 얼마나 많은 사람들이 죽게 될지는 오롯이 하늘에 달렸다는 의미다.

북한에서 대량 아사가 발생해도 국제사회가 도와줄 여력은 점점 줄어들고 있다. 우크라이나 전쟁으로 수많은 나라들이 식량 부족에 직면했고, 원유를 비롯한 모든 물가가 상승하고 있기 때문이다.

김정은은 지금 어떤 심정일까. 현 상황을 김정은 시점에서 다시 정리하면 이렇다.

'나라 창고가 텅텅 비었다. 비었으면 채워야 하는데, 자연재해로 불가능해 보인다. 전염병까지 창궐하고 있다. 외부에 손을 내밀려니 최대 우방국인 중국이 코로나 방역을 이유로 국경을 봉쇄했다. 러시아도 전쟁을 치르느라 제 코가 석 자다. 게다가 오랜 대북 제재로 돈도 없는 데다 세계 물가가 너무 뛰었다. 집권 첫 일성으로 더이상 인민들이 허리띠를 졸라매지 않게 하겠다고 했는데, 다시 고난의 행군에 직면해 주민이 무리로 굶어죽게 되면 체제의 내구성에 큰 균열이 생긴다.'

더욱 허탈한 일은 이 같은 위기가 김정은의 노력으로 극복할 일이 아니라는 점이다. 물론 노력을 할 생각도 없어 보인다. 서쪽, 북쪽 국경이 막혔으면 남쪽을 활용해 대책을 찾아도 모자랄 처지에서 북한은 여전히 한국 정부에 악담을 퍼붓고 있다.

북한이 고작 찾은 위기 극복 대책은 케케묵은 정신력 타령을 다시 꺼낸 것이다. 노동신문은 1일 "상반년 기간 우리가 건국 이래 일찍이 없었던 시련과 난관을 겪었다고 하지만 하반년에 들어선 지금 형편은 더 어렵다. 최우선 중시해야 할 사업은 대중의 정신력을 총 폭발시키기 위한 사상 사업"이라고 주장했다. 사실 정신력의 한계는 북한 사람들이 세상에서 제일 잘 안다. 영양실조 환자가 정신력을 총 폭발하면 죽을 날이 더 빨라질 뿐이다.

남과 북, 좌와 우의 경계에서

김정은이 삼재를 만났다   2022. 6. 16.

"우리 인민이 다시는 허리띠를 조이지 않게 하며 사회주의 부귀영화를 마음껏 누리게 하자는 것이 우리 당의 확고한 결심입니다."

2012년 4월 김일성광장 열병식에서 김정은은 이렇게 말했다. 그의 첫 연설이자 인민을 향한 첫 약속이었다. 10년이 지나 돌아보니 북에선 김정은만 허리띠를 조이지 않고 살아온 것 같다. 연설 당시 90kg으로 추정되던 몸무게는 140kg으로까지 늘었다. 작년에 20~30kg 정도 뺀 것으로 보였지만 최근 요요 현상이 온 듯 다시 살이 부쩍 쪘다.

북한 인민들은 김정은과 정반대로 나락으로 굴러 떨어지는 삶을 살고 있다. 2017년 이후 강력한 유엔 대북 제재로 북한 외화 소득의 90퍼센트 이상이 줄었다. 코로나 발생 이후에는 자발적 셀프 봉쇄로 남았던 10퍼센트도 벌지 못하게 됐다. 북한은 농경 왕조 사회로 회귀했다. 시간이 갈수록 외화와 예비 물자 창고는 고갈되고 인민의 영양 상태는 점점 나빠졌다.

4월 말부터 시작된 코로나 대량 확산은 북한에 또다시 결정타를 안겼다. 격리 조치로 주민들은 먹을 것이 없어 굶어 죽어가고 있다. 약이 가득 진열된 북한 선전 매체들의 평양 약국 사진과 달리 지방 사람들은 약이 없어 고열을 그대로 견뎌야 한다. 장마당에서 그나마 팔리던 해열제는 코로나가 퍼지자마자 씨가 말랐다. 나라 곳곳에서 죽어간다는 아우성밖에 없다.

올해 김정은은 삼재(三災)를 만났다. 코로나가 갑자기 휩쓸면서 민심이 흔들리고, 나라 곳간이 텅텅 비었다. 방역에 실패한 김에 무역을 재개하려니 이번엔 중국이 문을 닫았다. 중국이 단둥 주민들에게 "남풍이 불면 창문을 닫으라"는 지시를 내렸다는 외신 보도가 현재 북-중 관계를 보여주는 대표적 사례다.

교역이 막히면 농사라도 잘돼야 하는데 올봄 심각한 가뭄과 고온이 북한을 덮쳤다. 비료 생산과 수입도 제대로 되지 않으니 작황이 좋을 수가 없다.

여기에 또다른 무서운 재앙이 다가오고 있다. 바로 코로나와 우크라이나 전쟁이 촉발한 스태그플레이션(stagflation)이다. 경기 불황과 물가 상승이 동시에 발생하는 것이다. 세계은행은 6월 발행한 '세계경제전망' 보고서를 통해 올해 세계 경제성장률 전망을 2.9퍼센트로 대폭 하향 수정하면서 제2차 세계대전 이후 80여 년 만에 최악의 경제 침체가 예상된다고 발표했다.

스태그플레이션은 북한과 어떻게 연관이 될까. 에너지 시장의 가격 급등 및 불안정성 심화, 농산물 가격 상승이 이뤄지면 가장 큰 피해를 입는 쪽이 가난한 나라들이다. 이미 '인도양의 진주'로 불리던 스리랑카는 지난달 19일 부채 510억 달러를 갚지 못해 국가부도를 선언했다. 스리랑카의 인구는 2157만 명으로 북한과 비슷하다.

이렇게 국가가 부도날 정도가 되면 부패한 지도층을 향한 대중의 분노가 커지게 된다. 스리랑카에서도 수백 명의 사상자가 발생한 격렬한 시위가 벌어졌다. 시위대는 오랜 기간 족벌 정치를 해온 마힌다 라자팍사 총리의 관저에 난입해 불을 질렀다. 결국 라자팍사 총리는 지난달 사임을 발표한 뒤 헬기를 타고 가족과 함께 수도에서 멀리 떨어진 해군기지로 도피했다.

역사는 반복된다. 2010년 북아프리카와 중동을 휩쓴 '아랍의 봄(Arab Spring)' 혁명도 경제난과 물가 인상을 견디지 못한 민중들이 폭발한 것이다. 철옹성 같던 장기집권 독재 국가들이 줄줄이 무너졌다. 2003년부터 동유럽과 중앙아시아를 휩쓸어 독재 정권들을 줄줄이 무너뜨린 '색깔혁명(Colour revolution)'도 같은 이유로 촉발됐다. 스태그플레이션은 가난한 독재 국가들엔 독약이다.

북한은 가난한 독재 국가 순위에선 선두를 달린다. 스스로 세계 왕따를 자처하며 자력갱생으로 살겠다고 하지만 원유와 부족한 식량까지 자체 해결할 순 없다. 중국과 러시아가 얼마나 도와줄지는 몰라도 세계적인 물가 상승은 북한에도 영향을 미칠 수밖에 없다.

물론 북한은 정보 유통을 철저히 차단하고 연좌제라는 21세기 유일무이한 극악한 반(反)인륜적 공포 독재를 펴고 있기에 수십만, 수백만 명이 죽어도 시위가 벌어질지는 장담할 수가 없다. 그러나 치솟는 물가와 대량 아사자는 북한의 내구성에 심각한 균열을 만들어내고 수십 년의 상처를 만들 수 있다. 화려한 쇼에 집착하고 인민의 주머니를 털어 대규모 공사판을 벌여놓고 있는 김정은이 올해의 삼재는 무사히 넘길 수 있을까.

김일성의 사생아
김현의 죽음

1997년 남파 간첩에게 피살된 이한영은 생전『김정일 로열 패밀리』라는 수기를 남겼다. 수기는 김일성의 사생아 김현의 존재를 처음 밝혔다. 이에 따르면 김현은 1971년에 김일성과 제갈 성씨를 가진 전담 안마사 사이에 태어났다. 같은 해 5월 10일 성혜림도 김정남을 출산했으니 환갑인 김일성과 갓 서른에 접어든 아들 김정일이 거의 동시에 아들을 얻은 것이다.

김현은 이후 '장현'이라는 이름으로 장성택의 호적에 올랐다. 1979년 김현은 생모와 함께 모스크바로 가 동갑내기이자 조카인 김정남과 함께 살았다. 김현은 생모를 이모라고 불렀다. 성혜림의 조카인 이한영은 김정일의 저택에서 살았기 때문에 그의 증언은 상당히 신뢰가 있었고, 아직까지도 그의 증언에서 거짓은 없다. 이한영이 1982년 한국에 망명했기 때문에 김현에 대한 증언은 모스크바 생활에서 끝난다.

2021년 5월 나는 미출간된 '김정일 회고록'을 입수했다. 김일성 90주년 생일을 맞아 김정일이 아버지를 회상하는 내용이 위주였는데, 여기에 김일성이 아주 허물없이 대했다는 마사지 담당 간호사가 두 차례나 상당한 분량으로 언급돼 있다. 일개 간호사를 김정일이 자세하게 소개한 것은 매우 이례적이다.

회고록에 나오는 김일성 담당 간호사의 이름은 순복이었고, 1962년부터 등장한다. 회고록에 따르면 김일성은 현지 지도를 마치고 돌아오면 으레 담당 간호원을 친딸처럼 정답게 찾으며 다리를 주무르게 했다고 한다. 김정일이 "수령님의 건강은 동무의 손에 달려 있다"고 고무하자 간호사가 열심히 손을 단련해 남자 이상으로 손아귀 힘을 키웠다고 한다. 김일성은 늘 "네가 제일이다. 네 덕에 잠을 잘 잔다. 네가 나라의 복을 만든다"고 치하하곤 했다는데, 이 간호사가 김현의 생모일 가능성이 매우 높다.

최근 신뢰할 수 있는 한 소식통으로부터 김현의 이후 운명에 대해 들을 수 있었다. 김현은 북한에 돌아와 평양 중심부 서재동초대소에서 살았다. 보통강 인근의 초대소는 1988년 9월 건설됐는데 경치가 매우 좋다. 2000년경 방북했던 한국의 일부 인사들과 기자들도 이 초대소에 머물렀다. 서재동초대소는 150~170평 규모의 독립식 빌라 21채로 구성됐고, 각 빌라엔 침실이 3개 있다.

김현은 초대소 구내의 한 빌라가 아니라 입구에서 갈라져 들어간 단독 빌라에서 살았다. 2014년 북한은 서재동초대소 옆에 위성관제종합지휘소를 지었는데, 소식통에 따르면 그 자리가 김현이 살던 빌라 자리였을 것이라고 한다. 지휘소 옆은 김정일의 본처 김영숙이 살던 서장동초대소다.

김현은 학교를 다니지 못했다. 김정일의 지시였을 것이다. 김일성의 서자인 것이 드러날까 봐 그런 것도 있겠지만, 배다른 동생이니 위협 인물이라 생각해서 무식하게 만들려는 의도가 컸을 것 같다. 심지어 결혼도 못 하게 했다. 씨를 더 잇지 못하게 한 것이다. 김현은 키가 175cm 정도로 북한에선 큰 키였고, 김일성의 젊은 모습을 빼닮았다고 한다.

김현은 대신 왕족의 대우는 받았다. 최고급 초대소에서 풍족하게 살았고, 차량 번호가 216으로 시작되는 벤츠도 갖고 있었다. 216 번호판은 북한 최고위 간부만 받는 특혜다. 운전수도 있었고 요리사도 있었다. 물론 감시원들이었을 것이다. 김정일은 김현을 한두 번쯤 현지 시찰에도 데리고 다녔다. 위협이 될 존재인지 알아보기 위한 목적이 컸을 것이다.

백수 신세가 된 김현은 난봉꾼으로 변해 벤츠를 끌고 나가 여성 교통안전원들을 유혹하는 데 재미를 붙였다. 김일성을 닮은 젊은 남자가 216 벤츠를 타고 다니는 데다 경비가 삼엄한 최고급 저택에서 사니 여성들도 반항할 엄두를 내지 못했을 것이다.

김일성이 죽은 뒤 김현은 김정일에겐 짐이었을 뿐이다. 나중에 쿠데타라도 일어나 김일성의 핏줄이라며 김현을 옹위하는 일도 벌어질 수 있었다. 아들에게 권력을 물려주기로 한 김정일은 결국 2007년 김현을 조용히 죽였다고 한다. 김현은 김일성의 사생아로 태어나 36년을 잘 살고 죽은 것이다.

이렇게 핏줄 정리, 북한말로 '곁가지 정리'에 들어가니 김현과 모스크바에서 함께 큰 김정남이 가장 공포를 크게 느낄 수밖에 없었다. 그러나 김정남 역시 2017년 2월 말레이시아에서 독살됐다. 외국을 전전하며 동생의 마수를 피하려 했지만, 김씨 왕조에는 자비가 없었다.

당신이 북에서 태어났다면 무슨 직업일까

북한 노동신문이 2022년 5월 1일 노동절 기념 1면 사설에서 "오직 사회주의만이 온갖 형태의 지배와 예속, 사회적 불평등을 없애고 인민들을 모든 것의 주인으로 내세울 수 있다"고 주장했다.

부끄러움을 모르는 게 북한 매체의 특성이긴 하지만, 이런 철면피한 선전을 접할 때마다 저도 모르게 욕이 나온다. 지금 지구상에서 계급 제도가 가장 철저하게 고착된 곳이 바로 북한이기 때문이다. 계급 제도 하면 인도 카스트 제도를 떠올리는 사람이 많겠지만, 인도의 계급 제도는 현대에 점점 소멸되고 있다. 반면 북한은 1960년대 만든 계급 제도가 여전히 완벽하게 작동하고 있다.

북한의 '출신성분' 제도는 많이 알려져 있다. 북한에서 태어나면 기본 군중, 복잡한 군중, 적대계급 잔여분자라는 3대 계층으로 구분되고, 이 3대 계층은 상위 혁명가 성분부터 하위 지주, 자본가, 일제관리 자손까지 56개로 자세히 분류된다. 이 출신성분의 굴레를 벗어나기는 거의 불가능하다.

그런데 출신성분만 알면 북한을 절반만 아는 것이다. 출신성분이 가로의 씨실이라면, 세로의 날실에 해당하는 '사회성분'이라는 것이 또 존재한다. 북한을 좀 안다는 사람들도 사회성분에 대해선 모른다. 워낙 철저히 비밀리에 가동되기 때문이다. 사회성분은 노동자, 군인, 사무원, 농민이라는 4개 계급으로 구성된다. 태어날 당시 부친의 직업으로 자녀의 사회성분이 결정된다. 사회성분은 직업상의 신분 제도라고 할 수 있다.

사회성분은 수평적이지 않다. 우대 순서로 따지면 첫번째가 노동자, 이와 비슷한 레벨의 두번째가 군인, 세번째가 사무원, 네번째가 농민이다. 농민은 상위로 올라가는 것이 거의 불가능하다. 농민의 자식은 90퍼센트 이상 농민이 된다. 10년 군 복무를 마치고도 다시 농민으로 보낸다. 대학도 주로 사범대학에 보내 졸업 후 농촌학교 교사로 보내는 등이 굴레는 철저하게 작용한다.

수재인 경우 아주 희박한 확률로 굴레를 벗어날 수는 있다. 좋은 대학을 졸업해 도시 대학 교원이나 연구사가 될 수 있는 것이다. 이 경우에도 자신의 사회성분은 여전히 농민이며, 과오 없이 은퇴해야 자식이 사무원의 사회성분을 얻는다. 군 장교로 발탁되는 경우도 마찬가지로 자식부터 군인으로 바뀐다.

농촌에서 태어난 남성이 자녀의 사회성분을 바꿀 확률은 5퍼센트도 안 된다. 특히 농민은 노동자 성분으로 바뀌는 것이 사실상 불가능하다. 자녀가 아버지의 농민 직업을 물려받기 때문에 농촌 여성은 다른 사회성분의 남성과 결혼하려 애쓴다. 농민 중 출신성분이 좋으면 농촌 간부가 된다. 지금 노동당엔 사회성분이 농민인 간부는 아마 없을 것이다.

사무원은 외교관, 학자, 의사 등이 될 수 있어 농민보다는 훨씬 좋은 성분이다.

군인 역시 세습이다. 현재 북한군 장성의 대다수가 사회성분상 군인이라고 한다. 충성도를 검증받은 장성의 아들이 대를 이어 장성이 될 가능성이 매우 높은 것이다.

노동자는 상위 계급이지만 분포도가 매우 넓기도 하다. 진짜 노동자도 있고 중앙당 간부도 있다. 이는 출신성분에서 갈렸기 때문이다. 즉, 날실은 좋은데 씨실이 안 좋아서 출세를 못 한 것이다. 북에서 살면 내가 가로와 세로의 어디쯤에 놓여 있는지 대충 짐작은 할 수 있지만 정확히 알 수는 없다. 성분 서류는 간부부와 노동부 담당자 몇몇만 볼 수 있는 최상위 기밀 서류이기 때문이다.

농민은 대를 잇는 노비인데 왜 이런 신세가 됐는지 정확히 알 수는 없다. 일설에 따르면 토지개혁과 관련이 있다고 한다. 김일성이 광복 후 토지개혁 한다면서 농민들에게 땅을 나눠주었다가 1950년대 후반 협동농장을 만든다며 다시 뺏었는데 농민들이 격렬히 저항했다. 그래서 김일성이 농민들은 이기주의자라며 치를 떨어 노비로 만들었다는 것이다.

반면 노동자들에겐 줬다 뺏은 일이 없어 반항할 이유가 없었다. 농민이 노비라면 사무원은 흔들리는 갈대로 취급한다. 북한에서 사회성분을 거슬러 올라가긴 매우 어렵지만, 위에 있다가 김씨 일가의 눈 밖에 나서 노비로 전락하는 것은 순식간이다.

예속과 불평등이 없는 사회를 만들기 위해 3대를 이어 혁명을 한다는 북한의 진실은 바로 이렇다. 이 글을 읽는 사람들도 내가 북한에서 태어났다면 운명이 정해진 바둑판 위 어느 지점에 서 있을지, 무슨 일을 하고 있을지 한 번쯤 상상해봤으면 좋겠다.

'고물이 온다, 고물이 간다'

몇 년 전 유튜브에서 북한군 열병식 풍자 영상이 화제가 됐다. 다리를 75도 이상 올리며 껑충껑충 뛰어가듯 행진하는 북한군 영상에 팝 음악 밴드인 비지스(Bee Gees)의 노래를 입혔을 뿐인데 조회 수가 4200만 회가 넘었다. 여기엔 10만 개 가까운 댓글이 달렸다.

북한의 최대 명절인 태양절 110주년인 내일 김일성광장에서 열병식이 또 열린다. 이젠 하도 많이 봐서 대략적인 흐름이 머리에 훤하다. 선두가 기마병이든 노병이든 약간의 차별화는 있겠지만 보병 행진 후 기계화 부대가 따르고, 공군 퍼레이드가 진행되는 가운데 대륙간탄도미사일이 피날레를 장식한다는 순서는 변함이 없다.

화려한 옷을 입고 꽃다발을 든 평양 시민들이 광장에서 '김일성, 김정은'과 같은 글씨를 만들며 우렁찬 만세를 부르는 가운데 김정은이 손을 흔들며 퇴장할 것이다. 1990년대에 김일성광장에서 직접 열병식 행사에 참가했던 나는 지금은 서울에서 열병식을 수없이 지켜보지만 이젠 열병식에 별 감흥이 없다.

그러나 내일 열병식은 느낌이 완전히 다를 것 같다. 바로 우크라이나 전쟁 때문이다. 전쟁이 마치 게임 생중계처럼 세계에 실시간 송출되고, 러시아 전차가 휴대용 미사일 공격을 받아 폭발하고, 전투기와 헬기가 불덩이가 돼 떨어지는 영상이 매일 쏟아져 나온다.

그런데 우크라이나에서 휴대용 미사일에 속절없이 파괴되는 러시아 전차와 장갑차는 알고 보면 북한에겐 '꿈의 전차'들이다. 돈 없어 사 올 수도 없고 기술이 모자라 베끼지도 못하는 T-72, T-80, T-90 전차들이다. 북한군은 아직도 1960년 초반 개발된 T-62 계열 전차가 주력이다.

1991년 걸프전쟁 때 이라크군은 소련의 최신형 T-72 전차를 포함해 3500여 대의 전차부대를 운용했다. 그러나 미군 에이브럼스 탱크 단 1대도 격파하지 못했고, 전차병 3명에게 부상을 입혔을 뿐이다. 31년 전에 그랬다. 지금은 남북의 전차 전력이 반세기 이상 차이 난다.

중동전쟁과 걸프전에서 소련제 전차가 전혀 힘을 못 쓰자 일부 전문가들은 "소련이 보급형을 수출했기 때문", "전차병들의 훈련이 부족했기 때문" 등으로 설명하며 "진짜 러시아 기갑부대는 전혀 다를 것"이라고 두둔하기도 했다. 그러나 지금 진짜 러시아 최정예 기계화 부대가 군사력 순위에서 20위나 차이가 나는 우크라이나군에 힘을 못 쓰고 당하고 있는 장면을 세계가 지켜보고 있다. 러시아제 무기의 허상 역시 생생하게 드러났다.

김정은도 우크라이나 전쟁을 지켜볼 것이다. 북한은 세계에서 구소련의 무기 시스템과 군사 교리에 기초해 군이 운용되는 거의 유일한 국가다. 그런데 북한의 우상인 소련을 계승한 러시아가 북한이 그렇게 갖고 싶어도 가질 수 없는 최신 장비를 총동원하고도 창피를 당하고 있다.

전차부대만 힘을 못 쓰는 게 아니다. 러시아 공군도 북한에 없는 Su-

30, Su-34 신형 공군기에 강력한 Mi-24, Mi-28 공격 헬기로 무장했지만 제공권을 완전히 장악하지 못하고 있다. 북한이 겨우 10여 대를 보유한, 1980년대에 생산된 미그-29는 이번 전쟁에서 고물 취급 받는 낡은 전투기다. 북한의 주력 전투기는 여전히 1950, 1960년대 생산된 미그-21, 미그-23이다.

김정은은 우크라이나 전쟁을 보며 무슨 생각을 할까. 김일성광장에서 지나가는 기계화 부대를 보면서 이것도 군대라고 유지해야 하나 싶은 생각이 들진 않을까. 나는 내일 열병식에서 북한군 기계화 부대가 지나갈 때마다 우크라이나 거리와 마을에 뒹구는 포탑이 날아가 녹이 쓴 러시아 전차와 장갑차가 머릿속에 떠오를 것이다. 그리고 되뇔 것이다.

'고물이 온다, 고물이 간다.' 김일성광장 상공을 나는 비행기들을 보면서도 되뇔 것이다. '고물이 온다, 고물이 간다.'

이는 재래식 전쟁에서도 세계 군사력 평가 6위인 한국이 28위인 북한에 진다고 주장하는 일부 한국군 장성들에게도 하고 싶은 말이다. 지금은 남북이 재래식 전쟁을 하면 그냥 고물 청소가 될 가능성이 높다. 위성과 무인기로 손금 보듯 전장을 보는 세상에선 고물을 숨길 곳도 없다. 장군님이 명령만 내리면 당장 남으로 진격해 적을 쓸어버릴 수 있다고 믿으며 껑충껑충 행진하는 북한 군인들에게 우크라이나 전쟁 영상을 보여주고 싶다.

우크라이나 전쟁은 김정은이 핵과 미사일에 목을 맬 수밖에 없는 현실을 잘 보여주고 있지만, 한편으론 북한군이 얼마나 허약한지도 생생히 방증하고 있다. 고물의 퍼레이드가 뭐가 자랑스럽다고 매년 꼬박꼬박 열어 온 세계에 보여줄까. 창피하지도 않을까.

남과 북, 좌와 우의 경계에서

서울 아크로비스타와   2022. 3. 31.
평양 은정아파트

1995년 6월 발생한 삼풍백화점 붕괴 소식을 북한에서 노동신문을 통해 접했다. 썩고 병든 남조선에선 이런 대형 참사가 끊이지 않고 발생한다고 비난했다. 그 전해 10월 발생한 성수대교 붕괴 소식도 노동신문에 사진과 함께 큼직하게 실렸다. 남조선은 잘사는 사회라고 알고 있던 내겐 충격적인 소식이었다. 대다수 북한 사람들도 한강 다리 상판이 떨어지고 백화점이 무너져 내린 사진을 보면서 남조선은 사람 못 살 사회라고 생각했을 것이다.

532명이 사망·실종되고 940여 명이 부상당한 이 참사가 워낙 충격적이어서 한국에 와서 관련 기사를 찾아보기까지 했다. 2004년 6월 삼풍백화점 자리에 주상복합 아파트가 건설돼 입주가 시작됐다는 기사를 보고 '저기에 왜 하필 주거시설을 지어야 했을까. 나라면 왠지 께름칙해서 못 살 것 같은데 저기 들어가는 사람들은 어떤 사람일까'라고 생각했다.

그런데 바로 그 아파트에 살던 사람이 대통령이 됐다. 대통령 배우자역시 결혼 전에 거기에 거주했다. 풍수가들의 논리에 따르면 대통령이 나온 자리는 길지(吉地)가 되겠는데, 길지라고 하기엔 또 대형 참사가 이해되지 않는다.

2022년 3월 10일 새벽 당선이 확정된 윤석열 후보가 아크로비스타를 나올 때 나는 평양 평천구역 은정아파트를 떠올렸다. 불과 8년 전인 2014년 5월 13일 오후 4시 북한의 가장 대표적인 붕괴 참사가 일어난 그 23층 아파트이다. 남쪽에는 '평천 아파트 붕괴 사고'로 알려져 있다.

이 아파트의 붕괴 역시 부실시공 때문이었다. 목격자들의 증언에 따르면 붕괴 이후 현장은 아파트 잔해인지 흙더미인지 구분이 안 될 정도였다고 한다. 아파트 건축을 담당한 군인들이 철근과 시멘트를 빼돌려 팔아먹고, 그 대신 저강도 시멘트를 섞어 건설했기 때문이다.

사망자 수는 북한이 공개하지 않아 정확히 알 수는 없다. 다만 사고 발생 3년 뒤 평양에서 나온 한 북한 간부에게 물어봤더니 300명 정도로 추정된다고 했다. 북한에서 개별적 회사가 건설해 파는 아파트는 내부 미장까지만 해주기 때문에 골조만 세워지면 그 이후엔 집을 산 사람들이 벽지도 바르고 인테리어도 한다.

평천 아파트 역시 완공도 되기 전에 입주 예정자들이 들어가 마무리 작업을 하던 중이었다. 남편이 출근한 뒤 집에 남아 작업을 하던 가정주부와 노인들, 건설 후속 작업을 하던 군인 수십 명, 개별 가정의 청부를 받은 건설 전문 인력들, 아파트 주변에서 놀던 어린이들, 밖에서 한담을 하던 다른 아파트의 노인 일부 등이 사망했다. 아파트 붕괴 현장에선 생존자가 단 한 명도 없었다고 한다.

사망자 시신도 제대로 수습되지 않았다. 김정은의 지시로 굴착기와 덤프트럭을 총동원해 불과 이틀 만에 붕괴 잔해를 치워버렸기 때문이다. 그리고 그 자리에 피해자 가족 수백 명을 모아놓고 최부일 인민보안상이 직접 나와 사과했다. 북한은 보험이 없어 피해자들은 한 푼의 보상도 받지 못했다.

붕괴 현장엔 불과 몇 달 만에 똑같은 아파트가 건설됐다. 김정은의 배려로 건설된 아파트란 의미로 은정아파트란 이름이 붙었고, 붕괴 전에 아파트를 샀던 사람들에게 다시 분양됐다. 하지만 가족을 잃은 유족들이 그 자리에서 살 리가 만무했다. 북한 당국은 유가족들이 김정은의 '은정'을 거부하고 아파트를 팔고 떠나도 이를 눈감아주었다고 한다. 문제는 은정아파트가 매물로 나오자 수많은 사람들이 사겠다고 줄을 섰다는 것이다.

평양 간부의 증언에 따르면 은정아파트가 엄청난 인기를 끈 이유는 표면적으론 김정은의 지시로 건설돼 튼튼할 것이기 때문이라 했지만, 실은 수백 명이 사망해 액막이가 잘된 아파트라고 입소문이 났기 때문이라고 한다. 평양의 한 단면을 보여주는 사례이기 때문에 이 증언을 2018년에 쓴 책 『평양 자본주의 백과전서』에도 실었다.

삼풍백화점 붕괴 터에서 남조선 대통령이 나왔다는 소식이 북에 알려지면 어떤 일이 벌어질까. 역시 액막이가 된 아파트가 최고라며 은정아파트 가격이 치솟을 것 같다. 물론 남쪽 소식을 대다수 북한 사람들이 알 수 없겠지만, 통일전선부 간부들을 포함한 일부 고위층들은 한국 소식을 접할 수 있다. 게다가 삼풍백화점 붕괴는 많은 북한 사람들도 기억하고 있는 참사이다. 머잖아 북한에 '남조선에 아크로비스타가 있다면 우리에겐 은정아파트가 있다'는 소문이 퍼질지 모르겠다.

탈북해 한국에서
20년을 살아보니

　어제, 3월 16일은 내가 탈북해 한국에 도착한 지 20년째 되는 날이다. 중국의 한 지방 공항에서 심장이 터질 듯한 긴장 속에 출국 심사를 통과하던 일, 하늘에서 내려다본 첫 한국 땅, 인천공항에서 탈북자라 신고하던 순간 등이 여전히 생생하다. 반년 전까지 북한 감옥에서 운신이 어려운 폐인이 되어가던 내가 새 삶을 선물 받은 날이었다.

　3개월의 조사를 마치고 사회에 나와 먼지가 가득 쌓인 실평수 7평 남짓한 영구임대아파트를 밤늦게까지 청소한 뒤, 이불도 없어 맨바닥에 누워 '이제 뭐하고 살까' 막막해하던 첫날 밤도 잊지 않는다.

　벼룩시장을 뒤져 찾은 첫 일은 8월 삼복에 군포화물터미널에서 컨테이너 속 와인 박스를 하루 종일 메고 나르는 일용직이었다. 첫날 일당은 4만 5000원. 인력사무소에 10퍼센트 주고 밥값과 교통비를 떼고 남은 3만 5000원을 만지작거리며 '이제는 일만 하면 굶어 죽진 않겠다'며 행복해했던 기억도 난다.

　중고 컴퓨터를 사서 구직 사이트를 뒤져 20개 회사에 이력서를 보냈다. 세 곳에서 회답이 왔다. 가장 조건이 좋아 보이는 가리봉의 한 무역회사부터 찾아갔더니 "김일성대 수준이 여기서 통하겠냐"며 대놓고 무시했다.

이런저런 일을 하다가 2002년 10월 한 주간지 기자로 입사했고, 이듬해 여름 어느 저녁 퇴근길 지하철 가판에서 동아일보 채용 공고를 보고 지원했다. 동아일보 합격 통지를 받던 때와 거의 동시에 6개월이나 걸린 국정원 입사 시험에도 합격했다. 양지와 음지 중 어느 쪽에 갈까 고민하다가 양지를 선택했다. 지금 돌아보면 그것이 내가 한국에서 내린 가장 훌륭한 결정이라고 생각한다.

중국에 있을 때 라디오에서 한국에 입국한 탈북민이 1300여 명이라는 말을 들었다. '빨리 가서 1500명 안에는 들어가자'고 결심했는데, 이후 체포돼 중국과 북한의 6개 감옥을 전전하다가 겨우 살아오고 보니 2000여 번째였다. '너무 늦게 와서 내가 갈 만한 자리는 없겠다' 싶었는데 이후 3만 4000명이나 탈북해 올 줄은 상상도 못 했다. 지금은 뒤늦게 온 탈북민을 만나면 "내가 빨리 와서 참 다행이다"라는 말을 자주 한다.

정착 초기 몇 년을 돌아보면 산에서 살다가 도시로 내려온 타잔에 비유할 수 있을 것 같다. 하지만 20년을 살다 보니 아스팔트 위에서 구두를 신고도 맨발로 숲속을 달리던 것만큼 빨리 달릴 수 있다는 자신감이 생겼다.

그럼에도 여전히 나는 한국에서 탈북 기자로 불린다. 해외에서 태어나 현지 대학까지 마치고 한국에서 기자가 돼도 미국 출신 기자, 중국 출신 기자라고 부르진 않는다. 하지만 내게 붙은 출신의 꼬리표는 죽을 때까지 떨어질 것 같지 않다.

한국 생활 20년째라고 하면 아마 많은 사람들이 '그만큼 살아보니 어떠냐'고 물어보고 싶을 것 같다. 이 질문엔 밤새 말할 것 같기도 하고, 또 할 말이 없을 것 같기도 하다.

한국에 처음 도착했을 때의 나는 혁명가의 꿈이 심장에서 펄펄 끓는 청년이었다. '내 생애엔 북한이 반드시 붕괴될 것이고, 그때 다시 돌아가 고향 사람들을 선진국 국민으로 만들기 위해 한목숨 바치겠다'는 확실한 목표가 있었다.

언론인의 길을 선택할 때 북한이 가장 암살하고 싶은 사람으로 살겠다는 비장한 다짐도 했다. 지금은 후배들과 술자리에서 "20년이나 살 줄 알았으면 일찍 아파트나 사놓을 걸 그랬다"는 농담을 자주 하는 사람으로 변했다. 뜻을 이루지 못한 망명가로 생을 마무리할까 봐 가끔 겁도 난다.

북에서 산 세월이 아직은 더 많지만 사회생활은 전부 서울에서 했다. 이젠 서울 지리에 훤한 완벽한 서울 시민이 됐다. 당장 내일 북한 체제가 붕괴된다면 20대의 꿈을 실현하기 위해 북에 돌아가 살 수 있을까.

솔직히 말해서 북에 가서 몇 달 정도 살 수는 있겠지만, 다시 북한 사람으로 살아갈 자신은 점점 사라진다. 북한에서 '뉘기요? 어째 왔소?'라는 억센 사투리에 둘러싸인다면 이젠 몹시 이질감을 느낄 것 같고, 북한 사람들도 나를 한국 사람이라 받아들일 것 같다.

서울에선 탈북 기자, 평양에선 한국 기자로 불릴 삶이 내키지는 않다. 그러나 '왜 목숨 걸고 여기에 왔는지 잊지 말라'며 불쑥불쑥 심장을 두드리는 무엇인가가 내 몸에 남아 있는 한 기꺼이 경계선에 서 있을 것이다. 죽을 때까지 바뀔 수 없는 내 운명인 듯싶다.

남과 북, 좌와 우의 경계에서

평양 화성지구의
한겨울 삽질 악몽

2022. 3. 3.

2022년 2월 김정은은 평양 화성지구 1만 가구 주택 건설 착공식에 참석했다. 작년에 완공하겠다던 송신·송화지구 1만 가구 건설도 아직 마무리되지 않았는데, 또 새로운 공사판을 벌이겠다는 것이다.

화성지구는 평양에서 살았던 내게도 생소한 지명이다. 행사장 사진과 건설 조감도 등을 토대로 구글어스로 찾아보다가 소스라치게 과거의 악몽과 맞닥뜨리게 됐다. 김정은이 검은색 선글라스를 쓰고 나타난 저 장소, 순안공항으로 연결된 도로가 합장강과 만나는 저 지점은 26년 전 내가 북한 체제에 대한 환멸을 뼈저리게 느낀 곳이다.

내가 김일성대학교 외국어문학부에 재학 중이던 1995년 12월. 대학에 금수산기념궁전 건설 일환으로 합장강 정리 과제가 떨어졌다. 학년별로 3개월씩 나가 강바닥을 파내라는 것인데, 우리 학년 100여 명은 하필 제일 추운 겨울에 차출됐다. 대학 기숙사에서 공사 현장까지는 한 시간 남짓 걸어야 했다. 우리가 가진 작업 도구는 정, 해머, 삽, 곡괭이 따위가 전부였다.

추운 날씨에 밖에서 하루 종일 일할 수는 없기 때문에 가장 먼저 휴식 공간으로 쓸 움막부터 만들었다. 언 땅에 정을 박고 교대로 해머를 휘둘러봐야 흙이 겨우 밤톨만큼만 떨어져 나왔다. 작업 솜씨가 서툴러 정대를 잡았던 학생들이 해머에 손을 다치는 일도 잦았다. 갖은 고생 끝에 열흘 만에 겨우 기둥 몇 개를 세우고 수십 명이 빼곡히 들어갈 수 있는 움막을 만들었다.

다음 과제는 강바닥을 파내는 일이었는데, 이건 얼음을 깨는 것과 별반 차이가 없었다. 마대 하나에 흙을 채우는 데 네댓 명이 달라붙어 한나절씩 걸렸다. 100여 명이 동원됐지만 학생 간부라고 빠지고, 뇌물 주고 빠지고, 여자라고 봐주고 하다 보니 실제 일하는 사람은 절반도 채되지 않았다. 당시는 '고난의 행군' 시기라 식량도 턱없이 부족했다. 강을 따라 부는 매서운 칼바람 속에서 삐쩍 말라 허기진 젊은이들이 해머를 휘두르는 모습을 봤다면 누구나 시베리아 수용소를 떠올렸을 것이다.

그렇게 3개월 동안 겨우 강에 가로세로 5m 정도에 사람 키만 한 높이의 웅덩이를 하나 파놓았다. 그게 뭐 대단한 일이라고 도중에 최태복 노동당 교육비서가 벤츠를 타고 와서 직접 격려까지 했다. 동원 기간이 끝나가는데 과제 수행 목표치에 턱없이 미달하자 책임지고 나왔던 교수가 사색이 돼 뛰어다니더니, 몇 킬로미터 떨어진 곳에서 공사를 하고 있던 북한군 공병국에서 굴착기(포클레인) 1대를 한나절 빌려오기로 했다. 군인들은 대가로 디젤유 100L, 굴착기 바가지에 외제 담배와 밀주가 아닌 공장에서 제조한 술을 가득 채워줄 것을 요구했다. 교수는 학급 인원에 비례해 술, 담배를 분담시켰다.

철수하기 사흘 전쯤 군관 1명과 병사 1명이 굴착기를 몰고 나타났다. 그날 우리는 제방에 앉아 굴착기의 작업 모습을 지켜봤다. 불과 다섯 시

남과 북, 좌와 우의 경계에서

간 만에 우리가 석 달 동안 파놓은 웅덩이와는 비교도 안 될 정도로 큰 웅덩이가 생겨났다. 술, 담배를 가득 실은 바가지를 마대로 덮고 돌아가는 굴착기를 보며 우리 모두는 극심한 허탈감을 느꼈다. 대학생 100명이 강추위에 벌벌 떨며 3개월 동안 한 일이 굴착기 반나절 작업량보다 못하다는 사실을 목도한 것이다. 나 역시 이런 무지한 사회는 망해야 한다는 생각이 굳어졌다.

다음 날 갑자기 조선중앙TV 기자들이 왔다. 책임자의 요구대로 우리는 남녀노소 할 것 없이 옷을 입은 채 가슴까지 차오르는 얼음물에 들어가 흙을 파내는 연기를 했다. 갈아입을 옷도 없어 모닥불로 얼어붙은 옷을 말렸다. 그날 저녁 중앙방송에 "김일성대 학생들이 충성의 마음을 안고 얼음물에 뛰어들어 강을 파고 있다"는 뉴스가 나왔다. 그땐 평양도 늘 정전이라 대다수가 그걸 보진 못했다. 전기가 오는 중앙당 아파트에 사는 몇 명이 다음 날 어제 TV에 그럴듯하게 나왔다고 전해줬다. 그 후부터 TV에서 물에 뛰어들었다는 영웅적 뉴스가 나오면 하나도 믿지 않게 됐다.

우리가 얼음물에 뛰어들었던 그 합장강변에 지난달 수만 명의 청년이 다시 모였다. 내가 3개월 동안 언 땅에 삽질을 하던 그때쯤 태어난 청년들이다. 김정일에서 김정은으로 통치자가 바뀌었지만 고픈 배를 부여잡고 삽질하는 민초들의 삶은 한 세대가 지나도 변한 것이 없다. 화성지구 주택 건설 착공식 사진을 보며 26년 전 저 장소에서 "이런 나라는 망할 수밖에 없고, 또 망해야 돼"라고 분노했던 젊은 내 모습이 떠올랐다. 그런데 북한은 아직도 망하지 않은 채 버티고 있다. 언제까지 북한 청년들이 이런 삽질에 동원돼야 할까. 나의 분노도 가슴에 그대로 남아 있다.

2022

우크라이나 위기가
김정은에게 주는 교훈

러시아와 우크라이나 사이의 전쟁 위기에 전 세계가 주목하고 있다. 이번 사태는 여러모로 눈길을 끄는 점이 많은데, 특히 군사작전의 은밀성이 사라진 것이 두드러진 특징이다. 위성사진을 통해 언제, 어디에, 어떤 병력이 주둔해 있는지, 어디로 이동하는지 전 세계가 매일 생중계처럼 지켜볼 수 있다. 위성사진의 화질이 너무 깨끗해 벌판에 늘어선 기갑 장비의 종류까지 판별될 정도이다. 공격하는 쪽이나 방어하는 쪽이나 정찰병을 굳이 보내지 않아도 맞은편에 무엇이 있는지 알 수 있다. 미래의 전쟁에선 이런 상황이 되풀이될 것이다.

모든 것을 위성사진으로 손금 보듯 볼 수 있는 세상에선 선제공격을 하는 쪽이 크게 불리하다. 기습의 은밀성이 점점 사라지는 것이 수백만 명의 병력이 대치하고 있는 한반도에는 어떤 영향을 미칠까.

미국 싱크탱크인 전략국제문제연구소(CSIS)는 7일 북한 자강도 회중리에 건설된 연대급 대륙간탄도미사일(ICBM) 기지 위성사진을 공개했다. 이 기지는 여의도의 두 배가 넘는 약 6km² 면적에 자리잡고 있고, 비무장지대 북쪽으로 383km, 중국 국경과는 불과 25km 떨어진 곳에 위치해 있다.

그런데 위성사진 화질이 정말 깨끗해서 기지가 운용본부와 보안시설, 지하시설, 거주 및 농업 지원시설 등 6개 공간으로 나뉘어 있으며 이동식발사차량과 이동식거치대 등을 어디에 수용하는지가 한눈에 드러난다. 골짜기를 따라 6m 폭의 도로와 그 옆에 위치한 갱도 입구 12개도 보인다. 각 갱도의 입구는 너비가 8m 또는 15m 등으로 사이즈까지 분간이 된다. 북한은 1990년대 후반부터 이 기지 공사를 시작했고 최근 완공했다.

김정은의 처지에서 한번 생각해보자. 민간인도 접근 못 하게 하면서 막대한 물자와 숱한 군인들을 동원해 팠는데 위성사진 한 장에 탈탈 털렸다. 대를 이어 20년 넘게 들인 김씨 일가의 수고가 위성 때문에 순식간에 물거품이 된 것이다.

갱도 입구까지 또렷하게 보이면 더이상 비밀기지가 아니다. 유사시 한국의 순항미사일이 입구를 타격하고, 지하 100m 이상을 관통하면서도 정확도까지 뛰어난 현무4 미사일이 떨어지면 지하에 지진이 발생해 숨겨놓은 ICBM은 모두 매몰될 수밖에 없다.

미국이 파악하고 있는 북한 미사일 기지가 어디 회중리뿐일까. 회중리에서 15km 떨어진 곳에 있는 영저리 미사일 기지도 마찬가지로 한눈에 보인다. 외진 산골로 이어진 북한의 도로를 따라가면 미사일 기지뿐만 아니라 각종 군 기지 등이 일반 보급용 구글어스에서도 다 보인다.

이런 상황에서 북한이 갱도를 계속 만들 마음이 생길까. 한국이 최근 개발한 세계 최고 수준의 관통력을 가진 현무4 미사일은 북한의 최고 장점인 '전국의 갱도화'를 최악의 단점으로 바꾸어버렸다. 미사일이 떨어지는 갱도는 그냥 무덤으로 변하기 때문이다.

북한을 지켜보는 것이 어디 위성뿐일까. 최첨단 정찰기들과 레이더들도 북한에 초점을 맞추고 있다. 북한의 미사일 은닉 방법은 수십 년 전 수준에 머물러 있는데, 북한을 지켜보는 감시자산은 비약적인 기술적 발전을 이루었다. 미국은 북한에서 운행되는 차량 숫자까지 다 파악하고 있다는 말도 들린다. 한쪽에 바퀴를 11개나 단 크고 굼뜬 ICBM 발사 차량 정도는 어느 갱도에 몇 대나 들어가 있는지 이미 파악했을 것이다.

북한이 새로 개발했다고 자랑하는 미사일 열차도 너무 무거워 콘크리트 침목을 새로 깐 곳만 다닐 수 있는데 북한에는 그런 구간이 한정돼 있다. 미사일 열차가 어디에서 나와 어디로 가는지도 당연히 볼 수 있다는 뜻이다.

지금은 평화 시기이니 북한이 미사일 몇 발 시험하는 것까지 꼼꼼하게 볼 필요는 없다. 그러나 만약 북한의 미사일 갱도들에서 동시다발적으로 분주한 움직임이 벌어지면 한미일의 모든 감시자산이 북한을 들여다보며 대비한다. 김정은이 몇 발만 꺼내 선제공격할 수도 없다. 한 발이라도 한국에 날아오면 전쟁이다. 그 즉시 한국의 모든 미사일이 입력된 좌표로 날아가 갱도에 숨겨놓은 나머지 미사일들을 묻어버린다. 그렇다고 김정은이 미사일 수백 발을 몽땅 꺼내놓고 한국 등을 겨냥하면 자칫 먼저 선제공격을 받을 수도 있다.

김정은은 이제 갱도도 믿을 수가 없게 됐다. 그렇다고 미사일들을 밖에 보관하면 패를 완전히 까는 셈이 된다. 이도 저도 못 하는 처지다. 강력한 감시자산과 일거에 북한의 미사일 기지들을 무덤으로 만들 수 있는 현무4의 등장은 북한에는 악몽의 서막이다. 상대를 손금 보듯 내려다본다는 것은 실로 엄청난 힘이다.

북한의 '자력갱생' 아파트　　　2022. 2. 3.

2022년 새해 벽두부터 광주 화정아이파크 붕괴 사고가 터졌다. 언론은 일제히 '후진국형' 인재라고 비판했다. 무리한 속도전을 벌여 콘크리트 양생 기간이 지켜지지 않았고, 불량 레미콘을 사용했고, 비숙련 외국인 노동자를 썼으며, 엄격한 감독이 부재했다는 등이 사고 원인으로 거론됐다. 듣고 보니 뭐 하나 제대로 된 것이 없어 보인다.

가령 사고 이후 전문가들은 1개 층을 올릴 때 콘크리트 타설과 양생에 하절기는 5~6일, 동절기는 12~18일이 걸려야 하는데, 붕괴 아파트는 동절기임에도 엿새 만에 1개 층씩 올렸다고 지적했다. 붕괴 원인이 하나씩 거론될 때마다 속으론 '이건 전형적으로 북한에서 벌어지는 일인데'라는 생각이 들었다. 어처구니없는 것은 북한은 이를 감출 생각을 하지 않고 자랑한다는 것이다.

북한은 평양 여명거리를 건설할 때 하루에 한 층씩 올렸다고 선전하다 못해 18시간 동안 한 층씩 올렸다고 자랑했다. 그래서 여명거리의 대표적 건물인 70층 아파트는 74일 만에, 55층 건물은 60일 만에 골조 공사가 끝났다면서 '수도 건설 역사에 길이 남을 만리마 속도' '평양 속도'라고 선전했다. 북한의 아파트 건설 장비가 한국의 전문 건설기업과 비교할 정도가 아닐 텐데 거의 삽질로 74일 만에 70층을 완공한 것이다. 70층 공사에 약 2만 명의 인력이 동원됐다고 한다. 이 중에는 전문 인력도 있겠지만, 군인과 평양 시민 등 비숙련 인력이 태반이다. 한국 아파트 공사장에서 일하는 외국인 노동자들은 이들에 비하면 몇 수 위 전문 인력이라 할 수 있다.

한국에서 전문적으로 품질 관리를 점검받는 레미콘 업체도 골재를 잘못 관리했다고 질타당했는데, 북한의 골재 품질은 어떨까.

지난달 15일 조선중앙TV는 양강도 삼지연 공사 3단계 과정을 53분이나 다큐를 통해 보여주었다. 북한은 삼지연 건설이 '농촌 진흥의 표준'이라며 '자력갱생전시관'도 만들어 전국이 따라 배우게 했다. 다큐에선 부족한 자재와 에너지, 중장비 등의 난관을 어떻게 극복했는지 절절하게 보여주었는데, 사실 별것은 없다. 중장비가 없으니 영하 30~40도 혹한에서 사람이 소발구를 끌었다는 등 늘 그랬듯이 몸으로 때웠다는 선전이 대부분이었다.

정작 눈길이 가는 것은 자재 조달 설명이었다. 건설에 없어서는 안 될 자재인 시멘트가 부족해서 삼지연의 흔한 원료인 규조토를 섞어 썼다고 한다. 또 삼지연에 많은 진흙에 인근 감자가루 공장에서 나오는 연재(煙滓)를 섞어 만든 벽돌로 시공했다고도 했다. 이게 자랑할 일인가. 물론 삼지연엔 10층 이상 고층 건물이 거의 없어 규조토와 진흙 벽돌로 건설해도 될지 모르겠지만, 한국 건설 기준엔 한참 못 미칠 것이 뻔하다.

함남 검덕 5000채 건설 현장은 또 어떨까. 김정은이 수시로 현장을 찾는 삼지연에도 없는 시멘트가 검덕이라고 넉넉하게 보장될 리는 없다. 이곳에선 어떤 건축 자재를 썼는지는 몰라도 삼지연보다 더 형편없을 것 같다는 생각이 든다. 북한이 얼마 전에 검덕에 준공된 아파트들이라며 공개한 사진을 보고는 입이 딱 벌어졌다. 어떤 자재를 썼는지가 문제가 아니라 건축에 무지한 눈으로 봐도 아예 개념 자체가 없어 보였다. 암반층 위도 아닌 것 같은데, 낭떠러지 경사 바로 옆에 바짝 붙여서 아파트를 지었다. 흙이 조금만 더 씻겨 나가면 아파트가 붕괴될 지경인데, 몇 년이나 더 버틸지 의문이다. 뒷산도 민둥산이라 폭우가 쏟아져 또 산사태가 나면 피해가 커질 것 같다.

검덕 아파트 배치 구도만 봐도 북한이 어떤 태도로 아파트들을 지었는지 한눈에 알 수 있다. 후진국도 저렇게 집을 짓지 않는다. 김정은이 하도 독촉을 해대니 건설 현장 간부들은 잘리지 않기 위해 위치에 상관없이, 편의시설도 제대로 없이 살림집만 5000채 짓는 것이 최우선이었던 것 같다.

그럼 평양에 건설한다는 1만 채 아파트는 제대로 지어졌을까. 하루에 한 층씩 올린다고 자랑하고, 시멘트가 없어 진흙을 섞었다고 자랑하고, 장비가 없어 숱한 비숙련 인력이 몸으로 때우는 그런 공사장을 상상하면 아파트를 공짜로 줘도 살 생각이 들지 않을 것이다.

그런데 북한의 열악한 건설 현장을 이렇게 비웃어도, 결론은 여명거리 70층 아파트는 붕괴되지 않았는데 광주 화정아이파크는 붕괴됐다는 것이다. 생각할수록 부끄러운 일이다.

김정은은 왜 신년사를 3년째 못 할까

　김정은의 육성 신년사가 3년째 끊겼다. 올해 2022년에는 신년사 대신 작년 말 닷새 동안 열린 노동당 전원회의 결과를 설날 노동신문에 싣는 방식을 선택했다. 작년은 새해 벽두부터 노동당 8차 대회를 열어 신년사를 하지 않았고, 재작년은 올해처럼 설 직전에 노동당 전원회의를 열어 신년사를 대신했다. 김정은은 왜 집권 이후 매년 하던 육성 신년사를 포기했을까.

　가만히 생각해보니 크게 세 가지 이유로 차마 신년사를 할 수 없을 듯하다. 첫째는 창피함이다. 도저히 말할 체면이 없다. 신년사는 회의 결정을 신문에 싣는 것보다 훨씬 더 무게감을 가진다. 김정은이 직접 얼굴을 드러내고 북한 주민에게 약속하는 일인데, 약속을 지키지 못할 경우 직접적인 비난의 화살이 돌아온다. 신년사를 계속 하다간 '입만 열면 거짓말'이라는 비난이 점점 커질 수 있다.

　북한의 신년사는 수십 년 동안 늘 "지난해는 위대한 승리의 한 해였다"로 시작됐다. 과거에는 억지로라도 성과라는 것을 나열했지만 최근 3년 동안은 도무지 자랑할 만한 것이 보이지 않는다. 성과가 없는데 승리를 거두었다고 자화자찬하면 시작부터 거짓말쟁이가 된다.

지난해만 봐도 김정은은 세 가지 대공사에 북한의 역량을 총동원했다. 평양에 5년 동안 5만 채를 건설하며 첫해에 1만 채를 완공하겠다고 했다. 그런데 1일자 노동신문은 "1만 채 건설이 기본적으로 결속됐다"고 전했다. 첫해부터 완공 약속을 지키지 못한 것이다. 비유하자면 마라톤을 한다고 큰소리를 쳐놓고 5분의 1도 가지 못하고 주저앉은 셈이다.

김정은이 1만 채 건설보다 더 관심을 기울여 여러 차례 현장에 나가 독촉했던 보통강 다락식 주택구 건설은 "기본적으로 결속됐다"는 표현도 아닌 "새로운 건축 형식이 도입됐다"고 밝히고 있다. 검덕지구 5000채 살림집 건설도 "성과적으로 진척됐다"고만 밝혔다. 일부는 완공했지만 약속했던 숫자에 턱없이 미치지 못한 듯하다.

이런 상황에서 김정은이 신년사에서 무슨 말을 해야 할까. 작년 벌인 공사를 마저 마무리하겠다고 할 수도 없고, 그렇다고 또 공사를 벌여놓겠다고 하기도 어렵다. 그래서 올해는 차마 공사판을 언급하진 못하고 전원회의 결정을 내세워 농사혁명, 밀 재배 등을 운운하며 관심사를 농촌으로 돌리려는 듯하다. 그 결과 북한 사람들은 작년엔 공사판에서, 올해는 논밭에서 삽질을 해야 하는 신세가 된 것이다.

작년만 그런 게 아니다. 그 직전 2년 연속 김정은이 역점 사업으로 내밀던 원산갈마해안관광지구와 평양종합병원이 모두 완공되지 못했다. 이런 상황에서 신년사를 통해 뭘 약속한다는 것은 거짓말 보따리만 더 키우는 셈이 된다. 그렇다고 아무 말도 하지 않으면 체면이 서지 않으니 당 대회나 전원회의 형식을 빌려 과제만 나열하는 식으로 넘어가는 듯하다.

신년사를 못 하는 두번째 이유는 희망이 없기 때문이 아닐까 싶다. 코로나 '셀프 봉쇄' 24개월 만인 16일 북한 열차가 단둥(丹東)에 나왔다고는 하지만, 열차가 다닌다고 북한 경제가 살아나는 것은 아니다. 코로나 사태 이전에 이미 북한의 대외무역은 80퍼센트 이상 줄었다. 2017년부터 사상 최강의 유엔 대북 제재가 잇따라 채택되면서 북한의 3대 수출 상품인 광물, 수산물, 임가공 수출이 중단됐고 2019년 12월까지 해외 노동자들도 대다수 귀국했다. 북한의 돈줄이 꽉 막힌 것이다. 그러니 코로나 봉쇄가 풀려도 북한이 벌 수 있는 외화는 10년 전에 비해 많이 쳐줘도 20퍼센트 수준에 그친다. 이는 코로나가 사라져도 김정은에겐 희망이 없다는 의미다.

신년사를 못 하는 세번째 이유는 여러 정황을 통해 볼 때 건강상 문제일 수도 있다. 특히 지난해 김정은은 살이 급격하게 빠지는 등 외형상 큰 변화가 있었다. 그리고 지난해 11월 양강도 삼지연 건설장에 나타난 것을 빼면 평양 시내만 서너 차례 시찰했을 뿐 지방에 나가지 않았다. 과거와 비교해 눈에 띄게 게을러진 것이다. 지난해 12월 김정일 10주기 기념식에 나타났을 땐 급격한 노화 흔적도 보였다.

물론 김정은이 신년사를 읽지 못할 상황은 아니겠지만 읽는 순간 목소리, 숨소리, 혈색 등의 분석이 가능하다. 과거와 차이가 크다면 북한 주민부터 '예전보다 훨씬 숨을 가빠 하는데 건강에 문제가 있는 것이 아닌가' 하는 식으로 수군거릴 수 있다.

김정은에게 신년사를 하라고 독촉하고 싶진 않다. 현실은 점점 시궁창에 빠져드는데 고장 난 축음기처럼 매년 "위대한 승리의 해"라는 똑같은 소리를 되풀이하는 것은 북한 주민도, 나도 듣기 괴로운 일이다.

탈북자 정착 시스템
확 바꿔야 한다

2022. 1. 6.

2022년 새해 벽두부터 탈북 청년의 월북 소식이 화제가 됐다. 침대 매트리스나 이불 등 집 안의 큰 짐을 굳이 힘들게 밖에 내놓고 간 것으로 보아 정상은 아닌 듯 보인다. 어차피 한국 사회에 적응하긴 어려웠을 것 같다.

이런 사건이 벌어지면 전방 경계나 탈북민 관리 실패가 화두가 된다. 지난 10년간 북으로 최소 30명의 탈북민이 돌아갔지만, 가기 전에 막은 사례는 거의 없다. 한국이 싫어서 뜨겠다는 탈북민은 막기 어렵다. 김정은도 못 막은 탈출을 한국 정부가 무슨 수로 막는단 말인가. 또 막아서도 안 된다.

언론에선 이번 월북의 동기가 생활고 때문이라며 정부 지원이 미흡하다고 지적한다. 지난 수십 년 동안 탈북민 관련 사건이 터질 때마다 늘 따라 나오는 말이다. 정작 탈북민 사회에선 지원액이 적은 것이 아니라 시스템이 잘못됐다는 불만이 크다. 요약하면 '탈북민 정착 예산이란 명목을 내걸고 돈이 허튼 곳에 다 나간다'는 불만이 많다.

이번에 월북한 청년은 지난해 3월 하나원을 졸업해 사회에 나왔다.

지난해 한국에 입국한 탈북민은 3분기까지 48명에 불과했다. 재작년 2020년에 입국한 탈북민은 229명이었다.

그런데 정부의 탈북민 수용 시스템은 매년 최소 3000명 이상 입국한다는 것을 전제로 만들어졌다. 국내 입국 탈북민은 2006년 2000명을 넘고, 2009년 2914명이 입국해 정점을 찍었다. 입국자가 기하급수적으로 늘어나자 정부는 부랴부랴 각종 대책을 세웠다. 경기 안성시의 하나원을 대폭 증축하고 강원 화천군에 제2 하나원을 만든 것이 대표적이다. 5년 전 통일부 출입기자였을 때 관련 예산을 보니 제2 하나원에 계약직을 포함해 70여 명이 근무했고, 예산은 약 250억 원이 지출되고 있었다. 지금도 유지에 200억 원은 나가지 않을까 싶다. 그 제2 하나원에 작년에 입소한 탈북민은 불과 수십 명이다. 수십 명이 몇 달 머무는 데 수백억 원이 나가는 것이다. 다 탈북민 관련 예산이다. 안성 하나원도 연간 3000명은 수용이 가능한데 거기도 텅텅 비었다. 작년에 입국한 탈북민 60명을 위해 그보다 더 많은 수의 공무원이 월급을 받으며 종사한다.

어디 하나원뿐인가. 탈북민의 정착을 돕는다는 남북하나재단을 통한 사업 예산도 계속 늘어나 올해 532억 원이 책정됐다. 전국에 탈북민 정착을 돕는다는 하나센터도 25개나 되고 센터마다 10명 내외의 직원이 근무한다. 그런데 지난 2년 동안 신규로 받은 탈북자가 한 명도 없는 하나센터도 많다.

이 모든 방대한 시스템을 유지하기 위해 올해 탈북민 정착 지원 예산이 956억 원으로 책정됐다. 적은 돈이 아니다. 현재 국내에서 사는 탈북민이 3만 명도 안 되는 것을 감안하면 매년 1인당 300만 원씩 나눠줘도 남는 돈이다. 하지만 1원도 혜택 받지 못하는 탈북민이 태반이다. 도대체 돈은 다 어디로 가는가.

이번에 월북한 청년은 정착 기간에 별다른 혜택을 받지 못했던 것으로 알려졌다. 1년에 2000명 넘게 올 때나 60명이 올 때나 탈북민에게 돌아가는 혜택은 별 차이가 없다. 예산도 2000명이 넘던 시절이나 지금이나 별 차이가 없다.

탈북민 정착 시스템은 대수술이 필요하다. 각종 기관과 직원과 시스템을 늘리는 데 쓰지 말고 국내에 입국하는 얼마 안 되는 탈북민의 정착에 포커스를 맞춰야 한다. 최근 입국자가 확 줄어든 것은 코로나 사태로 인한 일시적 현상이기 때문에 탈북민 정착 시스템 규모를 줄일 수 없다는 반론도 있을 수 있다.

그러나 코로나 사태가 끝나도 탈북민이 대규모로 올 가능성은 희박하다. 코로나를 계기로 북한은 국경에 전기철조망과 지뢰를 매설했고, 중국도 통과할 엄두조차 나지 않는 철조망을 새로 깔고 폐쇄회로TV를 촘촘하게 설치하고 있다. 이젠 대량 탈북은 불가능하다.

매년 입국하는 탈북민을 수백 명으로 전제해 그들에게 혜택이 집중되면서도 슬림하게 운영되는 탈북민 정착지원제도로 개조해야 한다. 그렇지 않으면 '우리를 팔아 돈은 누가 다 챙기냐'는 탈북민 사회의 불만이 점점 커질 수밖에 없을 것이다.

남과 북, 좌와 우의 경계에서

2021

집권 10년,
김정은의 현주소

확 늙어 보이는 김정은의 얼굴이 지난주 언론의 화제가 됐다. 김정일 10주기 추모대회에 등장한 김정은은 급격히 피부가 어두워졌고, 얼굴의 팔자 주름도 깊어졌다. 몇 달 보위부 감방에서 혹독한 정신적 육체적 고문을 받으며 취조받아도 저렇게까지 늙지는 않을 것 같다는 생각이 들었다.

50대의 얼굴로 나타난 김정은의 모습을 보니, 약 10년 전 김일성광장에서 했던 그의 첫 육성 연설이 떠올랐다. 2012년 4월 15일 김일성광장에 등장한 김정은은 자신감 넘치는 목소리로 "우리 인민이 다시는 허리띠를 조이지 않게 하며 사회주의 부귀영화를 마음껏 누리게 하자는 것이 우리 당의 확고한 결심"이라고 약속했다.

그 후 10년이 지났다. 다시는 허리띠를 조이지 않고 부귀영화를 누리게 하겠다던 약속은 가장 황당한 거짓말이 됐다. 지금 북한은 원시시대로 돌아가고 있다. 시계 배터리가 다 떨어져 시간이 멈춘 세상, 라이터 가스조차 없어 아궁이에 불도 지피기 어려운 세상이 됐다.

북한 인민은 사료를 먹는 신세가 돼가고 있다. 지난 2020년 2월에 비해 식용유, 설탕, 조미료 가격이 다섯 배 이상 올라 대다수 사람들은 살 엄두도 내지 못한다. 한 대북 소식통은 "음식에 기름과 조미료를 넣을 수 없어 음식 맛을 포기하고 산 지 오래다"라고 말했다. 먹을 것을 살 돈 조차 없으니 옷이라고 제대로 사 입을 수 있을까. 북한 거리는 점점 초라해지고 있다. 먹고살기 힘든 세상에 연료나 식수라고 제대로 보장될 리 만무하다. 지금 북한은 1990년대 중반 수많은 아사자가 나왔던 '고난의 행군' 시기로 되돌아가고 있다.

그렇지만 김정은이 지금 상황을 반전시킬 가능성은 없다. 도무지 방법이 없으니 '자력갱생(自力更生)'이라는 수십 년 되풀이된 케케묵은 구호만 외치고 있다. 최근엔 '원료의 재자원화'라는 구호를 회생의 마술봉인 듯 내세우며 연일 독려하고 있다. 재자원화란 한마디로 폐기물이나 쓰레기를 모아 재생해 쓰라는 말이다. 그런데 쓰레기도 잘사는 나라에 많은 법이다. 오랫동안 폐철, 폐동 등 쓸 만한 자원은 빡빡 긁어 중국에 팔았는데, 북한에 무슨 다시 가공할 쓰레기가 있겠는가. 마른 수건을 다시 쥐어짤 정도로 북한의 상황은 답이 없다. 북한은 경제 파탄의 원인이 대북 경제 제재와 코로나에 있다며 외부에 책임을 돌리고 있다. 이것 역시 수십 년 되풀이된 상투적 변명이다.

북한 경제가 김정은의 노화 속도만큼 급속히 망가진 핵심 원인은 김정은의 거꾸로 간 정책 때문이다. 김정은이 외국에서 오랫동안 살았기 때문에 북한을 개방할 수 있을 것이라는 기대도 초기엔 있었다. 하지만 김정은은 개혁은 수없이 외쳤지만 개방과는 늘 반대되는 행보를 보였다. 코로나 사태 이후에도 북한은 세계에서 유일하게 인적 왕래까지 막는 극단적 봉쇄 정책을 폈다. 개방 없는 경제 개혁이 성공할 수 없다는

남과 북, 좌와 우의 경계에서

것은 삼척동자도 안다.

대북 제재 역시 자초한 것이다. 미국 비영리기관 핵위협방지구상(NTI)에 따르면 김정은은 집권 10년 동안 129차례 미사일 발사 실험을 했다. 김정일 집권 18년 동안 16차례 미사일 발사 실험이 진행된 것에 비하면 연평균 15배나 많은 미사일 실험을 해댄 것이다. 핵실험도 김정일은 2차례 진행했지만 김정은은 4차례나 했다. 제재를 풀 마땅한 묘안도 없으면서 호전적 질주를 가속화한 것이다.

경제 파탄으로 사람들의 곡소리가 하늘을 찌르는데, 인권 탄압은 극에 달하고 있다. 살기 어려울수록 '소탕하라, 쓸어버리라, 짓부숴버리라'는 김정은의 지시가 계속 하달된다. 수많은 사람들이 걸핏하면 체포된다. 고문과 성폭행은 일상이 됐고, 형기는 점점 늘어난다. 정치범수용소 수감자 수도 확 늘었다고 한다.

김정일 시절에는 살기 어려우면 탈북이라도 했는데, 김정은 시절에는 그것도 불가능하게 만들었다. 국경에 1~2km의 '완충지대'를 설정해 접근하면 사살한다. 깡통을 촘촘하게 매단 철조망을 쳤으며, 그 너머에 다시 대못판과 지뢰를 잔뜩 깔았다. 조명에 쓸 전기도 없는데, 국경 철조망엔 고압 전류를 흘려보내라는 지시가 내려왔다.

지난달 양강도에서 한 가족이 탈북하자 무조건 잡아들이라는 김정은의 불호령이 여러 차례 떨어졌다고 한다. 인민들은 얼어 죽고 굶어 죽는데, 김정은은 탈북한 몇 명을 잡는 데 집착하고 있다. 집권 10년 동안 김정은이 가장 확실하게 한 것은 북한을 탈출구 없는 거대한 수용소로 만든 것이다. 그리고 지금 그는 지도자라기보다는 수용소장 노릇에 심취해 있는 것 같다.

화교 대량 탈북 시대　　　2021. 12. 9.

2021년 7월 2일 리진쥔(李進軍) 북한 주재 중국대사가 대사관에 이례적으로 화교들을 대거 초청해 '중화의 아들딸'이라며 치켜세우는 일이 있었다. 좀 이상하다 싶었다. 보름쯤 지나 북한에서 살던 화교들이 비공개로 대거 중국에 나오면서 수수께끼가 풀렸다. 이들이 몰려와 귀국시켜달라고 성가시게 하니 달래느라 그랬던 모양이다. 북한은 올해 딱 한 번 중국과의 인적 왕래를 허용했는데, 화교들을 보내기 위해서였다. 화교들이 나오던 날 중국은 수감 중이던 탈북자 가운데 북한이 요구한 주요 인물 50여 명을 북송했다.

요즘 북한 화교들의 신세가 말이 아니다. 코로나19로 북한이 국경을 봉쇄하자 최대 피해자가 됐다. 일부 지역에선 화교들이 굶어 죽는다는 소식도 전해진다.

북한 내 화교 수는 그리 많지 않다. 광복 직후 8만 명이었지만, 중국 내전 종식과 6·25전쟁 발발로 대거 돌아가 1958년경 1만 4000여 명이 남았다. 중국이 잘살면서 귀국자는 더욱 늘어나 2001년에는 6000여 명이 남았다. 절반 이상이 평양에 살고 평안북도, 자강도, 함경남북도에 각각 300가구 정도 거주한다고 한다.

화교는 1980년대 후반부터 급속히 북한 내 부유계층으로 급부상했다. 중국을 오가며 장사해 돈벌기가 쉬웠기 때문이다. 그러나 코로나로 2년 가까이 국경이 막히자 돈줄이 막혔다. 장사 밑천을 중국에 보낸 상태에서 봉쇄를 당했다면 더욱 비참한 상황이다. 중국에서 송금받을 길도 막혔기 때문이다. 결국 이들은 귀국을 선택할 수밖에 없게 됐다.

7월 다행하게 귀국길에 오른 화교들을 제외하면 나머지 희망자들은 언제 중국에 갈지 기약도 없다. 대북 소식통에 따르면 이제 다시 국경이 열리면 2차 귀국 희망자들이 출발한다고 하는데, 아직 화교가 중국에 또 나왔다는 소식이 없다. 화교들을 돌려보내면서 북한은 중국에 무기한 체류 중인 소수의 북한 외교관과 무역일꾼의 귀국을 허용할 계획이라고 한다.

아직 북에서 살고 있는 화교 상당수는 북한 국적의 배우자와 자녀들 때문에 버티고 있었는데, 이젠 가족도 두고 나와야 할 상황으로 내몰리고 있다. 같이 굶어 죽기보단 중국에 한 명이라도 나와야 입을 덜 수 있고, 또 중국에서 돈을 벌어야 나중에 가족에게 보낼 기회도 생길 수 있기 때문이다. 물론 여전히 경제적으로 버틸 여력이 있는 화교가 더 많겠지만, 어쨌든 코로나 사태를 계기로 북한 내 화교 수는 다시 확 줄어들 것으로 보인다.

중국으로 돌아간 화교를 북한이 나중에 다시 받을 가능성은 희박하다. 북한 당국은 화교들이 가족과 생이별하고 탈북하는 사태를 내심 반길 수밖에 없기 때문이다. 눈엣가시 같은 화교들을 정리할 절호의 기회가 온 것이다.

북한의 시각에서 봤을 때 화교들은 여러모로 거의 도움이 안 되는 존재다.

그 이유는 첫째, 화교들이 중국에서 물건을 대량으로 싣고 와 장마당에 넘기면 북한 내 외화가 화교의 손에 들어간다. 물건을 수입해 파는 것은 북한 무역일꾼들도 할 수 있는 일이다. 무역회사는 이윤의 상당수를 당국에 바치지만, 화교는 번 돈을 자기가 다 가진다.

둘째, 화교들이 잘사니 북한 내에 미치는 영향이 좋지 않다. 화교들이 부유해질수록 북한 사람들은 '왜 저 사람들은 점점 부자가 되는데 우린 점점 가난해지느냐'며 불만을 가질 수밖에 없다.

셋째, 화교들이 중국을 자유롭게 오가니 북한 내부 정보가 많이 유출된다.

넷째, 탈북을 막는 데 화교들이 방해물이 된다. 화교 중에는 한국이나 중국에 사는 탈북민이 북한 가족에게 보내는 돈을 중개하는 사람이 꽤 있다. 돈도 많고 중국에 연고도 있으니 돈놀이를 하는 셈이다. 그렇다고 북한 당국이 이들을 잡아다 처형할 수도 없는 일이라 골치 아프다. 탈북민이 북에 보낸 돈은 가족의 생계 비용도 되지만, 한편으론 탈북 비용으로 활용되기도 한다. 이젠 한국에 연고가 없어 돈을 지원받지 못하면 탈북이 어려운 것이 현실이다.

이렇게 여러모로 당국의 골칫거리인 화교가 코로나로 국경을 봉쇄하자 제 발로 중국에 돌아간다고 하니 북한 당국으로선 만세라도 부르고 싶은 심정일 것이다. 내심 싹 다 돌아갔으면 싶을 것이다. 그러니 나중에 코로나 봉쇄가 풀려 화교들이 다시 북에 돌아가 가족과 함께 살겠다고 하면 승인할 가능성도 희박하다.

남과 북, 좌와 우의 경계에서

북한에 살던 화교가 점점 줄어드는 것은 크게 보면 바람직한 일도 아니다. 북한과 외부를 연결하던 끈이 줄어드는 것을 뜻하기 때문이다. 화교들마저 씨가 마르면 북한은 정말 외부와 격리된 완벽한 '인민의 수용소'가 될 수밖에 없을 것이다.

류경 보위부 부부장은   2021. 11. 25.
왜 처형됐나

　북한에서 숨은 실세로 꼽히다가 하루아침에 처형된 대표적 인물이
류경 보위부 부부장이다. 그는 2010년 12월 한국에 김정일의 특사로 파
견됐다가 돌아간 뒤 얼마 안 돼 처형됐다. 당시 한국 언론은 그가 간첩
죄로 처형됐다고 보도했지만 쉽게 이해되지 않는 설명이었다. 김정일의
신임을 받아 대남(對南)특사까지 될 정도면 북한 정권을 위해 많은 공로
를 세웠을 것인데, 간첩이라면 그토록 충성을 다할 수 있었을까.

　오랫동안 베일에 가려 있던 류경의 처형 이유는 10년을 국가보위부
에서 근무했고 류 씨와 술을 마신 적도 있는 탈북민 구대명 씨가 최근
자서전 『거품』을 펴내면서 밝혀졌다. 이에 따르면 한국에서 성과를 거
두지 못한 류경은 평양에 돌아가 함께 파견됐던 대표단원들과 짜고 마
치 성과가 있었던 것처럼 보고서를 작성해 김정일에게 올렸다. 그런데
대표단원 중 한 명이 상부에 이실직고하는 바람에 자신이 속았다고 분
노한 김정일이 류경을 처형했다는 것이다.

　당시 정황에 대해 이명박 전 대통령의 회고록 『대통령의 시간』에는
이렇게 언급돼 있다.

　　　　　　　　　　　　　남과 북, 좌와 우의 경계에서

2010년 12월 5일 북측 보위부 고위 인사(류경)는 비밀리에 서울로 들어왔다. 대좌 1명, 상좌 1명과 통신원 2명을 대동했다. 당시 북측 인사는 서울에 와서 나를 만날 것을 기대했던 모양이다. 북측 인사는 '장군님 메시지를 가지고 왔는데, 이 대통령이 왜 우리를 만나지 않느냐'고 거칠게 항의했다고 한다. 그러나 확인한 바로는 그들이 김정일의 서한을 가져온 것은 아니었고, 그들을 따로 만나지 않았다. 북측 인사는 예정보다 하루 더 서울에 머문 후 돌아갔다.

이 전 대통령과 구 씨의 설명을 종합하면 류경이 왜 처형됐는지 윤곽이 그려진다. 당시 류경은 남북 정상회담을 성사시키라는 김정일의 밀명을 받고 한국에 왔다. 이명박 전 대통령이 만나주지 않자 류경은 자의적으로 하루 더 머물며 성과를 만들려 했다. 그러나 실패했다.

평양에 돌아간 류경은 빈손으로 돌아왔다는 질책이 두려워 '남북 정상회담 개최에 상당한 진전을 이루었고, 남쪽에서 긍정적인 답변도 받았다'는 식의 거짓 보고서를 작성한 것으로 보인다. 추정컨대 남쪽에 한 번 더 내려와 거짓말을 만회하려 하지 않았을까 싶다. 그러나 당시 한국에 같이 왔던 부하 4명 중 한 명이 밀고하는 바람에 화를 당했다.

그렇다면 류경은 왜 그런 무리수를 두었을까. 류경이 걸어온 길을 들여다보면 이해되는 측면도 있다. 그는 북한에서 정상회담을 성사시키는 최고의 전문가였다. 이런 점 때문에 김정일의 신임을 받아 북한 최고의 '공화국영웅 훈장'을 두 번이나 받았다.

구 씨에 따르면 류경은 1990년대 후반 보위부 해외반탐처에서 중국 담당 지도원으로 있었다. 그러다가 해외에 안전대표로 파견되게 됐다.

북한대사관엔 안전대표라는 직책이 있는데, 이는 보위부 해외파견원을 위한 자리다. 안전대표 선발 면담 과정에서 그의 명석함을 알게 된 상부에선 해외에 파견하는 대신 보위부 내부에서 승진시켜 각종 임무를 맡겼다. 그때부터 류경은 승승장구하게 된다.

2000년 초반 류경은 평양 서산호텔에서 일본 간첩을 체포해 석방 대가로 일본에서 300만 달러를 받아냈다고 한다. 이때부터 그는 김정일의 신임을 받게 됐다. 이후 그는 2002년 9월 고이즈미 준이치로 일본 총리의 방북을 성사시켰다. 김정일이 일본인 납북자를 시인하는 바람에 회담은 실패로 돌아갔지만 류경은 아무런 처벌을 받지 않았다. 미국 여기자 2명을 체포해 2009년 8월 빌 클린턴 전 미국 대통령의 방북을 성사시킨 것도 류경의 작품으로 알려졌다. 류경이 어려운 일을 연거푸 성공시키자 김정일의 신임은 더욱 커졌다. 류경은 보위부 2인자로 승진했고, 집과 사무실엔 김정일의 직통 전화가 개설됐다. 북에서 김정일의 직통 전화가 집까지 개설된 사람은 몇 안 됐다.

이렇게 회담 성사로 승승장구해온 류경이니 남쪽에서 빈손으로 돌아왔다는 사실을 쉽게 보고하기 어려웠을 것이다. 한편 김정일은 가장 믿었던 심복에게 배반당해 분노가 몇 배로 컸던 것으로 보인다.

류경은 처형됐고, 가족은 모두 정치범수용소에 끌려갔다. 류경과 함께 남쪽에 내려온 사람 중 밀고한 사람을 빼곤 나머지 사람들의 운명도 같았을 것이다. 분노한 김정일은 보위부에 "류경 여독(餘毒, 남은 잔재)을 청산하라"는 지시를 내렸다. 류경의 심복으로 꼽힌 수십 명이 또 영문도 모르고 처형됐고, 가족은 수용소로 끌려갔다. 북에선 영문도 모르고 줄을 잘못 섰다가 처형되고 멸족되는, 이런 사람들이 제일 불쌍한 것 같다.

남과 북, 좌와 우의 경계에서

지긋지긋한 짝사랑, 그만두면 안 되나

2021. 11. 11.

문재인 대통령이 2021년 9월 유엔총회에서 한반도 종전선언을 제안한 지 벌써 한 달 반이 넘었다. 그러는 사이 한국에선 차기 대통령 후보가 정해져 정치권은 대선 정국에 들어갔다. 임기가 몇 달 남지 않은 대통령이 종전선언을 매듭지을 것이라 믿는 사람은 거의 없을 것이다.

김정은 역시 마찬가지다. 그는 이미 머릿속으로 이재명 더불어민주당 대선 후보가 당선되는 경우와 윤석열 국민의힘 대선 후보가 당선되는 경우 어떻게 한국 정부와 상대할지 주판알을 튀기고 있을 것이다.

일단 두 후보의 대북 공약을 보면 파격적이라고 볼 것이 거의 없다. 이 후보는 햇볕정책을 계승하겠다고 했고, 윤 후보는 비핵화 진전에 따른 단계별 남북 화해 정책을 펼치겠다고 해 박근혜 정부의 '한반도 신뢰 프로세스'와 별 차이가 없어 보인다. 김정은 처지에서 볼 때 전혀 구미가 당길 만한 매력 포인트가 없는 것이다. 하지만 설령 어떠한 파격적인 대북 정책 공약을 내놓아도 공약(公約)은 공약(空約)일 뿐이라는 것을 누구보다 김정은이 잘 알 수밖에 없다.

김정은이 집권 이후 상대했던 남쪽의 3개 정부만 봐도 공약과 현실은 전혀 달랐다. 이명박 정권의 '비핵·개방·3000'은 구호부터 말이 되지 않는 것이었다. 핵을 폐기하면 북한의 국민소득을 3000달러로 만들어준다는 것인데, 북한이 임기 5년짜리 이명박 정부를 믿고 핵을 폐기하겠다고 할 리가 없는 것이다. 서로 불신하는 적대 관계에서 '제일 소중한 것을 버리면 얼마를 준다'는 제안은 초등학교에서도 통하지 않을 말이다.

박근혜 정부는 '한반도 신뢰 프로세스'라는 구호를 내놓았지만 신뢰는 고사하고 개성공단까지 폐쇄했고 남북 관계는 그 어느 때보다 불신이 가득 쌓였다. 이렇게 과거 두 보수 정부의 대북 정책을 평가하면 '우린 잘하려 했는데 김정은이 호의를 악으로 갚았기 때문에 어쩔 수 없다'는 반박도 나올 수 있겠지만 대북 정책은 원래 그럴 것이라는 점을 전제로 만들어져야 한다.

김정은의 처지에선 보수 정부보다는 문재인 정부의 '한반도 평화 프로세스'를 떠올리면 제일 분통이 터지지 않을까 싶다. 보수 정부에는 기대감조차 없었다면 문재인 정부에는 큰 희망을 걸고 판문점에 나타났고 멀리 싱가포르, 베트남까지 행차하며 분주하게 움직였지만 결과적으로 얻은 것이 전혀 없다. 개성공단과 금강산을 열지도 못한 데다 대북 제재는 더 강화됐고 대북 지원을 받은 것도 없다. 대박을 기대하고 무대 위에 올라가 열정적으로 쇼를 펼쳤지만 출연료도 한 푼 받지 못한 배우 신세가 된 것이다. 지금쯤 김정은은 '다시는 남조선 놈들의 번지르르한 말에 속아 농락당하지 않겠다'고 이를 갈지도 모르겠다.

대선 무대에 등장한 두 후보의 캐릭터를 놓고 봐도 김정은이 혹할 만한 포인트가 보이진 않는다. 이재명 후보를 문재인 대통령보다 더 신뢰할 수 있을까. 윤석열 후보가 이명박, 박근혜 대통령보다 더 화끈하다고 기대할 수 있을까. 김정은의 머릿속도 복잡할 것이다.

대통령 선거에 투표할 한국 국민들도 대북 관계에 큰 기대가 없긴 마찬가지다. 누가 되더라도 대북 공약만 놓고 보면 데자뷔 '시즌2'인 셈이기 때문이다. 대북 정책에 대한 기대감이 남북 모두 이렇게 바닥인 적은 거의 없었던 것 같다.

이럴 때는 관점을 바꿔보는 것이 어떨까. 이번 정당 경선 중에 '남북 불간섭과 체제 경쟁주의'로 전환하겠다는 홍준표 국민의힘 후보의 공약이 눈에 들어왔다. 한마디로 '너흰 위대한 김정은주의를 내걸고 공산주의를 만들어서 잘살아라. 우린 상관하지 않고 우리 길을 가겠다'로 요약된다. 호전적인 정책 같아 보이지만 사실 일상에선 가장 흔한 관계 정리다.

왜 우리만 수십 년 넘게 북한을 짝사랑하며 먼저 구애를 해야 하는가. 남녀의 사랑에서도 더 많이 사랑하는 사람이 늘 양보할 수밖에 없다. 수십 년 짝사랑하며 뺨을 맞아도 참고 웃어주면 버릇이 잘못 들고, 주종 관계가 굳어진다. 짝사랑하다 먹히지 않으면 그만둘 줄도 알아야 한다.

'너는 너대로 잘살고, 나는 나대로 잘살게. 이젠 너 없이도 잘살 수 있을 것 같아. 남남이 됐으니 과거 버릇 고치지 못하고 괴롭히면 가만있진 않겠지만 도와달라고 하면 옛정을 봐서 도와줄게.' 이런 것은 연인 관계에서 매우 흔한 관계 정리다.

오랜 기간 짝사랑했는데 먹히지 않았다면 관계의 주도권을 한 번쯤 상대에게 넘겨보는 것은 어떨까. 점점 가난해져 파산 상태에 몰린 상대

2021

113

에게 나를 잡을지 뺨을 칠지 결정하게 하는 것이다. 어느 쪽을 선택하든 내가 크게 손해 볼 것은 없지 않은가.

주현건은 왜 목숨 걸고 탈옥했나   2021. 10. 28.

열흘 전 중국 지린(吉林)교도소에 수감됐던 탈북민의 탈옥 소식이 세상을 떠들썩하게 만들었다. 주현건이란 이름의 39세 탈북민은 교도소 내 가건물을 능숙하게 타고 오른 뒤 전기철조망까지 손상시키고 담장 밖으로 사라졌다. 단신에 그쳤을 수도 있는 뉴스지만 중국 소셜네트워크서비스(SNS)에 탈옥 장면이 담긴 영상이 올라와 2200만 건의 조회 수를 기록하며 화제가 됐다. 미국 CNN 방송과 워싱턴포스트 등 외신들도 사건을 보도했다. 중국 당국은 현상금 15만 위안(약 2752만 원)을 내걸고 체포에 나섰지만 아직까지 주 씨가 체포됐다는 소식은 전해지지 않았다.

주 씨의 탈옥 사건은 올 들어 가장 화제가 된 탈북민 관련 뉴스가 아닐까 싶다. 지난해 2월부터 세계를 휩쓴 코로나19 확산은 탈북민 뉴스를 수면 아래로 깊숙이 끌어내렸다.

사실 코로나 사태로 가장 큰 타격을 입은 사람이 중국 내 탈북민들이다. 탈북민들이 한국에 오면서 경유하던 동남아 국가들이 국경을 폐쇄하면서 오도 가도 못하는 신세가 됐다. 새로 입국하는 탈북민이 거의 없어 탈북민 정착 교육기관인 하나원은 텅텅 빈 지 오래다. 중국에서 마냥 숨어 살기도 어렵다. 지역 간 이동이 통제되고 단속이 강화되면서 돈을 벌기도, 은신처를 옮겨 다니기도 매우 힘들게 됐다.

체포되는 탈북민도 늘어나지만 북한이 받지 않아 중국 내 감옥에 기약 없이 잡혀 있다. 최소 내년 6월까진 북한이 탈북민 북송을 허가하지 않을 것이란 정보도 있다. 물론 올해 7월 북한은 비밀을 많이 아는 고위급이거나 중요하다고 판단되는 탈북민 50여 명은 끌고 갔다. 하지만 여전히 중국 동북의 여러 감옥에는 수백 명의 탈북민이 잡혀 있다고 한다.

주 씨의 경우 2014년 강도 혐의로 11년 3개월형을 선고받았다. 2025년까지 수감돼 있어야 하지만 모범수로 감형이 돼 2023년 8월에 출소될 예정이었다. 형기가 1년 10개월 정도 남은 상황에서 그는 왜 목숨을 걸고 위험한 탈옥을 감행했을까.

감옥에 들어가는 사람들은 남은 형기에 절망하고, 출소 날짜가 다가올수록 희망이 생기는 것이 당연하다. 그러나 탈북민은 반대다. 출소 날짜가 다가올수록 더 죽음의 공포에 시달린다. 중국 감옥에서 출소된다는 것은 북한으로 끌려간다는 것을 의미하고, 북한에 끌려가면 최소 교화소행을 예약했다는 뜻이다. 북한 교화소는 중국 감옥과 비교가 불가능할 정도로 열악해 살아서 나오는 것이 기적이다. 이에 비하면 중국 감옥은 차라리 천국에 가깝다.

탈옥한 주 씨도 감옥에서 나갈 날짜를 손꼽아 기다린 것이 아니라 사형수가 사형집행일을 세듯 북에 끌려갈 날짜를 손꼽아 세어봤을 것이다. 사람이 죽음이 가까워지면 없던 용기와 힘이 생겨날 수밖에 없고, 그것이 목숨 건 탈옥으로 이어진 것이다. 어쩌면 탈옥에 실패하더라도 형기가 더 늘어나면 나쁘지 않다고 계산했을 수도 있다.

그런데 최악의 인생처럼 보이는 주 씨가 체포된 다른 탈북민들에겐 오히려 부러움의 대상이다. 죄를 짓지 않고 체포되면 곧바로 북송이지만, 강도 짓이라도 해서 형을 선고받으면 형기만큼 사는 날이 늘기 때문이다. 불행 중 다행으로 코로나 사태는 수감된 탈북민에게 강제로 형을 부여한 효과가 있다.

가령 작년 3월에 체포됐다면 바로 끌려가서 지금쯤 북한에서 배신자로 낙인찍혀 죽었을 수도 있지만 코로나 덕분에 1년 7개월이나 더 살 수 있게 됐기 때문이다. 이들은 코로나가 영원히 종식되지 않기를 바랄지도 모른다. 이번 탈옥 사건으로 대규모 검거 선풍이 벌어지고, 탈북민 신고 포상금이 올라가면 그런 희망을 품어야 하는 사람이 더 늘어날 것 같다.

이런 가운데 중국은 국경을 무단 침범한 자가 저항하면 발포를 허가하는 조항을 담은 '육지국경법'을 25일 통과시켰다. 최근 중국은 북-중 국경 지역에 뚫기 어려운 철조망을 만들고 폐쇄회로TV를 촘촘하게 설치했는데 이제는 총기 사용까지 허가한 것이다. 이렇게 탈북이 막히고 중국을 경유하는 한국행 루트까지 봉쇄되면 앞으로 중국 내 탈북민 관련 소식은 뉴스에서 싹 사라질지도 모른다. 그것이 중국과 북한이 바라는 것일 것이다.

주 씨의 탈옥을 계기로 감옥에 오래 있기를 간절히 바라는 사람들, 석방이 두려운 불행한 동포들이 멀지 않은 곳에 있음을 세상이 기억했으면 좋겠다.

2021

남매 공동 통치의 결말은 2021. 10. 14.

북한을 대표하는 최고 권력기관은 국무위원회다. 김정은도 대외적으로 국무위원회 위원장이라는 호칭을 사용한다. 국무위원회는 위원장 김정은과 12명의 부위원장 및 위원으로 구성된다. 국무위원회는 2016년 6월에 신설돼 2021년 올해까지 5년 남짓 지났는데 지난달 최고인민회의 전원회의에서 3기 국무위원 명단이 발표됐다.

새 국무위원 명단을 보는 순간 '북한에서 국무위원으로 살아남는 것은 요즘 화제가 된 넷플릭스 오리지널 시리즈 〈오징어 게임〉 속 서바이벌에서 생존하는 것만큼 힘들구나' 하는 생각이 들었다. 5년 동안 국무위원회에서 자리를 유지한 것은 김정은과 최룡해 최고인민회의 상임위원장, 김영철 통일전선부장 등 3명뿐이었다.

3기 국무위원이 새로 임명되기 전 이 3명을 제외하고 모두 22명이 부위원장이나 위원이 됐는데, 이 중 20명이 사라졌다. 5년간 생존율이 10퍼센트도 안 되는 것이다.

북한 대외선전매체 '메아리'가 12일 〈오징어 게임〉을 빗대 "극단한 생존경쟁과 약육강식이 만연된 남조선과 자본주의 사회 현실을 그대로

남과 북, 좌와 우의 경계에서

파헤쳤다. 인간을 극단적 경쟁으로 내몰고 그 속에서 인간성이 말살돼 가는 야수화된 남조선 사회"라고 비난했다. 설마 그래도 북한 국무위원 보다 더 살아남기 어려울까.

지난달 3기 국무위원회 위원으로 김여정이 공식 임명됐다. 명단을 보는 순간 '3기 국무위원은 더 생존하기 어렵겠구나' 하는 생각이 들었다. 국무위원은 노동당 비서나 내각 장관이라고 다 되는 것이 아니다. 12명 안에 들어가려면 권력의 핵심 중의 핵심으로 인정받아야 한다. 그런데 김여정은 부부장이라는 직책으로 국무위원이 됐다. 이것만 봐도 북한에서 공식적 서열은 의미가 없다. 국무위원회 초대 제1부위원장이 었던 황병서가 처형된 것을 보면 공식 서열 2인자도 안전하지 않다.

국무위원회의 실질적 서열을 따지려면 김정은의 숙청에서 자유로운 순서로 서열을 매기는 것이 맞다. 처형에서 제일 안전한 사람은 국무위원회에서 계급이 제일 낮은 김여정이고, 그가 사실상 북한을 움직이는 국무위원회의 실질적 2인자이다. 김정은이 올해 1월 노동당 제1비서 직책을 신설하자 그 자리에 누가 올라갈까 논란도 있었는데, 이번에 여동생을 직급에 상관없이 국무위원에 임명한 것을 보면 그 자리가 김여정의 것이라는 데 무게가 실린다.

김여정이 국무위원회 회의장에 앉게 되면서 다른 국무위원들은 과거엔 김정은 눈치만 보면 됐는데 이제부터 김여정의 눈치까지 봐야 한다.

국무위원회 회의 장면을 상상해보자. 예전엔 김정은의 표정을 보면서 조심스럽게 이야기하다가 '거 말이 안 되는 소리 집어치우라' 하면 바로 고양이 앞의 쥐처럼 움츠러들면서 '장군님 죄송합니다. 제 생각이 너무 짧았습니다'라고 말해야 했을 것이다. 그런데 이제부턴 옆에서 또

'이게 말이 됩니까' 하는 김여정의 목소리가 날아오면 역시 목을 움츠리며 '김여정 동지, 제 생각이 짧았습니다'라고 해야 할 것이다. 김여정의 눈 밖에 나서 '오빠, 저 인간 못쓰겠어요' 하면 바로 목숨이 위태롭기 때문이다.

이런 분위기라면 회의가 열릴 때마다 국무위원들은 김정은에게 조심스럽게 보고를 한 뒤 김여정의 표정까지 슬쩍 살펴야 한다. 눈동자가 두 배로 부지런해져야 하는 것이다. 전임 국무위원들의 생존율을 다 봤기 때문에 정말 살얼음판을 걷는 심정으로 하루하루 살 수밖에 없는 것이다.

북한 국무위원회, 나아가 북한은 이제 명실상부하게 남매가 지배하게 됐다. 역사를 거슬러 봐도 권력자가 아내나 자식을 2인자로 삼은 경우는 있었지만, 이렇게 오누이가 권력을 쥐고 통치한 사례는 매우 찾기 어렵다.

기원전까지 거슬러 올라가면 이집트에 비슷한 사례가 있었다. 미인의 상징처럼 알려진 클레오파트라는 18세 때 왕조의 피가 일반인들과 섞이면 안 된다는 당시의 법에 따라 8세 아래 남동생 프톨레마이오스 13세와 결혼했다. 둘은 남매이자 부부였고, 이집트의 공동 통치자였다. 그런데 권력은 기원전 시대에도 나눠 가질 수 없는 것이었다. 남동생이 자라면서 실질적 권력을 차지하기 위한 싸움이 벌어졌다. 1차 내전에선 남동생이 이겨 누나를 내쫓았지만 로마에서 카이사르가 침공해 클레오파트라와 손을 잡는 바람에 남동생은 전장에서 죽었다.

김정은은 비극적 결말로 끝난 이집트와 달리 여동생과 끝까지 사이좋게 북한을 통치할 수 있을까. 역사에 기록될 사례가 이제 막 시작됐다.

남과 북, 좌와 우의 경계에서

'음식 맛 따지지 말라'는 김정은의 지시

2021. 9. 30.

코로나 봉쇄가 1년 8개월째 이어지면서 북한 내부 경제 상황은 점점 어려워지고 있다. 특히 수입에 의존하던 생필품과 식료품은 코로나 사태 이전보다 열 배 이상 가격이 뛴 것들이 많다. 주민들은 아우성을 칠 힘조차 없다. 그런데도 김정은은 아직 봉쇄를 풀 생각이 없어 보인다. 북-중 무역 재개를 위해 평북 의주비행장에 건설한 물류기지는 7월 중순에 이미 완공됐다고 하는데 본격적인 무역 재개가 언제 이뤄질지 기약이 없다.

이런 상황에서 얼마 전 김정은이 염장을 지르는 발언을 해 사람들이 황당해하고 있다고 한다. 북한 소식통에 따르면 해당 발언은 김정은의 지시를 전달하는 방침 전달 회의에서 공개됐다. 김정은의 말씀이라며 이것저것 전달했는데, 사람들이 가장 황당해했던 발언의 요지는 이렇다.

'지금 형편이 몹시 어렵지만 아무리 어렵다 해도 전쟁 때에 비기겠는가. 전쟁 때는 사탕가루, 기름, 맛내기가 없다고 싸움을 못한 게 아니다. 그런데 지금은 사탕가루, 기름, 맛내기를 수입하지 않으면 큰일 날 것같이 논다.'

한마디로 요약하면 설탕, 식용유, 조미료가 없다고 불평하지 말라는 것이다. 이 발언을 통해 김정은이 현 상황을 전쟁 상황으로 여기고 있다는 것이 드러난다.

전시에는 전시법이 작동해 즉결 처형도 이뤄진다. 북한 소식통에 따르면 작년 2월부터 두 달 동안 북한에선 코로나 방역 지침 위반에 걸려 700명이 넘게 처형됐다. 이후에도 지금까지 각종 명목으로 잔혹한 처형이 계속 이어져왔는데 그 이유를 알 것 같다. 김정은은 지금은 전쟁 시기이니 불평불만을 가지거나 자기 지시를 제대로 이행하지 않는 자들은 죽어야 마땅하다고 생각하는 듯하다.

또 인민을 향해 '지금 전쟁을 하고 있으니 너희들이 궁핍하게 살아도 불만을 가지지 말라. 고작 기름 따위가 없다고 불만이냐'며 오히려 역정을 내고 있다. 방침 전달식이 끝난 뒤 사람들이 '조금 있으면 이조시대, 고려시대보다 지금이 낫다는 말이 나오겠다'며 비웃었다고 한다. 사람들이 암울한 것은 김정은이 치른다는 전쟁이 언제 끝날지, 식용유나 조미료, 설탕이 없는 음식을 언제까지 먹고 살아야 할지 기약이 없기 때문이다.

북한 주민들이 제일 황당했던 대목은 "아무리 어렵다 해도 전쟁 때에 비기겠는가"라는 부분이다. 이 말을 듣고 많은 사람들이 조건반사적으로 '니가 전쟁을 알아?'라는 생각을 떠올렸을지 모른다.

이제는 북한에 외부 정보가 많이 들어가 웬만한 사람들은 김정은이 수많은 아사자가 발생한 1990년대 중반 '고난의 행군' 시기에 스위스에서 편안하게 유학했다는 것을 알고 있다. 북한에서 가장 영양 상태가 좋은 김정은이 먹는 것 가지고 불만을 갖지 말라고 하니 북한 사람들은

'당신은 배고픈 것이 뭔지 아는가. 당신은 기름이 들어가지 않은 음식을 먹어본 적이 있느냐' 하고 묻고 싶을 것이다.

실제로 김정은은 이런 말을 할 자격이 꼬물만큼도 없다. 동아일보가 단독으로 입수한 올해 7월 북-중 무역 통계에 따르면 북한은 7월에 150여 개 품목, 1680만 달러어치를 수입했다. 그런데 자세히 보면 인민을 위한 품목은 전혀 없고 김씨 일가를 위한 사치품과 식품, 의약품만 들여갔다. 예를 들면 코코아가 들어 있지 않은 사탕 2kg(209달러), 로열젤리(1480달러), 피아노 1대(2800달러), 접이식 의자 5개(500달러) 등이 수입 품목에 올라 있는데, 특정 브랜드 사탕 2kg 같은 것이 누구를 위한 것인지는 너무나 뻔하다.

이렇게 국경을 꽁꽁 막아놓고 자기는 필요한 것들을 다 사다 쓰고 먹고 하면서 인민들은 식용유나 조미료, 설탕이 없어도 불만을 갖지 말라고 하는 것이다. 그러니 이런 말을 전달받는 사람들이 '개돼지들이 배만 채우면 되지 맛을 따지겠냐'며 한숨을 쉴 수밖에 없는 것이다.

김정은이 불만을 가지지 말라고 했으니 이제부터는 불평하는 자들을 잡아다 족칠 차례다. 마침 28일 열린 북한 최고인민회의 제14기 5차 회의에선 '청년교양보장법'이란 것이 채택됐다. 가장 불만이 많고 말을 잘 듣지 않는 젊은 세대부터 확실하게 고삐를 죄겠다는 의도다. 전 세계가 코로나 와중에도 물류 교류를 하며 살고 있는데, 유일하게 국경을 폐쇄하고 백신 지원도 거부하며 홀로 치르고 있는 김정은의 '셀프 전쟁'은 과연 언제 끝날지 암울하다.

'오빠' '동생'까지
괴뢰 말투가 된 북한

　북한의 인터넷 사이트인 '조선의 오늘'에 9월 2일 눈길을 끄는 사진들이 올라왔다. 김정은이 지난달 30일 탄광과 건설장 같은 험지에 자원해 새 출발을 한 '뒤떨어졌던 청년' 9명을 만났다는 사진이다. '조선의 오늘'은 "지난날의 과오를 깨끗하고 성실한 땀으로 씻으려는 자그마한 양심의 싹도 소중히 여기고 모두를 안아 내세워주시는 분"이라고 김정은을 치켜세웠다.

　그 사진을 보면서 이들은 어떤 죄를 지었기에 뒤떨어진 청년이 됐을까 상상해봤다. 강력범죄를 저질렀다면 '접견 대상'이 될 수 없기 때문에 그나마 용서가 가능한 '범죄'의 범위에서 나름 짐작해봤다. 어떤 청년들은 생활고 때문에 도둑질을 했을 것 같고, 또다른 청년들은 주먹질하다 잡혔을 것 같다. 김정은과 사진 찍는 자리에서도 발을 쩍 벌리고 양옆 청년들과 팔짱을 낀 '배포 큰 청년'도 보였다. 피부도 하얗고 영양 상태도 좋은 이 청년은 무슨 죄를 지었을까. 혹 보지 말라는 영상물이나 하지 말라는 말을 했다가 걸린 잘사는 집 자식이 아닐까 하는 생각이 들었다. 실제로 김정은은 지난해 11월 '괴뢰 말투와의 전쟁'을 선포한 뒤 지금까지 많은 청년들이 체포됐다. 벌써 1년 가까이 돼가고 있는데 단속은 점점 심해진다. 게다가 계속 새로운 '괴뢰 말투'들이 지정돼 내려오는데, 그걸 다 외우고 실수하지 않는 것도 예삿일은 아닐 듯하다.

처음엔 한국 드라마에서 자주 나오는 단어가 괴뢰 말투로 지정됐다. 가령 연인 사이에 '오빠야' '자기야' 했다간 괴뢰 말투를 쓰는 범죄자가 되는 식이다. 그런데 청년절인 8월 28일에 새로 내려온 방침을 입수해 보니 더 기가 막혔다. 이런 대목도 있었다.

"괴뢰 문화의 졸렬성, 부패성을 똑바로 인식시키기 위한 사상교양 사업을 짜고들 것. 청년들 속에서 친인척 관계가 없는데도 '오빠' '동생'이라는 괴뢰 말투를 쓰면서 불건전한 사상을 유포시키는 행위를 근절하도록 할 것."

형제나 친인척이 아닌 관계에서 오빠, 동생이라고 부르면 범죄자가 되는 것이다. 연상이나 동갑이면 '철수 동지' '영희 동무' 이런 식으로 부르고, 나이가 어리면 이름을 부르라는 것이다. 하지만 북한에 한국 드라마가 본격적으로 들어간 지 20년도 더 되는데 어릴 때부터 그 영향을 받아 오빠, 동생 하며 큰 청년들은 하루아침에 저도 모르게 튀어나가는 호칭을 쉽게 바꾸긴 어려울 것이다.

오빠, 동생뿐만 아니라 방침에는 괴뢰 말투의 잔재를 완전히 쓸어버리기 위해 절대로 하지 말아야 할 표현들이 잔뜩 나열돼 있다. 이번에 새로 괴뢰 말투로 지정된 표현은 이런 것들이다.

'파격적이다' '이례적이다' '특례적이다'는 말은 절대로 쓰지 말 것. '단언하건대' '강조하건대' '정세하에서' '조건하에서' '금후' '사회적 거리두기' 등도 괴뢰 말투라 피해야 한다. 괴뢰 말투가 아니지만 피해야

2021

할 단어도 지정돼 있다.

"위대한 수령님과 장군님에 대하여 '회고'라는 말을 쓰지 말 것"이라 내려온 것으로 보아 앞으로 '회고 모임' '회고 음악회' 이런 행사는 열리지 않을 듯하다. '친인민적' '친현실적'이란 말은 '망탕(마구)' 쓰지 말아야 할 단어가 됐다.

방침을 보니 시대를 역행하는 탈레반이 떠올랐다. 앞으로 북한에서 오빠, 동생 하다가 걸리면 범법자가 되고, 불미스러운 과거를 가진 뒤떨어진 청년이 돼 잘해봤자 탄광과 건설장에 가야 한다.

북한의 대외선전매체 '조선의 오늘'은 김정은이 만난 청년들을 1998년에 제작된 영화 〈줄기는 뿌리에서 자란다〉의 주인공에 비교했다. 깡패 두목이던 청년이 조직원들을 데리고 탄광에 가서 열심히 일해 영웅이 된다는 영화다. 웃기는 일은 이 영화가 북한에서 상영 금지된 영화라는 것이다. 불법영상물 단속기관의 자료에는 이 영화가 '장성택 역적의 여독청산과 관련하여 회수해야 할 전자다매체 목록'과 '역적들과 그 관련자들의 낯짝이 비춰지는 영화' 목록에 동시에 올라 있다. 여주인공 김혜경이 장성택의 정부였다고 처형됐기 때문이다. 보면 범죄자로 몰려 잡혀가던 영화를 다시 언급하며 따라 배우라고 하니 노동당 선전선동부도 이 박자 저 박자 맞추다가 맛이 간 것 같다.

어처구니없는 일은 북한은 '괴뢰말 사전'을 만들어 사람들을 마구 잡아들이는데, 한국은 저들과 함께 '겨레말 큰사전'을 만든다며 400억 원의 세금을 썼고, 지금도 쓰고 있다는 것이다.

황해제철소 노동자 폭동의 진실 | 2021. 9. 2.

2001년 모 월간지에 「황해제철소 노동자 폭동 사건」이라는 탈북민의 기고가 실렸다. 황해북도 송림시에 있는 황해제철소에서 간부들이 압연 철판을 중국에 팔아 옥수수로 바꿔 노동자에게 배급을 줬는데 보위사령부가 탱크를 몰고 몰려와 간부들을 무리로 처형했다고 썼다. 다음 날 노동자 수천 명이 제철소 정문 앞에 모여 이에 항의하자 수십 명을 탱크로 깔아 죽였다고 주장했다.

처형장에서 김일성의 간호사를 하던 여성이 마이크를 빼앗아 '어떻게 이럴 수 있는가'라고 반발하자 그를 그 자리에서 처형했다는 묘사까지 자세하게 보탰다. 처형된 사람들을 평토장(平土葬)했는데 밤에 사람들이 몰려와 봉분을 만들고 수백 개의 헌화를 하고 갔다는 등 이후 다른 탈북민의 그럴듯한 설명들까지 보태졌다.

이런 말들을 토대로 황해제철소 폭동이 중국 톈안먼(天安門) 사건과 유사한 북한의 대표적 인민 항쟁이라고 추앙하는 사람들도 나타났고, 인터넷에도 그런 글들이 적지 않다. 그러나 이제는 한국에 3만 5000명에 가까운 탈북민이 왔다. 송림에 살던 사람은 물론이고 그곳에서 간부를 하던 사람도 있다. 이들을 만나 당시 송림에서 어떤 일이 벌어졌는지 오랫동안 진실을 파악하기 위해 노력했다. 결론적으로 황해제철소 노동자 폭동은 몇몇 탈북민이 지어낸 대표적 거짓말이었다.

취재를 통해 파악한 황해제철소 사건의 진상은 이랬다. 수많은 아사자가 발생한 '고난의 행군'이 3년째 이어지다 보니 1998년 북한의 기강은 말이 아니었다. 공장 자재를 훔쳐 팔고, 전선줄을 잘라 팔고, 심지어 철도 레일까지 뽑아 고철로 팔았다. 사회가 수습 불가 상황으로 치닫자 김정일은 보위사령부에 총소리를 울려 사회 기강을 바로잡으라는 지시를 내렸다. 보위사령부는 신의주와 혜산 등 중국과의 주요 밀무역 통로를 집중 조사했다. 신의주에서 이들은 철강재가 고철로 팔리는 것을 파악하고 추적에 들어갔는데 북한의 양대 제철소로 꼽히는 황해제철소가 연루된 것이다.

당시 인구 13만 명의 송림의 상황은 매우 심각했다. 오직 제철소만을 위해 존재하는 공업도시라 아사자가 전국 평균 이상으로 나왔다. 제철소 당위원회에선 직장 스스로 먹고살라는 지시를 내렸다. 철제일용직장 같은 부서에서는 석유곤로나 불고기판을 만들어 팔기도 했지만 제철소 핵심인 강철직장은 팔 것이 없었다. 전기가 없어 철도 생산하지 못하는 상황이었다. 결국 이들은 제철로 바닥에 깔린 철로 만든 타일인 '깔판'을 뽑아 팔았다.

신의주에서 보위사령부 중좌 한 명이 송림에 잠입해 깔판을 사 갈 거간꾼으로 위장해 실태를 조사하기 시작했다. 제일 먼저 걸려든 사람은 성길이라는 이름의 제철소 선전대 대장이었다고 한다. 그의 집에 도청기를 설치해 연관자들도 색출했다. 그리고 몇 달 뒤인 1998년 8월 초 오전 3시경 보위사령부는 공포감을 주기 위해 인근 탱크부대의 전차들을 동원해 송림에 진입했다. 주로 장갑차들이었고, 탱크는 몇 대뿐이었다.

이후 이들은 미리 찍어둔 간부 11명을 체포해 처형했다. 송림시 안전부 부부장, 강철직장 보위지도원, 제철소 당위원회 선전선동부 부부장, 선전대 대장 등이 포함됐다. 또한 도씨 성을 가진, 송림에서 알아주는 거간꾼도 들어 있었다. 이들에게 씌워진 죄명은 반당반혁명종파분자, 간첩 등이었다. 처형은 송림시에서 제일 큰 철산광장에 사람들을 모아놓고 이뤄졌다.

그런 끔찍한 광경을 보고 사람들은 뒤에서 불만은 토로했지만 사형장에서 반발한 사람도, 다음 날 제철소 정문에 모여 시위한 사람도 없었다. 북한에서 정부에 반항하거나 처형된 사람의 무덤에 헌화를 하는 행위는 일가족까지 연루돼 처벌되는 정치적 범죄이다. 더구나 탱크까지 몰려온 와중에 감히 당국에 반발할 수 없었다. 송림에 왔던 전차부대는 10여 일 더 머물다가 철수했다. 사회를 정화한다며 송림에 전차부대를 진입시켜 11명을 처형한 것이 황해제철소 사건의 진실이다.

송림에 탱크부대까지 진입해 많은 사람을 처형했다는 소문은 북한에 빠르게 퍼졌다. 여론이 나빠지자 김정일은 "총성이 너무 큽니다"라고 말했다고 한다. 여담이지만 이후 송림에선 "사형수 한 명이 눈치를 채고 도망갔다가 나중에 잡혔는데 김정일이 총소리 그만 내라고 하는 바람에 살았다. 결국 먼저 도망치고 볼 일이다"는 말도 퍼졌다고 한다.

'황해제철소 폭동 사건'처럼 몇몇 탈북민이 지어낸 거짓말이 한국 사회에 혼란을 빚어낸 사례는 여러 건이 있다. 탈북민의 말을 무작정 받아쓰다간 언젠가는 곤경에 처할 수 있음을 보여주는 사례다.

처형된 무역일꾼, 억류된 중국 사업가

2021. 8. 19.

8월 2월 중국 주재 북한대사가 교체됐다. 그런데 전임 지재룡 대사는 북한이 코로나 방역을 핑계로 받아주지 않아 아직 베이징에 머무르고 있다. 1942년생인 지 전 대사로서는 얼마 남지 않은 여생을 평양에서 자녀와 손자들과 보내고 싶은 마음이 간절하겠지만 어쩔 수 없이 베이징에서 기약 없는 나날을 보내게 됐다.

3월에 철수한 주말레이시아 북한대사관 관계자 수십 명도 베이징에서 발이 묶였다. 북한이 체류비도 주지 않아 말레이시아에서 번 달러가 생활비로 다 날아가지만 불평할 수도 없다. 노동당 국제부 부부장을 지냈던 지재룡도 귀국하지 못하는데 그들의 하소연을 들어줄 리가 만무하기 때문이다. 중국에는 이런 처지의 북한 사람들이 꽤 많다. 그만큼 북한은 해외와의 인적 왕래를 철저히 금지하고 있다.

이러한 폐쇄가 비단 북한 외교관들에게만 적용되는 것은 아니다. 리진쥔(李進軍) 북한 주재 중국대사도 임기가 끝나 돌아가야 하지만 북한이 신임 대사 입국을 거부해 평양에 사실상 발이 묶였다. 북한 주재 중국대사의 임기는 보통 5년이다. 리 대사는 중국 공산당 대외연락부 부부장을 거쳐 2015년 3월에 부임했고 2020년 3월에 임기가 끝나야 했다. 정통한 소식통에 따르면 중국이 특별비행기로 순안공항에 새 대사한 명만 내려놓고 돌아오겠다고 했는데도 북한이 거절했다고 한다. 리 대사는 임기가 끝난 지 1년 반이 넘도록 인질처럼 평양에 잡혀 있다. 물자가 부족한 평양에서 사는 것도 어려운데, 그동안 승진도 할 수 없으니 리 대사의 속도 타들어갈 것 같다. 러시아 등 10여 개 평양 주재 외국 공관 외교관들은 탈출에 성공했지만, 중국은 북한처럼 중요한 우방국 대사 자리를 비워둘 순 없다.

이렇게 북한이 대사급 교류조차 막고 있는 와중인 6월에 간 크게 중국 사업가를 북한에 데려간 북한 무역일꾼이 나타났다. 그가 아무리 높은 자리에 있다 해도 신의주 세관에서 통과시켜줄 정도면 평양에서 특별 지시가 떨어져야 가능하다.

요즘 김정은은 평양종합병원, 평양시 5만 가구, 의주비행장 대규모 방역시설 등 각종 건설 과제를 제시하고 간부들을 닦달하고 있다. 그런데 철강재나 시멘트, 방역설비 등을 중국에서 수입하지 못하면 건설이 진척될 수가 없다. 못하면 못했다고 처벌하고, 그렇다고 자재 수입도 못하게 하니 북한 고위 간부들은 죽을 맛이다.

진퇴양난 상황에서 그들은 못해서 목 잘리는 것보다는 편법을 써서라도 해놓는 것이 낫다는 선택을 할 수밖에 없다. 못하면 눈에 딱 보여 처벌될 가능성이 100퍼센트인데 몰래 물자를 중국에서 들여와 마무리하면 살 확률이 좀 더 높기 때문이다. 그래서 고위 간부 누군가가 측근 무역일꾼에게 '죽게 생겼다. 내가 국경을 열어줄 테니 중국에 가서 투자자나 물자를 좀 끌어오라'고 지시했을 것으로 추정된다.

그래서 이 무역일꾼이 움직였다. 중국 사업가를 현장에 데려가서 '이런 것들을 해결해주면 이런 이권을 보장해주겠다'고 제안하려 했던 것이다. 하지만 이게 발각됐다. 김정은의 지시로 무역일꾼은 즉시 체포돼 처형됐고, 중국 사업가는 북한에 체포돼 현재까지 억류 중인 것으로 파악되고 있다. 이 사업가도 북한과 나름대로 오랫동안 교류했던 사람이라고 하는데 도와주러 갔다가 봉변을 당하게 됐다. 앞으로 다른 중국 사업가들에게 북한과의 거래가 얼마나 위험한 일인지를 보여주는 사례가 될 듯하다.

처형된 무역일꾼의 윗선은 누구였을까. 6월 29일 김정은은 당 정치국 확대회의를 소집해 "국가와 인민의 안전에 커다란 위기를 조성하는 중대 사건이 발생했고 그로 인해 엄중한 후과가 초래됐다"고 하면서 고위 간부들을 줄줄이 처벌했다. 리병철 노동당 중앙군사위원회 부위원장은 정치국 상무위원에서 해임됐고, 최상건 교육 및 보건담당 비서는 회의 중에 끌려 나가 아직까지 생사가 알려지지 않고 있다. 박정천 군 총참모장은 원수에서 차수로, 김정관 국방상은 차수에서 대장으로 강등됐다. 고위급이 처벌되면 부하 간부들도 줄줄이 함께 처벌된다. 이때 처벌된 간부 중 한 명이 처형된 무역일꾼의 윗선이었을 가능성이 높다.

북한 고위 간부들을 두둔하고 싶은 생각은 전혀 없지만 저들의 처지도 참 답답해 보인다. 이러면 이랬다고 처벌하고, 저러면 저랬다고 처벌하고, 그렇다고 달아날 수도 없으니 온전히 목숨을 보전할 경우의 수가 거의 없다. 김정은의 지시를 받는 순간 머릿속에는 '아이쿠, 죽었구나' 하는 생각밖에 떠오르지 않을 것 같다. 서울에서 북한 간부들 욕하기도 미안하다.

북한 여성이 남자에게 잘 대해주는 이유

북한 여성이 남성에게 잘 대해준다는 이야기를 듣고 탈북 여성을 만나고 싶어하는 미혼 친구들이 주변에 좀 있다. 북에서 살아봤고 한국과 중국 일본을 다 가본 개인적 경험에 비춰보면 그건 맞는 것 같다.

1990년대 중반 '고난의 행군' 때 여성이 장마당에 나가고, 집에 돌아와 밥하고, 애 보고, 청소도 도맡아 할 동안 남자는 까딱도 하지 않는 집이 많았다. 돈 버는 여성이 늘어나면서 이젠 청소 정도는 하는 남성도 늘었지만, 그래도 여성은 여전히 무시당한다.

예전에 중국에서 똑같은 사회주의 제도인데도 문화가 너무 달라 충격을 받았다. 많은 중국 남성들이 장보고, 요리하고, 애 보고, 빨래하는 것을 당연하게 여겼다. 가정에서 여성의 목소리도 더 컸다.

그럼 북한은 왜 저럴까. 북한이 여전히 봉건 가부장적 유교문화를 극복하지 못했기 때문이라는 분석이 많지만 북한도 1946년에 '남녀평등법'을 발표하는 등 여성 권리를 위해 나름대로 노력했다. 사회주의 정책은 강제력이 커 75년 동안 남녀평등 정책을 폈더라면 유교문화는 극복했을 것이다. 중국만 봐도 사회주의 시책하에서 여성의 권리도 높아졌다.

북한 남성이 큰소리치는 중요한 이유는 남녀 성비에서 답을 찾아야 하지 않을까. 김정은에게 보고되는 진짜 북한 인구통계를 2년 전 입수했다. 통계에 따르면 북한이 발표하는 인구 2500만 명은 가짜였다. 실제는 2000만 명이 좀 넘었다.

북한 성비(여성 100명당 남성 숫자)는 매우 충격적이다. 북한 인구 중 남성은 45퍼센트도 안 됐고, 여성은 55퍼센트가 넘었다. 가장 최근의 성비는 80.9에 그쳤다. 이 정도면 세계에서 남성 비율이 가장 낮은 나라 리스트에서 압도적 1위다.

중국은 북한과 정반대의 성비 구조를 가지고 있다. 『중국통계연감』에 따르면 2020년 중국의 성비는 105.3이지만 젊은층으로 갈수록 성비 불균형이 심각하다. 25~29세는 106.7, 20~24세는 114.6, 15~19세는 118.4까지 치솟는다. 1가구 1자녀 정책의 영향으로 남자아이만 선호하다 보니 나타난 현상이다. 남성 12명 중 1~2명은 결혼할 짝을 찾을 수 없고, 중국 전체로 보면 남성 4000만 명이 짝을 찾을 수 없다. 그러니 중국 남성은 결혼하려면 여성에게 잘 보이기 위해 경쟁해야 한다.

여성 10명 중 2명이 짝을 찾지 못하는 북한은 중국과 상황이 정반대다. 더구나 북한 여성은 결혼에 대한 욕구가 아주 강하다. 요즘 한국엔 혼자 살겠다는 여성이 늘어나지만 북한에선 결혼해 애가 없으면 모자란 여성 취급을 당한다. 결혼을 하려면 여성들끼리 치열한 경쟁이 불가피하다. 반면 남자는 다소 모자라도 장가는 쉽게 갈 수 있다.

북한은 왜 남자가 적을까. 보고서엔 원인이 설명돼 있지 않다. 개인적으론 1950년 6·25전쟁 때 남성이 워낙 많이 죽어 여성 비율이 압도적으로 높아지지 않았을까 추정된다. 전후 살아남은 남자는 금값이 됐

남과 북, 좌와 우의 경계에서

다. 여성은 결혼하려면 혼수 정도는 몽땅 장만해야 했다. 지금도 북한에 선 결혼할 때 여성이 가전제품과 장롱, 이불 등을 다 가져가는 지역이 태반이다. 결혼 자금을 여성이 훨씬 더 많이 쓰는 것이다. 또 북한은 태 아 성별을 알려준다거나(성별을 판별하는 장비가 북한에 과연 몇 대나 있을 지 의문이지만) 낙태를 하는 것이 불법이니 아이 성별을 골라 낳을 수도 없다. 더 놀라운 점은 성비 불균형이 시간이 갈수록 심해진다는 것이다. 1980년 남성 비율이 46퍼센트가 넘었는데 2008년부터 44퍼센트대로 떨어졌다.

북한은 남성으로 살기엔 최악의 환경이다. 남성은 17세 때부터 10년 씩이나 군에 가서 안전 장비도 없는 각종 위험한 공사판에 동원돼 무리 로 죽어가고, 사회에서도 각종 동원에 더 많이 시달린다. 또 보드카 때 문에 남성이 빨리 죽기로 유명한 러시아처럼 술도 엄청 마셔대며, 의료 환경도 뒤떨어졌다. 그러니 여성이 아무리 잘해준다고 해도 빨리 죽는 북한 남성의 삶을 부러워할 필요가 없다.

끝으로 탈북 여성에 대한 환상을 품고 있는 친구들에겐 빨리 꿈에서 깨라고 하고 싶다. 2021년 한국의 성비는 100.4. 한국에 온 탈북 여성은 더이상 결혼 시장에서 경쟁할 필요가 없다. 최악의 환경이지만 그래도 큰소리치며 살다가 갑자기 경쟁사회의 맨 밑바닥에 떨어져 어리둥절해 진 탈북 남성만 불쌍할 따름이다.

북한의 시간이 멈췄다　　　　　　　2021. 7. 22.

　북에서 살 때 내가 손목시계를 처음 가져본 것이 1991년이었다. 그즈음에 중국에서 숫자로 시간만 표시되는 초기 형태의 전자시계가 밀려들어 왔다. 그때 전자시계는 북한 돈 100원 정도였는데, 노동자의 한 달 월급과 맞먹었다.

　당시 북한 사람들이 가장 많이 차고 다니는 시계는 모란봉이란 상표의 기계식 태엽시계였는데, 일본 조총련에서 설비를 들여와 공장을 지었다고 했다. 소련에 간 벌목공들 덕분에 투박한 소련제 시계도 많이 들어와 팔렸다. 그렇지만 북한에서 명품 시계처럼 인정받은 것은 일본 세이코 브랜드였다. 재일교포들이 일본에서 대거 들여와 팔았다.

　그때로부터 30년이 지났다. 지금 북한 사람들의 손목은 중국산 전자시계가 차지했다. 중국산 짝퉁 세이코 전자시계도 많이 들어갔다. 투박하고 시간도 잘 맞지 않는 모란봉 시계는 어느 순간 팔리지도 않게 됐다. 벽시계조차 중국산이 차지했다.

　탈북해 한국에 온 뒤 나는 10년 넘게 시계를 차지 않고 살았다. 휴대전화를 켜면 시간이 나오는데 굳이 손목에 거추장스럽게 시계를 차고 다닐 필요는 없었다. 시간은 컴퓨터를 켜도 나오고 TV를 켜도 나왔다. 현대 사회에서 우리는 시계를 꼭 차고 다니지 않아도 불편 없이 시간을 볼 수 있다.

그러나 북한은 다르다. 손목시계나 벽시계가 없으면 시간을 알 방법이 거의 없다. 평양을 비롯한 대도시에는 휴대전화가 많이 보급됐지만, 농촌 지역에 가면 휴대전화를 갖고 있는 사람이 거의 없다. TV는 정전 때문에 거의 나오지 않는 데다 혹 전기가 들어와도 저녁에만 방영된다. 컴퓨터나 노트북을 갖고 있는 집도 거의 없다.

북한이 코로나19 사태로 국경을 폐쇄한 지 1년 반이 돼가는 지금, 주민들의 가장 큰 불편은 뜻밖에도 시계에서 터져 나오고 있다. 북한 전문가들의 관심사는 쌀값, 옥수수값, 외화 환율 등에 초점이 맞춰져 있지만 정작 대다수 북한 사람들에게 시급한 것은 그것이 아니다. 요즘 북-중 밀무역 종사자들에게 북한에서 가장 많이 요구받는 것이 뭐냐고 물어보면 대답이 거의 비슷하다. 식량도, 기름도, 설탕도 아닌 시계 배터리가 최우선 요구 사항이라고 한다.

국경 폐쇄 1년 반이 되니 북한 사람들이 차고 다니는 시계의 배터리가 멈춰 서기 시작한 것이다. 벽시계도 마찬가지다. 북한에는 중국의 주문을 받아 임가공으로 시계를 생산하는 공장은 있지만 시계 배터리를 생산하는 공장은 없다. 북한의 대다수 시계는 작고 둥근 중국제 배터리를 쓰고 있는데 이것이 수입되지 않는 것이다.

시계 배터리는 과거 수입해 쌓아둔 재고도 거의 없다. 예전 북-중 무역이 활발하던 시기에 작고 가격이 비싸지도 않은 시계 배터리는 수입업자들이 별로 관심을 가지지 않는 품목이었다. 그런데 국경이 폐쇄되자 뜻밖에 시계 배터리가 금값이 되고 있다. 이미 북한에 있던 재고는 가격이 천정부지로 치솟으며 다 팔려버린 상태다.

휴대전화를 갖고 있는 사람은 태양광 패널로 충전해 시간을 볼 수 있지만, 휴대전화가 많이 도입되지 않은 가난한 지역에선 시간을 알 수 있는 방법이 없다. 시계란 항상 옆에 있을 때는 있는지 없는지도 의식하지 못하는 존재다. 그런데 정작 시계가 없어 시간을 알 수 없으면 약속도 잡기 어려워 사회엔 엄청난 혼란이 조성된다.

요즘 북한에선 초침이 돌아가는 시계를 차고 다니는 사람들은 부러움의 대상이라고 한다. 그게 곧 부의 상징처럼 간주되는 것이다. 그렇다고 팔목에 시계도 없이 다니면 더욱 가난한 사람처럼 보이니 멈춘 시계를 차고 다니는 사람도 적지 않다고 한다. 시간이 정지된 사회는 더이상 현대 사회라고 부를 수 없다.

북한은 핵무기를 만든다, 대륙간탄도미사일을 만든다, 잠수함을 만든다며 힘을 과시하려 하지만 정작 손톱만 한 시계 배터리 하나 때문에 한 세기가 후퇴하고 있다. 그토록 부르짖던 자립식 주체경제도 배터리 하나에 치명타를 입고 있다.

최근 변종 코로나가 확산되면서 북한이 언제 북-중 국경을 개방할지 점점 기약이 없어지고 있다. 그러는 사이 그나마 돌아가던 북한 주민들의 시계조차 하나둘 멈춰 설 것이다. 과거 '고난의 행군' 시기 수많은 사람이 굶어 죽는 참상도 이겨냈던 북한 주민들이지만, 시간을 모르고 사는 사회는 그들도 여태 경험하지 못한 또다른 신세계일 것이다.

남과 북, 좌와 우의 경계에서

전화 못 받아 처형된
총정치국 38부장

북한 노동당 비자금을 관리하던 38호실은 많이 알려졌다. 38호실은 2008년경 비슷한 역할을 하는 39호실과 통합된 것으로 파악된다. 북한 군에도 숫자 '38'로 시작되는 38부라는 비밀 부서가 있다. 총정치국 소속인 38부는 김정일 시절부터 있던 역사가 오랜 조직이지만 지금까지 외부에 전혀 알려지지 않았다. 이 부서의 임무는 김씨 일가의 별장 관리다.

북한에는 '초대소' 또는 '특각'으로 불리는 김씨 일가의 별장이 최소 30여 개 있는데 평양에만 10개가 넘는다. 백화원초대소나 고방산초대소처럼 과거 한국 대통령 방북 때 숙소로 사용해 외부에 알려진 것들도 있지만, 대다수는 북한 사람들도 잘 모르는 비밀 시설이다. 평양의 대표적 비밀 초대소는 문수거리의 문수초대소, 모란봉 자락의 모란초대소, 혁신역 근처 비파초대소 등을 들 수 있다.

김정일은 수시로 측근들을 초대소에 불러 밤새 술을 마셨다. 초대소를 수십 곳이나 만든 것은 한곳에만 다니면 질리니 색다른 분위기를 느끼기 위한 목적도 있겠지만 보는 이의 시선을 의식한 측면도 있다. 한곳에만 계속 가면 초대소 종사자들이 '장군님은 일은 안 하고 밤마다 술판만 펼치는가'라고 생각할 수 있다. 특정 초대소에 어쩌다 한 번 가야 '장군님이 열심히 일하다가 오랜만에 쉬러 오셨으니 잘 봉사해야겠다' 는 생각을 가질 수 있다. 김정일 사망 후 이 초대소들은 김정은이 물려 받았다.

초대소는 요리사를 제외한 모든 근무 인원이 군 소속이다. 군복을 입혀놓고 관리하는 것이 비밀 유지나 운영에 편리하기 때문이다. 여성들도 많은데 5과 선발을 통해 전국에서 뽑아 온 미녀들이다. 초대소를 호위사령부에서 관리할 법하지만 경호원들에게 사치스러운 생활이 폭로되는 것이 싫었는지 경비는 호위사령부에서, 관리는 총정치국 38부에서 하도록 분리했다.

38부는 과거 왕조 시절 내시나 환관이 담당했던 일을 하는 부서라고 볼 수 있다. 이들의 우두머리로 상선이나 태감과 같은 위치에 있는 38부장의 계급은 중장이다. 왕조 시절 권력과 거리를 두었던 상선이 오래 자리를 지켰듯이, 북한도 38부장은 잘 바뀌지 않았다고 한다. 그런데 2014년 4월 38부장이 어이없이 처형되는 일이 벌어졌다.

내막을 잘 아는 탈북자의 증언에 따르면 당시 혁신역 앞에 있는 비파 초대소에 김정은이 불쑥 나타났다고 한다. 그날은 리설주와 부부 동반으로 와서 술을 마시고 갔는데, 둘이 일어난 시간은 오후 10시 반에서 11시 사이였다. 김정은이 돌아간 뒤 비파초대소 근무원들이 모였다. 북한 초대소들에는 행사가 끝나면 그날 봉사조가 한자리에 모여 '이번에 행사를 잘했다'고 격려하거나 잘못한 것이 있으면 총화를 한 뒤 회식을 하는 관행이 있다. 음식도 잔뜩 준비한 날이니 다 먹어치우기 위한 목적도 있을 것이다. 이런 행사는 38부장이 주관한다. 그는 상선의 위치에 있기 때문에 김정은이 어느 초대소에 나타났다고 하면 현지에 나와 모든 것을 지휘한다.

그날따라 38부장은 기분이 좋았는지 부하들과 술을 과하게 마시고 곯아떨어졌다고 한다. 다음 날 아침 비파초대소 성원들은 38부장이 술도 깨기 전에 끌려가 처형됐다는 이야기를 들었다. 하필 그날 새벽 김정은이 무슨 생각이 들었는지 38부장에게 전화를 했는데 받지 못했다는 것이 죽은 이유였다. 특징적인 것은 김정은과 리설주가 그날 술을 마시고 떠나기 전 설탕 없는 진한 블랙커피를 한 잔씩 마시고 갔다고 한다. 밤에 블랙커피를 마시는 것이 김정은의 습관인지는 몰라도, 아무튼 자정 직전에 커피를 마신 김정은은 잠이 오지 않았는지 갑자기 38부장을 찾은 것이다. 그런데 취해버린 38부장이 전화를 받지 못했고, 김정은은 이를 무시당했다고 생각한 듯하다. 얼마 뒤 군인들이 들이닥쳐 38부장을 끌고 갔다.

2014년 4월은 김정은이 신경이 매우 곤두서 있을 때였다. 5개월 전 고모부 장성택 노동당 행정부장을 처형한 뒤 '여독을 청산'한다면서 다음해 봄까지 관계자 수천 명을 처형한 것으로 알려졌다. 매일 수십 명 살생부에 사인을 할 때이니 김정은에겐 상선의 목숨쯤은 하찮게 보였을지 모른다.

38부장의 죽음은 북한에서도 거의 알려지지 않았다. 정치국 위원으로 있다가 하루아침에 사라진 노동당 박태성 비서나 최상건 비서는 이름이라도 남겼다. 하지만 38부장처럼 충복으로 살다가 소리 소문 없이 사라진 이는 또 얼마나 많을까. 그 숫자를 헤아릴 만한 사람도 이미 북한에 남아 있지 않다.

북한 호텔방엔 몰카가 있을까   2021. 6. 24.

대다수 사람들은 북한 호텔에 묵으면 도청을 당한다고 생각한다. 그런데 확실한 증거가 없어 반신반의하는 사람도 적지 않다. 가령 '나 같은 사람도 도청할까' '수천 명의 관광객이 한꺼번에 가도 다 도청이 가능할까' '몰래카메라(몰카)는 없을까' 등의 의문을 제기한다.

남과 북에서 화제가 된 드라마 〈사랑의 불시착〉엔 '귀때기'라는 도청 전문가가 등장한다. 귀때기란 단어는 처음 들었지만 북에 도청 전담 조직이 있는 것은 사실이다. 바로 국가보위성 화학처가 도청을 담당한다. 도청 담당 부서 명칭이 왜 화학처인지 의아한 생각도 든다. 요즘 화학무기를 쓸 일이 없으니 주요 임무가 폭발물 제거와 도청 업무로 바뀌었다고 한다. 직접 도청도 하지만 특정 보위원이 요청하면 도청 장비를 제공하거나 감시 대상이나 기관에 도청 장비만 설치하기도 한다.

북한의 모든 호텔에는 화학처 소속 보위원이 최소 한 명씩은 상주해 있다. 고려호텔이나 양각도호텔처럼 외국인이 많이 드나드는 호텔엔 여러 명이 있다. 그러니 평양 호텔에는 무조건 방마다 도청기가 있다고 보면 된다. 모든 대화가 도청 또는 녹음되는 것이다.

2016년 1월 관광차 방북해 양각도호텔에 투숙하던 미국 청년 오토 웜비어는 호텔 5층에 걸린 선전 문구를 떼어냈다가 체포돼 목숨을 잃었다. 웜비어 방북 이전부터 양각도호텔 5층은 외국인 사이에서 유명했다. 호텔 엘리베이터에 5층 버튼이 없었기 때문이다. 이런 이유로 일부 외국인 관광객은 계단을 통해 5층을 몰래 탐험하며 스릴을 느끼기도 했다. 웜비어 역시 이 미스터리한 공포의 5층을 탐험한 뒤 기념으로 선전 문구를 떼어낸 것으로 보인다. 바로 이 5층에 보위성 화학처 소속 도청 담당 보위원들이 상주해 있다.

북한 호텔에는 몰카도 설치돼 있을까. 욕실에 설치된 몰카는 상상하는 것조차 끔찍하다. 그런데 도청기는 모든 방에 있다고 생각하면 되지만 몰카는 투숙객의 중요도에 따라 설치 여부가 결정된다고 한다. 인터넷을 검색하면 몰카 찾아내는 여러 방법이 나오는데, 이 중 휴대전화 손전등을 켜서 찾는 방법이 가장 많다. 하지만 북에선 휴대전화를 압수당할 수도 있으니 다른 방법을 파악해 갈 필요가 있다.

방마다 몰카를 설치하지 않은 이유가 투숙객에 대한 최후의 배려 때문일 것이라고 생각하면 오산이다. 진짜 이유는 돈이 없기 때문이다. 북한에서 몰카를 대량으로 구매해 왔다면 당연히 설치가 됐을 것인데, 다행히 북한이 운영되는 방식이 '필요한 것은 자력갱생하라'는 것이라 몰카 살 돈도 보위성에서 벌어야 한다. 그런데 담당자들 처지에선 굳이 막대한 외화를 들여 몰카까지 사다가 모든 호텔방에 설치할 동기 부여가 떨어진다. 솔직히 그럴 돈이 있으면 슬쩍 자기 주머니에 넣는 것이 우선이다.

국가보위성에는 화학처 외에 감청을 담당하는 부서가 또 있다. 보위성 11국이다. 두 부서의 임무는 다르다. 화학처가 국내 도청을 담당한다면 11국은 외국과의 연계를 적발하는 부서다. 탈북민이 북에 전화를 할 때 이를 적발하는 담당 부서가 바로 11국이다. 이 부서는 중요성 때문인지 당국이 비싼 장비를 많이 수입해 공급했다. 김정은 집권 이후 독일 등에서 최첨단 전파탐지기를 대거 구입해 북-중 국경에 엄청 깔아놓았다. 질도 좋은 데다 숫자까지 많으니 최근엔 한국과 통화하면 5분 안에 보위원들이 들이닥친다고 한다. 이 때문에 한국과 통화하려고 몇 시간씩 산에 올라가는 사람들이 많았지만 지난해부터는 코로나를 핑계로 이동까지 철저히 파악하고 있어 이마저도 쉽지 않다.

국경 주민들 속에선 보위성 탐지기가 통화 내용까지 도청한다고 소문이 났다. 이건 겁을 주느라 보위성에서 일부러 소문을 퍼뜨린 것이다. 물론 불가능하진 않다. 특정 집에서 몇 시에 통화가 이뤄진다는 확실한 정보가 있다면 지향성 안테나로 조준해 통화까지 잡을 수 있다. 이런 경우는 매우 드물지만 어쩌다 적발한 사례를 퍼뜨려 공포를 준다.

최근 김정은은 외부와 연계되는 선을 찾는 데 어느 때보다 관심을 쏟고 있다. 보위성도 김정은이 관심을 기울일 때 공을 세워야 크게 포상을 받을 수 있다. 요즘 보위원들이 평소 뇌물을 받고 눈감아주던 송금 브로커들을 불러 과거의 죄를 용서해준다며 이중첩자 활동을 강요하는 경우가 부쩍 늘었다고 한다. 그래서인지 최근 탈북민들에게 걸려오는 이상한 전화도 많이 늘어난 것으로 알려졌다. 이럴 때는 연락을 끊는 것이 최선이다. 김정은이 이걸 노렸다면 당분간은 성공한 셈이다. 다만 얼마나 오래 막을 수 있을지 그것이 문제다.

남과 북, 좌와 우의 경계에서

　최근 몇 년 새 북한에선 느닷없이 역사물 애니메이션 수백 편이 쏟아
졌다. 50부로 종영됐던 〈소년장수〉라는 애니메이션이 100부로 연장되고
〈고주몽〉 〈고구려의 젊은 무사들〉이란 수십 부작 시리즈도 시작됐다.

　2014년 11월 26일 김정은이 '조선4·26만화영화촬영소'를 방문한 것
이 계기였다. 이날 김정은은 "야심을 가지고 세계적으로 손꼽히는 만화
영화(애니메이션) 대국으로 만들라"고 지시했다. 북한 매체는 김정은이
"만화영화 창작에 혁명적 전환을 가져오기 위한 강령적 지침을 내렸다"
고 보도했다. 하지만 당시 내막을 잘 아는 대북 소식통은 "김정은이 만
화영화 수준을 질책하면서 샘플 하나 보내줄 거니 그걸 따라 배우라고
했다"고 전했다. 다음 날 김정은이 보낸 CD가 도착했는데 놀랍게도 한
국 역사물 애니메이션이었고, 제작자들은 황송한 태도로 시사회를 가졌
다고 한다.

　이 사례는 김정은이 한국 만화를 많이 보며 자랐다는 것을 보여준다.
김정은 집권 초기에도 북한은 〈뽀로로〉 제작사인 오콘(OCON)에 출산
이 임박한 김정은의 자식을 위해 애니메이션을 특별 제작해줄 것을 요

청했다고 한다. 그만큼 김정은은 〈뽀로로〉를 비롯한 한국 애니메이션에 특별한 감정을 느끼고 있다는 의미다.

이런 김정은이 2020년 말 '반동문화사상배격법'이란 것을 만들어 한류를 접하면 최대 사형에 이르는 엄벌을 내리고 있다. 북한에서 '반동문화'를 가장 많이 접한 사람이 다름 아닌 김정은이라는 사실을 생각하면 기가 막힌 일이다.

김정은의 독촉 아래 만화영화 제작자들은 80일 전투니, 100일 전투니 하면서 뿅이 빠지게 만화영화를 찍어냈다. 새 애니메이션은 3차원(3D)을 도입하는 등 나름대로 달라진 것처럼 보이기도 하지만 내용과 방식은 기존의 고리타분함에서 벗어나지 못했다. 그렇게라도 만화영화는 만들지만 영화는 사정이 다르다. 많은 사람들이 굶어 죽은 1990년대에도 영화는 1년에 10여 편씩 제작됐는데, 최근 몇 년 동안 거의 나오지 않는다.

무엇이 문제일까. 소식통은 "혁명 과업을 수행하지 않았다고 욕먹으니 매년 몇 개씩 찍기는 하는데 김정은이 비준(승인)을 해주지 않아 창작 의욕을 잃은 상태"라고 전했다. 문화예술을 사상적 세뇌의 주요 수단으로 간주하는 북한에선 김씨 일가의 허락이 없으면 새 영화가 공개되지 않는다.

김정은이 '비준'을 하지 않는 이유는 자기가 봐도 재미없기 때문일 것이다. 외국에서 살면서 한국 영화나 할리우드 영화를 많이 보고 자랐을 김정은의 눈에 천편일률적이고 연기도 못하는 북한 영화가 눈에 들어올 리 만무하다.

하지만 북한 영화계는 속도전으로 바꿀 수가 없다. 영화를 찍으려면

남과 북, 좌와 우의 경계에서

돈이 많이 든다. 상업 영화가 없으니 당국이 돈을 대지 않으면 방법이 없다. 그렇다고 논다고 욕을 먹을 수는 없으니 제작자들이 궁여지책으로 생각한 것이 부잣집 자식들을 주인공으로 내세우는 것이다. 스타로 만들어주는 대신 각종 소품과 의상, 세트장 제작 비용, 스태프들 식사까지 대는 조건이다.

이런 환경이니 닭다리 뜯어먹는 장면이 하나라도 들어가면 모두가 긴장한다. 감독이 '다시' 하면 주인공 얼굴부터 험악하게 변한다고 한다. 장마당에 가서 자기 돈으로 닭을 다시 사 와야 하기 때문이다. 이렇게 만든 영화에서 연기력은 기대하기 어려울 것이 뻔하다. 게다가 잘못하면 황색 바람이 들었다고 몰려 죽을 수 있기 때문에 시나리오도 거의 변화가 없다. 그러니 김정은도 짜증나서 못 봐줄 영화가 만들어지는 것이다.

새로 만들면 사인이 떨어지지 않으니 영화 창작자들은 요즘 옛날 영화를 각색하는 데 몰두하고 있다. 워낙 권력자들이 많이 처형되다 보니 이들이 끼고돌던 연예인들도 많이 연루돼 죽었다. 배우가 숙청되면 영화는 상영 금지 목록에 오른다. 이런 영화에서 숙청된 배우를 다른 배우로 대체해 다시 제작하는 것이다.

이것도 역부족인지 정치범수용소로 끌려가다 차에서 뛰어내려 자살한 박미향이나 장성택의 여자로 처형된 김혜경이 나온 영화는 배우도 바꾸지 않고 작년부터 다시 상영된다. 배역 이름이 나오는 엔딩에서 주인공 이름만 삭제됐다. 그렇긴 해도 숙청된 배우의 얼굴이 다시 등장하는 것은 매우 이례적이다. 그만큼 북한 영화판이 비정상이란 의미인데, 정상으로 돌아갈 가능성은 해가 갈수록 점점 희박해지는 것 같다. '혁

명'이란 것을 시작할 때 예술선전부터 앞세웠는데 망해갈 땐 예술선전
이 맨 먼저 죽는 처지라니 아이러니한 일이다.

한국산 장비로 무장한
소속 없는 북 부대 1여단

2021. 5. 27.

구글어스로 북한을 자주 살펴본다. 김정은 집권 이후 평양을 제외하면 큰 변화는 보이지 않는다. 하지만 김정은 관저나 별장은 많이 바뀐다.

대표적으로 평양 중심부 김정은 관저는 두 차례나 리모델링됐고, 원산 별장도 김정일이 쓰던 기본 건물을 버리고 새 단장을 했다. 별장 주변엔 비행장을 새로 건설했다가 2년 전에 없애고 그 자리에 승마장을 만들었다. 원산공항이 새 단장하면서 일부러 전용 비행장까지 유지할 필요가 없어진 것 같다. 김정은 집권 몇 년 사이 전국 별장 주변마다 깔끔하게 건설된 전용 비행장들은 그대로 유지되었다. 이걸 통해 김정은이 자신의 향락과 관련된 시설에 관심이 많고 이것저것 요구 조건도 까다롭다는 것을 짐작할 수 있다.

이런 공사는 김정은의 호화 생활에 대해 소문이 날 수 있기 때문에 아무에게나 맡길 수 없다. 또 최고 수준의 건설 기술과 안전 기준을 갖춰야 한다. 이를 도맡아 하는 조직이 1여단이다.

1여단은 편제 자체가 특별하다. 분명 군인들인데, 국방성이나 총참모부 호위사령부 등 어디에도 소속돼 있지 않다. 오직 김정은의 지시만 받는다. 1여단장은 일반 부대 군단장 계급인 중장 또는 상장이 맡는다. 평양시 형제산구역 중당동에 본부를 둔 1여단은 여단 재판소까지 따로 갖고 있다. 군인들은 범죄를 저지르면 인민군 검찰소나 재판소에서 다루는데, 1여단은 비밀이 새 나갈까 봐 처벌도 따로 하는 것이다.

이 부대가 원래 소속이 없었던 것은 아니다. 김일성 시절 그의 지시를 받는 공병국이라는 건설부대가 생겼는데, 군이 아닌 사회안전부(경찰청) 소속이었다. 그러다 1980년대 김정일이 아버지 눈치를 보지 않고 마음대로 쓰기 위해 공병국에서 1개 여단을 떼어내 호위사령부에 소속시키고 전국 도처에 별장을 지었다. 김일성 사후 공병국은 찬밥 신세가 됐지만 1여단은 승승장구했다. 힘이 커져 나중엔 호위사령부에서도 독립한 것으로 보인다.

1여단의 능력을 보여준 대표적 사례는 2010년 여름, 불과 일주일 만에 평양 주요 도로 아스팔트 포장 공사를 다 끝낸 것을 들 수 있다. 그해 9월 28일 김정일은 44년 만에 노동당 대표자대회를 열고 김정은을 공개했는데, 직전에 분위기를 띄우기 위해 평양 주요 도로를 모두 포장했다. 이를 1여단이 맡았다. 공사 기간은 보름 정도 잡았지만 일주일 정도밖에 걸리지 않아 평양 사람들이 모두 놀랐다고 한다.

물론 평양은 완벽한 교통 통제가 가능해 특정 구간을 폐쇄하고 주야로 공사할 수 있다. 하지만 장비와 인력이 뒷받침되지 않으면 불가능하다. 이게 가능한 유일한 집단이 1여단이다.

흥미로운 점은 1여단이 사용하는 덤프트럭은 모두 현대가 만든 트럭이라고 한다. 이 부대를 아는 탈북민에 따르면 덤프트럭 외에 굴착기, 불도저 등 기본 장비의 80퍼센트가 현대나 두산에서 생산한 한국산이다. 나머지 특수장비의 경우 일본산 비중이 높다.

한국산 장비들은 어떻게 북에 들어갔을까. 2006년 한국이 신포 경수로 공사에서 철수하며 건설 중장비 93대와 차량 190대를 남겨두고 온 기록이 있다. 같은 해 노무현 정부가 수해 복구 명목으로 굴착기 50대, 페이로더 60대, 8톤 덤프트럭 100대를 지원했다. 1998년 정주영 현대그룹 명예회장이 소 떼를 몰고 방북했을 때도 덤프트럭은 아니지만 일반 현대 트럭 100대도 넘어갔다.

이를 포함해 이런저런 경로로 남쪽에서 넘어갔거나 중국에서 수입한 한국 트럭을 고스란히 1여단이 접수했을 가능성이 높다. 비밀 유지가 철저한 1여단이 한국산 차량을 몰아 갖고 있는 것이 북한 입장에서도 유리하다. 2015년 한국이 개성공단에서 철수하면서 남겨둔 각종 차량 100여 대 중에서도 이미 1여단에 넘어간 것이 있을지 모른다. 1여단은 최우선적인 특혜를 보장받기 때문이다. 필요한 부품은 중국에서 얼마든지 구입할 수 있다.

1여단은 각종 비밀이 필요한 특수 건설도 담당한다. 평북 동창리 기지와 영변 핵단지 시설 공사 때 수해 지원으로 보냈거나 신포에 남겨둔 한국산 중장비가 동원된 정황을 한미 정보기관이 포착했다. 그렇다면 이 공사도 1여단이 맡아 했을 가능성이 높다. 지금 이 순간도 1여단 현대 덤프트럭들은 어디에 가서 열심히 달리고 있을지 궁금하다.

북한 톱스타 여배우의 죽음 　　　2021. 5. 13.

북한에선 잘나가던 사람이 하루아침에 사라지는 일이 비일비재하다. 고위 간부나 부자들뿐만 아니라 유명 연예인들도 예외는 아니다. 특히 대중의 사랑을 받던 연예인이 사라지면 사람들에게 주는 충격도 크고 화제가 된다. 하지만 공식적으로 이유를 설명하지 않기 때문에 갖가지 소문만 무성하다.

8년 전인 2013년 박미향이란 여배우도 갑자기 사라졌다. 한국 언론들은 박미향의 실종에 대해 화폐 교환 실패의 희생양이 돼 2010년 공개 처형된 박남기 전 노동당 재정경제부장의 친척이라 숙청됐다고 보도했다. 하지만 최근 입수한 북한 비밀문서에 박미향 실종의 비밀을 풀 수 있는 단서가 실려 있었다. 영상 시청을 단속하는 '109상무'라는 조직이 작성한 「콤퓨터(컴퓨터)에 입력시키지 말아야 할 전자화일(파일) 목록」인데, 금지된 북한 영화·음악 목록이 19페이지에 빼곡히 적혀 있다.

박미향의 대표작인 영화 〈한 여학생의 일기〉는 "역적들과 그 관련자들의 낯짝이 비쳐지는 영화, TV극"이라는 열 번째 단속 항목에 올라 있다. 박미향은 왜 '역적들과 그 관련자'에 포함됐을까.

2007년 개봉된 〈한 여학생의 일기〉는 박미향을 스타로 만들어준 영화다. 신세대 북한 여고생이 과학자 아버지와 그를 내조하는 어머니와 갈등을 빚다가 화해한다는 내용이다. 북한에선 김정일이 직접 영화를 다듬어 명작으로 탄생시켰다고 선전했다. 김정일이 영화를 극찬하며 '모든 주민이 다 보게 하라'고 지시하는 바람에 전 주민이 의무적으로 관람했다. 이 영화는 칸 국제영화제 등 세계 주요 영화제에서 단골로 상영됐다. 서구 지역에서 일반 상영된 첫 북한 영화였다. 영화의 성공으로 박미향은 신세대 스타가 됐다. 그렇지만 불과 6년 뒤에 은막에서 사라졌다. 최근 관련 내막을 잘 아는 소식통을 통해 박미향의 숙청 비화를 들었다.

박미향의 부친은 박광철 외무성 간부처장(인사처장)이었다. 외무성 인사처장은 매우 힘 있는 자리다. 북한에서 가장 선호하는 직업인 외교관들의 해외 파견을 쥐락펴락할 수 있다. 박광철은 딸을 밀어줘 영화 주인공까지 만들었고, 김정일의 극찬까지 받았다.

박미향이 뜨자 많은 남자들이 접근했다. 마침내 당대의 인기 배우 이룡훈이 그의 애인이 됐다. 〈평양 날파람〉이란 영화로 뜬 이룡훈은 연기를 잘해서라기보다는 돈이 많아 배우가 된 경우다. 북한 영화계는 촬영비나 소품비가 부족해 부잣집 자식들이 돈을 대고 영화 주연을 꿰찬다. 일본 귀국자 출신인 이룡훈은 부잣집 자식들을 거느리고 고려호텔 등 고급 호텔과 식당을 주름잡던 인물이다.

그런 그가 애인을 한순간에 빼앗겼다. 박미향을 뺏어간 남자는 장성택 전 노동당 행정부장의 오른팔인 이룡하 노동당 행정부 제1부부장의 아들이었다고 한다. 당시 노동당 행정부는 돈과 권력을 다 움켜쥔 무소

불위의 파워를 갖고 있었다. 이룡하의 아들이 낙점했으니 이룡훈도 어쩔 수 없었다. 박미향은 이룡하의 며느리가 됐다. 그런데 2013년 12월 장성택이 공개 처형됐다. 앞서 11월 말에 그의 심복인 이룡훈과 장수길 행정부 부부장, 장성택 조카인 장용철 말레이시아 대사, 장성택 조카사위인 최웅철은 비밀 처형됐다.

이룡훈의 며느리인 박미향은 가족과 함께 정치범수용소에 끌려가게 됐다. 수용소에 끌려가면 제아무리 잘나가던 사람이라도 짐승 취급을 받게 된다. 특히 젊은 여성들은 수용소 간부들의 성노예가 된다는 것은 공공연한 비밀이다. 얼마 뒤 평양 고위 간부들 속에선 박미향이 수용소로 끌려가다 차에서 몸을 던져 자살을 했다는 소문이 퍼졌다. 어차피 자살을 하나 한번 들어가면 살아서 다시 나오지 못하는 정치범수용소에 끌려가나 별 차이는 없다.

박미향은 1990년대 최고 스타였던 최웅철과 똑같은 운명이었다. 최웅철은 장성택 맏형 장성우의 딸이 그와 살겠다고 낙점하는 바람에 애인과 결별하고 장성택 가문의 맏사위가 됐다.

최웅철과 박미향의 비극적 운명 이후 요즘 북한 연예인들은 고위 간부 집안과 결혼하지 않으려고 안간힘을 쓴다고 한다. 직위가 높을수록 숙청될 위험이 비례해 커지기 때문이다. 결혼에 의한 위험 부담은 조금 덜어낼 수 있겠지만, 사실 북한에서 연예인 자체가 안전한 직업은 아니다. 돈과 권력, 명예를 움켜쥘수록 목을 치는 망나니의 칼날과 가까워지는 곳이 북한이기 때문이다.

공개 처형된 공훈국가합창단 지휘자 | 2021. 4. 29.

북한이 '광명성절'로 기념하는 김정일의 생일인 2월 16일 저녁 김정은 부부가 만수대예술극장에 나타났다. 오전에 금수산태양궁전을 참배한 뒤 저녁에 경축 공연을 보러 온 것이다. 모든 관객들이 마스크를 쓰지 않고 공연을 관람하는 가운데 국무위원회 연주단, 공훈국가합창단과 주요 예술단체의 예술인들이 출연해 사망한 김정일을 찬양하는 공연을 진행했다.

김정은과 리설주가 공연이 마음에 들었는지 다음 날 북한 언론에는 서로 웃으며 이야기하는 사진이 여럿 실렸다. 한국 언론은 13개월 만에 리설주가 공식 석상에 모습을 드러낸 것에 초점을 맞춰 보도했다.

북한에선 김정은이 참석한 행사가 끝난 뒤 꼭 총화사업이란 것을 한다. 김일성 때부터 해온 오래된 관례다. 총화사업은 김정은이 무엇을 칭찬했고 무엇을 지적했는지 등을 소개한 뒤 포상과 처벌이 이뤄진다. 북한에선 강연회가 진행되는 토요일에 보통 총화사업까지 겸해 진행한다. 올해는 2월 16일이 화요일이어서 총화사업은 토요일인 20일에 열렸다.

이날 경축 공연에 참가했던 각 예술단체들을 대상으로 말씀 전달식이란 것이 열렸다. 여기에선 김정은이 16일 공연됐던 '그림자 요술'을 보고 아주 만족했으며 이를 치하했다는 소위 '말씀'이 전달됐다. 북한에선 마술을 요술이라고 한다. 그림자 요술이란 말 그대로 그림자를 활용해 하는 마술이다. 북한이 해외 장르를 본떠 이번에 처음 관련 작품을 만든 모양이다. 당일 공연 영상을 보니 남성 마술사가 강아지를 들고 나와 천 가리개를 활용해 여성과 바꾸는 등의 마술이 진행됐다.

말씀 전달식이 끝난 뒤 조선인민군 공훈국가합창단 지휘자가 주변 지인들에게 농담조로 '별걸 다 치하한다'는 식으로 말했다고 한다. 그의 시각으로 볼 때 그림자 마술은 아주 엉성했던 모양이다.

그런데 그날 저녁 지휘자가 갑자기 체포됐다. 누군가 그가 한 말을 밀고했기 때문이다. 이틀 뒤 평양시내 예술인들에게 모두 모이라는 지시가 떨어졌다. 김정은 시대에 이렇게 예술인들을 모이게 하면 좋은 일보단 안 좋은 일이 더 많다. 예술인들도 불길한 예감에 휩싸여 이번에 또 누가 죽을까 생각하며 버스에 올랐다.

도착해서 보니 아니나 다를까 누군가 처형장에 묶여 있었다. 이틀 전 체포됐던 공훈국가합창단 지휘자였다. 그의 이름을 조현우라고 들은 것 같은데, 검색을 해보니 공훈국가합창단에 류현호라는 지휘자가 있었다. 북한 소식통과의 통화 품질이 좋지 않았던 관계로 처형된 사람이 류현호인지 또는 조현우라는 지휘자가 따로 있는지는 확인이 필요하지만 아무튼 지휘자가 공개 처형된 것은 확실하다.

조선인민군 공훈국가합창단은 수석지휘자 겸 단장인 장룡식 중장 아래 5명 미만의 지휘자가 있다. 단장이 중장이니 지휘자는 소장 또는 대좌(대령) 계급일 것이다. 250명 규모의 합창단 편제가 이렇게 높은 것은 김정일이 공훈국가합창단을 '선군혁명의 나팔수'로 지칭하며 "선군정치의 기둥으로 인민군대를 내세운 것처럼 음악 정치에는 공훈합창단이 있다"고 했기 때문이다. 김정일은 1995년 12월부터 2011년 사망할 때까지 63회나 공연을 공식 관람했다. 분기에 한 번씩 찾은 셈이다.

이런 신임을 받던 합창단의 지휘자가 별생각 없이 한 말 한마디 때문에 부하들 앞에서 끔찍하게 죽었다. 처형은 AK-47 자동소총수 3명이 나와 10m 거리에서 각각 한 개 탄창(30발)을 모두 쏘는 방식으로 이뤄졌다. 90발을 맞은 시신은 들 수 없을 정도로 만신창이가 됐으니 삽과 마대로 처리해 차로 싣고 갔다고 한다.

들은 내용은 상세하지만 차마 더이상 자세히 쓰기가 끔찍하다. 그나마 이번 경우는 2013년 은하수관현악단 단원 등 예술인 10여 명을 처형할 때보단 덜 잔인했다. 그때는 임산부를 포함한 남녀 연예인들을 더 끔찍하게 죽이고, 지켜본 연예인들을 앞줄부터 일어나게 한 뒤 형체를 알아보기 어려운 시신 주변을 돌게 해 기절하는 사람과 오줌을 지리는 사람이 속출했다고 한다. 이런 것은 한 번만 봐도 평생의 트라우마로 남는다.

김정은은 2017년 2월 22일 공훈국가합창단 창립 70주년 때 "합창단 예술인 한 사람 한 사람을 나의 핏방울과 살점처럼 애지중지 아끼고 사랑한다"고 했다. 이들이 김정은 말대로 핏방울이나 살점 같아서 그렇게 핏방울, 살점을 다 튀게 잔인하게 죽인 것일까.

채찍 꺼내든 노예주
'생각할 시간도 못 줘'

지금 평양에는 대규모 공사판이 펼쳐졌다. 지난 3월 김정은의 지시로 매년 1만 세대씩 5년 동안 5만 세대를 건설해야 하기 때문이다. 김정은 시대 평양에 건설된 미래과학자거리는 2500여 세대, 여명거리는 4800여 세대이다. 그러니 5년 동안 매년 미래과학자거리 규모의 네 배, 여명거리 규모의 두 배를 건설해야 한다. 여기에 더해 이미 1만 6000여 세대가 추가 건설되고 있다.

강력한 대북 제재로 돈줄이 막히고 셀프 방역으로 1년째 국경까지 틀어막았는데 과연 5년 안에 6만 6000여 세대를 건설할 수 있을까. 김정은도 지난달 착공식에서 "도전과 장애가 그 어느 때보다 혹심한 지금과 같은 상황에서 이런 대규모 건설을 하는 것 자체가 상상 밖의 엄청난 일이 아닐 수 없다"고 말했다. 혹심(酷甚)하면 하지 말아야지 왜 하는 걸까.

이를 두고 평양의 주택난이 심각하다는 분석도 있고 평양의 민심을 얻으려 한다는 얘기도 있지만, 이는 정확한 분석이 아니다. 평양 사람들은 5년 내내 동원을 다녀야 하고, 건설 지원으로 계속 돈을 뜯길 건설은 절대 환영하지 않는다.

김정은이 대규모 건설을 시작한 진짜 속내는 역설적이게도 심각한 경제난 때문이다. 지금까지 북한이 무역으로 벌어들인 외화는 모두 평양으로 모였다. 무역이 차단되니 평양 사람들의 주머니가 비어간다. 국경을 폐쇄하니 물가도 급속히 상승한다. 더욱 큰 문제는 무역일꾼부터 시작해 의류 임가공 공장 노동자들까지 평양의 무역 관련 종사자 수십만 명이 무직자가 됐다. 외화를 좀 만지던 중산층이 벌써 1년 넘게 생계를 유지하기 어렵게 됐고, 점점 버틸 능력이 소진되고 있다. 그러면 김정은에 대한 반감이 커질 수밖에 없다. 북한 통치자들은 지방 민심은 크게 개의치 않아도 평양 민심에는 매우 민감하게 반응해왔다.

대규모 건설은 현재의 어려운 상황을 통제하기 위해 꺼내 든 카드다. 거대한 목표를 만들어 채찍질하며 내몰아야 일자리가 없어진 사람들에게 살기 어렵다고 불평을 늘어놓을 시간을 주지 않을 수 있다. 아니, 생각할 시간도 주지 말아야 한다.

대규모 건설이 시작되면 평양의 이슈가 거기에 매몰된다. 수십만 명이 매일 일찍 도시락을 싸들고 도시 외곽의 건설장에 동원된다. 집에 돌아오면 육체가 고달파 딴생각할 힘도 사라진다. 동원되지 않는 사람들도 매일 지원 물자를 내라는 닦달질과 함께 괴롭힘을 당한다. 기관별로 과제를 설정하고 칭찬과 처벌을 하면 사람들의 머릿속엔 처벌받지 말아야 한다는 생각만 가득 차게 된다. 아파트가 올라가면 시선은 거기에 꽂히고 층수에 신경을 쓰게 된다.

〈아리랑〉과 같은 대집단체조도 알고 보면 같은 이유로 한다. 돈도 안되는 집단체조를 위해 왜 매년 10만 명의 청소년들이 1년 가까이 엄격한 규율 속에 혹사를 당하는지 이해 못 하는 사람이 많다. 몸이 고달프면 머리가 단순해져 딴생각이 들지 않는다. 가장 반항적이고 사고도 많이 치는 청년들을 통제할 수 있으며, 어려서부터 명령에 복종하게 세뇌까지 시킬 수 있다.

올해는 경제난으로 청년뿐만 아니라 온 평양 시민들이 아우성이다. 그러니 모든 연령을 아우르는 동원이 필요하다. 평양 시민 전체를 내몰 일은 대규모 건설밖에 없다. 이 수법은 김정일에게서 배운 것이다. 김정일은 2008년 후계 세습에 착수하는 동시에 "평양에 2012년까지 10만 세대를 건설하라"는 지시를 내렸다. 총동원령이 떨어졌다. 시민은 물론 평양 22개 대학 전체가 문을 닫았다. 대학생들은 학업을 중단하고 1년 9개월 동안 공사판에 동원됐다. '새파란 아들이 또 세습하냐'는 불만을 말할 힘도 없었다. 10만 세대 건설을 내걸고 1만 세대도 완공하지 못했지만, 시민들이 건설 중단 명령이 떨어져 '해방의 만세'를 부를 때에는 이미 3대 세습도 마무리됐다.

이번에도 같은 수법이다. 계속하면 약발이 떨어지니 건설은 최후의 수단으로 꺼내 드는 비장의 카드다. 매년 1만 세대를 짓지 못해도 김정은은 상관없다. 달성하기 어려운 목표여야 사람들이 마지막 기운까지 짜내게 되고, 체제에 반항할 에너지를 딴 데 쏟는 것이다. 달성하기 어려워야 김정은이 숙청을 통해 공포 분위기도 만들 수 있다. 노예는 생각할 시간조차 주지 말고 채찍질을 하며 내몰아야 반항하지 않는다는 독재자의 통치 방식도 3대째 세습된 것이다.

남과 북, 좌와 우의 경계에서

코로나 봉쇄 1년, 평양의 이상한 현실

북한이 코로나19 전염을 막겠다며 국경을 봉쇄하고 무역을 중단한 지 1년이 넘었다. 다른 나라가 북한처럼 문을 닫아걸고 1년 넘게 '자가격리'를 했다면 엄청난 혼란이 벌어졌을 것이다. 그런데 북한은 비교적 잠잠하다.

오히려 지난주 김정은은 평양에 5만 채의 주택을 5년 안에 짓겠다며 성대한 준공식까지 열었다. 북한이 자랑하는 여명거리 규모(4800여 가구)의 거리를 매년 2개씩, 5년 동안 10개나 짓겠다는 방대한 목표. 당장 먹고사는 것을 걱정해야 할 상황일 것 같은데, 이런 배포를 보이는 것은 내부 경제난이 그리 심각하지 않기 때문일 것이다.

실제로 최근 평양 소식통들의 전언에 따르면 외부의 추정보다 훨씬 상황이 안정적이다. 언제까지 유지될지는 몰라도 현재까진 민생을 판단하는 여러 주요 지표가 코로나 봉쇄 이전보다 오히려 나아졌다.

우선 식량 사정이 더 좋아졌다. 지난 1년 동안 평양에는 배급이 정상적으로 공급됐다. 코로나 봉쇄 이전에는 배급이 들쑥날쑥해 시장에 의존해야 했지만, 평양을 봉쇄하고 시장을 통제하면서 그 대가로 당국은 배급제를 정상화했다. 그러다 보니 시장의 쌀 가격은 오히려 떨어졌다. 평양의 현재 쌀 가격은 북한 돈 3000원대로 작년 이맘때보다 30퍼센트가량 싸졌다.

물론 식량을 제외한 수입 생필품과 식료품 가격은 걷잡을 수 없이 올랐다. 가령 중국산 식용유는 코로나 봉쇄 직전 5L짜리 1통에 7달러였는데 2020년 11월에 20달러로, 지금은 33달러까지 올랐다. 1년 새 다섯배 가까이로 오른 것이다. 설탕 같은 것은 구하기도 힘들 정도다. 그렇지만 식량 가격만 안정적이면 통치하는 데 문제가 없다. 잘 길들여진 평양 시민들은 굶어 죽지만 않는다면 김정은의 지시에 반항하지 않기 때문이다.

지금 같은 봉쇄에도 식량 가격이 안정적이라는 것은 자급자족이 가능하다는 것을 보여준다. 걸핏하면 대북 식량 지원 카드를 꺼내들려 하는 한국 정치인들은 쌀을 주겠다고 하면 북한이 고마워할 것이라는 철지난 생각에서 빨리 벗어날 필요가 있다.

식량과 더불어 전기 사정도 눈에 띄게 개선됐다고 한다. 요즘 평양은 전기를 하루 17시간 이상 무조건 보장하고 있다. 중국에 수출하던 석탄을 내수용 전기 생산에 투입한 것으로 추정된다. 재작년 2019년엔 석탄이 있어도 화력발전소 발전기들이 수시로 고장 나 제대로 돌리지 못했는데, 중국에서 발전기 부품만큼은 우선적으로 들여온 것 같다.

전기 사정이 풀리니 교통 문제도 해결됐다. 요즘은 버스가 잘 다녀 과거처럼 정류장에 늘어선 긴 줄을 찾아보기 어렵다고 한다. 버스 요금도 재작년만 해도 노선 거리와 버스 종류에 따라 북한 돈 1000~3000원 사이에서 정해졌는데, 지금은 요금이 평양시내에선 무조건 1000원으로

남과 북, 좌와 우의 경계에서

고정됐다. 전기와 교통 문제만 해결돼도 평양 시민들의 만족도는 상당히 높아진다.

또 하나 눈길을 끄는 점은 코로나 봉쇄 기간 전자 지불 체계가 광범위하게 도입됐다는 것이다. 이젠 평양 사람들도 한국처럼 휴대전화로 상점, 식당, 택시 등에서 값을 다 치를 수 있게 됐다. 물론 이렇게 되니 현금을 슬쩍할 수 있어 여성들이 선호하던 수납원이나 남성들에게 선망받던 택시 운전사 직업의 인기가 떨어졌다. 평양에는 전문 운송회사도 생겼다. 과거처럼 개개인이 직접 물건을 나르지 않고도 휴대전화로 배달과 택배를 부를 수 있게 된 것이다.

물론 이런 긍정적 변화는 주로 평양에만 한정됐다. 지방은 코로나 봉쇄 이후 상황이 훨씬 나빠졌다. 그러나 북한에 '평양공화국'과 '지방공화국'이란 말이 있음을 기억해야 한다. 이 말은 비단 지역 차별만을 의미하는 것은 아니다. 왜 김씨 일가가 수십 년 동안 평양에만 특혜를 몰아줬을까. 그 이유는 수도 시민들만 반역하지 않는다면 정권은 끄떡없고, 지방은 폭동이 수십 번 일어나도 진압이 그리 어렵지 않다고 보기 때문이다.

김정은은 코로나 봉쇄 이후 평양의 특혜를 더욱 강화하고 있다. 평양 5만 가구 공사를 위해서도 평양과 상관없는 지방 사람들의 등껍질이 벗겨질 것이다. 지난해 10월 노동당 창건 75주년 열병식에서 김정은이 울먹이며 '고맙습니다'를 17번 되풀이할 때, 광장에 선 평양 시민들은 눈물을 줄줄 흘렸다. 코로나 봉쇄가 어쩌면 더욱 감격에 겨운 평양 시민들을 만들어내고 있는지도 모른다.

2021

'따뜻한 봄'은 김여정에게 필요하다

오랫동안 잠잠하던 김여정이 "3년 전의 봄날은 다시 돌아오기 어려울 것이다"라는 제목의 담화를 3월 16일 노동신문에 불쑥 발표했다. 남북군사합의서 파기, 조국평화통일위원회와 금강산국제관광국 등 대남 기구 정리를 내걸고 한국을 협박했다.

하지만 김여정이 굳이 말해주지 않아도 남쪽에선 이미 누구나 알고 있다. 3년 전의 봄이 다시 오긴 매우 어렵다는 것을. 코로나 방역을 내건 북한의 철저한 '셀프 봉쇄'가 언제 풀릴지 기약이 없다. 내년엔 곧 임기가 끝날 문재인 대통령을 김정은이 볼 일도 없을 것이다.

대통령과 장관 등 현 정부 각료들이 북한을 향해 '러브콜'을 시종일관 보내는 것은 할 말이 그것밖에 없기 때문이다. 당장 서울과 부산 시장 보궐선거를 앞두고 있는 데다 내년 대선까지 관리하려면 현 정부가 내세우는 남북 관계 치적을 북한이 군사적 도발로 물거품으로 만들면 안 되기 때문이다. 뺨을 맞지 않기 위해선 어쩔 수 없다. 이왕이면 웃어줘야 침이 날아올 확률이 줄어들 게 아닌가. 물론 북한도 이 정도는 당연히 알 것이다. 그래서 그런지 김여정의 이번 담화는 봄을 만들 책임을

남과 북, 좌와 우의 경계에서

한국에 강요하는 듯 기고만장한 모양새다.

찬찬히 한번 따져보자. '따뜻한 봄날'은 지금 남과 북 중에 어디에 더 절실한지, 봄이 오지 않으면 누가 더 손해일지를. 물론 한국도 추위가 좋을 일은 없지만 그래도 여기는 겨울옷이 풍족하다. 사상 최강의 대북 제재로 체제를 감싸던 옷이 한 겹 두 겹 강제로 벗겨지고, 코로나 사태까지 겹쳐 조금 축적했던 지방마저 연소돼 앙상해진 북한이야말로 추위를 어떻게 견딜지 참으로 걱정이다. 옷과 지방은 북한이 지금 가장 필요로 하고 있는 돈을 비유한 것이다.

중국 세관에 따르면 2020년 북한의 대중(對中) 수출액은 3616만 달러(약 409억 원)에 그쳤고, 중국 외 다른 국가들과의 수출 총액도 806만 달러(약 91억 원)에 불과했다. 수출 총액이 500억 원 정도면 실제 번 돈은 훨씬 적을 것이다. 김정은이 최근 야심 차게 추진하던 주요 국책사업들도 돈이 없어 마무리짓지 못하는 실정이다.

그럼에도 북한이 돈 벌 길은 점점 좁아진다. 국제사회의 감시가 강화되면서 무기 거래, 마약 판매 등 불법 행위로 버는 돈도 크게 줄었다. 그나마 지금 믿을 구석은 해외에 파견된 '외화벌이 전사'들의 활약이다.

현재 중국에 파견돼 활약 중인 것으로 파악되는 1000여 명의 '사이버 전사'들이 외주받은 일감과 해킹 등으로 국가 공식 무역에서 나오는 순수익보다 더 많은 2000만 달러(약 226억 원) 이상의 현금을 매년 버는 것으로 추정된다.

또다른 '외화벌이 전사'들의 활약도 무시할 순 없다. 대북 소식통에 따르면 북한은 해외에서 특권을 부여한 300~400명의 외화벌이 인력도 운용하고 있다. 이들은 1년 과제로 5만~10만 달러를 벌어들인다. 개별적으로 움직이며, 조직 생활도 하지 않고 보위부 감시나 통제도 없다. 국가 이동도 언제든 할 수 있다. 한마디로 돈만 벌면 뭐든지 할 수 있는 특권을 부여받았다. 이들의 존재는 아직 거의 알려지지 않았다.

이들의 숫자를 최소 300명으로 보고 1인당 계획 과제를 5만 달러씩 잡으면 1년에 1500만 달러, 최대 400명의 과제가 10만 달러씩이라고 가정하면 4000만 달러를 번다. 아마 실제 금액은 그 중간 어디쯤인 2000만~3000만 달러 정도 될 것이다. 이들이 벌어서 바친 돈을 담은 현금 자루가 실제로 중국 단둥 주재 북한영사관 전용 버스에 실려 주기적으로 압록강대교를 넘어간다.

하지만 각종 수입을 다 합쳐야 북한은 1년에 1억 달러 이상 벌기 어렵다. 체제를 지탱하기엔 턱없이 적은 금액이다. 게다가 미국이 마음만 먹으면 외화벌이 전사들을 대다수 적발할 수 있다. 북한은 한국 통일부에 남북협력기금만 10억 달러 넘게 잠자고 있음을 떠올릴 필요가 있다. 자존심 때문에 받지 않기엔 무시할 액수가 아니다. 현 정부도 북한이 써주길 학수고대하고 있는 눈치다.

나아가 북한은 군사적 합의를 깨고 남북 관계를 악화시키는 것이 내년 대선에서 어느 세력에 유리할지도 잘 따져봐야 한다. 1997년 대선 직전 '총풍(銃風) 사건'으로 한국이 떠들썩했던 것이 그리 먼 옛날의 일은 아니다. 정말 김여정은 내년에도 강추위 속 '얼음공주'로 계속 남기를 원하는지 궁금하다.

빈 주머니 들고
호통치는 김정은

지난달 열린 북한 노동당 전원회의에서 김정은은 2021년 경제계획 수립 과정의 문제점을 "관료주의와 허풍" "보신과 패배주의의 씨앗" 등의 표현을 쓰며 신랄하게 비판했다. 김두일 노동당 경제부장도 임명 한 달 만에 잘렸다.

김정은이 제시한 경제 분야 관련 목표 중엔 "올해 평양시에 1만 가구 살림집을 무조건 건설하기로 했다"는 내용도 포함돼 있다. 하지만 지난해 김정은이 가장 야심 차게 추진했던 평양종합병원 건설도, 몇 년째 힘을 쏟았던 원산갈마해안관광지구 건설도 마무리하지 못하고 있는 상황에서 살림집 건설 목표가 지켜질지는 두고 볼 일이다. 김정은은 지난해 3월 17일 평양종합병원 건설 착공식을 열고 7개월 뒤인 10월 10일까지는 완공하겠다고 밝혔다.

그런데 평양종합병원 준공식은 아직까지 열리지 못하고 있다. 김정은이 지난해 7월 공사장을 방문해 총책임자를 비롯한 간부들을 질책하고 전원 교체했음에도 7개월 만에 완공한다던 병원은 1년이 돼가는 지금까지 언제 준공식을 할지 기약이 없다. 그나마 가짜 준공식을 열지 않는 것이 다행이라 해야 할까. 대북 소식통들에 따르면 김정은이 지난해 5월 준공식을 성대하게 열었던 순천인비료공장은 아직까지 가동되지 않는다고 한다.

평양종합병원은 외형상으로는 건물이 완성된 것으로 보인다. 지난해 11월 찍힌 구글어스 사진에 이미 공사에 동원했던 장비와 차량이 철수하고, 외벽 색칠과 주변 조경도 마친 것으로 나타났다.

그럼에도 준공을 못 한다면 내부 의료 장비가 전혀 갖춰지지 않은 채 껍데기만 건설됐다고 볼 수 있다. 과거 경험상 만약 병원 운영에 필요한 장비의 3분의 1만 갖췄다고 해도 준공식 행사를 벌이고, 사람들이 눈물을 좔좔 흘리면서 김정은을 찬양하는 선전이 질릴 정도로 나갔을 것이다. 그걸 못 한다는 것은 의료를 진행할 형편이 아니라는 의미다.

그렇다면 평양종합병원에 의료 장비를 채우려면 돈이 얼마나 들까. 도대체 얼마가 모자라기에 온 국민들에게 큰소리치고도 약속을 지키지 못하는지를 알면 현재 김정은의 주머니 사정을 가늠할 수 있을 것이다.

평양종합병원은 가로 550m, 세로 120m 부지에 20층으로 건설됐다. 병원은 병상 수가 중요하지만 관련 자료는 공개되지 않았다. 그런데 평양 제1병원과 옥류병원, 평양산원이 1000병상 정도인 것을 감안하면 그보다 두 배 이상 큰 평양종합병원은 2000~3000병상 정도 들어간다고 봐야 할 것이다. 적은 수는 아니다. 한국에서 최다 병상을 가진 서울 연세 세브란스병원이 2615병상이고 고대 구로병원, 안암병원이 각각 1100병상 정도 된다.

평양종합병원이 2000병상이라 하면 의료 장비에 돈이 얼마나 들까. 인터넷에서 검색해보니 10년 전 전북에 500병상 규모의 모 대학병원을 건설할 때 의료 장비 구입은 병상당 6000만 원으로 계산해 300억 원을 책정한 계획서가 보인다. 내년 광명역 인근에 오픈할 예정인 중앙대병원은 4년 전 계획을 세울 때 700병상에 의료 장비 구입 비용을 700억 원으로 계산했다. 병상당 1억 원인 셈이다.

두 사례를 평균하면 병상당 8000만 원이 나온다. 준공 시기나 의료 시설 종류 등이 달라 이 숫자가 정답이라 하긴 어렵지만, 그래도 북한 사정을 얼추 가늠하는 잣대는 될 수 있다. 북한은 비싼 장비는 피하고 저렴한 중국산을 주로 쓰겠지만 그래도 MRI, CT 등 고가 장비는 기본 가격이 있기 때문에 절반 이하로 줄이긴 어려울 것이다.

북한이 병상당 4000만 원쯤 써도 2000병상이면 800억 원이고, 3000병상이면 1200억 원 정도 계산된다. 즉 평양종합병원이 그 나름의 현대적 기준에 맞춰 의료 장비를 갖추려면 1000억 원 안팎의 자금이 든다고 볼 수 있다. 이 계산에 몇백억 원 정도는 오차가 있을 수도 있겠지만, 본질은 김정은이 1억 달러 미만 자금이 없어 세상에 큰소리를 친 평양종합병원 건설을 마무리하지 못한다는 것이다. 돈만 있다면 아무리 방역 때문에 국경을 폐쇄했다 하더라도 김정은이 지시한 의료 장비는 얼마든지 들여갔을 것이다.

이렇게 김정은은 자기도 주머니가 텅텅 비어 공개적으로 천명한 약속들을 지키지 못하면서 간부들을 향해 자신이 제시한 목표를 달성하라고 으름장을 놓고 있으니 목불인견(目不忍見)이다. 목을 내걸어야 하는 자리에 있는 간부들은 지금 어떤 심정일까.

김정은의 '비트코인 대박' 전말 | 2021. 2. 18.

비트코인 가격이 천정부지로 치솟아 어느새 5만 달러를 넘었다. 비트코인을 장기 보유한 사람이라면 요즘 행복한 심정일 것이다. 그런데 그 기쁨을 만끽하는 사람 중 한 명이 김정은이라면……

지금 북한은 몇 년째 이어지는 대북 제재에, 코로나19에 따른 셀프 봉쇄까지 1년째 겹쳐 돈을 벌 곳이 없다. 북한은 무역의 95퍼센트를 중국에 의존하는데 지난해 2020년 대중 수출액은 4800만 달러(약 530억 원)에 그쳤다. 특히 연말로 갈수록 수출 규모는 급격히 줄어 지난해 12월 수출액은 겨우 162만 달러(약 18억 원) 정도였다. 명색이 국가인데 이 정도 무역액으로 얼마나 버틸 수 있을까.

그럼에도 지금까지는 잘 버텨왔다. 지난해 태풍 피해를 본 지역에 수천 채의 집을 건설했고, 노동당 창건 75주년 행사엔 신형 무기와 군복도 등장시켰다. 돈이 없어 헉헉대야 마땅할 것 같은데도 경제발전 5개년 계획을 달성하겠다며 새해 벽두부터 밀어붙인다. 거기에 더해 지난해 10월 10일 노동당 창건 75주년 행사 전후로 약 1억 달러의 현금이 중국 단둥 주재 북한영사관의 전용 버스에 실려 북에 들어갔다는 내부

남과 북, 좌와 우의 경계에서

소식통의 제보도 들린다. 수출로 돈을 번 게 언제인데, 이런 거액은 도 대체 언제 만든 것일까.

최근 대북 소식통으로부터 흥미로운 정보를 입수했다. 북한의 정보 기술(IT) 인력이 중국에서 오랫동안 비트코인 등 암호화폐 채굴장을 운 영했다는 것이다. 2018년 9월 13일 미국 재무부는 북한 국적의 정성화 와 중국에 있는 북한 인력이 운영하는 IT업체 옌볜실버스타, 그리고 이 회사의 러시아 소재 위장 기업인 볼라시스실버스타를 각각 제재 명단 에 올렸다. 볼라시스실버스타가 1년 새 수십만 달러의 수입을 올렸다는 것이 제재 이유였다.

그런데 미국이 밝힌 액수는 당시 북한 내부 소식통이 기자에게 제보 했던 액수에 비하면 새 발의 피였다. 해외 파견 IT 인력에 대해 잘 아는 위치에 있던 소식통은 정성화가 중국에서 지휘하는 인원만 300여 명에 이르며 이들이 1년에 벌어 바치는 돈은 2000만 달러(약 220억 원)라고 증언했다. 더 흥미로운 것은 외화를 벌기 위해서 어떤 일도 마다하지 않 는 북한 IT 인력들이 해킹뿐 아니라 비트코인과 라이트코인, 모네로 등 암호화폐 채굴에도 뛰어들었다는 증언이었다.

중국 공장에 단체로 숙식하며 지내던, 1인당 상납금이 많지 않은 다 른 북한 노동자들은 재작년 말 대다수 귀국했다. 그러나 정성화가 이끄 는 'IT 외화벌이 전사'들은 미국 제재에도 아랑곳하지 않고 지금까지 중국에서 활동 중인 것으로 파악되고 있다. 이들은 주민 거주 지역에 월 셋집을 얻어 5명 안팎의 소규모 팀으로 상주하며 외출도 거의 하지 않 기 때문에 적발하기가 사실상 불가능하다. 하루 16시간씩 꼬박 앉아 작 업을 하다 보니 허리 디스크가 없는 사람이 없을 정도로 학대를 당하지만 탈출은 불가능하다. 이런 'IT 노예'들이 중국의 외진 지역들에서 최소 5년 이상 채굴장을 운영했다면 암호화폐를 얼마나 채굴했을까.

거기에 북한 해커에 의한 암호화폐 해킹 뉴스는 너무 많아 이제는 관심도 끌지 못하는 지경이다. 2019년 8월 발간된 유엔 안전보장이사회 산하 대북제재위원회 전문가패널 보고서에는 북한이 2015년 12월부터 2019년 5월까지 최소 17개국의 금융기관과 암호화폐 거래소를 대상으로 35차례의 사이버 공격을 진행해 최대 20억 달러어치를 탈취한 혐의가 있다고 적혀 있다. 이 시기 비트코인 평균 가격은 지금의 3분의 1도 되지 않았으니 보고서의 20억 달러가 지금은 60억 달러가 됐을지도 모른다. 2017년 4월과 9월 900억 원어치가 사라진 한국 암호화폐 거래소 야피존과 코인이즈의 해킹 사건도 북한 해커 집단의 소행이라고 국가정보원은 밝혔다. 이런 사례는 너무나 많다.

물론 요즘은 해킹만 됐다 하면 다 북한 소행이라고 하니 북한 해커들도 억울한 점은 분명히 있을 것이다. 그럼에도 북한이 오랫동안 채굴과 해킹을 해왔다면 김정은이 상당히 많은 암호화폐를 보유하고 있다고 보는 것은 합리적인 추론이다. 매년 훔쳐간 총액은 김정은이나 알겠지만, 비트코인 1만 개만 있어도 5억 달러나 된다.

요즘 김정은은 암호화폐 지갑을 들여다보면서 '사람이 죽으라는 법은 없구나' 하며 활짝 웃고 있을지도 모른다. 철저한 익명성과 급격한 가격 변동성에 의존한 암호화폐는 어쩌면 말라 죽어가는 북한을 좀비처럼 잠시 부활시켜주는 신문명(新文明)의 선물일 수도 있어 보인다.

남과 북, 좌와 우의 경계에서

북한 '열병식 노래'가 된 한국 민중가요

지난 1월 14일 평양에서 진행된 제8차 노동당 대회 기념 열병식을 보면서 참가자들이 너무나 안쓰럽다는 생각을 했다. 김일성광장을 행진하는 군인들의 얼굴이 동상을 입은 듯 하나같이 새빨갛게 변해 있었다. 얼마나 고생했을지 얼굴들이 말해주고 있다.

북한은 열병식을 보통 1년 내내 준비한다. 이번 참가자들이 작년 10월 노동당 창건 75주년 열병식도 했음을 감안하면 이들은 2019년 10월에 뽑혀 1년 3개월 동안 행진 연습만 했을 것이다. 열병식 참가자들은 행사 반년 전부터 철조망으로 차단된 평양 미림비행장의 훈련장에 들어가 훈련을 한다. 이번 참가자들은 작년 4월 초 평양에 와서 1월까지 9개월 동안 외출도 거의 못 하고 살았을 것이다.

한 개 열병조는 보통 297명으로 구성되는데 지휘관과 기수 9명, 횡대 24명, 종대 14명이다. 만약을 대비해 조마다 20명 남짓의 예비 인원을 두고 있기 때문에 훈련 때는 각 조가 약 320명으로 구성된다. 이들은 김일성광장 주석단 앞 216m 구간을 보폭 70cm로 1분 40초 동안 정확히 통과하기 위해 1년을 바친다. 그나마 이번 열병식은 발을 60cm 높이로 정확하게 맞추는 '천리마발차기'가 없어 좀 수월했을 것 같다.

훈련생들은 오전 6시 전에 기상해 청소와 식사를 한 뒤 8시부터 열병 훈련을 시작한다. 지적을 받으면 저녁을 먹고 추가로 처벌 훈련을 받는다. 하루 종일 딱딱한 바닥에 발을 힘껏 구르니 방광이 망가져 피오줌이 나오고, 다리 근육이 굳어져 변기에 제대로 앉지도 못하는 경우가 적지 않다. 야외에서 훈련하니 여름엔 더워서 죽고 겨울엔 추워서 죽을 지경이다.

훈련에서는 횡대 24명이 가장 중요하다. 밥 먹을 때도, 화장실에 갈 때도 24명이 다 같이 움직이고, 기합을 받아도 다 같이 받는다. 1년 넘게 이렇게 훈련하다 보면 형제처럼 친해지게 된다. 악밖에 남지 않는 지옥의 훈련장에서도 참가자들은 서로 격려하며 힘든 과정을 이겨낸다. 2시간 행진 훈련 뒤 주어지는 30분 휴식 시간엔 털썩 주저앉아 누군가 선창하는 노래를 너도나도 따라 부르는 광경이 펼쳐진다.

2002년 김일성 생일 90주년 기념 열병식 훈련장에선 이런 일도 있었다. '열병식 노래'라고 퍼져 훈련장과 김일성광장 모의 열병식에서 모두가 떼창을 하며 힘을 얻었던 노래가 한국 민중가요인 〈함께 가자 우리 이 길을〉이었다. 탈북해 한국에 온, 당시 열병식 참가자 3명을 만나 물어보니 이 가요가 열병식 훈련장에서 6개월 내내 압도적 인기를 끌었다고 이구동성으로 증언했다. 한 명은 한국에 와서 자기가 알던 '열병식 노래'가 한국 민중가요임을 알았을 때 엄청난 충격을 받았다고 말했다.

〈함께 가자 우리 이 길을〉의 가사는 어쩌면 열병식 맞춤형으로 지어진 것이 아닐까 싶을 정도로 고된 훈련에 지친 사람들에게 딱 맞다. 특히 후렴구인 "해 떨어져 어두운 길을/ 서로 일으켜주고/ 가다 못 가면 쉬었다 가자/ 아픈 다리 서로 기대며/ 함께 가자 우리 이 길을/ 마침내 하나 됨을 위하여"라는 구절은 열병식 참가자들이 잊지 못한다. 동작의 하나 됨을 위해 영하의 칼바람이 몰아치는 어두운 벌판에 처벌 훈련을 하느라 남겨졌을 때 아픈 다리 서로 기대고 싶은 마음이 얼마나 절절했을까. 그들이 악을 쓰며 노래를 부르는 장면을 상상하니 가슴이 아프다.

문제는 열병식 참가자 몇만 명이 합창했던 이 노래가 한국 가요인 줄 아는 사람이 없었다는 것이다. 다들 그냥 누가 우리의 마음을 담아 자작곡을 지었나, 이렇게 생각했다고 한다. 장성급부터 시작해 지휘관들이 있었지만, 직급이 높다고 한국 노래 들어본 것은 아니니 몰라서 그냥 방치한 것이다.

나중에 열병식 참가자들이 고향으로 가 퍼뜨리는 바람에 이 노래는 2002년 북한에서 최고로 유행한 가요 중 하나가 됐다. 독재 정권을 찬양하느라 준비하는 열병식에서 독재 정권에 저항했던 시인의 시로 만든 한국의 민중가요가 가장 사랑받는 노래가 돼 김일성광장에서까지 떼창으로 불렸다니 정말 아이러니한 일이다.

이듬해 남쪽에서 참여정부(노무현 정부)가 출범하자 이 노래는 다시 한 번 크게 유행했다. 그런데 국민의 화합과 협력을 이뤄내야 하는 집권 세력이 '투쟁 속에 동지 모아 마침내 하나 되겠다'고 떼창을 부르면 시대착오적이란 생각이 저절로 들었다. 오늘날 이 민중가요는 어둠 속에서 지치고 힘든 북한 사람들에게 더 필요한 노래일 것이기 때문이다.

검사가 된 북한 축구 최고 스타 　　2021. 1. 21.

　김정은 집권 10년이 돼가는 지금까지 한국에 알려지지 않은 것 중 하나가 김여정의 남편이 누구인가 하는 것이다. 다양한 설(說)이 있지만 증명된 것은 없다. 재작년에 누군가가 "김여정의 남편이 축구선수 홍영조라는 말이 있는데 사실이냐"고 기자인 내게 물었다. 그 말을 듣자 갑자기 '그럴 수 있겠다'는 생각이 퍼뜩 들었다.

　2010년 남아공 월드컵 북한 축구대표팀 주장이던 홍영조는 21세기 북한에서 가장 유명했던 축구선수다. 실력만 따지면 턱도 없는 비유지만 인기를 따지면 홍영조는 북한에선 한국의 박지성이나 손흥민만큼 유명하다. 홍영조는 1960년대 북한 축구의 전성기를 이끌던 박두익 선수 이후 최고 기량을 가졌다는 평가도 받았고 외모도 괜찮아서 과거 한국 언론에서 '인민 베컴'이란 별명을 붙여주기도 했다.

　홍영조는 2011년 카타르 아시안컵에 북한 대표팀 주장으로 출전한 것을 끝으로 모습이 보이지 않았다. 불과 29세 전성기의 나이에 공교롭게도 김정은 시대가 시작되던 시기와 겹쳐 사라진 것이다. '김여정이 북한 체육계 최고 스타인 홍영조의 팬이었다면 충분히 결혼도 할 수 있지

　　　　　　　　　　　　　　남과 북, 좌와 우의 경계에서

않을까'라는 생각이 들면서 알아봐야겠다고 생각했다. 그래서 평양에 여러 선을 대 취재해봤다. 워낙 유명한 선수였던지라 그의 근황을 아는 것이 크게 어렵진 않았다.

결론적으로 말하면 홍영조는 김여정의 남편이 아니었다. 그런데 현재 직업이 황당해 깜짝 놀랐다. 축구선수 홍영조가 현재 평양시 검찰소 검사로 있는 것이다. 북한 축구의 전성기를 이끌었고, 5년 동안 이례적으로 외국 리그에서도 뛰었던 선수가 검사가 됐다니 믿어지지 않았다. 북한이 아무리 특이한 나라라 해도 세계의 보편적 상식대로 체육계 스타는 은퇴 뒤에도 감독 등을 하면서 체육계에 종사하는 것이 일반적이다. 그런데 검사가 됐다니⋯⋯. 이런 생뚱맞은 일이 있나 싶어 놀라지 않을 수 없었다.

물론 북한 사람들에겐 그리 놀라운 일이 아닐 수도 있다. 북한은 권력을 잡은 자가 최고인 세상이다. 아무리 체육계 스타라 해도 국가에서 주는 공급만으로는 살 수가 없다. 북한에선 꾸준히 뇌물을 받아먹고 살수 있는 검사가 배급을 받는 왕년의 스타보다 훨씬 나을 수 있는 것이다.

홍영조는 그래도 해외 리그에서 5년 동안 뛰었기 때문에 북한에만 있었던 선수들에 비해선 돈 벌 기회가 있었다. 그는 2007년부터 두 시즌 동안 세르비아 프로팀에서 뛰었고, 2008년 러시아로 이적해 FK로스토프팀에서 2011년까지 3년간 공격수를 맡았다.

세르비아나 러시아의 가난한 프로팀에서 뛰긴 했지만 1만 달러도 큰돈인 북한인지라 연봉만 모아도 부자가 됐을 것이다. 하지만 대부분의 사람들이 알고 있듯이 북한은 해외 진출한 선수의 월급이나 이적료는 거의 다 당국이 뺏어 간다. 그래서 홍영조는 북한 선수로는 거의 유일하게 5년 동안 해외 생활을 했어도 큰돈을 모으기 힘들었을 것이다.

홍영조가 축구계를 은퇴한 계기는 경기 중 팀 동료를 폭행한 사건 때문이라고 한다. 그 동료 역시 한국에 잘 알려진 유명한 선수인지라 놀랐는데 찾아보니 그도 홍영조가 사라진 시점과 거의 비슷한 때에 북한 대표팀에서 하차했다. 2011년 1월 카타르 아시안컵을 전후로 북한 축구 대표팀을 이끌었던 김정훈 감독이 가족과 함께 정치범수용소에 끌려가고, 대표팀을 이끌던 두 스타마저 사라진 뒤 북한 축구는 침체됐다.

축구계를 떠난 홍영조는 대학에서 공부를 한 뒤 검사가 됐다. 북한은 법조인의 90퍼센트 이상이 김일성종합대학 법학대학 출신이다. 법조인 자격을 얻기 위해 엄격한 시험을 쳐야 하는 한국과 달리 북한은 낙제만 면하고 얼렁뚱땅 법대만 졸업하면 당국에서 검사로 임명해준다.

유명 축구선수는 김일성대 모든 학부가 탐을 낸다. 김일성대는 교내 체육대회에서 축구경기가 매우 격렬한 편인데, 유명 선수는 인기 학부에서 경쟁적으로 데려가는 전통이 있다. 홍영조 정도면 대학 다닐 때 공부는 별로 하지 않아도 체육특기생으로 학부 축구팀을 이끈 공로로 무난히 졸업하고 평양시 검사로 배치받았을 것으로 보인다.

어찌됐든 한때 북한 최고의 축구 스타가 '범죄자'를 앞에 앉혀놓고 책상을 치며 '똑바로 자백하라'고 호통치는 모습은 머릿속에 잘 그려지지 않는다.

남과 북, 좌와 우의 경계에서

만포 핵무기 저장기지 최초 공개

약 1년 전 개봉된 영화 〈백두산〉에서는 특전사 '조인창(하정우)' 대위가 특수 임무를 받고 북한에 침투해 지하에 숨겨놓은 대륙간탄도미사일(ICBM)에서 핵탄두를 분리하는 장면이 나온다. ICBM과 핵탄두 개발 성공을 이미 오래전에 발표한 김정은도 영화처럼 어딘가에 이런 '최후의 무기'들을 숨겨두고 있을 것이다. 그러나 그 장소가 어딘지는 알려지지 않았다.

그런데 김정은이 최근 몇 년 사이 '최후의 병기창'인 핵탄두 저장고를 자강도 만포시에 비밀리에 만들었다는 정보가 얼마 전 입수됐다. 지금까지 북한 핵문제를 말할 때 평안북도 영변의 핵시설이 언론에 단골로 등장했지만 만포가 언급된 적은 단 한 번도 없다.

현재까지 알려진 북한 핵무기 개발의 양대 거점은 황해북도 평산 우라늄정련공장, 평안북도 영변 우라늄농축시설이다. 여기에 더해 자강도 만포 핵탄두 저장고까지 포함하면 핵무기 제작 및 보관의 3대 축이 완성되게 된다. 요약하면 북한의 핵무기 생산 시스템은 평산에서 우라늄 정광을 캐서 현지에서 정련한 뒤, 영변에 신고 와 농축시켜 핵탄두를 만들고, 이 탄두를 만포에 싣고 가서 보관하는 것이다. 세 지역은 철길로 연결돼 있다.

순서대로 나열하면 평산군 청수리에 위치한 '남천화학단지'에서 인근 광산에서 캔 우라늄 광석을 정제해 '옐로케이크'라고 불리는 1차 원료를 만들고, 이것을 영변에 싣고 가 원심분리기로 고농축시켜 핵무기 제조용 우라늄을 생산한다.

그런데 소식통에 따르면 몇 년 전부터 평산과 영변 단지의 운영은 사실상 중단됐다고 한다. 북한에서 가장 중요한 공장 중 하나가 있는 평산군 청수리는 과거엔 정전되는 법이 없었다. 그런데 몇 년 전부터 전기가 들어오지 않는 날이 비일비재하기 시작했다. 이는 우라늄을 필요한 만큼 다 생산한 평산 우라늄정련공장이 자기 역할을 끝냈다는 뜻으로 해석할 수 있다. 실제로 위성사진으로 확인해봐도 청수리엔 최근 정전에 대비해 태양광발전 패널을 단 집들이 크게 늘었다.

영변 핵 단지와 그에 포함된 인근 분강지구 역시 현재는 거의 가동이 되지 못하고 있다고 한다. 2018년 베트남 하노이 북-미 회담에서 김정은이 영변 핵시설을 폐기하겠다고 제안했을 때 이미 영변의 용도도 끝났을 가능성이 높다. 사실 북한은 핵탄두 몇십 개만 보유하고 있어도 전략적 목적은 충분히 달성한다. 국제사회의 주목을 받으며 영변 핵시설을 끊임없이 가동할 이유는 없는 것이다.

이제 가장 주목해야 할 점은 북한이 이미 만든 핵무기를 어디에 숨겼을까 하는 것이다. 김정은도 숨겨둘 곳을 엄청 고심해 정했을 것이고, 선택된 지역이 바로 자강도 만포라고 한다. 김정은은 북방의 외진 지역인 만포를 2017년 12월에 방문했고, 이듬해 6월에도 또 방문했다. 핵무

남과 북, 좌와 우의 경계에서

기 저장고 건설과 관련된 시찰일 가능성이 높다.

그러면 왜 만포를 선택했을까. 만포는 압록강 옆 국경 도시이다. 이곳 산 아래 깊숙한 곳에 저장고를 건설해 입구를 중국 쪽 산비탈로 빼면 타격하기가 매우 어려워진다. 미사일을 쏘면 산이 막아서고, 중국 영공에 들어가지 않고선 공습도 어렵다. 특히 만포엔 아연광산이 많은데, 이는 이곳이 지질학적으로 단단하다는 뜻이다.

또 만포는 평양과 직통 철도로 연결돼 있다. 전쟁이 터지면 김정은은 빠르게 만포로 달아날 수 있지만, 공격자의 입장에선 제일 마지막에 함락할 수밖에 없는 도시가 만포다. 이는 김정은의 처지에서 볼 때 최악의 경우 마지막까지 핵무기를 껴안고 흔들며 협박을 할 수 있는 최후의 지역이 만포라는 의미다.

물론 만포가 국경 도시라 중국이 마음만 먹으면 하루아침에 핵무기를 탈취해 갈 수 있다는 위험도 있다. 하지만 중국이 핵을 가진 북한을 방패로 끼고 있어야 할 이유가 더 크기 때문에 김정은은 그런 위험은 감수한 것으로 보인다.

만포뿐만 아니라 백두산 아래에도 몇 개 더 숨겨놨을 수도 있지만, 유사시 그곳까지 갈 이동 수단이 마땅치 않다. 김정은이 핵탄두를 만포에 숨겼다는 증언이 나온 이상 앞으로 국제사회는 이곳을 집중적으로 주시해야 할 것이다. 아울러 미국도 이미 용도 폐기됐다는 영변 핵시설이나 평산 핵시설에 현혹되지 말고 만포의 숨겨진 핵탄두 저장고까지 확인해야 할 필요가 있다.

2020

평양 거물 환전상이
처형된 배경

2020. 12. 24.

김정은이 코로나19 방역을 이유로 꽁꽁 닫았던 빗장을 마침내 풀 결심을 내린 것으로 알려졌다. 북한 소식통에 따르면 내년 1월부터 방역이 가능한 물자에 한해 수입을 허용한다는 지시가 떨어졌다고 한다. 더는 버티기 어렵다는 증거라고 볼 수 있다.

이 지시에 '수출도 못 하는데, 무슨 돈으로 수입을 하냐'며 냉소적인 반응을 보이는 현장 간부도 많다고 한다. 북-중 무역 통계에 따르면 2020년 10월 북-중 무역 규모는 166만 달러(약 18억 4000만 원)에 그쳤다. 작년 동기 대비 99.4퍼센트 줄어든 규모다. 대중 수출액은 10월에 140만 달러(약 15억 5000만 원)에 불과했다.

상황이 이런데도 중국 당국은 도와주지 않고 있다. 또다른 소식통에 따르면 9월 중순 북한에 달러와 위안화를 싣고 들어가던 현금 수송 차량을 중국 정부가 압류했다. 대북 제재로 정상적인 금융망을 이용할 수 없는 북한은 2020년 올해 4월부터 해외에서 벌어들인 외화를 차로 운반했다. 단둥영사관에 외화를 모았다가 어느 정도 쌓이면 평양에 싣고 갔는데, 중국이 대북 제재 위반을 핑계로 차량을 뺏은 것이다. 각종 건설 공사를 많이 벌여놓았는데 외화는 벌지 못하고, 그나마 몰래 들여가던 외화 수송 통로까지 끊긴 셈이다.

급속히 주머니가 말라가는 김정은은 올해 들어 내부 자금을 털어낼 각종 꼼수를 계속 '발명'했다. 대표적인 예가 4월에 무역회사들이 중국에서 밀수해 온 콩기름 등을 방역 지침 위반이라며 빼앗은 뒤 가담자들을 엄벌에 처한 조치다. 이후 압수 물자를 평양 시민들에게 팔아 수백만 달러를 챙겼다. 8월엔 북한에서 가장 큰 비리의 온상이던 신의주 세관 검사들을 전원 체포해 그들이 숨겨둔 막대한 비자금을 모두 빼앗기도 했다.

하지만 이런 방법만으로는 필요한 자금 확보가 어렵게 되자 다시 새로운 방법을 찾았다. 10월 중순부터 외화를 취급하는 이른바 '외화봉사 단위'들에 입금을 무조건 북한 화폐로 하라고 지시한 것이다.

코로나 방역을 구실로 올해 북한 당국은 각 무역기관들이 진행하던 수입을 사실상 정부가 독점했다. 들여온 수입 상품은 지방 상업망들에 분배해 팔았다. 북한 주민이 북한 돈보다는 달러와 위안화를 더 많이 쓴다는 것은 널리 알려진 얘기다. 지방 상업망에서도 위안화와 달러를 받고 물건을 팔았다. 그런데 10월 지시로 상품 판매 대금은 외화가 아닌 당국이 정한 환율에 따라 북한 화폐로 내야 한다.

국정 환율은 1위안이 700원으로 정해졌다. 하지만 10월 북한 암시장에서 외화 환율은 1위안이 약 1200원, 1달러가 약 8200원이다. 이전까진 당국이 1200원에 팔라며 준 상품을 팔면 암시장 환율에 기초해 1위안을 직접 당국에 내면 됐다. 하지만 이제는 1위안을 은행에 가서 북한 돈으로 바꿔 내야 하는데, 은행에선 700원만 준다. 1200원을 바치려면

남과 북, 좌와 우의 경계에서

1.7위안이 필요하다는 뜻이다. 결과적으로 졸지에 상납금이 1.7배나 오른 셈이다.

이를 순순히 받아들일 수 없었던 상업기관들은 국영 은행에서만 돈을 바꾸라는 지시를 어기고 몰래 암시장을 찾았다. 은행에 가면 1위안을 북한 돈 700원으로 쳐주지만 환전상은 1200원으로 바꿔주기 때문이다. 북한 당국이 이를 묵과할 리가 없다. 결국 평양의 거물 환전상이 본보기로 처형되는 일이 벌어졌다.

이후 상업기관들은 울며 겨자 먹기 식으로 물건 가격을 올릴 수밖에 없게 됐다. 10월까지 1200원에 팔던 상품을 지금은 2000원 이상으로 인상하는 일이 벌어진 것이다. 국경 폐쇄로 수입을 제대로 못 하는 데다 당국까지 수입을 독점한 뒤 환율로 장난을 치자 김정은 집권 이후 그런대로 유지되던 시장은 급속히 망가지고 있다. 당국의 강력한 북한 돈 사용 정책 및 암시장 단속 때문에 요즘 암시장 외화 환율은 1위안이 1200원에서 800원대로, 1달러가 8200원에서 6000원대로 떨어졌다. 여기에 국경 봉쇄까지 겹쳐 200원짜리 가스라이터가 2000원으로 상승하는 등 대다수 공업품 가격은 올 초에 비해 열 배가량 상승했다. 이로 인해 죽어나는 것은 결국 주민들뿐이다.

요즘 북한 사람들은 살기 위해 식량은 어쩔 수 없이 구매하지만 공업품은 거의 사지 않는다. 결국 김정은의 말라가는 외화주머니가 시장 파탄과 민생경제 파탄으로 전이되고 있는 셈이다. 이것이 내년에 어떤 결과로 이어질지 주의 깊게 관찰할 필요가 있다.

북한의 코로나19 방역 대책이 갈수록 이상해지고 있다. 겨울철을 맞아 방역 단계가 '초특급'으로 격상된 뒤 각종 비상식적인 조치들을 남발하고 있다.

코로나19 환자가 전혀 없다고 주장하면서도 학교와 상점, 음식점 등 대중 집합시설의 영업을 중단시켰고, 건물 구석구석을 매일 수차례 소독하라고 독려하고 있다. 지난 11월 27일 국가정보원이 밝힌 것처럼 초특급 단계 이전에도 바닷물로 전염된다며 어로와 소금 생산을 막고, 중국이 지원한 식량도 받아오지 않는 등 납득하기 어려운 조치들을 남발했다. 승인 없이 이동했다고 사람들을 마구 처형하면서 한편으론 수십만 명이 운집한 열병식과 대회는 강행하고 있다.

이런 비과학적이고 비이성적인 대응의 근본 원인은 김정은이라고 할 수 있다. 방역 책임을 물어 숱한 간부들을 함부로 죽이니 공포에 질린 간부들이 말도 되지 않는 짓거리를 대책이라 내놓고, 그걸 또 김정은이 승인하고 있다.

가뜩이나 외화와 식량, 연료 부족에 시달리는 와중에도 당혹스러운 지시가 계속 하달된다. "세관과 모든 무역항에 방역시설을 새롭게 건설하라"는 지시가 대표적이다. 방역시설 구축이야 당연한 일처럼 보일지 모르지만 세부 내용을 들여다보면 황당하기 이를 데 없다.

북한 소식통은 새 지시에 따라 두 가지 방역시설을 만들어야 한다고 전했다. 하나는 자외선 소독장이고, 다른 하나는 섭씨 80도 이상을 유지하는 보온 창고다. 자외선 소독은 코로나 방역 효과가 검증되지 않았다. 그런데도 돈도 전기도 없는 상황에서 자외선 소독 램프를 사서 설치해야 하고, 발전기도 따로 구입해서 돌려야 한다.

더 큰 문제는 80도 유지 보온 창고이다. 지침에 따르면 모든 수입 물자는 자외선 소독을 마친 뒤 보온 창고에서 최소 40시간을 보관해야 한다. 이후 출하 창고로 옮겨 14일 동안 방역 결과를 지켜보고 아무 이상이 없다는 확신이 든 다음에야 반입이 가능하다. 일일이 자외선 소독을 하고 80도 온도를 보장하는 창고에 넣었다 뺐다 하기엔 세관이나 항구로 들어오는 물자가 너무 많다. 수천 톤만 돼도 초비상이 걸릴 수밖에 없다.

물동량을 많이 다루는 곳에선 거대한 보온 창고를 지어야 하는데, 온도 유지가 제일 어렵다. 목욕탕도 아니고 대형 창고의 온도를 80도로 유지하려면 막대한 양의 석탄도 필요하다.

과일이나 식료품 등도 예외 없이 40시간 동안 80도 창고에 넣었다가 다시 14일 동안 격리 창고에 넣어야 한다. 이렇게 보름가량을 보내면 수입 물품의 상당량이 부패될 가능성이 크다. 애써 들여온 물자를 돈을 들여 썩혀버리는 셈이다. 천, 비닐 제품 등은 80도에 보관하면 변형이 생긴다. 북한은 겨울에 온실용 비닐 통구리를 대거 수입한다. 수천 미터

나 되는 퉁구리를 모두 풀어서 말끔히 소독하는 데에는 엄청나게 많은 인력이 필요하다.

아래에선 이해할 수 없는 지시라고 아우성인데, 위에선 이런 자외선 소독 장치와 보온 창고를 짓지 못하면 수입 물자를 다룰 수 없다고 못을 박는다. 또다른 북한 소식통은 북한 최대 항구인 남포항의 경우 보온 창고를 짓는 데 300만 달러가 들고, 작은 항구나 세관에는 100만 달러 정도가 필요할 것이라고 추산했다. 건설 비용만 이 정도이고, 운영 및 유지 비용은 견적조차 내기 어려울 정도로 많다.

현장 간부들은 '특정 항구와 세관을 수입 전용으로 지정해 그곳에만 이런 시설을 지으면 안 되냐'며 불만을 감추지 않지만, 이런 의견은 반영되지 않는다. 고위 간부들 중에 김정은에게 목을 내걸고 말할 사람이 없기 때문이다. 김정은이 '당의 지시를 무조건 관철하지 않고 자꾸 조건 타발(불평스럽게 투덜거림)로 토를 단다'고 화를 내는 순간 끌려 나가 처형될 수 있다. 자기만 죽는 것으로 끝나는 게 아니고 가족까지 다 농촌으로 추방을 보내니, 융통성이 없다고 욕을 먹는 게 낫다는 것이 고위 간부들의 생각이다.

간부들은 오히려 한술 더 떠서 충성 과시에 목적을 둔 지시들을 남발하고 독하게 통제하는 데에만 골몰한다. 죽지 않기 위해서다. 포악한 독재자 밑에선 누구라도 그렇게 할 수밖에 없다.

현재 북한을 보면 통치 시스템이 굴러가는 것이 신기할 정도다. 어쩌면 간부들이 목숨을 저당 잡히고 사는 이상한 시스템을 정상인의 눈으로 해석하려는 것이 어리석은 일일지도 모르겠다.

김정은의 또다른 여인, 려심

김정은의 부인 리설주가 10개월째 사라졌다. 과거 김정은의 대다수 현지 시찰에 함께 다녔다는 점을 감안하면 이례적이다. 10월 10일 노동당 창건 75주년 행사장에도 리설주는 보이지 않았다.

그가 전 세계가 공인하는 김정은의 공식 부인이고, 둘 사이에 아이도 셋이나 있다고 알려졌기에 숙청됐을 가능성은 희박하다. 병을 앓거나 또 아이를 낳았거나 혹은 어린 자녀들을 돌보는 데 시간을 보내고 있을 것이라고 추정할 수 있지만 단정할 수는 없다.

리설주가 모습을 드러내지 않으면 누구보다 더 궁금한 게 바로 북한 사람들이다. 이미 집에서 '원수님 부인은 어디 갔을까' '새 여자가 생긴 것은 아닐까' 등 각종 추정을 하고 있을 것이다.

특히 함경북도 청진 사람들은 이런 것에 더 민감하다. 1970년대 초 함북 도안전부 전화교환수였던 김영숙이 평양에 뽑혀 올라갔고, 몇 년 뒤 청진공산대학 간부였던 부친과 가족 모두 평양으로 이주했다. 사람들은 '청진에서 김정일 장군님의 부인이 나왔다'며 좋아했다. 그런데 나중에 알고 보니 갑자기 고용희라는 여성이 부인이라며 등장하고, 그의 아들 김정은이 후계자로 나타났다. 그래서 사람들은 '장군님은 여자를 여럿 거느리고 있구나'라며 수군거렸다.

요즘 청진에는 또다시 비슷한 이야기가 돌고 있다. 바로 청진에서 나서 자란 려심이란 여인 이야기다. 려심은 '김정은의 저택에 들어간 여자'로 소문이 났다. 이는 곧 김정은의 여인으로 간택받았다는 뜻이다. 간부들 사이에선 '딸을 낳으려면 려심 같은 딸을 낳으라'는 말이 회자되고 있다.

1989년생으로 알려진 려심은 리설주와 동갑 또는 한 살 적은 것으로 알려졌다. 그의 부모는 북송 재일교포 출신이다. 포항구역 김일성동상 옆 8층 아파트 2층에서 태어나 자랐다고 알려졌는데 청진에선 가장 요충지에 있는 아파트다.

려심의 아버지는 외화벌이 관련 일을 했는데 일찍이 당뇨병에 걸려 치료비를 많이 쓰다 보니 집이 가난했다고 한다. 물론 일본에 친척이 있는 귀국자치고 가난했다는 뜻이지, 밥술은 뜨고 사는 집이었다.

고용희도 그러했지만 귀국자들은 자녀를 예술 쪽으로 교육시킨다. 북한에서 귀국자는 출신성분이 걸려 당 간부도 할 수 없고 보위부, 안전부와 같은 권력기관에도 못 들어가니 그나마 인정받기 위해 선택하는 고육지책이라 할 수 있다.

려심도 어려서부터 피아노를 배웠는데, 천부적인 능력을 보여 청진예술학원을 다니던 10대 중반에 조선인민군예술학원에 뽑혀 올라갔다. 당시 그를 기억하는 사람들은 '미모가 뛰어났고, 성격이 밝고 예의 바르고, 가정 교육을 잘 배운 재간둥이'라고 말한다.

그렇게 평양에 올라간 려심은 어느 날 은하수관현악단 피아니스트가 돼 TV에 등장했다. 김정은과 결혼하기 전 리설주가 이 악단에서 가수로 있을 때 려심은 뒤에서 피아노를 쳤다. 시간이 좀 흐르자 려심의 집안이 달라지기 시작했다. 부모들이 평양에 올라가고 청진에 남아 있는 외삼촌, 고모들이 '교시아파트'라고 불리는 청진의 최고급 아파트로 이사 간 것이다.

2011년 김정일의 마지막 러시아 방문 때 려심도 동행했다. 그러자 청진 사람들은 그녀가 김정일의 여자라고 생각했다. 그렇지 않고선 그의 가족과 친척이 받은 특혜를 설명하기 어렵기 때문이다. 그런데 나중에 보니 김정일이 사망한 뒤에도 려심의 가족에 대한 특혜는 계속 이어졌다. 그래서 이런 소문이 또 퍼졌다.

"원래 김정은이 려심과 결혼하려 했는데, 김정일이 '어머니도 귀국자 출신인데, 아내까지 또 귀국자 출신을 들일 순 없다'고 완강히 반대해 리설주가 대신 부인으로 선택됐다."

려심의 외삼촌과 고모는 지난해까지 여전히 청진에서 잘 살고 있다. 이걸 보면 려심은 아직까지 김정은 옆에 있다고 추정할 수 있다. 김정일이 피아니스트 김옥을 마지막까지 곁에 두었듯 김정은도 미모의 피아니스트에게 끌리는 피를 물려받은 것인지 모를 일이다.

어찌 됐든 려심이 김정은 옆에 있다면 가장 신경이 쓰이는 사람은 리설주일 것이다. 김정일이 여러 여성에게서 자식을 두었듯 려심도 김정은의 아이를 낳지 말라는 법이 없다. 나아가 김정일의 마지막 여자인 고용희가 최후의 사랑을 쟁취해 성혜림과 김영숙을 밀어낸 것과 같은 일이 또 벌어질지 누구도 알 수 없다. 려심의 나이는 이제 겨우 서른, 서른하나에 불과하다.

천안함 폭침
'1번' 어뢰의 비밀

파란 매직으로 '1번'이라 쓴 어뢰 추진체 부품은 북한이 천안함을 공격했다는 결정적 증거다. 그러나 천안함 폭침이 북한의 소행이 아니라고 믿는 사람들은 1번이란 글자에 대해 온갖 음모론을 제기해왔다. 1번은 도대체 왜 적혀 있던 것일까.

북한에서 어뢰를 오랫동안 다뤄봤던 전문가가 최근 탈북해 국내에 들어왔다. 그를 만나 전해 들은 답변은 너무나 간단하면서도 이해가 잘돼 '10년 동안 우리가 이런 단순한 걸 몰랐단 말인가' 싶어 허탈할 지경이었다. 그의 말을 그대로 옮긴다.

"잠수함 함장이라 가정해보세요. 어뢰를 쏴야 하는데, 몇 발을 쏴야 할지 모를 때 어느 어뢰부터 쏘겠습니까? 가장 신뢰할 수 있는 어뢰부터 발사하지 않겠습니까. 북한 잠수함은 탑재된 어뢰의 생산 연도, 부품 및 정비 상태 등을 다 따져 어뢰 발사 순서를 미리 정해놓고 있습니다. 가령 북한 최대 잠수함(로미오급)은 수상 수량 1700톤, 수중 수량 1919.36톤인데, 앞에 6발, 뒤에 6발, 예비 2발, 모두 14발의 어뢰가 있습니다. 여기에 발사 순서 1번부터

14번까지 정해놓고 있는 겁니다.

북한은 어뢰를 매년 10~11월 모두 내려 정비합니다. 이듬해 1월 정기 훈련을 앞두고 연례적으로 진행하는 일이죠. 특히 바닷물과 해풍에 노출돼 있는 해군 무기나 탄약은 녹이 슬고, 윤활유도 굳어지는 등의 문제가 심각해 정비가 매우 중요합니다.

북한 잠수함 전대는 어뢰관리조종대대를 갖고 있습니다. 어뢰는 방향, 침로, 심도 등을 조정하는 숫자 조정기를 먼저 떼어내고, 나머지를 분해해 알코올과 베-70이라는 휘발유로 닦고, 다시 윤활유를 새로 발라 조립합니다.

그런데 정비 철에는 여러 잠수함에서 내린 어뢰 수십 발이 병기창에 한 꺼번에 들어옵니다. 그럼 정비할 때 부품들이 섞일 가능성이 높겠죠. 그래서 해당 잠수함의 1번 어뢰는 부품에도 1번이라 쓰고, 3번이면 3번이라 쓰는 겁니다. 그래야 그 어뢰는 정비한 뒤에도 신뢰할 수 있는 1번 어뢰로 남게 됩니다."

설명을 들으니 쉽게 이해됐다. 북한은 천안함 공격 때 매뉴얼대로 가장 신뢰할 수 있는 1번 어뢰를 싣고 온 것이다. 또 천안함 피격 7년 전 한국 해역에서 발견된 북한이 유실한 훈련용 경어뢰에 왜 '4호'라고 적혀 있는지도 알 수 있었다. 참고로 한국 해군은 어뢰를 정비할 때 매직으로 1번, 2번이라는 식으로 쓰지 않는다고 한다. 물론 중국이나 러시아가 1번이라고 한글로 적을 일도 없다.

북한이 발사한 어뢰는 어떤 종류일까.

"북한의 전투용 중어뢰는 한 가지밖에 없습니다. 과거 소련에서 수입해

오다 나중에 이 어뢰를 복제한 중국에서도 사 오긴 하는데, 사이즈는 똑같습니다. 사이즈가 다르면 잠수함에서 쓸 수가 없어요.

중어뢰는 길이 7.738m, 지름 533.4mm, 어뢰 무게 2톤, 속도가 51노트입니다. 장약량은 TNT 200kg입니다. 어뢰 발사관 지름은 어뢰 지름보다 딱 2㎜ 큰 535.4mm입니다. 전투 사거리는 4km이지만, 그러면 명중률이 너무 떨어져 2km 안에 접근해 발사하라고 가르칩니다. 이걸 어뢰 돌격거리라고 합니다."

북한 어뢰 장약량(폭약을 장착한 양)이 TNT 200kg이라는 것도 중요한 증언이다. 천안함 피격 당시 백령도 지진관측소에는 TNT 약 180kg 규모의 폭발이 감지됐는데, 이를 근거로 '북한 어뢰의 장약량이 250~300kg이니 이는 어뢰 폭발로 볼 수 없다'는 주장들이 나왔기 때문이다.

천안함 피격 브리핑 때 국방부는 "북한이 자체 생산한 'CHT-02D' 어뢰를 발사한 것으로 보인다"며 제원을 공개했다. 이를 보면 북한제 어뢰는 수입 중어뢰보다 길이는 0.388m 줄어든 7.3m, 전체 중량은 300kg 줄어든 1.7톤인데, 탄두 중량은 오히려 50kg이나 더 늘어난 250kg이고, 사거리는 무려 15km나 된다.

그는 이에 대해 "천안함 폭침 때 현직에 있지는 않았지만 2000년대 초반까지는 국산 어뢰가 없었다"며 "길이, 무게가 줄었는데 탄두 중량과 사거리가 훨씬 더 늘어난 어뢰를 북한이 갑자기 생산했다는 것을 믿기 어렵다"고 했다.

지금까지 한국에서 북한 어뢰에 대해 이 정도로 정확하게 진술한 사

남과 북, 좌와 우의 경계에서

람은 없다. 그의 이번 증언이 앞으로 한국 사회에서 얼마나 힘을 얻게 될지 궁금하다.

중국 테러조직에
무기 팔다 걸린 북한

2020. 10. 29.

북한이 중국 신장(新疆)위구르자치구의 분리 독립 무장 세력에 자동보총 등 무기를 넘겨주다 적발된 사건이 3년 전 발생했다. 더구나 2017년 10월 18일 열린 제19차 중국공산당 전국대표대회(19차 당 대회)를 불과 일주일 앞둔 민감한 시점이었다. 북-중 혈맹을 자랑하는 양국 간에 일어난 일이라곤 상상하기 힘든 사건이다.

중국 현지 소식통들을 통해 파악한 사건의 내막은 이렇다. 당시 랴오닝(遼寧)성 콴뎬(寬甸)만족자치현 공안 당국은 북한에서 수상한 트럭 두 대가 강을 건너온 정황을 포착했다. 평안북도 벽동군 동주리와 마주하고 있는 콴뎬현 다시차(大西岔)진 린장(臨江)촌은 중국이 북한에서 목재를 실어올 때 화물차가 경유하는 대북 '임시통상구(화물 경유지)'로 활용되기에 평소에도 북한에서 트럭들이 자주 드나든다.

첫 차량은 변방대 초소를 통과해 압록강 옆 변강 고속도로를 내달리다 단속에 걸려 체포됐다. 첫째 차량이 체포되는 것과 동시에 이 차와 연락을 주고받으며 수십 킬로미터 떨어져 오던 둘째 차량은 사라졌다. 이 지역은 무인지경이 많아 단둥에서 파견된 무장경찰대가 일주일이나 꼬박 뒤져 깊은 수림 속에 처박힌 두번째 차량을 찾아냈다. 차량들에는 북한산 자동소총(AK-47), 권총 등 각종 총기가 가득 적재돼 있었다. 트럭을 몰고 가던 사람들은 신장위구르 무장 세력과 연결된 이들이었다.

조사 결과 이들은 '무기를 넘겨줄 테니 압록강까지 와서 받아가라'는 북한의 제안을 받고 움직이던 중이었다. 그런데 북한의 제안이 파격적이었다. '대금은 무기가 신장에 도착한 뒤 지불해도 된다'는 것. 무기 밀거래에선 찾아보기 어려운 조건이었다.

이 때문에 중국에선 북한이 돈 때문에 무기를 팔고자 한 게 아니라 일부러 시진핑(習近平) 중국 국가주석을 자극하기 위해 쇼를 벌였다고 분석했다. 북한이 실제 신장에 무기를 전달하기보다는 일부러 정보를 흘려 중국에 적발되게 만들었다는 의미다.

북한이 그럴 동기도 충분했다. 사건 한 달 전인 2017년 9월 3일 북한은 6차 핵실험을 감행한 뒤 "대륙간탄도로켓 장착용 수소탄 시험을 성공적으로 단행했다"고 보도했다. 이에 유엔 안전보장이사회는 9월 11일 '대북 제재 결의 2375호'를 만장일치로 채택했다. 이 결의안에 따라 대북 석유 수출은 연간 400만 배럴로 제한됐고, 정유 제품 수출은 기존보다 55퍼센트 줄어든 200만 배럴을 상한선으로 제한됐다. 액화천연가스(LNG)의 수출은 물론이고 직물, 의류 중간제품 및 완제품 등의 섬유 수출까지 전면 금지됐다. 북한과의 합작 사업 및 유지·운영도 전면 금지됐으며, 해외 파견 북한 근로자의 신규 고용마저 중단됐다. 이 모든 게 북한으로선 치명적 타격이 되는 조치였다.

이 결의안은 중국의 협조를 절대적으로 필요로 했는데 중국도 자국 19차 당 대회를 한 달 앞둔 시점에 북한이 핵실험을 진행한 것에 분노했다. 그래서 결의안이 채택되자마자 단둥을 비롯해 북-중 세관에서 유엔 결의안에 해당되는 수출입 물자를 압수 및 차단했다.

그러자 북한이 중국을 대놓고 비난하기 시작했다. 북한 조선중앙통신은 중국 정부와 언론의 실명을 거론하며 "다른 주권 국가의 노선을 공공연히 시비하며 푼수 없이 노는 것을 보면 지난 시기 독선과 편협으로 자국 인민들과 국제사회의 신뢰를 어지간히 잃은 것도 당연하다는 생각이 든다"고 비난했을 정도다.

여기에 북한은 현지 경찰서 습격 등 무장투쟁이 벌어지고 있는 중국의 '아킬레스건' 신장위구르에 무기를 보내는 쇼까지 벌인 것이다. 중국이 항의하면 '당신들까지 유엔 제재에 가담하니 앉아서 굶어 죽을 판이라 우리도 눈에 뵈는 게 없다'고 주장하려 한 것으로 보인다.

중국도 북한의 이런 속셈을 알기 때문에 북한의 무기 밀매 사건은 어느 언론에도 보도되지 않고 조용히 넘어갔다. 북한 정부에 항의하지도 않았다. 이듬해 3월 김정은이 방중해 시 주석을 만나며 양국 관계는 당시 남북 관계처럼 급격히 화해 무드로 반전했다.

무기 밀매 사건은 북한이 중국을 실질적으로 협박한 사례다. 우리는 북-중 관계 악화를 언론의 비난 정도만 보고 짐작하지만, 실제 물밑에선 벼랑 끝 전술까지 동원된다. 그렇다고 중국이 북한에 보복할 처지도 못 된다. 시 주석은 지난주 항미원조 전쟁 70주년 승리를 운운하며 전쟁에서 19만 7000명이 죽었다고 말했다. 그 수많은 목숨을 바쳐 안하무인 깡패 이웃을 만들었으니 중국도 속으론 많이 억울할 듯하다.

베일 속에 숨겨진 햇불 체포조

북한은 숙청이 일상화된 곳이다. 숙청은 한 명으로 끝나지 않는 경우가 많다. 한 명이 체포되면 그와 연관된 인물들이 줄줄이 함께 체포돼 조사를 받는다.

이런 체포는 신속하게 진행된다. 과거 사례를 봤을 때 유력 권력자 한 명이 잡혀 처형될 정도면 그와 연관된 인물들도 체포되고, 풀려나는 경우는 거의 없다. 대부분 함께 처형되거나 정치범수용소로 끌려간다. 그러니 누가 끌려갔다는 소문이 퍼지면 '곧 나도 잡혀갈 것'이라고 생각되는 사람들이 목숨을 걸고 북한을 탈출하곤 한다. 권력자와 연관된 사람들은 대체로 돈과 비호 세력이 많다. 이 때문에 일단 숨어버린 뒤 필사적으로 탈출하면 체포하기도 쉽지 않다. 하지만 숙청 위기에서 한국까지 온 고위급이 없는 것을 보면 탈출에 성공한 경우도 거의 없다고 볼 수 있다.

왜 그럴까. 그만큼 주변에서 눈치챌 틈 없이 여러 명의 체포가 전광석화로 이뤄지기 때문이다. 김정은의 지시가 떨어지면 군사작전처럼 시간과 분까지 정해 체포가 마무리된다. 체포에 응하지 않고 반항하거나 탈주하려 할 경우 현장 사살도 가능하다.

이런 체포 작전이 완벽하게 진행되려면 고도로 전문화된 체포 전담 부대가 있어야 한다. 아직 한국에는 북한의 숙청 소식만 전해질 뿐, 김정은의 손발이 돼 이를 집행하는 부대의 존재가 알려지지 않았다.

그 부대가 바로 '홰불 체포조'다. 북한에선 '횃불'을 '홰불'이라 쓴다. 정식 명칭은 국가보위성 전투기동부 소속 특수작전소조다. 이들은 출동할 때 버스 앞 유리 상단에 시뻘건 횃불에 노동당 마크가 그려진 특별 통행증을 붙이고 있다. 밤에 통행증의 횃불과 당 마크가 빛을 내뿜는다 해서 북에선 횃불 체포조라 부른다.

이들이 탄 차량은 모든 교통초소와 차단초소를 검문이나 정차 없이 통과할 수 있다. 김정은 경호부대인 974군부대가 경비를 서는 중앙당 청사와 중앙당 최고위 간부들의 저택 차단초소도 홰불 마크가 붙은 차를 막을 수 없다. 이런 차량들이 한국의 소방차나 구급차가 도로를 내달리듯 최고 속력으로 바람을 몰고 달려갈 때면 내막을 아는 사람들은 어디서 또 줄초상이 나나 싶어 오금이 저린다.

체포조는 차량부터 구별이 된다. 이탈리아 유명 차량 생산기업 '이베코(IVECO)' 마크가 앞에 붙은 짙은 선팅을 한 버스를 타고 다닌다. 이베코 브랜드는 북한에선 보기 드물다. 북한이 어떻게 대북 제재를 피해 이런 버스를 들여가는지는 비밀도 아니다. 중국인 명의로 벤츠나 아우디를 비롯한 각종 고급 차량을 구입해 중국까지만 가져오면 된다. 중국 정부의 묵인이 있기 때문에 중국에서 북한으로 들여가는 건 문제가 되지 않는다. 중국의 협조가 있는 한 차량이나 사치품 등에 대한 대북 제재는 사실상 허울뿐인 셈이다.

횃불 체포조 규모는 100명 정도로 알려졌다. 20명이 한 개 조로 구성되며, 체포하는 인원수에 따라 몇 개 조가 출동할지가 결정된다. 직접적인 출동 명령은 김정은의 지시에 따라 국가보위상이 내린다. 조원들은 무술 유단자들로 구성됐고, 전례는 없지만 만약 특정 지역에서 소요가 일어날 경우 즉각 투입돼 체포하는 임무도 수행하게 된다.

위세가 하늘을 찌르던 사람도 횃불 체포조 차량이 들이닥치는 순간 고양이 앞의 쥐 신세가 돼 기가 죽는다. 워낙 높은 간부들을 많이 체포했기에 체포조 성원들의 태도는 오만방자하기 짝이 없다고 한다. 당·정·군의 최고위급 권력자도 영장조차 없이 연행되는 일이 일반적이다. 조금만 동작이 굼뜨면 발로 차고 뺨을 때리며 끌고 가는 것으로 알려졌다. 그도 그럴 것이 자기들이 출동해 잡은 사람이 복직되는 경우가 거의 없다. 설사 복직하더라도 김정은의 명령에 따르는 체포조에 보복할 엄두조차 내지 못한다. 간혹 체포조가 떴다는 정보를 일찍 접하고 잠적하는 이도 있지만, 하루이틀 버티기가 어렵다고 한다. 북한에선 체포에 관한 한 이들이 최고의 프로이기 때문이다.

북한이 10일 성대하게 연 노동당 창건 75주년 퍼레이드에서 김정은은 명품 시계를 번쩍이면서 인민에게 감사하다며 울먹였다. 하지만 번쩍번쩍 노동당 마크를 달고 열심히 사람들을 잡아가는 횃불 체포조 같은 존재들이 없었다면……. 감사를 받을 인민이 북에 남아 있을까.

유명 여배우의 몰락 부른 '문수원 사건'

평양에서 몇 달 전 이른바 '문수원 사건'이 발생했다. 이 사건으로 6명이 처형된 것으로 알려졌고, 지난 8월 20일 관련자 가족을 평안남도 양덕과 맹산으로 추방했다. 이들 중에는 유명 여배우까지 포함돼 있어 더욱 화제가 됐다.

문수원은 수천 명을 수용할 수 있는 목욕탕, 사우나, 미용실 등이 구비된 유명 종합 편의시설이다. 평양의 대표적 대중목욕탕인 창광원과 비슷한 시기인 1982년에 건설됐다. 보통강 구역에 창광원이 있고, 대동강 건너편 주민을 위해 동대원 구역에 문수원을 건설했다. 평양산원 정문에서 약 200m 거리이고, 현재 평양종합병원을 짓는 곳에선 도보로 약 15분 거리다.

북한의 대형 대중목욕탕에는 보통 사우나 시설이 설치된 '비밀의 방'이 존재한다. 이곳에서는 권력자와 부자들이 단골로 찾아와 마약과 성매매를 하는 것으로 전해진다.

창광원 다음으로 크다는 문수원도 다를 바 없었다. 문수원은 2008년 새 단장을 하면서 VIP 전용 비밀 공간을 고급스럽게 꾸몄다. 시내 중심부에서 좀 떨어져 있으니 단속에서도 비교적 안전했다. 서비스가 좋다는 소문이 난 덕분에 단골들도 많았다. 최근까지 별 탈 없이 영업했지만 올해 엉뚱한 곳에서 사건이 터지면서 날벼락을 맞았다.

엉뚱한 사건은 평북 철산에서 벌어졌다. 이곳에 있는 한 외화벌이 조개양식기지의 젊은 책임자가 연쇄 살인 혐의로 체포된 것이다. 말이 기지이지 사실상 개인 회사처럼 운영됐는데, 책임자는 일찍이 아버지에게서 기지를 물려받아 흥청거리며 살았다고 한다. 북한판 재벌 2세에 비유할 수 있다.

북한에서 돈 좀 있는 사람이라면 마약을 대부분 하는 것으로 알려졌는데, 이 책임자도 예외는 아니었다. 그는 기지 안 여성들은 물론 외부 여성들까지 데려와 마약과 성매매를 했다. 이 정도 일은 북한에서 비일비재한 것이라 뇌물을 정기적으로 상납하면 걸릴 일도 거의 없었던 게 사실이다.

문제는 그가 뱃놀이를 한다면서 자주 여성들과 배를 타고 나가 놀았는데, 말을 듣지 않는 여성은 죽여서 바다에 던져버렸다고 한다. 북한에선 그가 이런 식으로 죽인 여성이 30명이 넘는다는 소문이 났다. 폐쇄회로TV가 없고, 젊은 여성이 사라지면 탈북했다고 믿는 북한 실정에서 능히 벌어질 수 있는 일이었다.

그런데 흔적을 없애느라 수장한 여성의 시신이 떠올라 발견됐다. 그 바람에 책임자의 경악할 만한 범죄가 드러나게 됐다. 취조 과정에서 그가 평양에도 수시로 가서 문수원에서 즐겼다는 진술이 나왔다.

워낙 엽기적인 사건이라 김정은에게 보고가 들어갔다. 김정은이 철저히 조사하라고 한 이상 아무리 높은 권력자들이 문수원의 뒤를 봐준다 해도 역부족일 수밖에 없다. 조사 결과 문수원을 즐겨 찾은 간부들 명단까지 줄줄이 나왔다. 문수원에서 직원으로 채용한 젊은 여성 접대원은 물론 인근 대학 여대생들까지 성매매에 가담한 사실마저 드러났다.

문수원 인근에는 평양음악무용대학과 평양연극영화대학이 있는데, 이곳엔 전국에서 뽑아 온 미모의 여대생들이 많다. 지방에서 올라온 여학생들 중 일부는 돈이 없어 성매매를 하거나 부유층의 숨겨진 애인이 되는 경우가 적지 않다.

이번 사건과 관련해 책임자와 성매매업자 등 주범 6명이 처형됐다고 한다. 이 중에는 문수원에서 마담 역할을 했던 여성도 있는데, 그는 유명 여배우인 리설희 남편의 숨겨진 애인이었다. 리설희는 북한이 자랑하는 영화 '민족과 운명'에서 손으로 가슴을 가리긴 했지만 북한 영화에서 보기 드문 목욕신과 베드신까지 찍어 화제가 됐던 배우다.

문수원 사건으로 리설희도 남편과 함께 추방됐다. 추방된 사람들은 높고 가파른 산에 앞뒤로 막혀 해가 오후 4시에 진다고 알려진 양덕과 맹산의 오지에 끌려가 농사를 짓게 했다. 떵떵거리며 살던 수많은 권력자와 부유층이 하루아침에 몰락한 것이다.

알고 보면 이번 사건의 최대 수혜자는 김정은이다. 대북 제재와 국경 폐쇄로 외화가 급격히 고갈되는 와중에 때맞춰 돈 많은 자들이 '알아서' 걸려들었으니 민심도 얻고 추방된 부유층의 재산도 몰수했기 때문이다. 북한에선 어떤 명목의 범죄와의 전쟁, 부패와의 전쟁이 진행되든 결국 '꿩 먹고 알 먹고, 둥지 털어 불 땔' 사람은 김정은이다. 그러나 길게 보면 지나친 식탐과 폭식은 결국 자기 몸에 해가 돼서 돌아오는 법이다. 김정은도 예외는 아니다.

북한 북부 국경에서 벌어진 잔혹한 학살극

한반도 최북단이자 두만강 옆에 위치한 함경북도 온성에서 올해 8월 중순 끔찍한 학살극이 벌어졌다. 그런데 북한이 국경을 어찌나 꽁꽁 틀어막았는지 예전이라면 탈북민들의 전화 통화를 통해 바로 다음 날 전해질 이 소식이 지금까지 한국에 알려지지 않고 있다. 북한과 연계된 정보 라인들이 거의 다 차단됐다는 의미다.

온성 사건은 지난달 중국에서 누군가가 몰래 두만강을 넘어 북한으로 들어간 일이 발단이 됐다. 밀수꾼이나 탈북자일 가능성도 있지만, 온성 맞은편 투먼에 코로나19로 귀국하지 못해 1월부터 발이 묶인 북한 근로자가 수백 명이 있다는 점을 감안하면 그들 중 한 명이 몰래 집에 가려 했을 가능성이 더 크다. 이 사람은 곧 체포됐다. 그런데 김정은이 북부 국경이 뚫린 것에 크게 화를 내며 무자비한 처벌을 지시한 것으로 알려졌다.

이미 7월 탈북 청년이 임진강을 헤엄쳐 북으로 돌아간 뒤 김정은은 개성을 폐쇄하고 경비 담당자들을 가혹하게 처벌한 바 있다. 그러곤 국가초특급비상방역위원회를 국가비상방역사령부로 기능을 강화하고 방역 규정을 어기면 총살, 무기징역을 선고하라는 지시를 내렸다. 그로부터 한 달 뒤 온성에서 밀입국이 발각된 것이다.

김정은의 지시에 따라 밀입국 구간 경비를 담당했던 국경경비대 중대장, 정치지도원, 책임보위지도원, 군 보위부 봉쇄부부장, 군 보안서 기동순찰대장, 밀입국자가 소속된 직장의 당위원장 및 지배인이 처형됐다. 처형장에는 관계자들을 동원해 참관시켰는데 얼마나 잔인하게 집행했는지 실신하는 사람, 바지에 오줌을 싸는 사람 등이 속출했다고 한다. 수백 발의 총탄을 퍼부어 사람을 완전 형체도 없이 만들었을 것으로 보인다.

그리고 온성군 당위원장, 군 보위부장, 보위부 정치부장, 군 보안서장, 군 보안서 정치부장, 평양에 있는 국경경비총국장, 정치부국장은 연대 책임으로 무기징역을 받았다고 한다. 무기징역이면 한국 같으면 흉악한 살인범이나 부여받는 처벌이다. 온성에 밀입국자가 발생했다는 이유로 많은 이들이 감방에서 죽게 됐다. 이뿐 아니라 온성군 보위부, 보안서, 해당 지역 국경경비대를 해산 및 전원 제대시켜 농민으로 보냈다. 처형자와 무기징역형을 받은 사람들의 가족도 전부 심심산골로 추방했다.

온성군 보위부나 보안서, 국경경비대는 탈북자들을 워낙 악독하게 다루는 인간들이 가득해서 군이 동정하고 싶진 않다. 김정은에게 충성을 다하다가 하루아침에 토사구팽 신세가 됐으니 자업자득인 셈이다. 해산된 보위부, 보안서, 국경경비대 대신 다른 곳에서 사람들이 파견돼 국경 경비 공백을 막고 있다고 한다.

요즘 북한 주민들은 '개성 사건'에 이은 '온성 사건' 때문에 숨도 못 쉴 상황이다. 이 사건 이후 온성 회령 무산 등 북부 국경 지역들이 봉쇄

돼 외부와의 연락이 차단됐다. 국경 지역 사람들은 산에 있는 개인 밭, 즉 소토지를 경작하기 위해 이동하려 해도 모두 대장에 기록하고 승인을 받아야 한다. 도처에 전파탐지기가 있어 국경 사람들은 깊은 산에 가서 한국과 전화 통화를 하는데, 꼼꼼한 기록과 수색으로 한국과 연락할 엄두도 내지 못하고 있다. 20년 가까이 북한을 취재해온 나도 요즘 '이 정도로 철저한 폐쇄가 가능하구나' 하고 혀를 찰 정도다.

코로나19가 발생한 뒤 북한에서 자행되는 잔혹한 처벌은 상상을 초월하는 수준이다. 2월 중순부터 두 달 동안 700명 이상이 방역 규정 위반으로 처벌된 사실은 지난 칼럼(2020. 8. 6.)에 소개한 바 있다. 온성 사건과 별개로 8월 20일에도 북한의 최대 국경 관문인 신의주 세관에서 80여 명 검사 전원이 방역 규정을 위반했다는 이유로 체포돼 수감됐고 가족은 농촌으로 추방됐다.

김정은은 집권 직후엔 인민적 풍모를 가진 지도자인 것처럼 포장했다. '인민들이 허리띠를 더는 조이는 일이 없게 하겠다'고 선언한 뒤, 허물없이 가정집에 들어가고 허름한 목선을 타고 외진 섬에 가서 군인을 업어주는 등의 모습을 연출했다.

그러나 최근 몇 년 동안 이런 모습은 사라졌다. 잔인한 처벌의 강도만 높아지고 있다. 하는 일들이 뜻대로 풀리지 않고 있음이 엿보이는 대목이다. 그러나 그 화풀이를 사람들을 마구잡이로 처형하면서 풀고 있어 끔찍하다. 더 끔찍한 건 이런 잔인함이 이제부터 시작이라는 것, 언제까지 피바람이 계속 불지 누구도 모른다는 사실이다.

물물교환이 통일부의 상상력인가 | 2020. 8. 20.

　이인영 통일부 장관이 "남북 관계를 창의력과 상상력을 갖고 접근하겠다"고 말하며 취임한 지 거의 한 달이 돼간다. 그러나 그 창의력과 상상력이 무엇인지 모르겠다. 이 장관 취임 이후 통일부는 8억 원 규모의 코로나19 방역 물품의 대북 반출을 승인하고 세계식량계획(WFP)에 1000만 달러(약 118억 원)를 지원했다.

　이런 지원은 새삼스러운 게 없다. 오히려 김정은 북한 국무위원장이 외부 지원을 받지 않겠다고 하는 바람에 우리만 창피하게 됐다. 그나마 북한의 인삼술 들쭉술을 남한의 설탕과 맞바꾸는 사업의 승인 여부가 화제가 되긴 했다. 이 장관이 청문회에서 "백두산 생수와 남한 쌀 교환을 추진하겠다"고 밝힌 것과 일맥상통한 사업이다.

　그런데 북한이 이런 물물교환을 창의력과 상상력 있는 신선한 돌파구라고 생각할까. 평생 북한을 지켜본 내 생각으로는 '무슨 자본주의 소꿉놀이하자는 것이냐'며 화를 낼 가능성이 더 높아 보인다.

　남북공동연락사무소까지 폭파하고는 바로 물물교환에 응하면 김정은이 얼마나 우스워지겠는가. 북한은 김정은의 자존심과 체면이 그 무

　　　　　　　　　　　　　남과 북, 좌와 우의 경계에서

엇보다 소중한 곳이다. 또 북한이 인삼술과 들쭉술을 팔 곳이 없는 것도 아니다.

아닐 거라 믿고 싶지만 혹시나 물물교환 정도를 창의적이고 상상력 있는 돌파구라고 생각한다면 북한을 몰라도 너무 모르는 발상이라 생각한다. 지금처럼 남북 관계가 꽉 막혔을 때는 22년 전 정주영 현대그룹 명예회장이 소 떼를 몰고 올라가 금강산 관광사업을 성사시킨 일 정도는 벌여야 창의적 돌파구라고 인정할 수 있지 않을까 싶다.

이때도 북한이 선뜻 좋아한 것은 아니었다. 처음으로 공개하는 내용이지만 오히려 소 떼 방북을 막으라는 지시를 어겼다는 이유로 북한 중앙수의방역소 서성원 소장이 고문으로 억울하게 죽은 것으로 알려졌다. 당시 서 소장은 "소가 들어오면 방역에 이상이 없다 해도 아무 트집이라도 잡아 소들을 되돌려 보내라"는 보위부의 전화를 받았다. 그러면 남북 관계는 바로 얼어붙는다. 서 소장은 밤잠을 이루지 못하고 고민하다 "역사적으로 의의가 있는 사건인데 어떻게 이상이 없는 소들을 트집 잡아 훼방을 놓겠는가. 나중에 삼수갑산 가더라도 소신대로 한다"고 결심했다고 한다.

이렇게 소 떼 방북을 성사시키고 한 달 뒤 서 소장은 갑자기 들이닥친 검은 승용차에 실려 어디론가 사라졌다. 그리고 반년이나 소식이 끊겼다.

서 소장은 김정일의 동생 김경희와 대학 동창이었다. 부인이 남편을 살리겠다고 집으로 돌아가는 김경희의 차를 가로막고 호소한 끝에 서 소장은 두 사람의 부축을 받고 집에 돌아왔다. 반년 만에 서 소장은 머리가 허연 늙은이가 됐는데, 더 비참한 것은 집안 식구를 봐도 벌벌 떨고 먹고 싶은 것도, 아픈 것조차 말하지 못하는 정신 이상에 걸려 있었다. 서 소장은 어디에 끌려갔는지, 누구한테 고문을 받았는지도 모른 채 집에서 시름시름 앓다가 결국 숨졌다.

북한은 소 떼를 1차로 받은 지 석 달 뒤 "안기부와 통일부의 반민족 분자들이 소들에게 소화될 수 없는 불순 물질들을 먹여 500마리 중에 15마리가 죽고 8마리가 죽기 직전"이라며 비난했다.

이처럼 옛이야기를 새삼 꺼내는 것은 북한을 상대할 때 우리의 잣대로만 평가해선 안 된다는 교훈을 말하고 싶어서다. 시장경제적 사고방식에 익숙한 우리는 흔히 '이 정도의 경제적 이익을 보게 하고, 성의를 보이면 북한도 고마워하겠지'라고 단순하게 생각하기 쉽다.

하지만 북한에선 지도자의 체면이나 외부 정보 차단, 전략적 판단 등 돈보다 더 중요한 가치들이 있다. 거래의 방법도 우리 상식과 다르다. 대북 사업을 성사시키려면 상대 기업에 얼마나 이익을 주는지 설득하기보다는 기업 책임자의 인사권을 쥔 윗선을 찾는 게 성공할 확률이 높다. 윗선에 1억 원의 뇌물이 들어가면 국영기업은 2억 원 손해 볼 수 있는 것이 북한식 계산법이다.

물물교환이 성사되면 김정은 주머니에는 얼마가 들어갈까? 그에게 떨어지는 것이 없으면 설탕 받고 좋아할 인민이 천만 명이라도 의미가 없다. 남북 관계를 안정적으로 관리하려면 북한식 계산법 정도는 꿰고 있어야 한다. 술과 설탕, 또는 생수와 쌀을 바꾸는 것은 사장이 할 일이지 장관이 매달릴 일은 아니다. 창의력과 상상력을 운운할 문제도 아니다. 그런 걸 하라고 통일부가 존재하는 건 더더욱 아니다.

김정은 체제 처형 방식
은밀히 바뀐다

어렸을 때 북에서 〈림꺽정〉이란 영화를 재미있게 봤다. 월북 작가 홍명희 소설에 기초해 1987~1989년 5부작으로 제작된 〈림꺽정〉은 당대 최고 배우들이 출연했고, 선풍적 인기를 끌었다.

그러나 1990년대 중반 '고난의 행군' 시기에 김정일의 지시로 〈림꺽정〉과 〈안중근 이등박문 쏘다〉라는 영화가 비공식적으로 상영이 금지됐다. 〈림꺽정〉은 온갖 가렴주구에 시달리던 민초의 반란을 다뤘고, 〈안중근 이등박문 쏘다〉는 수뇌 암살을 영웅적 행위로 상상하게 만들기 때문으로 추정된다.

4년 전쯤 북한은 과거에 만든 영화 10여 편을 시청 및 유포 금지 대상으로 공지했다. 대부분 외국 생활을 보여줬거나, 반란을 다뤘거나, 주요 배우가 숙청된 영화들이었다.

〈림꺽정〉은 주제가까지 금지 리스트에 올랐다. 〈림꺽정〉의 주제가를 들으면 누구라도 북한의 현실을 떠올릴 수밖에 없다. 1절은 "구천에 사무쳤네 백성들의 원한 소리/ 피눈물 고이었네 억울한 이 세상/ 산천아 말해다오 부모처자 빼앗기고/ 백성의 등뼈 갉는 이 세상 어이 살리"라고 시작된다. 3절 후렴은 "나서라 의형제여 악한 무리 쓸어내고/ 가슴에 쌓인 원한 장부답게 풀어보자"라고 대놓고 반항을 선동한다. 북한 당국이 두려워할 이유가 충분히 있는 영화와 노래인 셈이다.

그런데 강화도에서 건너다보이는, 림꺽정의 실제 활동 무대였던 황해남도 연안군 한 농장에서 지난해 영화 같은 일이 벌어졌다.

발단은 군량미 수탈이었다. 각 농장에 할당한 군량미가 제대로 걷히지 않자 북한은 아예 군부대에 논밭을 나눠주고 직접 수확해 가져가도록 했다. 열심히 농사를 지었던 농민들은 가을에 다 여문 벼를 강제로 빼앗겼다. 연안군은 곡창지대지만 아사 사건도 심심치 않게 나오는 곳이다. 산간지대 농촌은 산에 개인 텃밭이라도 몰래 일굴 수 있지만, 평야지대에는 개인 경작을 할 땅이 없는 상태다.

졸지에 한 해 수확물을 모두 빼앗긴 농민들은 분노했다. 이 중 한 개 분조 7명이 외통길(한 군데로만 난 길)에 드러누워 벼를 싣고 가는 군용차들을 막아섰다. 다 빼앗기면 어차피 죽을 목숨이니 우리를 깔고 지나가라는 것이었다. 영화 〈림꺽정〉도 농작물을 모두 빼앗겨 분노한 사람들이 수탈하러 나온 양반들을 죽이는 장면으로 시작된다.

북한에서 당의 지시를 거부하고 군량미 제공에 반대해 실제 행동에 옮긴 것은 반정부 시위와 다름없는 심각한 정치적 반항이다. 놀랍게도 이들은 현장에서 체포되지 않았다. 오히려 농장 관리위원회 간부들이 나와 일을 잘 해결해주겠다고 달래 농성을 풀었다. 이후에도 한동안 이들에 대한 처벌이 없어 사람들은 이상하다고 수군거렸다.

그런데 진짜 이상한 일은 나중에 일어났다. 3월 초까지 불과 몇 달 사이에 군용차를 막았던 7명 모두가 앓다가 죽거나 객사한 것이다. 북한은 원래 부검이나 사인 공개 같은 것도 없는 곳이다. 내막을 아는 사람은 이들이 모두 보이지 않는 손에 의해 살해됐다고 믿고 있다. 죽은 이들이 워낙 주위의 주목을 받던 터라 소문도 빠르게 퍼졌다.

연안 사건은 최근 북한의 처형 방식이 새롭게 진화하고 있음을 보여 준다. 북한 소식통에 따르면 코로나19 방역에 군법이 적용돼 2월 중순부터 4월 중순까지 700명 이상 처형됐는데, 이들도 공개 처형이 아니라 비밀 처형됐다. 북한 권력자들은 사람들을 모아놓고 공포심을 심어주는 공개 처형을 선호했는데, 이제는 수법이 달라지는 것이다.

이는 북한 체제가 대중의 눈치를 볼 만큼 허약해졌다는 방증일 수도 있다. 공개 처형을 마구 하다가 처형자와 심정적 분노를 공유하는 군중 심리가 폭발할 가능성이 있기 때문이다. 물론 비밀 처형도 소문이 퍼지기 때문에 공포 분위기를 조장하는 목적은 충분히 달성할 수 있다. 공포를 주려는 의도를 넘어 진짜로 '불순분자'를 없애지 않으면 저항 정신을 누를 수 없기 때문일 가능성도 있다.

특히 북한 인권에 대한 국제사회의 압박이 커지자 목격자와 증거를 남기지 않기 위한 것일 수도 있는데, 이 이유가 가장 타당해 보인다.

숙청, 비밀경찰, 공개 처형, 비밀 처형……. '인민의 천국' 공산주의로 간다는 달콤한 유혹에 속았던 나라들에서 보았던 행태들이다. 그러나 동유럽과 소련(현 러시아)은 30년 전에 청산한 유혹의 대가를 북한은 너무도 오래, 잔인하게 치르고 있다.

(2020)

사단장 승진에 실패한
현송월 남편

2020. 7. 23.

지난해 북한군 7·27사단 리종무 사단장이 지병으로 쓰러졌다. 연말에 두 명이 후임 사단장 후보로 올랐다. 한 명은 김광민 여자축구팀 감독이었고, 그보다 더 유력한 후보는 7·27사단 당위원회 조직부 박시철 부원(지도원)이었다. 그가 현송월 노동당 부부장의 남편이다. 갑자기 수군수군 말들이 퍼져갔다.

'기껏해야 중좌(중령) 편제인 조직부 부원이 곧바로 중장이 맡고 있는 사단장에 오른다는 것이 말이 되냐. 아무리 현송월의 뒷배가 커도 체육에 대해 잘 모르는 사람이 사단장이 되는 것은 아니지 않냐.'

부정적 여론 등으로 사단장 인사 처리가 지지부진해진 사이 리종무 중장이 치료를 받고 복귀했다. 사단장 인사는 없던 일이 됐다.

북한군 7·27사단은 외부에 잘 알려지지 않은 조직이다. 이는 인민무력성 소속 1군인 4·25체육단과 2군인 소백수체육단, 호위총국 소속 리명수체육단, 각 군단 체육단 등 북한 군부 체육단들을 총망라한 조직이다. 7·27사단장은 북한군의 체육상이라 할 수 있다. 리종무 사단장도 북한 최대 체육단인 4·25체육단장을 지내다가 2012년 장관급인 북한 체육상에 올랐고 2016년 7·27사단장으로 왔다.

북에선 7·27사단장이 인민무력상이나 총참모장, 총정치국장보다 더 선망받는 자리라고 말하는 사람이 많다. 북한 스포츠의 중추를 담당하고 있다 보니 후방 공급 및 기자재 공급은 북한에서 최상이다. 달러와 육류를 많이 만질 수 있는 자리라는 뜻이다. 검열을 피해 부정 축재하기에도 안성맞춤이라 언제 숙청될지 모르는 장관보단 훨씬 안전하고 재물도 많이 모을 수 있다. 각종 대회 때마다 자유롭게 외국 구경도 할 수 있다.

최부일 노동당 군사부장은 과거 이곳 사단장을 지내다가 군 부총참모장으로 승진하자 이에 불만을 품고 사단장 전용차 벤츠의 키를 가지고 달아났던 일도 있다. 국정원이 2015년 숙청됐다고 발표한 현영철 전 북한군 총참모장도 7·27사단장 자리를 무척 탐냈다. 그가 사단장이 됐다면 아직 살아 있을 것이다. 리종무 사단장은 유머러스한 언변술로 김정일과 고용희의 총애를 한 몸에 받던 사람이다. 그의 자리를 넘보던 사람들 모두 그 벽을 넘지 못했다.

유교사상이 팽배한 북한에서 현송월의 남편은 이번에도 출세 시도가 실패해 기가 크게 꺾였을 듯하다. 자신은 부원에 불과한 데 비해 아내는 김정은 체제 들어 모란봉악단장, 대좌, 노동당 후보위원, 노동당 부부장 등으로 승승장구하고 있다.

현송월은 김정은과 어떤 사이일까. 한국의 대다수 사람들은 그가 김정은의 옛 애인이라고 알고 있다. 2015년 12월 현송월을 단장으로 하는 북-중 친선 공연단이 공연 3시간을 앞두고 전격 귀국하면서 이런 소문이 더 커졌다.

북에서도 현송월을 보는 시각이 크게 다르지 않다. 2017년 12월 현송월이 책임진 모란봉악단 지방순회공연 때에는 김정은의 지시에 따라 김씨 일가의 경호를 맡은 국가보위성 5총국이 호위를 담당했다. 김씨 일가 외 5총국의 경호를 받은 사람은 현송월이 유일하다. 이를 지켜본 최룡해 최고인민회의 상임위원장도, 김재룡 총리도 현송월 앞에선 꼼짝 못 하고 공손해졌다. 권력자의 귀에 누가 더 가까운지를 알기 때문이다.

하지만 현송월이 김정은의 옛 애인이라는 실체적인 증거는 없다. 일반인 남녀가 선을 넘어 비정상적으로 애정을 표현한다 하더라도 짐작만 할 뿐 둘의 관계를 단정하기 어렵다. 남녀의 문제는 둘이 입을 다물면 제삼자가 알 방법이 없다. 하물며 전국에 널린 김정은의 비밀 별장에서 무슨 일이 벌어졌는지 알 수 있는 사람은 북에 거의 없다. 아니 알아도 말을 할 수 없다.

최근 현송월이 김정은의 아이를 낳았다는 말까지 나오지만 이건 더욱 증명할 수 없는 일이다. 본부인인 리설주가 낳은 셋째가 아들인지 딸인지도 모르는데, 현송월이 김정은의 아이를 낳았는지 아닌지 알 수 있는 사람은 없다. 설령 그런 일이 있다고 해도 이는 후계 구도에 영향을 미치는 민감한 일이라 현송월조차 발설할 수 없는 비밀이다.

모든 상황을 차치하고 김정은이 현송월의 남편까지 챙길 생각은 없다는 건 분명해 보인다. 마음만 먹으면 장성도 시켜줄 수 있었을 것이다. 현송월에 대한 김정은의 신임도 유효 기간이 얼마나 될지 궁금하다.

북한은 왜 강경 정책으로 돌변했나   2020. 6. 11.

하늘로 날아오른 '대북전단(삐라)' 풍선들이 북한에 갈 확률은 얼마나 될까.

바람을 따져 보내도 20퍼센트 남짓이란 데이터가 있다. 한반도 상공의 편서풍 때문이다. 지상의 바람 방향과 상관없이 풍선이 1500m 이상 올라가면 편서풍의 영향을 받는다. 이 고도면 눈으론 풍선을 거의 볼 수 없다. 풍선이 편서풍 고도까지 도달하고, 제트기류까지 감안하면 2시간 이내에 동해에 간다. 가끔 풍선을 터뜨리는 타이머가 오작동해 남쪽에 삐라를 쏟기도 하고, 타이머가 고장 나면 일본 후쿠시마 쪽에서 발견되기도 한다.

북한에 전단을 보내려면 1500m 이상 올라가지 않게 해야 한다. 과거 대북전단 업무에 종사했던 사람의 말에 따르면 이는 상당한 기술이 요구되는 작업이며 북에 갔다고 해도 대다수가 분계선에서 수십 킬로미터 이상 올라가기 어렵다.

백령도에서 날리면 남포 정도까지는 간혹 가지만, 파주나 임진각에서 날린 풍선이 평양까지 갈 확률은 매우 희박하다. 특정 날짜를 정해 기자들을 불러 이벤트성으로 날려보내면 풍향에 대한 고려가 우선되지 않았기에 거의 가지 않는다고 보면 된다. 알 만한 사람은 다 아는 '비밀'이다.

대북전단 단체가 후원자의 신뢰를 쌓으려면 위성위치확인시스템(GPS)을 이용한 위치 정보 정도는 보여줘야 하는데, 데이터를 검증받는 장면은 본 적이 없다. 대북전단의 내용도 논란의 여지가 있다. 일베 사진 합성 수준의 낯 뜨거운 내용이나 선교 전단도 많다. 황해도에서 전단을 봤다는 탈북자를 몇 명 만나 보니 "자기들(전단을 살포한 탈북자들)은 남쪽으로 도망가 놓고 북에 있는 우리 보고 목숨 걸고 싸우라고 하니 오히려 화가 났다"는 반응들도 있었다.

김여정의 4일 담화문은 "5월 31일 '탈북자'라는 것들이 전연 일대에 기어 나와 수십만 장의 반공화국 삐라를 우리 측 지역으로 날려보내는 망나니짓을 벌여놓은 데 대한 보도를 보았다"는 문장으로 시작한다. '날려보냈다'가 아니라 '보도를 보고 알았다'는 식인데, 아마 31일에 날렸다는 전단은 보지 못한 뉘앙스다.

전단 살포가 하루이틀도 아닌데, 북한이 지금 이를 문제 삼아 대남 강경 정책으로 돌변한 이유는 무엇일까. 이는 내부적 원인과 문재인 대통령에게 쌓인 감정 때문이라고 생각한다.

나는 2020년 1월 23일자 칼럼 「보위성 재신임한 김정은, 공포통치 시작된다」에서 올해 북한의 행보를 예상했다. 사상 최강의 대북 제재로 경제가 점점 파탄 나자 북한은 민심을 통제하기 위해 지난해 말에 이미 공포통치 시나리오를 짰다. 보위성은 올해 상반기 간첩단 사건들을 조작해 공포 분위기를 조장하려고 계획했다. 그런데 코로나19 때문에 이 계획은 미뤄졌고, 간첩 대신 탈북자를 도마에 올리는 것으로 수정된 듯하다. 어차피 둘 다 군중대회를 열고 '타도하라' '죽여라'를 외치는 것은 똑같다.

김정은은 후계자로 결정되자 탈북을 완전히 막겠다는 것을 첫 공약으로 내걸고 2009년 1월 김정일에게서 보위기관을 넘겨받았다. 최근 대남기관을 넘겨받은 김여정도 탈북자를 활용해 권력을 강화하고 있다. 전국에서 연일 진행되는 집회를 통해 김여정의 담화는 자연스럽게 최고 지도자의 교시처럼 부각되고 있다. 향후 북한 내부 상황의 악화를 김정은 혼자 감당하긴 버거워 남매가 공동 플레이를 해야 한다고 판단한 것 같다.

북한이 남쪽에 대한 기대를 접은 지는 오래다. 김정은은 작년 신년사에서 "아무런 전제 조건이나 대가 없이 개성공업지구와 금강산 관광을 재개할 용의가 있다"고 밝혔다. 재작년 문 대통령이 김정은에게 했을 여러 약속의 이행을 기대한 듯하다.

그러나 우리 정부는 작년 5월 쌀 5만 톤을 제공하겠다고 밝혔을 뿐, 1년 반 가까이 움직이지 않았다. 북한이 원한 것은 쌀이 아니었다. 김정은은 배신감을 느낀 듯하다. 문재인 대통령의 8·15 경축사에 대해 북한이 '삶은 소대가리'를 운운하며 맹비난하던 즈음부터 북한의 대남 성명에는 감정적 분노가 서려 있었다. 움직이지 않으면서 현실성 없는 제안만 계속 던져 북한을 정치에 이용한다는 불만으로 읽혔다.

지금의 남북 관계는 '전단 금지법'으로 풀 성격이 아니다. 또 이미 때도 놓쳤다. 현 정부 임기는 2년도 채 안 남았다. 북한이 미국 대선을 대비해 지금쯤 전략 수정을 준비할 것을 감안하면 사실상 남은 시간이 없다. 획기적인 발상이 없으면 남북 관계는 계속 악화될 것이다. 다만 시간에 더 쫓기는 것이 북한이란 사실은 변함이 없다.

남과 북, 좌와 우의 경계에서

김정은 후계 1순위
김여정

김정은 사망설이 퍼졌던 4월 우리는 잊고 있던 사실 하나를 떠올리게 됐다. 김정은이 갑자기 죽을 수도 있으며, 그럴 경우 현재 북한 권력을 계승할 사람이 김여정밖에 없다는 것이다.

남성우월주의 관념이 팽배한 사실상의 유교 국가 북한에서, 업적과 권력 기반이 취약한 김여정이 과연 권력을 오래 유지할 수 있을 것인가에 대해선 당연히 의문부호가 붙는다. 그 의문에 해답을 찾으려면 후계 1순위 김여정에 대해 파악해야 한다. 하지만 우리는 김여정에 대해 아는 바가 거의 없다.

어떤 교육을 받고, 어떤 세력의 후원을 받는지, 어떤 능력을 가지고 있는지, 남편은 누구인지 등 많은 것이 베일에 싸여 있다. 김여정이 1987년생으로 김정은보다 세 살 어리며 어린 시절 오빠들과 스위스에서 유학을 했다는 것은 알려져 있다. 그러나 이는 1990년대 이야기일 뿐 스위스에서 돌아온 그가 어떤 교육을 받았는지는 알려지지 않았다.

나는 지난 10년 동안 김여정에 대해 관심을 갖고 정보를 모아왔다. 그 중에는 김여정이 2009년부터 2011년 사이 김일성종합대학 법률대학 특설반을 다녔다는 정보도 있다. 특설반은 정규 코스가 아닌 특별히 만든 학급을 의미한다. 정보에 따르면 원래 김일성대 법률대학엔 특설반이란 것이 없다. 유일하게 김여정을 위해 만들었다가 없앴다고 한다.

한 목격자에 따르면 당시 특설반은 약 20명의 젊은 여성들로 구성됐다. 북한에서 여학생들이 입는 하얀 치마저고리를 입고 다녔는데 항상 우르르 함께 등하교를 했다고 한다. 법률대학이 있는 김일성대 22층짜리 2호 청사는 내가 6년 동안 공부했던 건물이라 내부가 훤하다. 건물 안에는 여성 운전공이 늘 타고 있는 교수용 엘리베이터도 몇 대 있다.

특설반 학생들은 항상 교수용 엘리베이터를 타고 다녔다고 한다. 그들이 우르르 단체로 오면 운전공이 이미 타고 있던 머리 허연 교수들에게 '미안합니다. 다른 것 타셔야겠습니다'라고 말했다고 한다. 교수들도 눈치가 있으니 아무 말 없이 내리고 20대 아가씨들이 거리낌없이 그 엘리베이터에 탔다고 한다. 아마 그들 중에 김여정이 있었을 가능성이 높다. 나머지 여성들은 김여정의 신분을 감추는 역할을 하다가 지금은 보좌진이 됐을 것으로 추정된다.

공교롭게도 같은 시기 장철구평양상업대학에 경제학 특설반이 생겨났다. 이 역시 20대 여성 20여 명으로 반이 구성됐는데, 버스를 타고 함께 등하교를 했다고 한다.

정보를 종합하면 엄선된 김여정 또래 여성 40여 명이 두 팀으로 나누어 한 팀은 김일성대에서 법률을 배우고, 한 팀은 경제를 배웠다는 것이다. 김여정은 지금 이렇게 체계적으로 어렸을 때부터 함께 교육을 받은 젊은 여성 그룹의 보좌를 받을 수도 있다.

이들 여성은 김여정을 대신해 전국을 돌며 현실을 보고하고, 정보를

남과 북, 좌와 우의 경계에서

분석하고, 정책 작성에 참여하고 있을 것이라는 추정도 가능하다. 김여정은 법률대학 특설반에 입학했다는 2009년에 만 22세였다. 북한에선 만 18세에 대학에 간다. 김여정이 특설반 이전에 국내 또는 해외에서 다른 대학을 다녔을 가능성도 충분히 있다는 의미다.

김여정의 남편에 대해서도 추측이 난무한다. 평범한 군인 또는 경호원 출신이라는 설들도 있다. 하지만 북한이 김여정의 대학 생활마저 철저히 관리하며 다니게 했다면, 그런 그를 배우지 못한 평범한 군인에게 시집보냈을 가능성은 높아 보이지 않는다.

같은 시기 김일성대 법률대학을 다녔던 사람에게서 흘러나온 말에 따르면, 김여정은 대학 재학 시절 연애하던 남성이 있었다고 한다. 법률대학에 다니는 얼굴이 칼칼하게(날카롭게) 생긴 제대 군인이며 김여정이 집에 데리고 가 인사시켰다는 소문이 퍼졌다는 것이다.

물론 그가 지금 남편인지는 알 수 없고, 나아가 김여정이 대학 때 연애한 사실이 있었는지도 확신은 할 수 없다. 2018년 김여정이 서울에 왔을 때 임신했다는 추정도 있었지만 사실로 확정되진 않았다.

김여정의 파워는 점점 커지고 있다. 과거 오빠를 보좌하던 역할에서 이제는 북한의 핵심 실세 조직인 조직지도부마저 거머쥐고 공동 통치를 하는 단계까지 이른 듯 보인다. 2일 순천인비료공장 준공식에선 오빠와 박봉주 국무위원회 부위원장과 나란히 앉아 달라진 위상을 드러냈다. 현지 시찰에 나선 김정은의 숨소리가 점점 거칠어질수록 우리는 김여정에게도 포커스를 맞춰야 한다.

2020

북한 가짜 뉴스
왜 생산되나

김정은이 20일 동안 잠적한 사이 한국은 넘쳐나는 가짜 대북 정보로 몸살을 앓았다. 수술설, 뇌사설, 사망설 등 온갖 가능한 시나리오들이 쏟아졌다. 가짜 대북 정보가 이렇게 단기간에 많이 쏟아진 적은 없었다. 이런 현상이 나타난 원인은 크게 다섯 가지라고 본다.

첫째로 최근 대북 휴민트(HUMINT, 내부 정보원) 시장은 극심한 가뭄이다. A급 정보는 고사하고 C급 정보도 얻기 어렵다. 정보에는 '양적인 변화가 축적되면 질적으로 변화한다'는 '양질 전환의 법칙'이 적용된다. 정보가 많을수록 이를 종합한 판단의 질이 높아지는 것이다.

강력한 대북 제재로 2019년 12월까지 해외 북한 무역일꾼, 근로자 대다수가 귀국하면서 정보원들이 대거 사라졌다. 북한이 1월부터 코로나19로 국경까지 폐쇄하면서 출장자도 없다.

북한 내부 휴민트도 믿기 어렵다. 김정은 등장 이후 국경 봉쇄와 전파 감시가 매우 강화됐다. 한국과 통화하려면 수십 리를 걸어 휴대용 전파탐지기 출동이 어려운 산에 가야 한다. 북한 주민이 이런 위험과 수고를 아끼지 않고 하는 이유는 대개 돈을 위해서이다. 북한 내 탈북민 가족을 연결시켜 송금 수수료를 받거나 또는 정보를 보내 돈을 받는다. 이런 정보는 한국의 정보 수요를 파악해 자극적으로 가공됐을 가능성이 있다. 여기에 그 정보를 전달받는 사람까지 사익에 빠지면 가짜 뉴스가 된다. 대북 정보로 인지도를 얻고 싶은 사람은 많은데 C급 정보마저 귀해지니 어쩌다 들으면 허겁지겁 터뜨리는 현상이 급증했다.

둘째로 신뢰하기 어려운 메신저들이 급격히 늘었다. 과거엔 기자들이 정보를 듣고 검증했고 오보에 책임도 져야 했다.

하지만 지금은 과거 중요한 정보 소스였던 탈북민들이 유튜브를 개설해 저마다 북한 정보를 전한다. 기자보다 더 치열하게 서로 속보 경쟁을 펼치며 방송사를 본뜬 대담 프로도 만든다. 이들은 정보 전달 훈련도, 오보에 대한 책임도 없다. 유튜브 같은 개인 미디어 동영상 서비스와 각종 소셜네트워크서비스(SNS)의 발달도 책임 없는 1인 미디어 종사자를 급속히 늘렸다.

셋째로 편파적 대북 정보 수요층이 등장했다. 개인 미디어와 SNS 시장엔 팩트보다 '내 편이냐 아니냐'가 더 중요한 수십만 명의 구독자가 생겨났다. 내가 미워하는 사람이나 세력을 비판하면 '내 편 미디어'가 된다. 이들에게 필요한 것은 상대와의 전쟁에 필요한 분노의 소재다. 의혹을 계속 제공해주는 사람이 스타가 된다.

이런 수요층을 향해 가짜 뉴스와 비판 메시지를 적당히 버무리면 편파적 수요층은 환호한다. 북한 뉴스는 이런 수요층의 관심도가 매우 높다. 대북 정책에 대한 견해를 통해 내 편인지 아닌지를 쉽고 명확하게 구별할 수 있기 때문이다. 설사 '내 편' 메신저가 말을 뒤집고 신뢰성에 의문이 생겨도 이들은 '박해받는 순교자'의 논리를 들이대며 오히려 '더 잘하자'고 격려하고 감싼다.

편파적 수요층은 김정은 잠적 기간 정부 발표를 신뢰한다는 유튜버에게 몰려가 '신고 테러'를 하기도 했다. 인공지능(AI) 알고리즘은 신고가 많은 유튜브 계정을 신뢰할 수 없는 계정으로 인지해 영상을 거의 노출시키지 않는다. 이 과정이 반복되면 악화가 양화를 구축한다. 가짜가 뜨고 팩트가 가라앉는 것이다. 수십만 명의 세력이 수십억 명이 보는 서비스의 인공지능을 교란시킬 가능성도 있다.

넷째로 가짜 뉴스가 돈이 되기 때문이다. 특히 유튜브가 그러한데, 진짜와 가짜 정보, 상대에 대한 비판까지 섞은 10분 남짓한 논평을 자극적 섬네일과 격앙된 목소리로 만들면 조회 수가 크게 늘어난다. 100만 명이 보면 200만 원 정도 번다.

처벌도 사실상 없으니 얼굴에 철판만 깔면 쉽게 돈을 번다. 가짜 뉴스인 것이 드러나도, 얻는 이익이 잃는 이익보다 더 크게 되면 가짜 뉴스는 막지 못한다.

다섯째로 기성 언론도 조회 수와 시청률에 매달려 정보력이나 신뢰성, 의도 등에 대한 검증이 소홀했다. 가짜 뉴스임이 밝혀져도 '인용'을 했다며 책임지려 하지 않으니 불신을 자초한 면이 있다.

가짜 뉴스를 없애긴 쉽지 않다. 미국 회사인 유튜브와 페이스북은 나 몰라라 하고, 정치인들은 점점 극단적 지지 계층에 의존해 선동 정치에 매달린다. 이러니 대북 정보 시장의 미래도 암울하다. 과연 해답이 나올 수 있을까.

남과 북, 좌와 우의 경계에서

김정은의 기발한 달러 벌이   2020. 4. 30.

김정은은 코로나19 사태의 덕을 적잖게 보는 듯하다. 장기간 잠적으로 세계적인 화제를 모았을 뿐만 아니라 내부 통제와 달러 벌이까지 잘하고 있다.

북한은 코로나19 사태 이전부터 사상 최강의 대북 제재로 궁지에 몰려 있었다. 명색이 국가인데 지난해 2019년 수출액은 2억 달러도 안 됐다. 한 달 수출이 1700만 달러 수준으로 10년 전에 비해 10분의 1 수준에 불과하다. 지난해 12월 해외에 파견된 노동자들이 철수하면서 큰 돈줄이 또 막혔다.

김정은은 이런 위기 상황을 공포 통치로 돌파하려 했다. 북한 사정에 정통한 소식통에 따르면 그는 올 상반기 여러 간첩 사건들을 조작한 뒤 여기저기서 공개 처형을 진행해 사회에 두려움을 심어주려고 계획했다. 그런데 코로나19가 이 계획을 바꾸었다.

이달 3일 김정은은 "방역 조치가 길어져 해이되는 상황을 막고, 모여서 생일놀이와 결혼식 등을 벌인 사람들을 적들과 내통한 자들로 여기고 가차없이 처벌하라"는 특별 지시를 내렸다. 결혼식이나 생일잔치만 해도 간첩 취급을 한다는 뜻이다. 21일엔 전국 각지에 코로나19 검열단을 파견해 각 지역의 동태를 실시간 보고하게 했다.

방역 지침 위반으로 4월 중순까지 처형된 사람이 700명이 넘으며, 해임된 간부가 300명이 넘는 것으로 전해졌다. 이런 상황이라면 굳이 간첩 사건을 조작할 필요가 없다.

김정은 잠적 와중인 19일과 20일 평양의 대형 상점인 '광복지구상업중심'에서 가구당 중국산 콩기름 5kg을 10달러에 판매했다. 이는 코로나19 발생으로 국경을 폐쇄하기 전 가격이다. 평양 사람들은 상점에 달려가 기름을 사는 데 정신이 없었다고 한다.

사실 알고 보면 이 콩기름은 여러 '돈주(신흥 자본가)'들에게서 약탈한 것이다. 대표적으로 지난달 말 김정은은 국가전략물자 수입 계획을 승인하면서, 1월 말부터 차단했던 북-중 국경을 살짝 열었다. 3월 착공한 평양종합병원 건설에 필요한 건재, 장비 부속품 등을 중국에서 들여올 수밖에 없었던 것이다.

북한 사람들을 내보내지 않고 중국 화물트럭으로 실어 오라는 단서도 달았다. 중국 단둥에서 화물트럭 임대비는 네다섯 배 뛰었다. 중국 기사도 북한에 들어갔다 나오면 보름 동안 격리돼야 하기 때문에 한 번 운행에 우리 돈으로 300만 원 정도 불렀다. 며칠 뒤 코로나19 사태 이후 최대의 운송 물량인 트럭 30대가 신의주 세관에 도착했다.

문제는 세관이 통보받은 수입량은 트럭 10대 분량인데, 무려 20대나 더 추가된 것이다. 세관은 상급 기관인 국가보위성 세관총국에 보고했고, 정경택 국가보위상이 이를 김정은에게 보고했다. 보위성 반탐부국장이 현장에 나가 조사한 결과 13대는 평양시 무역업자들의 것이었고,

7대는 신의주시 무역업자들의 것이었다.

북한 소식통에 따르면 조사가 시작되자 숨었던 업자들은 3일 만에 전부 체포돼 군법으로 처벌받게 됐다. 35퍼센트 정도의 이윤을 바라고 위험을 무릅쓰고 수백만 달러어치의 콩기름과 설탕을 들여오려던 무역업자들은 돈도 목숨도 잃게 됐다. 이를 빼앗아 상점에 팔아 번 돈은 고스란히 김정은의 주머니에 들어갔다는 것이다.

세관이 잠시 열린다는 정보는 어떻게 새 나갔을까. 김정은 측근에서 새 나갔을 가능성이 높다. 이런 사건이 한 번으로 끝났다면 무역업자를 낀 고위 간부의 일탈이라고 할 수 있겠지만, 가만히 들여다보면 어딘가 수상한 점이 있다.

20일부터 평양에서 갑자기 사재기가 벌어졌다. 올해 말까지 무역을 일절 못 한다는 소문이 하루 사이 퍼지면서 상품 가격은 부르는 게 값이 됐고, 주민들이 싸우면서 물건을 사는 아수라장이 벌어졌다.

그런데 며칠 뒤 유언비어를 유포하고 물가를 올렸다는 죄명으로 여러 판매업자들이 잡혀갔다. 이제 이들이 갖고 있던 물자가 압류돼 시중에 팔리게 되면 그 돈은 또 김정은이 갖게 될 상황이다. 이쯤 되면 김정은이 코로나19 상황을 활용해 돈 있는 사람들을 약탈하고 있다는 의심을 할 수밖에 없다.

현재 북한엔 코로나19 전용 격리시설이 없는 것으로 알려졌다. 1월 말부터 50일간 여관 등에 격리됐던 1차 격리자들과 이들과 접촉한 뒤 25일간 자택 격리에 들어간 2차 격리자들도 모두 풀려났다. 그런데도 코로나19를 내세운 사회 통제는 전혀 약화될 기미가 없다.

김정은은 지금 자기에게 쏠린 세계의 시선을 느긋하게 즐기면서 어

2020

디엔가 숨어 상인들을 약탈할 새로운 꿍꿍이를 열심히 연구하고 있을 지도 모르겠다.

숙청된 북한 인간계 권력 서열 1위

어느 나라나 명목상의 권력 서열과 실질적 권력 서열은 다르다. 북한도 마찬가지다. 하지만 북한의 실질적 권력 서열을 꿰뚫고 있는 사람은 거의 없다. 북한의 실질적 권력 서열은 정점의 김정은과 그 아래 '스리우먼(리설주, 김여정, 현송월)'으로 시작된다. 이 4명은 누구도 건드릴 수 없는 신계의 왕족이라 보면 된다.

그렇다면 인간계 권력 서열 1위는 누구일까. 노동당 상무위원인 최룡해 국무위원회 제1부위원장도, 박봉주 총리도 아니다. 바로 김평해 노동당 부위원장 겸 간부부장이었다.

북한에서 권력자를 찾으려면 인사권을 누가 쥐고 있는지 파악해야 한다. 김평해는 노동당 내각 보위성 보안성 중앙재판소 검찰소 무력성 총참모부 총정치국의 책임일꾼, 즉 중앙당 정치국에서 비준하는 간부 사업을 하는 책임자다. 가장 높은 레벨의 간부 임명을 맡고 있다. 김평해 밑의 부부장, 과장들이 그보다 한 단계 낮은 중앙당 비서국 비준 대상 간부 임명을 담당한다.

김평해는 모든 고위급 간부들의 해임, 임명, 조동 등을 김정은에게 건의하고 또 지시를 받는다. 김평해는 당·정·군의 모든 고위 간부들의 재임 기간, 미배치 간부 등을 꿰고 있다가 김정은의 히스테리적인 인사 조치에 맞게 적합한 인물을 선발하여 건의하는 데 탁월한 감각을 자랑했다.

중앙당에서 오래 일한 사람을 지방에 파견하거나 또는 그 반대의 순환 경력을 갖게 한다거나 또는 보안, 보위, 군의 당 사업 경력이 없는 간부들이 해당 경력을 갖추게 할 시점을 정한다거나 하는 등의 '경력과정안'도 그가 정한다. 간부 스펙 관리까지 하는 셈이다.

이런 인간계 권력 1위인 김평해가 지난해 12월 말 노동당 전원회의에서 전격 해임됐다. 그리고 올해 초부터 '김평해 일당' 숙청 작업이 시작됐다. 김정은 시대에 장성택 전 노동당 행정부장의 처형에 이어 두번째로 꼽을 수 있는 대숙청이 시작된 것이다.

올해 2월 말에 열린 노동당 전원회의에서 이만건 노동당 조직지도부장과 박태덕 농업담당 부위원장이 해임된 사실은 한국 언론에서 크게 다뤘지만 김평해는 언급이 거의 없다. 알고 보면 이만건과 박태덕 모두 김평해가 키운 사람들이다.

김평해는 1992년부터 2011년까지 20년 동안 평안북도 도당 조직비서, 책임비서를 역임했던 인물이다. 도당 책임비서는 노동당 비서와 동급의 고위직이다. 도당 책임비서가 가장 선호하는 지역이 평안북도다. 도 소재지인 신의주에 북한의 각 중앙기관 산하의 무역회사들이 밀집되어 있기 때문에 큰 명절 때마다 최소 수십만 달러를 뇌물로 받을 수 있다.

특히 김평해가 평안북도를 쥐고 있던 시기엔 폐철, 폐알루미늄, 구리, 철광석, 산림자원 등이 중국에 대거 팔려 나갈 때였다. 북한 무역일꾼들은 1995~2005년을 외화벌이 황금기로 평가한다. 이런 시기에 '황금의 자리'에서 오래 버티기는 쉽지 않지만 김평해는 20년을 장기 집권했다. 이것만 봐도 그가 얼마나 처세술이 비상한지 알 수 있다.

당연히 김평해는 엄청난 재산을 축적했을 것이다. 그러나 김정일에게서 충신 중의 충신이란 조용한 감사 인사까지 받은 것을 보면 혼자 먹지 않고 많은 액수를 상납했을 것으로 보인다. 그가 책임비서로 있을 때 둘째 아들은 신의주 시당 간부부장을 지냈는데, 사생활이 부화방탕하고 마약을 복용하는 등 비리가 끊이지 않았다. 그런데도 부친이 김정일의 신임이 두터워 전혀 문제되지 않았다.

하지만 이런 그도 결국 숙청이란 뻔한 말로를 피해 갈 수 없었다. 김평해가 지난해 말 숙청되고, 올 2월에는 그가 키웠던 김능오 평양 시당위원장, 이학송 김일성고급당학교 교장 등 심복들이 모두 출당·철직됐다. 이학송은 김평해가 도당위원장을 하던 시기 신의주 시당위원장으로 있었던 사람이다. 평북 도당위원장 자리가 황금 계란이라면 신의주 시당위원장은 황금 계란의 노른자위라 할 수 있다.

평안북도를 연고로 김평해가 키웠고, 또 그가 숙청된 뒤 '김평해 일당'으로 몰려 함께 숙청된 북한 고위 간부는 올해 1분기에만 50여 명에 이른다. 이들은 김정일 시대 말기 간부들이기도 하다.

김평해 사건은 여전히 진행 중이다. 북한 권력의 가장 큰 세력이 하루아침에 사라졌다. 북한 간부들은 이를 보고 김정은 턱밑에선 누구도 온전히 살아남기 힘들다는 현실을 새삼 느끼고 있다.

김정은의 간부 현장 처형 방식 | 2020. 4. 2.

김정은이 평양 인근의 자라공장 지배인을 새끼 자라를 죽였다는 이유로 처형한 일은 한국에 이미 잘 알려져 있다. 2015년 5월 19일 조선중앙통신은 '대동강자라공장'을 시찰한 김정은이 이런 말을 하며 격노했다고 전했다.

"인민들에게 약재로만 쓰이던 자라를 먹일 수 있게 됐다며 기뻐하던 장군님의 눈물겨운 사연이 깃든 공장이 어떻게 이런 한심한 지경인지 말문이 막힌다. 전기 문제, 물 문제, 설비 문제가 걸려 생산을 정상화하지 못하고 있다는 것은 말도 안 되는 넋두리이다."

조선중앙통신에는 이례적으로 '격하신 어조' '격노'라는 표현이 세 번이나 들어갔다. 태영호 전 주영국 북한대사관 공사는 2018년 발간한 저서 『3층 서기실의 암호』에서 김정은이 "지배인을 심하게 질책한 뒤 처형을 지시해 즉시 총살이 집행됐다"고 썼다.

5년이 지난 지금 당시 현장에서 이를 목격한 사람들의 입을 통해 보다 더 상세한 상황이 북한 고위층들 사이에서 널리 퍼지고 있다. 전언을 전하면 이렇다.

당시 김정은은 새끼 자라들이 거의 다 죽은 것을 보자 화를 내며 "야, 이 ×끼들아. 자라 다 죽을 동안 뭐 했냐"고 소리를 질렀다. 북한 매체들은 질책했다고 에둘러 표현하지만 김정일도 그렇고 김정은도 화가 나면 수시로 상욕을 퍼붓는다. 지배인이 황급히 나서 "전기가 없어 물을 끌어올 수 없고, 사료가 공급되지 않고 있다"고 변명하자 김정은이 "뭐라고 이 ×끼야. 어디 이런 ×끼가 다 있어" 하고 더 화를 냈다.

바로 그 순간 180cm가 넘는 거구의 김정은 호위병 두 명이 지배인 옆에 딱 붙어 서더니 양팔을 딱 붙잡고, 동시에 발로 무릎 관절을 차서 꿇어앉힌 뒤 팔꿈치로 뒷머리를 꽉 눌러버렸다. 지배인이 김정은 앞에 꿇어앉아 머리도 들지 못하고 말도 못하는 상황이 된 것이다. 이 상태의 지배인에게 김정은은 온갖 욕설을 다 퍼부은 뒤 "이런 ×끼는 살아 있을 자격이 없어"라고 고함을 질렀다.

그러자 호위병이 지배인을 질질 끌고 가 대기시켰던 승합차에 실었다. 김정은이 떠난 뒤 지배인은 즉각 총살됐다. 김정은이 살아 있을 자격이 없다고 했기 때문이다. 현장에서 목격한 간부들은 공포로 질려버렸다. 사실 지배인 입장에선 정말 억울한 일이다. 전기와 사료를 자기가 만들 수 있는 것도 아니고 국가에서 공급하지 않는데 맨손으로 자라를 키울 도리가 없는 것이다.

그럼에도 그는 김정은 앞에서 변명했다는 이유로 죽었다. 이때부터 북한 간부들 속에선 김정은이 화가 났을 때 대처 요령이 생겨났다. 아무리 억울해도 절대 변명하면 안 된다. 김정은이 화가 났을 때 바로 무릎을 꿇고 '죽어 마땅한 죄를 지었지만 한 번만 더 기회를 주면 죽기를 각오하고 집행하겠다'고 대답해야 그나마 살 확률이 높아진다.

2013년 5월 미림승마구락부 건설 도중 처형된 북한군 설계연구소장도 똑같은 방식으로 죽었다고 한다. 김정은이 "지붕이 왜 내가 그려준 그림과 반대로 향했냐"고 화를 내자 "겨울에 대동강에서 강풍이 불면 지붕이 날아갈 수 있어 방향을 바꾸었다"고 설명하려 한 것이다. 그러자 김정은이 "이 ×끼가 누구 맘대로 설계를 뜯어고쳐. 이런 놈 필요 없어"라고 화를 냈고, 호위병들이 똑같은 방식으로 꿇어앉게 한 뒤 김정은의 욕설이 다 끝나자 끌고 갔다. 다음 날 처형된 설계연구소장의 죄명은 '1호 행사 방해죄'였다.

끌려간 사람도 똑같은 방식으로 죽는 것은 아니다. 김정은이 '살아 있을 가치가 없는 놈' '숨 쉴 자격이 없는 놈' 하면 그나마 총살당해 시체라도 남긴다. 그러나 김정은이 '땅에 묻힐 자격도 없는 놈'이라고 하는 순간 고사기관총에 형체가 사라지거나, 화염방사기로 태우거나, 장갑차로 밀거나, 개에게 먹히는 등 각종 방식으로 그 간부는 흔적도 없이 사라진다.

봉건 왕조에서도 신하는 왕에게 상소를 할 수 있었다. 직언을 했다고 신하를 바로 죽이는 일은 연산군과 같은 몇몇 폭군 시대에나 있었다. 신하가 직언은 고사하고 변명을 좀 했다고 파리 목숨처럼 죽는 지금의 북한을 먼 훗날 역사는 어떻게 기록할까. 아울러 21세기 세습 왕조 '정은군' 시대가 어떻게 막을 내렸다고 역사에 기록될지 궁금하다.

월드컵 진출
북한 축구 영웅의 실종

2010년 6월 남아공 월드컵. 김정훈 감독이 이끄는 북한 축구대표팀은 1966년 잉글랜드 월드컵 이후 44년 만에 월드컵 본선 무대에 참가했다. 김정훈 감독은 북한의 최고 스타가 됐다. 그는 대표팀 감독 재임 4년 동안 한국에도 여러 차례 경기하러 와서 남쪽에도 잘 알려져 있다.

우리에게 2010년 남아공 월드컵은 원정 사상 첫 16강의 쾌거를 이룬 대회로 기억된다. 당시 허정무 감독이 이끄는 한국 대표팀은 16강에 진출했지만 우루과이에 2 대 1로 패했다.

북한에게 남아공 월드컵은 악몽 같은 패배의 기억이다. 첫 경기에서 북한은 브라질과 만나 접전을 펼쳤지만 2 대 1로 아깝게 패배했다. 그러자 평양이 흥분했다. 브라질과 거의 비등하게 싸울 정도면 두번째 경기인 포르투갈전은 이길 수 있다고 착각했다.

김정은은 포르투갈전을 생중계하라는 지시를 내렸다. 잘만 하면 후계자의 위대한 '영도업적'으로 크게 부각시킬 수 있다고 판단한 듯하다. 하지만 북한은 크리스티아누 호날두를 앞세운 포르투갈에 7 대 0으로 비참하게 완패했다. 허무한 패배의 현장은 북한 안방에 그대로 전달됐다. 얼마나 충격이 컸는지 4·25체육단에 모여 응원하던 북한군 장성들 중에서 총참모부 종합계획국과 축지국의 소장 두 명이 심장마비로 사망할 정도였다.

월드컵이 끝나고 한 달 뒤쯤 한국 언론과 외신들에는 김정훈 감독이 건설장에서 강제노동을 하고 있다는 보도가 나왔다. 하지만 그는 그해 11월 카타르에서 열린 아시아축구연맹(AFC)의 '감독의 밤' 행사에 참가했다. 강제노동설은 지금도 북한 보도의 대표적 오보 사례로 조롱받고 있다.

그러나 영원한 비밀은 없는 법이다. 당시 김 감독이 귀국 후 강제노동을 했던 것은 사실이다. 그것도 그냥 건설장이 아니었다. 비행장에 내리는 즉시 체포돼 평안남도 회창군에 있는 북한군 노동교화연대에 끌려갔다. 김 감독의 원 소속팀인 4·25체육단은 군 소속이라, 형기를 받은 군인 죄수들이 수감돼 강제노동을 하는 곳에 간 것이다. 김정은의 지시는 아니었다. 그가 언제 분통을 터뜨릴지 몰라 수하의 아첨꾼들이 미리 손을 쓴 것이다. 당시 선수들은 다행히 1주일 동안 사상투쟁회의를 하는 데 그쳤다.

그런데 김 감독이 강제노동을 한다는 뉴스가 나오자 8월 국제축구연맹(FIFA)은 북한에 해명을 요구했다. AFC도 11월 감독의 밤 행사에 그를 참가시킬 것을 지시했다. 문제가 커진 것이다. 북한은 부랴부랴 김 감독을 석방해 평양 낙랑구역 보위사령부 초대소에 데려다 빡빡 깎았던 머리를 기르게 하고, 몸 보양도 시키며 두 달 가까이 부산을 떤 끝에 11월 아무 일도 없었던 것처럼 그를 AFC 행사에 출석시켰다.

해외에 나와 있던 북한 관계자들은 김 감독의 숙청설이 나오자 그가

　　　　　　　　　　　　　　　남과 북, 좌와 우의 경계에서

원 소속팀인 4·25체육단 축구감독으로 돌아갔다고 해명했다. 역시 사실이 아니었다. 석방된 김 감독은 4·25체육단의 2군 격인 소백수축구팀 감독으로 강등됐다.

이렇게라도 살아나는 듯했던 김 감독은 몇 달 뒤 아내와 딸까지 포함해 온 가족이 사라졌다. 그리고 지금까지 누구도 그의 생사를 아는 사람이 없다. 그가 왜 사라졌는지에 대해선 북한에서도 아는 사람이 거의 없었다.

북한 소식통에 따르면 김 감독이 사라진 이유는 만수대예술단 무용수 출신인 아내 때문이었다. 아내는 역시 무용수 출신으로 김정일의 부인이자 김정은의 모친인 고용희와도 친분이 있었다. 축구 영웅으로 존경받던 남편이 월드컵 이후 하루아침에 죄수가 되자 아내는 여기저기 뛰어다니며 구명운동을 시작했다. 지푸라기라도 잡고 싶은 심정이었을 것이다. 그는 여러 간부들을 만나 고용희와의 친분까지 입에 올렸다.

지금도 그러하지만, 당시 김정은은 모친의 출생지에 특히 민감하던 때였다. 백두혈통임을 과시하기 위해 외모마저 할아버지 김일성과 닮게 만드느라 노력했는데 모친이 '후지산 줄기'라는 것이 드러나면 큰일이었다. 생모를 언급하는 사람은 용서할 수 없었다.

김 감독과 가족은 어디로 끌려갔을까. 지방에 추방해도 소문이 퍼질 위험은 남아 있다. 그러니 처형은 면했다 해도 완전통제구역인 정치범수용소에 보내졌을 가능성이 높다. 그로부터 벌써 10년 가까이 지났다. 살아 있긴 할까. 44년 만에 북한을 월드컵 본선 무대로 이끌었던 김정훈 감독이 숙청된 뒤 북한 축구는 월드컵 아시아 최종 예선에도 오르지 못하고 있다.

2020

'총살, 총살, 총살' 북한식 코로나 방역법

2020. 3. 5.

코로나19와 관련해 북한 소식통들을 통해 입수한 '처형' 사례가 있다. 지금까지 입수한 사례는 세 건이지만 더 있을 수도 있다.

북-중 관문인 평안북도 신의주에서 지난 2월 16일 두 명이 총살됐다. 한 명은 압록강 철교 아래쪽 강성무역회사 전용 부두 담당 보위지도원이었다. 강성무역회사는 무연탄과 광물 밀수출 분야에선 최고 실적을 자랑하는 회사 중 하나로 전용 부두까지 갖고 있다. 이곳 국가보위성 소속 요원은 신의주에서도 끗발이 대단한 자리다. 그러나 코로나19 의심 증세 때문에 허망하게 총살됐다. 14일 그를 진단한 의사는 감염증 환자로 판단했다. 하지만 당시엔 믿을 수 있는 진단 키트가 평양밖에는 없었다. 환자를 평양에 보내야 했다.

그러나 이송에 앞서 취조가 시작됐다. 북한은 1월 22일부터 국경을 폐쇄했는데 23일 뒤인 2월 14일에 증세가 나타난 것이 이상했던 것이다. 취조를 하니 아닌 게 아니라 중국인과 접촉한 위법 행위가 적발됐다. 부두에 배가 많다 보니 밤에 몰래 중국에 가 밀무역을 하는 건 어렵지 않았던 것이다.

김정은은 2월 초 방역 규정 위반자에게 군법을 적용할 것을 지시했다. 보위지도원은 감염자로 찍힌 지 이틀 뒤인 16일 총살됐다. 감염이 의심됐기 때문이 아니라 김정은의 지시를 감히 우습게 봤다는 죄로 본보기 삼아 죽인 것이다.

같은 날 총살된 또다른 사람은 평안북도 보안국(경찰청) 간부였다. 그는 2월 10일경 격리된 친구를 만나러 갔다가 건물 출입을 막고 나선 요원들과 시비가 붙었다. 평소 몸에 밴 갑질 근성이 발로해 '너 따위가 나를 막느냐'며 행패를 부린 것이다. 이 간부는 현장에서 즉시 체포됐다. 당국은 도 보안국 성원들을 모이게 한 뒤 체포된 간부를 끌어내 견장을 뜯고 수갑을 채워 연행했다. 그 역시 김정은의 지시를 우습게 여겼다는 죄로 처형됐다.

방역 규율 위반자로 처형된 첫 사례는 지난달 초 북부 나선시에서 나왔다. 중국에 다녀와 격리됐던 무역일꾼이 몰래 대중목욕탕에 간 사실이 적발돼 곧바로 총살됐다.

운 좋게 총살형을 면한 간부도 있다. 평안북도 보위부 외사처장은 격리가 싫어 1월에 중국에 다녀온 사실을 보고하지 않고 숨겼다. 대좌급 간부인 그는 도 보위부에서 상위 5위 안에 드는 실세다. 그런데 그의 운전기사가 술에 취해 이 사실을 발설했다. 간부는 즉시 체포돼 신의주시 근처 협동농장 농장원으로 쫓겨났다. 그나마 처형을 면했으니 다행인지 모른다.

강성무역회사 보위지도원이 감염자로 의심된다는 보고는 문경덕 평북 도당위원장을 통해 김정은에게 곧바로 전달됐다. 김정은은 평양에서 유능한 의사 100명을 신의주로 파견하는 한편 신의주와 인근 동림군을 봉쇄할 것을 지시했다. 신의주 시당위원장은 통제를 잘 하지 못했다는 이유로 지난달 15일 해임됐다.

북한에서 코로나19 확진자가 발생해 비상이 걸렸다는 보도는 1월부터 나왔다. 그러나 3월 초인 지금까지 북한에 감염자가 속출한다는 정보는 개인적으로 들은 바가 없다. 아무리 북한이 은폐의 달인이라 하더라도 여기저기 확진자가 잇따라 발생하면 완전히 숨기긴 어렵다. 물론 의심되는 사람을 족쳐 위법 행위를 실토 받고 바로 처형하니 진짜 감염자라면 병원을 찾아가 검사받으려 할까 싶긴 하다.

북한은 코로나19 바이러스보다 치사율이 떨어진다고 볼 수 없는 파라티푸스, 장티푸스, 콜레라가 주기적으로 퍼지는 곳이다. 그러나 사람들이 대개 전염병에 무덤덤하다. 특히 감기 정도 걸렸다고 약도 없는 병원에 가는 사람은 거의 없다. 북한에 코로나바이러스가 퍼져봐야 찾아내기도 어렵고, 진단도 어려울뿐더러 사람들이 크게 공포를 느끼지 않는다는 뜻이다. 북한에선 코로나바이러스 정도는 사회적 혼란을 야기하는 두려움의 대상이 될 수가 없다.

김정은은 대북 제재를 풀지 못한 창피함을 코로나 소동으로 두 달간 무마하고 사회 통제도 강화했다. 그러나 이제부터 사람들이 '코로나 환자가 없다면서 왜 아직까지 못살게 구느냐'고 불만을 가질 때다. 2일 김정은이 참관한 포사격과 3일 김여정의 원색적인 대남 담화는 그런 시각에서 봐야 한다. 코로나 통제로 지친 북한 인민들의 시선을 대남, 대미 도발로 돌릴 때가 온 듯싶다.

김정은의 '웅대한 작전' 시나리오   2020. 2. 20.

지난해 2019년 10월 16일 북한 매체들은 일제히 김정은이 백마를 타고 백두산에 올라가는 사진을 공개했다. 노동신문은 "동행한 일군(일꾼)들 모두는 (김정은의) 위대한 사색의 순간들을 목격하며 또다시 세상이 놀라고 우리 혁명이 한 걸음 전진될 웅대한 작전이 펼쳐질 것이라는 확신을 받아 안았다"고 전했다. 한국 언론들은 웅대한 작전이 무엇인지에 주목했지만, 알 수는 없었다.

북한이 언급한 웅대한 작전은 북-미회담 결렬에 따른 차후 전략이다. 노동당 창건일인 10월 10일 김정은이 정치국 상무위원들에게 공개했다는 내용으로, 노동당 과장 이상급 간부를 의미하는 '중앙당 책임일군'에게만 학습 형식으로 공유됐다. 북한에서 최고 극비에 속하는 학습 내용을 지난해 단독으로 입수했다.

앞부분 몇 줄만 옮기면 이렇다.

중앙당 책임일군 학습 요강(기관 내 한함).

경애하는 최고령도자 김정은 동지께서 최근에 적들과의 여러 차례 회담을 진행하시고 10월 10일 조선로동당 중앙위원회 상무위원들에게 말씀하시고 제시하신 차후 당의 정책 로선에 대하여.

"나는 지난해와 올해에 있었던 적들과의 여러 차례 대결을 통해 우리가 얼마든지 승리할 수 있다는 확신을 가지게 되었습니다. 지금까지는 처음 회담 전에 내가 예견했던 그대로라고 말할 수 있습니다. 이제는 내 의도를 실현하는 둘째 단계에 들어섰으며 그 실현은 곧 우리의 승리로 됩니다."

문재인 대통령과 트럼프(Donald Trump) 미국 대통령이 가진 회담은 '적들과의 여러 차례 대결전'이라고 묘사된다. 간부들에게 기대를 주지 않기 위해 적이라고 묘사하긴 했겠지만, 표현대로라면 많은 사람들이 뭉클했던 판문점 도보회담은 김정은에겐 적과의 대결이었을 뿐이다. 부인 리설주와 여동생 김여정도 대결전 승리를 위해 판문점 전투에 투입된 전사였다.

'웅대한 작전'이라는 둘째 단계 시나리오를 요약하면 이렇다. '올해 한반도를 일촉즉발의 상황으로 몰아간다. 그러면 한국 정부는 전쟁을 막는다는 명분하에 국제사회의 승인 없이 개성공업지구와 금강산 관광을 재개할 수밖에 없을 것이다. 대선 일정으로 한반도에 관심을 돌릴 여력이 없는 미국도 상황 악화를 막기 위해 북한을 달래는 데 동의할 것이다. 미국이 끔쩍하지 않는 상황에서 한국을 압박해 달러가 다시 들어오게 만들고 한미 공조에도 틈을 벌린다.' 이것이 김정은의 웅대한 구상이다.

「중앙당 책임일군 학습 요강」은 입수된 지 좀 됐지만, 공개를 적잖게

남과 북, 좌와 우의 경계에서

고민했다. 그만큼 민감한 자료이기 때문이다.

북한에서 학습 자료는 강사가 학습이 끝나는 즉시 기밀문서 취급실에 반환하며 참가자는 필기는 가능하나 이를 외부에 반출해선 안 된다. 그런데 중앙당 고위급을 대상으로 진행된 극비의 학습 내용이 한국 언론에 공개되면 북한 핵심부는 발칵 뒤집힐 수밖에 없다. 또 드라마 시나리오를 쓰고 연출하려는 찰나에 결말을 미리 공개해버리면 분노한 김정은이 정보 유출을 막으려고 온갖 방법을 강구할 가능성이 높다. 앞으로 정보를 얻기가 훨씬 어려워진다는 뜻이다.

그럼에도 이를 공개하기로 결심한 것은 국민의 안전과 결부되는 문제이기 때문이다. 시나리오대로라면 올해 상반기 남북 관계가 악화되면서 연평도 포격, 천안함 폭침, 지뢰 매설 등의 대남 도발이 되풀이될 수 있다. 국민이 '전쟁 나는 것 아니냐'며 두려움에 휩싸이면 한국 정부가 어쩔 수 없이 이를 막겠다고 개성공단 및 관광 재개를 발표하게끔 상황을 끌고 간다. 이렇게 되면 김정은은 대북 제재를 타개한 위대한 지도자가 되게 된다.

그런데 변수들이 생겼다. 한국 정부가 지난해 말 선제적으로 북한 개별 관광을 추진하겠다고 발표했다. 한국 정부가 알아서 관광을 재개한다고 하니 김정은은 좀 당황했을 듯싶다. 요새 북한은 대남 비난도 하지 않고 조용하다.

더 큰 변화는 코로나19다. 향후 몇 달간 한국 관광객이 가지 않아도 북한은 할 말이 없게 된다. 드라마로 치면 예상치 못한 일로 촬영이 중단된 셈이다. 앞으로 코로나19가 움츠러든 뒤 김정은이 어떤 선택을 할지 궁금하다. 계획대로 공포 시리즈를 계속 제작할지, 아니면 결말이 공개된 시나리오를 폐기할지 알 수 없다. 어떻게 되든 놀라지는 않을 것 같다. 지금까지 살면서 북한이 세운 시나리오가 그들의 의도대로 마무리된 적을 거의 본 적이 없기 때문이다.

설 연휴에 김정은의 고모 김경희 전 노동당 비서가 남편 장성택이 처형된 지 6년여 만에 공개 석상에 모습을 드러내 많은 사람들을 놀라게 했다. 김경희가 죽었다고 알고 있던 사람들 중 일부는 장성택도 부활하는 것 아니냐고 묻기도 한다.

결론부터 말하면 장성택이 부활할 일은 없다고 본다.

2013년 12월 13일자 노동신문에 실린 판결문을 보면 장성택에겐 '반당반혁명 종파분자, 만고역적, 대역죄인' 등의 죄명이 들씌워졌다. 이 중 하나만 해당돼도 북에선 살아날 사람이 없다. 판결문은 맨 마지막에 "사형에 처하기로 판결하였다. 판결은 즉시 집행되었다"고 명시하고 있다. 즉, 12월 12일 이전에 장성택을 죽였다고 발표한 것이다. 이제 장성택이 살아 나타나면 김정은은 지금까지 잔악한 지도자로 욕은 욕대로 먹고, 또 세계와 북한 주민의 신뢰까지도 철저히 잃게 된다. 장성택 처형 이후 수많은 그의 심복들이 처형되거나 정치범수용소로 끌려갔다. 김경희도 공식 석상에서 사라졌다.

장성택 처형에서 김경희가 보인 태도에 대해선 그가 남편의 처형을 승낙했다는 주장과 강하게 반대했다는 주장이 엇갈린다. 김경희는 김씨 패밀리의 어른이자 장성택의 아내이다. 이런 그가 어떤 선택을 했을지는 아주 상식적인 문제다.

김경희와 장성택은 1990년대부터 사실상 별거 상태였다. 게다가 하나밖에 없던 자식인 장금송마저 2006년 프랑스 파리에서 자살했다. 그나마 부부의 연을 이어주던 끈이 끊긴 것이다.

20대 중반의 어린 김정은이 권좌에 오르자 중국은 이를 북한을 변화시킬 절호의 기회로 봤다. 2012년 8월 중국은 김정은도 아닌 장성택을 베이징으로 불렀다. 이때 중국 지도자들은 그에게 '개혁 개방으로 간다면 실질적 권력을 잡도록 적극 밀어주겠다'는 언질을 주었다고 한다. 하지만 이 비밀은 북에 전해졌다. 유출자로 지목된 저우융캉(周永康) 중국 공산당 상무위원은 장성택이 처형된 직후 체포돼 국가비밀 누설죄로 무기징역을 선고받았다.

권력은 둘이 나누지 못한다. 만약 어린 조카를 우습게 보고 야심을 키운 장성택이 중국이란 엄청난 힘을 등에 업고 북한을 장악하면 김씨 가문은 과연 살아남을 수 있었을까. 백두혈통을 자처하는 김씨 가문 최고 어른 김경희는 패밀리와 허울뿐인 남편 중 누굴 택할까.

북한은 사실상 김씨 패밀리가 오너인 재벌과 비슷하다. 창업주 김일성, 2대 김정일, 그리고 3대 김정은까지 내려왔다. 한국 재벌 중에 대가 끊기지 않았는데도 재벌의 딸이 남편을 선택해 성이 다른 사위에게 기업이 넘어간 사례는 없다. 패밀리 기업의 특징이 바로 이렇게 핏줄이 최우선 순위라는 점이다.

한국에는 장성택 숙청 이후 장씨 핏줄 3대가 멸문지화를 당했다고

남과 북, 좌와 우의 경계에서

알려졌다. 실제로 장성택 숙청 이후 그의 먼 친척들까지 보위부에 잡혀간 것은 사실이다. 이웃들은 그들이 처형되거나 정치범수용소로 끌려갔다고 생각했다.

그런데 아직까지 한국에 알려지지 않은 반전이 있었다. 장씨 집안은 사라진 지 일주일 만에 다시 평양에 나타났다. 장성택 조카들을 포함해 대다수가 거주지는 물론이고 직업까지 원상 복구됐다. 부관참시를 해도 모자랄 '만고역적, 대역죄인'인 장성택의 두 형은 지금도 '애국열사릉'에 애국자로 대접받으며 묻혀 있다.

물론 장성택의 혈육 중에 함께 권력의 단맛을 봤던 몇 명은 처형된 것도 사실이다. 장씨 집안의 복권은 몇 년 전에 정보를 들었고, 최근 내막을 잘 알 수 있는 소식통에 의해 교차 확인도 했다.

이들을 살려낸 것도 다름 아닌 김경희였다. 장성택의 제거로 힘이 빠진 그의 패밀리까지 멸족할 필요가 없다고 생각한 것이다. 김경희는 장성택과 사이가 나빠지기 전엔 장씨 집안의 어른 역할도 같이하며 시댁 식구들을 엄청 챙겼다. 그래서 아기 때부터 돌봐주며 키웠던 시댁 조카들까지 죽일 만큼 모질진 못했던 것 같다. 물론 김경희가 죽은 뒤에도 장씨 집안이 잘 살아 있을 것이라고 장담하긴 어렵다.

이 시점에 김경희는 왜 다시 등장했을까. 자신이 죽기 전에 김정은을 고모까지 죽인 파렴치범의 이미지에서 벗어나게 해주기 위해서였을까. 아니면 급격히 악화되는 경제 위기 속에서 체제 유지를 위한 공포의 악역을 자처하려는 것일까. 그 해답은 머잖아 자연히 알려지게 될 것이다.

보위성 재신임한 김정은, 공포통치 시작된다

2020. 1. 23.

지난해 12월 말 노동당 전원회의 직전 김정은은 정경택 국가보위상을 불러 보위성에 김정일 동상을 다시 세울 것을 지시했다. 동상 해체를 지시한 지 거의 3년 만이다. 동상 건립 자금도 대줄 형편이 못 돼 보위성은 올 초 모금을 시작했다.

김정일 동상이 보위성에 건립된다는 것은 여러 의미를 내포하고 있다. 사실 김정은 집권 이후 김정일 단독 동상을 구내에 제일 처음 세운 것이 국가보위성이다. 2012년 10월 동상 건립 행사에 김정은도 참석했다.

그런데 2017년 1월 리설주 외가 쪽 친척인 강기섭 민용항공총국장이 보위성에 끌려가 취조를 받던 중 사망하자 김정은이 대노했다. 그는 김원홍을 즉각 해임시켜 조사를 받게 하고 보위성 간부 3명을 처형했다. 그것으로도 화가 풀리지 않아 "국가보위성은 수령님들의 동상을 모실 자격이 없다"며 동상을 즉각 해체하라고 지시했다.

그랬던 김정은이 김원홍을 지난해 총살하고, 후임인 정경택 보위상에게 동상 건립을 다시 지시한 까닭은 명백하다. 한동안 불신했던 보위성에 다시 힘을 실어주겠다는 의미다. 보위성에 대한 재신임은 공포통치를 더욱 강화하겠다는 분명한 메시지다.

김정은은 북-미 관계가 의도대로 풀리지 않자 노동당 전원회의에서 "나라의 형편이 눈에 띄게 좋아지지 못하고 있다"고 자인하면서 "허리띠를 졸라매더라도 기어이 자력부강, 자력번영하여 나라의 존엄을 지키고 제국주의를 타승하겠다"고 말했다. 이는 수많은 사람이 굶어 죽었던 1990년대 중반 '고난의 행군'이 다시 시작될 수 있다는 고백이나 다름없다.

경제가 파탄 나면 민심 이반은 필연적이다. 주민을 통제하려면 외부를 향해 시선을 돌리게 하거나, 내부적으로 공포통치를 해야 한다. 그러나 외부 도발은 쉽지 않다. 미국의 행동이 예측 불허이기 때문이다. 미국이 이란 군부 실세인 가셈 솔레이마니 쿠드스군 총사령관을 제거했듯이 북한의 도발에 상응한 군사적 보복을 가한다면 김정은은 궁지에 몰린다. 주민을 향해 수십 년 동안 "미국이 무서워하는 위대한 장군"이라 세뇌시켰는데, 미국의 공격을 받고도 가만있으면 비웃음의 대상이 되기 때문이다. 그렇다고 미국에 보복하려니 감당할 자신이 없다.

결국 김정은이 확실히 선택할 수 있는 것은 내부에 공포 분위기를 조성해 불안한 민심을 강압적으로 억누르는 방법밖에 없다. 그걸 위해 보위성이 필요한 것이다.

수십 년 동안 지켜본 북한인지라 앞으로 보위성이 무엇을 할지 예상하기 어렵진 않다. 가장 가능성이 높은 시나리오가 조만간 미제 또는 한국에 의한 간첩단을 적발했다는 기자회견을 열고 대대적인 반간첩 투쟁과 내부 처형을 시작하는 것이다. 피바람이 분다는 뜻이다.

보위성은 지금쯤 필요한 순간에 간첩으로 둔갑시킬 희생양을 열심히 고르고 있을 터이다. 손쉬운 수법은 북-중 국경에서 외부와 통화하는 사람 몇 명을 몰래 색출해 점찍어둔 뒤 간첩단으로 둔갑시킬 시나리오를 짜는 것이다. 이런 분위기라면 정부가 구상 중인 대북 개별 관광이 시작됐을 때 한국인 관광객 중에서도 간첩으로 체포되는 사례가 나올 가능성을 진지하게 고려하고 대비해야 한다.

과거 보위성이 간첩을 잡았다고 연 기자회견들을 보면 시나리오가 너무 엉성해 실소가 나오는 사례가 많았다. 대표적으로 2016년 7월 16일 노동신문에 주성하란 이름이 열 번이나 오르내린 일도 있었다.

당시 북한은 북-중 국경에서 납치한 탈북자 고현철 씨를 간첩이라 발표하는 기자회견에서 "주성하 놈은 '동아일보' 기자의 탈을 쓰고 미국과 괴뢰정보원의 막후조종을 받으며 우리 주민들에 대한 유인납치 만행을 감행하고 있다"고 주장했다. 또 나를 "남조선의 '북 인권' 단체들을 배후조종하는 수잰 숄티의 '디펜스포럼'과 연결돼 미국과 남조선의 유인납치 단체들 사이에 자금을 중계해주고 연계를 맺어주는 역할을 하고 있다"고 했다. 숄티(Suzanne Scholte) 대표를 만난 적도, 대화한 적도 없는데 너무 터무니없이 엮으니 어이가 없었다.

보위성은 발표 내용에 등장하는 다른 탈북민들에 대해선 '민족 반역자'라고 지칭하면서 탈북민이라는 사실을 간접적으로 알렸지만, 나에 대해선 그런 수식어를 빼놓았다. 탈북한 사람이 동아일보 기자를 한다는 사실만은 주민에게 숨기고 싶었던 모양이다.

보위성이 앞으로 간첩단 사건을 발표해도 내겐 막을 능력이 없다. 다만 '주성하의 지시를 받는 간첩'을 잡았다는 치졸한 시나리오는 없길 바란다.

남과 북, 좌와 우의 경계에서

2019

처형된 '김정은의 저승사자' 김원홍

김정은 체제의 악명 높은 저승사자였던 74세의 김원홍 전 국가보위상이 2019년 올해 5~6월 사이 처형된 것으로 알려졌다.

그는 김정은 체제가 막 첫걸음을 떼던 2012년 4월 국가보위부장으로 임명돼 2017년 1월 해임될 때까지 장성택 노동당 행정부장을 비롯한 수많은 고위 간부 처형에 앞장섰다. 김원홍이 2003~2010년 사이 북한군 보위사령관(한국 기무사령관과 비슷)으로 있었다는 점까지 감안하면 그의 손에 처형당한 이들이 적지 않을 것이다. 이런 저승사자도 토사구팽의 운명은 피하지 못했다. 어쩌면 예고된 결말이기도 하다. 1973년 국가보위부 창설 이래 이 죽음의 부서 수장들은 모두 자살이나 처형, 의문의 죽음을 당했다.

김원홍의 몰락을 불러온 결정적 계기는 2017년 1월 말 강기섭 민용항공총국 총국장을 죽게 만든 사건으로 알려졌다. 당시 김정은이 노동당 후보위원에 불과한 강기섭의 빈소를 찾아가 눈물을 흘리며 시신을 쓰다듬는 장면이 북한 언론에 소개되기도 했다.

강기섭은 김정은의 처가 쪽 친척인데, 단순한 친척 이상의 역할을 했다. 김정은의 역점 사업이던 순안공항 신축 공사를 완성한 이가 강기섭이었다. 이때 건설 자금을 해결하기 위해 고려항공총국 운송회사가 만들어졌다. 북한에는 택시 영업으로 돈을 버는 다양한 중앙기관 소속 운송회사가 많다. 2017년 당시 고려항공에는 소속 택시의 숫자도 가장 많았고 운행법에서 특혜도 많이 받았다. 이렇게 번 돈으로 강기섭은 공항 신축을 마무리했다. 나아가 김정은의 새 전용기까지 러시아에서 사 왔다. 장성택을 비롯해 북한의 내로라하는 간부들도 성공하지 못했던 일을 해낸 것이다.

강기섭이 잘나가자 김원홍은 뒷조사를 시작했다. 비리가 많으니 직접 조사하겠다고 김정은의 승낙도 받았다. 그런데 조사 과정에서 받은 혹독한 고문에 강기섭이 그만 쓰러졌고, 이송된 병원에서 의식도 차리지 못한 채 죽었다. 강기섭이 입을 열지 않고 죽다 보니 김원홍은 무고한 사람을 죽인 셈이 됐다. 김정은은 격노했다. 김원홍은 그때까지 칼잡이로서 결단력을 인정받았다. 하지만 김정은의 신임만 믿고 사람들을 무작정 잡아다 심한 고문을 일삼다 보니 원성이 자자했다. 사실 깨끗한 간부도 없거니와 보위부 조사실에서 거꾸로 매달려 전기고문을 받다 보면 안 한 짓도 했다고 할 수밖에 없다.

분노에 찬 김정은은 용도 폐기 결정을 내렸고, 김원홍을 곧바로 해임했다. 보위성엔 집중 검열이 시작됐고, 그 결과 조직부 간부 3명이 처형됐다. 김원홍은 몇 달 조사를 받고 북한군 총정치국 보위사령부 담당 과장으로 좌천됐다가 2년 뒤 처형됐다. 요즘 김정은은 현직에서 바로 죽이지 않는다. 쩍하면 죽인다는 해외 여론을 의식해서다. 그 대신 언론의 주목에서 사라지길 기다렸다 처형한다. 김원홍은 미국에 핵 정보를 넘

남과 북, 좌와 우의 경계에서

긴 혐의를 받다 처형됐다. 터무니없는 죄명이었다.

김원홍의 가족도 동반 몰락했다. '철'이란 외자 이름으로 알려진 김원홍의 아들은 한때 해외에서 김정남 다음으로 돈을 흥청망청 쓰던 인물이었다. 그는 통일전선부 산하의 해외출장소 책임자로 인도네시아, 말레이시아 등에서 근무하며 마약, 위조화폐 밀매 등 온갖 불법을 저질렀다. 현지 경찰에도 여러 차례 체포됐는데, 그때마다 보위성 해외 파견 요원들이 총동원돼 구출해냈다. 뇌물로 꺼내지 못하면 인질극까지 벌여 맞교환하기도 했다. 나중엔 현지 경찰이 '붙들어봐야 또 풀려날 놈'이라며 체포할 생각조차 하지 않을 정도였다.

대다수 북한 고위 간부나 그 자식들과 마찬가지로 김철도 마약중독자였는데, 중독 상태가 심각한 수준이었다. 아버지가 해임돼 조사를 받을 때 김철은 심장발작을 일으켜 죽을 뻔하기도 했다. 아버지가 처형됐으니 마약중독자 아들의 결말도 뻔했다.

나는 이 칼럼을 통해 여러 차례 김원홍에게 비참한 말로의 가능성을 경고했다. 그의 후임 정경택 국가보위상도 결코 다를 수 없다. 정경택은 군 총정치국 조직부장이던 2016년 2월 리영길 북한군 총정치국장을 비판하는 노동당 확대회의에서 김정은에게 "가장 맵짜게 토론을 잘한 똑똑한 사람"이란 칭찬을 받았다. 이후 그는 보위성 당 사업을 지도하는 중앙당 8과 책임지도원으로 영전했다가 보위상까지 출세했다. 부디 정경택이 '나만은 예외일 것'이라고 생각했던 전임자들의 교훈을 잊지 말기를 바란다. 북한 체제에 예외란 없다.

북한 강원도의 포악한 탐관오리들 　2019. 12. 12.

　　북한 뉴스를 다루다 보면 일반 상식으로 예상하기 어려운 기상천외한 일을 경험할 때가 있다. 2005년 8월 북한 신의주 지역 거주민에게서 현지 사업가의 비리 제보를 받은 일이 대표적이다.

　　노동당 원자력지도부 산하 강성무역회사 강 모 사장이 임금을 떼어먹고, 노인들을 구타하고, 첩을 4명이나 두고 있는데도 처벌받지 않고 잘산다는 내용이었다. 제보자는 참다못한 사람들이 중앙당에 신고했지만 강 사장에게 매수된 주요 간부들이 제보를 묵살하고, 신고자의 신원만 노출돼 피해를 본다는 말도 덧붙였다. 그는 한국 언론에 이런 내용이 실리면 북한 고위층도 비리 사실을 알게 될 것이란 기대를 갖고 화교를 통해 내 연락처를 알아내는 수고도 감수했다. 결국 이 내용은 동아일보에 기사화됐고, 강 사장은 처벌을 받았다고 한다.

　　최근 비슷한 일이 또 발생했다. 이번에는 강원도에서 벌어지고 있는 무지막지한 약탈을 고발해달라는 북한 주민의 제보였다. 대북 제재로 자금난에 시달리고 있는 김정은은 올해 "사법기관이 산림자원을 중국에 팔아 돈을 버는 장사꾼들을 단속 통제하라"는 지시를 내렸다. 잣 도라지 더덕 오미자 등과 같은 산지 식물을 국영 무역기관이 관리하면서 수출도 하라는 의미였다.

그런데 제보자에 따르면 강원도 간부들은 김정은의 지시를 앞세워 개인 상인에 대한 약탈 허가라도 받은 듯이 무지막지한 단속을 일삼고, 상인들의 물품을 빼앗아 개인적으로 착복하고 있다. 강원도당 위원회는 "비법(불법)적인 장사 활동을 타격하여 자금난을 극복하라는 것이 당의 방침"이라며 아예 도 검찰소를 행동대장으로 내세웠다.

북한에서 산이 많은 강원도는 잣이 유명하다. 이곳에서 잣을 구입해 중국으로 팔던 개인 상인들이 이번 조치로 특히 많은 피해를 입었다. 함경북도 출신 상인들이 당한 피해액만 수백만 달러에 이르는 것으로 알려졌다. 전 재산을 날리고 파탄 위기에 내몰린 이들도 생겼다. 잣과 누에고치를 비롯해 약 12만 달러어치를 몰수당한 함북 김책 지역의 한 여성은 '빚단련(빚 재촉)'에 시달리다 견디지 못하고 아비산을 먹고 자살한 것으로 알려졌다.

잣 구매 자금은 대개 선불로 치러진다. 양강도 혜산에서는 대금을 주고도 잣을 받지 못하자 앙심을 품은 중국 상인이 살인 청부를 의뢰해 중태에 빠진 남성도 발견됐다. 중국인의 빚 독촉에 북한 상인이 여성과 아이들을 유괴해 중국에 팔아먹는 일도 벌어지고 있다. 이처럼 문제가 잇따르고 피해자들이 억울함을 호소하고 있지만 아무런 조치도 나오고 있지 않다. 북한의 고위 간부들이 결부돼 있어서다.

강원도 잣 몰수 작업은 강원도 검찰소 7처장 한철민이 진두지휘하고 있다. 그는 자신에게 주어진 기회를 십분 활용해 막대한 부를 축적하고 있다. 몰수한 최상품 잣을 몰래 최고가인 6000달러에 팔아치운 뒤 몰수

2019

조서엔 품질이 나쁜 상품이어서 2000달러에 처분했다고 적고 차액을 빼돌리는 식이다. 그는 이 외에도 다른 산림자원과 수산물 등을 당의 방침에 따라 취하는 조치라며 마구잡이로 몰수하거나 불법 행위를 눈감아주며 사욕을 챙기고 있다.

한철민은 또 원산시내 젊은 미모의 여성 상인들을 대상으로 장사를 보호해준다는 명분을 내세워 성관계를 맺거나 협박을 통한 성폭행도 수시로 일삼는다고 한다. 북한에선 돈 많고 여자 많은 권력자들 대부분이 마약을 한다고 봐도 무방하다. 한철민도 예외는 아니어서 늘 차에 필로폰 10g 정도를 싣고 다닐 정도로 마약에 중독돼 있다.

한철민의 뒷배를 봐주는 인물이 있다. 박정남 강원도 도당위원장이다. 그는 6·25전쟁 당시 소년 빨치산으로 활동했던 경력을 인정받아 한국의 도지사 격인 도당위원장까지 올랐다. 3년 전 국가보위성에서 그의 비리를 알고 제거하려 했다. 하지만 김원홍 보위상이 먼저 숙청되면서 그에 대한 처벌 문제는 유야무야됐다. 박정남 역시 필로폰 중독자다.

강원도는 김정은이 자주 방문하는 지역 가운데 하나다. 박정남 같은 탐관오리가 김정은의 뒤를 쫓는 모습을 지켜보는 북한 주민들의 심정은 어떨까. 19세기 말 갑오농민전쟁은 고부군수 조병갑의 약탈을 참지 못한 백성들이 들고일어나면서 시작됐다. 현 상황을 내버려둔다면 김정은의 고향인 원산에서 경자년인 내년에 인민 봉기가 일어날 수도 있다.

최선희 북한 외무성 부상의 비리 2019. 11. 28.

　1997년 북한에서 사기당한 중국인 사업가 50여 명이 시위를 하려 관광객으로 위장하고 평양시내 한복판에 위치한 고려호텔에 들어왔다. 고려호텔에서 노동당 중앙당사 정문은 400m 정도 떨어져 있다. 중앙당 앞에서 억울함을 호소하면 당국이 대책을 세워줄 것이라는 계산이었다.

　이들이 호텔 앞에서 시위를 벌이려 할 때 뒤늦게 상황을 깨달은 북한 관광 가이드 두 명은 필사적으로 이들을 막으려 했다. 하지만 역부족이었다. 마침 지나가던 군용차 한 대가 이 광경을 봤다. 군관 두 명이 내리더니 차에 시동을 걸 때 사용하는 쇠막대기를 들고 고함을 지르며 시위대에 달려들어 마구 때렸다. 중국인들은 혼비백산해 호텔로 도망쳤다.

　다음 날 평양 주재 중국대사관은 '군인들의 폭행에 우리 공민 여러 명이 다쳤다'고 항의했다. 북한은 사과했다. 정작 김정일은 '군관들이 진짜 배짱이 좋다'며 특진시켜주었고, 사건은 조용히 묻혔다.

　22년이 지난 2019년 지금까지 이런 일은 계속되고 있다. 평양시내 여러 호텔에는 떼인 돈을 받겠다고 들어와 버티는 중국 상인들이 적잖다. 몇 년씩 버티다 '너 죽고 나 죽자'는 심정으로 김일성 김정일 동상이 있는 만수대 언덕에 올라가 난동을 부리는 중국인도 있다. 이런 일이 김 정은에게 보고되면 대외적 위신을 하락시켰다는 이유로 채무자는 처벌받을 가능성이 높지만, 중국인도 입국이 금지돼 북한에 다시 올 수 없다.

이런 분쟁 처리는 중앙당 해외사업부가 담당한다. 북한 간부들은 이런 일을 처리하는 대가로 뒷돈을 받는다. 이는 북한 내에서는 공공연한 비밀이다. 요즘 이런 분쟁 중재에서 중국인들의 환영을 받는 여인이 나타났다. 최선희 국무위원 겸 외무성 부상의 조카 최수경이다. 최선희의 오빠가 중앙통계국 국장인데, 그의 딸이다.

최수경은 대중 석탄 수출을 하는 무역기관에서 일했다. 대북 제재로 석탄 수출이 막히자 새로운 돈벌이를 위해 '해결사'로 변신한 셈이다. 그는 평양에서 버티는 중국인들을 만나 사연을 듣고 관련 내용을 최선희에게 전한다. 떼인 돈을 받아주면 총금액의 30~50퍼센트를 수수료로 받는다.

중국인들은 최선희가 실세라는 사실을 잘 알기에 최수경에게 적극 매달린다. 북한 관계자들도 최선희가 개입하면 어떻게 하든 돈을 갚아주려 한다. 최선희가 김정은에게 말하면 회사는 사라지고 자신은 감옥에 갈 가능성이 높기 때문이다. 일이 해결되면 최수경은 수수료를 받고, 상당 금액을 최선희에게 건넨다. 이런 식으로 최선희가 챙긴 돈이 수십만 달러에 달한다고 한다.

북한에서 최선희식 비리가 새삼스러운 일은 아니다. 권력을 가진 간부 거의 대부분이 권력을 이용해 뒷돈을 챙기기에 바쁘다. 다만 대북 제재를 풀어야 할 최선희가 대북 제재로 어려워진 북한 업체들에서 돈을 받는다면 문제가 될 소지가 충분하다. 김정은은 요즘 원산갈마관광단지

조성을 위해 쓸 돈이 없어 고민인데, 최측근은 몰래 달러 벌이에 열심인 모양새다.

최선희는 남쪽 신문에 이런 식으로 자신의 비리 사실이 폭로될 줄은 몰랐을 것이다. 사실 이 얘기를 쓸까 고민을 많이 했다. 그의 전임 한성렬 부상도 뇌물죄로 처형됐었다. 하지만 공개하기로 결정한 데에는 최선희가 최근 보여준 일련의 행동 때문이다. 하노이 회담이 끝난 뒤 외무성은 회담 파탄의 책임을 통일전선부와 문재인 대통령에게 돌리며 그들 때문에 김정은이 망신당한 것처럼 몰아갔다. 그 결과 올해 5월 김영철은 당 책벌을 받고 통전부장 자리에서 밀려났다. 김성혜 실장은 정치범수용소에 끌려갔고, 김혁철 전 북한 국무위원회 대미특별대표와 박철 조선아시아태평양평화위원회 부위원장은 출당·철직돼 가족과 함께 지방에 추방됐다. 외무성의 입김이 커지면서 남북 관계도 파탄 났다. 요즘 외무성도 매우 초조해진 듯한 느낌이다. 시간은 하염없이 가는데 성과가 없다. 김계관 외무성 고문과 최선희는 요즘 미국을 압박하는 성명을 연이어 발표했다.

끝으로 덧붙이고 싶은 말이 있다. 지난 칼럼에서 리영호 전 북한군 총참모장의 실각 내막을 자세히 다룬 뒤 김정은은 북한 장성들의 스마트폰 사용을 금지했다. 정보가 새 나간다는 이유 때문이다. 어쩌다 보니 통전부의 복수를 해주는 듯한 이 칼럼이 나가면 통전부나 외무성 간부들의 스마트폰 사용도 금지될지 모르겠다. 솔직히 말하면 그들이 스마트폰을 쓰는 것과 이 칼럼은 전혀 관련이 없다.

마약에 빠져 파면된
북한군 총참모장

리영호 북한군 총참모장은 김정은 집권 이후 숙청된 첫 인물로 알려져 있다. 2012년 7월 15일 북한은 당 정치국회의를 열고 "리영호를 신병 관계로 정치국 상무위원, 정치국 위원, 당 중앙군사위 부위원장을 비롯한 모든 직무에서 해임하기로 결정했다"고 발표했다.

놀라운 소식이었다. 리영호는 김정은의 군사 과외선생이자 고문이었다. 그는 김정은이 군권을 장악하는 데 결정적 역할을 했다. 이 공로로 북한군 차수로 승진했고 실세 중의 실세가 됐다. 김정일 장례식 때 그는 김정은과 나란히 서서 운구차를 호위했다. 국가장의위원회 명단에서 김정은 김영남 최영림 다음으로 이름을 올렸다. 명목상 국가수반인 김영남과 허수아비 총리인 최영림을 빼면 사실상 리영호가 김정은 다음의 실세임을 보여준 셈이었다.

그의 갑작스러운 몰락에 수많은 억측이 쏟아졌지만 당시에는 정확한 이유와 생사 여부가 알려지지 않았다. 나는 지난 7년 동안 여러 소식통을 통해 리영호의 숙청 이유를 취재했다. 그 결과 리영호가 북한에서 '얼음'이라 불리는 필로폰 복용 및 제조, 판매에 가담한 사실이 발각돼 몰락하게 됐다는 사실을 알게 됐다.

그의 2년 1남 자식 중 둘째 딸이 화근이었다. 리영호는 강원도 근무 시절 눈여겨본 부하를 둘째 사위로 삼은 뒤 친아들 이상으로 챙겼다. 리영호 숙청 직전 친아들은 대대 정치지도원(대위)에 불과했지만 둘째 사위는 대좌(대령) 계급을 달고 많은 뇌물을 챙길 수 있는 핵심 보직을 꿰찼다. 또 평양 외곽을 방어하는 91훈련소(군단급) 부사령관으로 승진할 참이었다. 실세 장인을 등에 업은 사위는 상관인 군단장의 지시도 무시할 정도로 안하무인이었다.

리영호의 둘째 딸은 허리가 늘 아팠는데, 그의 집에 어느 날 '유명 한의사'가 나타났다. 의료 시스템이 붕괴된 북한에는 지방을 떠돌며 환자를 치료하는 한의사가 많다. 이들 중에는 간부나 부유한 가정의 여인들을 노리는 사기꾼들도 있다. 둘째 딸에게 접근한 한의사는 만병통치약이라고 속이고 필로폰을 이용해 치료를 시작했다. 통증을 잊게 된 둘째 딸은 그를 평양의 친정에 소개한다. 이후 리영호와 가족들은 물론 책임운전사까지 그에게 빠진다. 이들은 그가 필로폰을 사용한다는 사실을 뒤늦게 알았지만 마약에서 헤어나지 못했다.

얼마 뒤 리영호는 총참모부 산하에 '화학무기연구소'를 만들었다. 필로폰을 제조해 팔겠다는 의도였다. 떠돌이 한의사는 총참모부 산하 화학무기연구소 소장이라는 고위 군관으로 신분이 수직 상승했다.

당시 북한에서는 벼락출세로 안하무인이 된 리영호를 못마땅하게 여기던 '뿌리 굵은 가문 출신'들이 적지 않았다. 장성택 노동당 행정부장, 최룡해 군 총정치국장, 노동당 조직지도부 등이 대표적이었다. 특히 리영호는 민간 출신인 최룡해가 자신을 견제하는 자리인 총정치국장이

된 데 불만이 컸다. 이에 최룡해는 보위사령부에 리영호의 일거수일투족을 감시하도록 지시했다. 이 과정에서 그의 책임운전사가 연구소에서 만든 필로폰을 판매업자에게 넘기다 현장에서 체포됐다.

장성택과 최룡해 등은 리영호를 '현대판 김창봉'으로 몰았다. 김창봉은 항일 빨치산 출신으로 김일성의 큰 신임을 받고 민족보위상(국방장관)까지 오른 인물로, 1968년 1월 21일에 발생한 청와대 습격사건, 하루 뒤인 22일 벌어진 미국 정보수집함 푸에블로호 나포사건 등을 주도했다. 하지만 자신의 위세를 믿고 권력을 남용하다 1969년 숙청됐다.

리영호는 해임 전 고급당학교에 적을 두고 몇 달 동안 조사를 받은 뒤 지방으로 쫓겨났다. 그의 아내가 남편의 죄를 속죄한다며 조사 기간 평양 창전거리살림집 건설 현장에 자원해 일하기도 했지만 소용이 없었다. 둘째 딸은 남편과 강제 이혼을 해야만 했다. 둘째 사위는 고위급 전용 병원인 남산병원에서 마약 치료를 받고 제대한 뒤 황해남도 용연군 인민군농장 관리부위원장으로 좌천됐다.

리영호는 일부 언론 보도처럼 처형되지는 않았다. 3, 4년간의 혁명화 과정을 거친 뒤 총참모부 작전처로 복귀했다는 얘기도 있다. 하지만 그의 파면을 주도한 최룡해가 국무위원회 제1부위원장 겸 최고인민회의 상임위원장이라는, 형식적이지만 2인자 자리를 지키고 있어 복권은 쉽지 않을 것으로 보인다. 어쩌면 올해 77세인 리용호는 김정은의 신임을 다시 받아 지금 무대 뒤에서 군사고문으로 활약하고 있을지도 모른다.

남과 북, 좌와 우의 경계에서

스토킹은 하지 맙시다   2019. 10. 31.

성공적인 연애를 하려면 크게 두 가지 단계를 거쳐야 한다고 들었다.

우선 내가 괜찮은 사람이라는 이미지를 상대에게 줘 호감을 사야 한다. 교제에 성공하면 그다음은 신뢰를 쌓아야 한다. 믿고 의지할 만한 사람이라는 믿음을 상대에게 줘야 한다는 뜻이다. 호감을 얻는 데 성공하고도 신뢰를 쌓지 못해 깨진 커플들을 자주 본다. 대개는 이 단계에서 다른 인연을 찾는다. 하지만 미련을 버리지 못해 집착하는 경우도 왕왕 있다. 이 경우 상대방을 쫓아다니는 스토킹 단계에 이르고, 이는 대개 결말이 좋지 않다.

최근의 남북 관계가 이런 식으로 흘러가는 것처럼 보여 아섭다. 문재인 대통령은 지난해 판문점 회담과 평양 방문을 통해 김정은의 호감을 얻는 데는 성공한 것처럼 보였다. 백두산에서 두 사람이 함께 손을 번쩍 쳐들며 지은 표정들에선 진심도 느껴졌다. 하지만 이후 단계에서 양쪽은 크게 틀어진 듯하다.

문 대통령이 김정은에게 무엇을 약속했는지 알려지지 않았다. 하지만 나는 많은 약속들이 오갔을 것으로 확신한다. 판문점 도보다리에서,

그리고 평양에서 두 사람이 비공개로 보낸 많은 시간과 당시 김정은의 얼굴에 드러났던 밝은 표정에서 그것을 느낄 수 있었다. 그런데 최근의 상황들을 보면 그 약속이 실행으로 이어지고 신뢰 단계로 나아가지는 못한 것 같다.

김정은이 올해 신년사에서 "아무런 전제 조건이나 대가 없이 개성공업지구와 금강산 관광을 재개할 용의가 있다"고 말할 때까지만 해도 믿는 구석이 있었을 것이다. 문 대통령 역시 신년 기자회견에서 이 제안에 크게 환영하며 "이로써 개성공단과 금강산 관광의 재개를 위해 북한과의 사이에 풀어야 할 과제는 해결된 셈"이라고 말했다. 하지만 이런 말들만 오갔을 뿐 행동으로 이어지지 않았다. 정부는 국제사회의 동의가 없어 할 수 있는 일이 없다는 입장만 거듭했다.

김정은이 지난주 "보기만 해도 기분이 나빠지는 너절한 남측 시설들을 싹 들어내라"고 지시하자 화들짝 놀란 우리 정부는 바빠지기 시작했다. 북한에 일단 만나서 얘기하자며 "북한의 관광산업 육성 정책 등도 충분히 고려하면서 금강산 관광 문제에 대한 창의적 해법을 마련하겠다"고 했다. 북한은 이마저 거절하며 불편한 심기를 감추지 않고 있다.

올해 초 김정은이 제안했을 때 처음부터 이런 식으로 움직였더라면 지금의 상황은 달라졌을 가능성이 크다. 신년사를 통해 북한 주민과 전 세계에 "금강산 관광을 재개할 용의가 있다"고 했지만 상대가 아무것도 하지 않자 김정은은 지금 무안을 당했다고 생각하고 있을 것이다. 김정은의 눈에 1년 넘게 미국만 쳐다보며 남북 관계 진전에 손을 놓고 있는 남쪽은 '미국의 마마보이'처럼 보였을 것이다. 그래서 그는 올봄부터 문 대통령과 더는 교제하려 하지 않았고 지금까지도 마음을 바꾸지 않고

남과 북, 좌와 우의 경계에서

있다.

연애를 잘하려면 눈치도 있어야 한다. 상대의 마음이 떠날 조짐이 보이면 대책을 세워야 한다. 하지만 문 대통령은 북한이 떠나려 하자 '남북 평화경제' '비무장지대(DMZ) 국제평화지대화' '올림픽 공동 개최' 같은 뜬금없는 메시지만 남발했다.

상대가 나를 마마보이로 생각하고 멀리하려 할 때 이를 불식시키기 위한 노력이 제일 시급하다. 그렇게 신뢰를 회복해야만 한다. 문제 해결을 위한 노력은 외면한 채 '결혼해주면 신혼집은 어디에 잡고, 애는 몇 명을 낳고, 결혼 10주년엔 하와이로 가족 여행 가자'는 식으로 희망사항만 쏟아낸다면 상대의 상처는 깊어질 뿐이다. 현실에선 이쯤 되면 스토커로 간주돼 상대의 마음이 완전히 닫힐 수도 있다. 이런 스토킹은 당장 멈춰야 한다. 희망사항만 남발하며 북한에 매달릴 시간에 미국을 찾아가 설득하는 시늉이라도 하는 게 더 현실적이고 효과적일 수 있다.

대통령이 이제라도 북한의 심중을 제대로 읽어낼 수 있는 전문가를 찾아내고 조언을 받는 일도 시급해 보인다. 문 대통령에게 누가 대북 정책을 조언하는지 아는 사람이 하나도 없다. 작년 청와대가 대통령이 여름휴가 동안 평양 번화가를 찍은 사진집을 읽었다고 홍보할 때 크게 실망한 기억이 아직도 생생하다. 읽은 사람이나 추천한 사람이나 대북 인식이 사진집 수준에 머물러 있다면 큰일이다. 아직 임기가 반이나 남았다. 문제 해결을 위해 도전할 시간은 아직 충분하다.

평양의 냉대에 담긴 메시지 | 2019. 10. 17.

　남북 관계를 오랫동안 지켜보며 별일을 다 봤지만, 한국 축구대표팀이 북한에 들어가 연락 두절된 이번 사건은 정말 황당했다. 21세기엔 달나라에 간다 해도 연락이 두절되는 일은 없을 텐데, 서울에서 불과 몇 시간 떨어진 평양에서 스타들로 구성된 국가대표팀 실종 사건이 벌어졌고, 우린 속수무책이었다.

　언론들은 '북한 당국'이 냉대를 했다고 보도하고 있지만, 난 동의하지 않는다. 당국이 아니라 정확하게 김정은이 지시한 일이라고 보기 때문이다. 북한에서 김정은의 허락 없이 무관중 경기를 진행하고 한국 대표팀의 통신을 차단하며 생중계 불허, 기자단과 응원단 입국 금지 지시를 내릴 수 있는 사람이 있을까. 당연히 없다. 그랬다가는 본인은 물론이고 가족까지 살아남기 어려운 사회가 북한이라는 것쯤은 당연한 상식이다.

　그렇다면 김정은은 왜 굳이 이런 속 좁은 행동을 한 것일까. 북한 축구의 객관적 전력이 열세인 상황에서 인민들에게 패하는 모습을 보여 주기 싫다는 의도도 있었을 것이다. 더구나 북한은 13일 전국적으로 체

남과 북, 좌와 우의 경계에서

육절 70주년 행사를 열고 김씨 일가의 영도로 북한 체육이 세계 강국으로 우뚝 섰다고 대대적으로 선전했다. 그런데 불과 이틀 뒤 대표적인 스포츠 종목인 축구에서, 그것도 김일성의 이름이 붙은 경기장에서 남쪽에 패한다면 큰 망신일 수밖에 없다.

그러나 무관중 경기는 북한 내부 사정으로 설명할 수 있다 해도, 한국의 생중계와 취재진 입국까지 봉쇄한 이유는 뭘까. 나는 김정은이 이번에 일부러 찬바람을 쌩쌩 일으켜 한국 사회, 더 구체적으론 문재인 대통령에게 메시지를 보내려 했다고 생각한다. 이를 한마디로 요약하면 '꿈 깨'쯤 되겠다.

최근 몇 달간의 북한 언론을 분석해보면 김정은의 불만이 뭔지는 쉽게 짐작할 수 있다. 자기와 한마디 상의도 없이 문 대통령이 일방적으로 북한을 계속 활용하고 있는 데 화가 난 것이다. 떡 줄 생각도 없고, 그럴 상황도 아닌데 문 대통령은 북한과 함께해야 할 거창한 꿈을 매달 빠짐없이 발표하고 있다.

몇 가지 사례만 들어보자. 문 대통령은 8월 15일 광복절 경축사에서 한일 경제전쟁을 극복할 카드로 '남북 평화경제'를 꺼내들었다. 이튿날 북한은 "삶은 소대가리도 앙천대소할 노릇이다"라며 조롱했다.

그럼에도 문 대통령은 지난달 24일 유엔 연설에서 '비무장지대 국제평화지대화' 구상을 제안했다. DMZ를 남북이 공동으로 유네스코 세계유산으로 등재하고, 판문점과 개성을 잇는 지역을 평화협력지구로 지정해 DMZ 지뢰 제거를 하겠다는 것이다. 이달 초엔 남북 올림픽 공동개최를 추진하겠다고도 했다. 이에 북한의 대외용 인터넷 매체인 '우리민족끼리'는 8일 "세치 혓바닥 장난으로 세상을 기만하지 말라"고 맹비난했다.

김정은의 심정은 이해가 된다. 핵을 들고 비장한 각오로 흥정하러 나왔는데, 도널드 트럼프 미국 대통령은 김정은과의 브로맨스만 강조하며 북한에 엄청난 기회가 있다는 식의 두루뭉술한 말밖에 하지 않았다. 북한이 하나하나씩 약속받고 싶은 것들은 따로 있는데, 재선을 의식한 트럼프 대통령은 도무지 진도를 나가려 하지 않고 있다. 대북 제재로 피 마르는 시간을 보내고 있는 김정은으로선 미국을 어떻게 다시 회담장으로 끌어올지 그것만 생각하기에도 골치가 아플 것이다.

이런 답답한 상황인데 김정은이 볼 땐 힘이 없어 운전석에서 밀어내려는 문 대통령까지 북한에 숟가락을 얹고 실현 가능성이 희박한 뜬금없는 제안을 계속 내놓으니 화가 머리끝까지 치밀 법하다.

지금 김정은은 문 대통령을 향해 하고 싶은 말이 정말 많을 것이다. '개성공단, 금강산 관광조차 미국 눈치보느라 못 열면서 누구 맘대로 우리 땅에 국제평화지대를 만들겠다고 하나.' '핵 폐기를 왜 남쪽이 공언하며 평화경제를 운운하나.' '임기는 빠르게 가는데 작년 판문점과 평양에서 속삭였던 달콤한 약속들 가운데 뭘 지켰나.' '내가 11월에 부산에 갈 가능성이 있다고?'

이런 와중에 하필 한국 축구대표팀이 평양에 가게 되면서 무관중 경기가 열리게 된 셈이다. '시어미 역정에 개 옆구리 찬다'는 속담이 있다. 내가 좋아하는 손흥민이 엉뚱하게 옆구리를 차여서 나도 괜스레 화가 난다.

단군 민족과
김일성 민족

　남쪽에 와서 새로 익힌 공휴일 중 하나가 개천절이었다. 북에 있을 때 노동신문을 통해 가끔 남북이 단군릉에서 개천절 공동 기념행사를 열었다는 뉴스를 보기는 했지만 이날이 휴일이라는 생각을 해본 적은 없었다. 노동신문도 직책이 높은 간부들에게나 보급되기 때문에 한국에 온 탈북민 중에는 개천절의 의미를 모르는 사람이 적잖다. 지금도 북한 달력에는 개천절이 따로 표시돼 있지 않다.

　만약 김일성이 100일만 더 살았다면 개천절은 남북이 함께 쉬는 공휴일이 됐을 가능성도 있었다. 김일성이 생전 말년에 단군 복원에 엄청난 관심을 가졌기 때문이다. 1993년 이전까지만 해도 북한 사람들에게 단군은 환웅과 웅녀 사이에 태어난 신화 속 인물일 뿐이었다. 그런데 1993년 10월 노동신문에 평양 중심에서 약 40km 떨어진 평안남도 강동군 문흥리 대박산에서 단군과 그의 부인의 유골이 발견됐다는 내용이 대서특필됐다.

　단군을 실존 인물로 재탄생시킨 것은 전적으로 김일성의 작품이라 할 수 있다. 북한 매체에 따르면 김일성은 1992년 9월 단군 전설을 과학적으로 해명하라는 지시를 내렸다. 이듬해 1월에는 강동에 있는 단군릉이란 묘비가 세워진 무덤을 파보라는, 보다 구체적인 과제를 주었다. 북한 매체들은 이런 상황들을 두고 김일성의 '천리혜안의 예지'였다고 주장한다. 또 파라는 곳을 팠더니 86점의 남녀 유골이 발견됐으며, 뼈를 측정한 결과 5011년(±267년) 전 사람이었는데 시기로 볼 때 단군이 분명하다고 역설했다.

하지만 이 같은 북한의 주장을 나는 전혀 믿지 않는다. 한국 학계에서도 북한의 유골 연도 측정 방법의 과학적 신뢰성이 떨어진다고 보고 있다. 여기에 나는 다른 여러 이유로 북한의 주장이 거짓말일 가능성이 크다고 생각한다. 무엇보다 '수령님이 지시한 곳을 팠는데 아무것도 없습니다'라고 직언할 간 큰 역사학자가 북에는 없다. 게다가 김정일까지 여기에 개입했다고 한다. 그는 당연히 '고령의 수령님 기대를 실망시키지 말라'는 지시를 내렸을 가능성이 커 북측 발표의 신뢰성을 떨어뜨린다. 단군을 발굴하지 못했다고 하면 처벌을 면하기 어렵고, 발굴했다고 하면 인생이 바뀔 포상을 받을 판인데 어용학자들이 무슨 짓인들 못했을까.

단군 유골을 발견했다는 보고에 김일성은 무척 흥분한 것으로 전해진다. 북한 매체들에 따르면 김일성은 사망하기 전까지 1년 반 동안 단군릉 복원과 관련해 무려 40여 차례에 걸쳐 지시를 쏟아냈다. 1993년 9월에는 현장에 직접 나가 단군릉 복원 장소를 낙점해주기도 했다. 사망 이틀 전인 1994년 7월 6일에도 김일성은 단군릉 설계 수정안에 직접 사인했다. 그 결과 복원 단군릉은 1994년 10월 11일에 1.8km² 크기의 방대한 면적에 가로 50m, 높이 22m로 준공된다. 북한은 이후 평양이 우리 민족의 발상지라며 민족사적 정통성을 주장하기 시작했다. 나아가 "대동강 유역은 인류 고대 문명의 발상지, 중심지로서 이 지역에서 발전한 '대동강 문화'는 세계 5대 문명의 하나로 당당히 꼽히고 있다"는 황당한 논리까지 만들어냈다.

이처럼 김일성이 말년에 단군 신화에 보인 관심과 이후 북측이 '대동강 문화'까지 주창하고 나선 것을 봐선 김일성이 조금만 더 살아 있었다면 개천절을 북한의 공휴일로 지정했을 가능성이 크다는 해석은 타당성을 갖는다. 하지만 아쉽게도 김정일은 단군에 별로 관심이 없었다. 김정일은 단군릉 복원식이 열린 지 불과 닷새 뒤 "우리 민족의 건국 시조는 단군이지만 사회주의 조선의 시조는 위대한 수령 김일성 동지"라고 말했다.

이때부터 북한의 족보는 '김일성 민족' '태양 민족' '김정일 민족'으로 정리됐으며 1996년 '주체' 연호까지 도입하게 된다. 김정일은 단군보다는 김일성을 활용하는 것이 권력을 유지하는 데 훨씬 더 낫다고 판단한 것이다. 공교롭게도 단군릉 복원 뒤 북한엔 대기근이 닥쳐와 여러 해 동안 수많은 사람들이 굶어 죽었다. 단군의 아버지라는 환웅 신의 진노 때문이라면 지나친 해석일까.

1994개의 무거운 대리석을 쌓아 만든 단군 묘는 일부러 허물지만 않으면 최소 수천 년은 그 자리에 '썰렁하게' 남아 있을 것이다. 먼 훗날 후손들이 김일성이 만든 그 웅장한 피라미드에 어떤 설명을 붙일지 궁금하다.

대북 인도적 지원 시대의 종말 | 2019. 9. 19.

이웃집이 아무리 가난하고 불쌍해 보여도 돕고자 할 때는 방법을 신중하게 선택해야 한다. '자네 사정을 잘 아니 받아' 하며 무턱대고 돈봉투를 내밀었다가 이웃의 자존심에 상처만 줄 수 있기 때문이다.

정부가 최근까지 추진하던 대북 식량 지원이 이런 예에 해당한다. 통일부는 16일 국회에서 "세계식량계획(WFP)을 통한 대북 식량 지원 준비를 잠정 중단한다"고 밝혔다. 사실 '잠정 중단'이란 말도 어불성설이나 마찬가지다. 상대가 받을 생각이 없는데, 주겠다는 쪽에서 일방적으로 잠정 중단이니 영구 중단이니 하는 것은 이치에 맞지 않는다.

나는 정부가 대북 식량 지원 계획을 처음 공개했던 5월부터 이를 반대했다. 북한의 식량난이 과장됐고, 북한이 손도 내밀지 않았고, 억지로 줘봐야 남북 관계 개선의 레버리지(leverage) 효과도 기대할 수 없었기 때문이다. 무엇보다 북한의 자존심을 고려하지 않은 일방적 결정이었다.

문재인 대통령은 5월 데이비드 비즐리(David Beasley) WFP 사무총장을 만나는 등 대북 식량 지원의 필요성을 강조했다. 이 자리에서 비즐리 사무총장은 "북한 주민의 배급량이 심각하게 적어 긴급 인도적 지원이 필요하다"고 말했고, 문 대통령은 적극적인 공감을 표시했다.

하지만 나는 비즐리 사무총장의 말에 전혀 공감할 수가 없었다. 그 대신 이런 질문들을 던져보고 싶었다. '1인당 배급량 300g의 근거는 무엇입니까?' '배급받는 사람이 전체 북한 인구에서 차지하는 비율은 파악됩니까?' '10년 넘게 극심한 식량 위기라는 북한의 쌀값이 떨어지는 이유는……?' '시장 조사도 못 한 이 보고서는 신뢰할 수 있나요?'

아마도 비즐리 사무총장은 이 질문들에 제대로 답하기 어려웠을 것이다. 결과만 본다면 북한의 식량난이 심각할수록 WFP는 더 많은 후원금을 모을 수 있다. 실제로 WFP는 우리 정부로부터 대북 식량지원사업 관리비용 명목으로 1177만 달러(약 140억 원)를 받아냈다. 대북 휴민트가 세계 최고인 우리가 북한의 식량 사정을 파악하긴 어렵지 않다. 하지만 정부는 우리의 정보력 대신 신뢰하기 어려운 WFP의 말을 선택했다. 결과는 창피할 정도로 참담했다. 우리의 식량 지원 제안에 돌아온 것은 북한의 조롱과 욕설이었다.

우리는 이번 사례를 교훈으로 삼아야 한다. 지원하려면 받을 사람의 의사와 감정부터 파악해야 한다. 북한도 공짜 쌀을 받고 싶었을 것이다. 하지만 북측은 굶어 죽어도 자존심이 먼저다. 북한과 친해지려면 그 자존심부터 헤아려야 한다.

나는 이번 대북 식량 지원 실패가 20여 년 동안 한국을 지배해왔던 '인도적 대북 지원'의 패러다임에 종말을 찍는 사건이 될 것이라고 본다. 지금까지 남쪽 사람들은 '우리는 잘사니 도와줘야 하고, 가난한 북한은 받아야 한다'고 생각해왔다. 하지만 북한이 못살긴 해도 당연히 지원을 받아야 하는 것은 아니다.

2019

무엇보다 상대가 달라졌다. 젊고 자신감에 찬 김정은은 집권 후 남쪽에 손을 내밀지 않았다. 핵무기와 대륙간탄도미사일을 완성한 자신감으로 세계 최강대국인 미국과 중국을 움직이며 장기적 생존을 위한 새 판 짜기에 몰두하는 중이다. 쌀 5만 톤으론 김정은을 움직이기엔 어림도 없는 상황인 데다 '우리를 거지 취급하느냐'며 화를 낼 가능성이 오히려 더 크다.

남북 관계가 개선되면 좋은 봄이 다시 올 것이란 희망을 안고 있는 수백 개의 대북 지원 단체들도 이제는 생각을 바꿔야 한다. 쌀과 의약품, 생필품 등을 모금해 가면 북한이 환대하던 시절은 이제 옛날이야기로 남을 가능성이 커졌다.

지금 북한 사람들은 북-미 수교를 맺고 세계적 기업들을 유치해 농기계와 비료, 의약품, 생필품을 북에서 직접 생산하는 시대를 꿈꾸고 있다. 그 꿈이 무너지고 다시 '고난의 행군' 시대로 돌아가 온 나라가 굶주림으로 쓰러지지 않는 한 남쪽의 지원 물자를 애타게 기대할 가능성은 크지 않다.

우리의 대북 정책도 북한의 부푼 기대에 편승해야 한다. 제공자와 수혜자로 나뉘는 일방적인 지원의 시대를 벗어나 이제부터는 상생과 공동 번영을 말해야 한다. 핵을 폐기하면 어떻게 남북이 함께 경제 발전을 이룰 수 있을지를 같이 말하고, 응원하고, 한발 더 나아가 체감할 수 있게 보여줘야 한다. 지금은 안갯속에 가려진 미래이지만 그것이야말로 지금 북한이 남쪽에서 가장 받고 싶어하는 지원이라고 생각한다.

남과 북, 좌와 우의 경계에서

'그럼 남쪽에선 뭘 줄 겁니까?'   2019. 9. 5.

지난 8월 말 강원 철원군 비무장지대 내 화살머리고지를 찾았다. 지난해 9·19 남북군사합의에 따라 올해 4월부터 6·25전쟁 전사자 남북 공동유해발굴 작업이 한창이었다.

DMZ 통문 앞에서 국군의 방탄모와 방탄조끼를 받아 입었다. 플라스틱 재질의 방탄모가 북한군 철갑모보다 훨씬 무거워 놀랐다. 땡볕과 혹한 속에 무거운 방탄모와 방탄조끼, 총과 탄약 등을 장착하고 전방을 지키는 군인들의 노고가 묵직하게 몸으로 전해졌다.

덩굴식물로 무성하게 덮여 있는 발굴 현장에 도착했을 때 6·25전쟁 당시 국군이 매우 불리한 지형 조건에서 전투를 치렀다는 사실을 확인할 수 있었다. 고지의 남쪽 면은 가파른 데 반해 북쪽 면은 높은 산과 연결된 완만한 경사지였다. 중공군은 미끄럼틀을 타듯 내려왔겠지만 한국군은 고지를 차지하기 위해 미끄럼틀을 거꾸로 올라가며 싸울 수밖에 없는 구조였다.

전쟁 당시 이 고지를 놓고 뺏고 빼앗기는 격전이 네 차례 펼쳐졌다. 그 과정에서 국군 약 250명, 미군과 프랑스군 100여 명, 중공군 3000여 명이 전사했다. 이곳에서 3km 남짓 떨어진 백마고지에서도 국군 3396명, 중공군 1만 4000여 명이 전투 중 사망했다. 현재 상주 인구가 4만 5000명에 불과한 철원 평야를 두고 수많은 생명이 죽고 다친 셈이다.

산중턱을 깎아 만든 폭 12m의 비포장도로를 따라 군사분계선(MDL)이 눈앞에 보이는 지점까지 다가갔다. 지난해 11월 도로 연결 작업 중 남북 군인이 악수를 하는 감격적인 사진이 찍혔던 그 장소였다.

한국은 가파르게 경사진 언덕배기에도 중장비를 동원해 불과 몇 달 만에 넓은 도로를 만들었다. 반면 북한은 지형 여건이 좋은데도 중장비를 거의 동원하지 못하고 삽과 곡괭이로 협소한 도로만 닦았다. 남북의 현격한 경제력 차이가 고스란히 드러난 셈이다.

문재인 대통령은 올해 7월 "화살머리고지의 유해 발굴을 마치면 남북 협의를 통해 DMZ 전역으로 유해 발굴을 확대해 나갈 것"이라고 말했다. 하지만 현장을 둘러보면서 대통령의 바람이 임기 중에는 이뤄지기가 쉽지 않겠다는 생각이 들었다.

우선 '남북공동유해발굴'이란 말이 무색하게, 악수 장면을 연출한 뒤 북한군은 나타나지 않았기 때문이다. 북쪽 도로엔 풀만 무성하게 자라고 있을 뿐 발굴 작업의 징후는 볼 수 없었다. 게다가 북한이 유해 발굴 지역 확대에 응할 뚜렷한 동기도 없다. 1990년대 함경남도 장진호반에서 미군이 유해 발굴 작업을 했을 때 북한 사람들은 왜 미국이 엄청난 비용을 들여가며 뼈를 찾으려 애쓰는지 이해하지 못했다. 지금도 그럴 것이다.

발굴 작업의 이해 당사자이자 북한을 움직일 수 있는 중국도 관심이 없기는 마찬가지다. 전사자 수를 고려할 때 화살머리고지에서 발견될

남과 북, 좌와 우의 경계에서

유해는 국군이나 유엔군보다 중공군의 것일 가능성이 열 배 이상 많다. 하지만 중국은 전쟁이 끝나자 북한에 전사자 합장묘를 만든 뒤 유해 발굴에 노력을 기울인 적이 한 번도 없다.

발굴 사업은 어떤 측면에서 보면 이산가족 상봉과 비슷하다. 우리는 인도주의 측면을 고려해 사업을 추진하지만 북한의 계산은 다르다. 남쪽에 연고를 둔 이산가족은 출신성분이 나쁜 계층으로 분류돼 있다. 남쪽 가족과 만나게 해주고 달러와 값진 물건을 받는 특혜를 굳이 줄 필요를 느끼지 않는다. 다만 북한이 이산가족 상봉에 응하는 것은 식량 지원 등과 같은 대가를 얻을 수 있어서였다.

결국 북한군이 참전하지도 않은 화살머리고지 전투의 전사자 유해 발굴 작업에 북한이 응한 것은 대가를 기대했기 때문이다. 하지만 유해 발굴에 응했는데도 북한은 개성공단 재가동이나 금강산 관광 재개와 같은 기대했던 대가를 받지 못한 상태다. 지금 북한은 남쪽의 단독 유해 발굴을 묵인하는 것만으로도 남쪽에 큰 배려를 베푼다고 생각할 수도 있다. 이런 실상을 무시하고 문 대통령이 DMZ 전역으로 유해 발굴을 확대해 나가겠다고 일방적으로 말하면 북한은 매우 화가 날 수밖에 없다. 북한은 이렇게 묻고 싶을 수도 있다.

'그럼 남쪽에선 뭘 줄 겁니까?'

'새벽잠은 푹 자둡시다'   2019. 8. 22.

미사일과 방사포 시험 발사에 몰두하던 북한이 최근 청와대를 향해 "새벽잠까지 설쳐대며 허우적거리는 꼴" "겁먹은 개"라며 비아냥거릴 때 문득 이런 생각을 해봤다. '새벽잠 설치지 말고 그냥 푹 자도 되지 않을까?'

찾아보니 문재인 대통령은 최근 북한 미사일 도발로 새벽에 국가안전보장회의(NSC)를 주재한 적이 없다. 정의용 청와대 국가안보실장이 참석한 NSC 상임위 회의나 안보관계장관회의만 열렸을 뿐이다.

기자 생활 17년간 북한 문제로 NSC 새벽 회의가 열리는 장면을 수없이 봤지만 그 자리에서 뾰족한 대책을 내놓는 경우는 거의 보지 못했다. 또 북한이 핵미사일 같은 파장이 큰 무기를 쏘는 것이 아니고 지금처럼 며칠마다 비슷한 계열의 미사일이나 방사포만 시험하는 상황이라면 국방부 차원의 대응만으로도 충분하다는 생각이다. 더 나아가 북한이 새벽에 뭔가를 쐈다고 무조건 대통령부터 장관까지 뛰쳐나와 긴급회의를 여는 방식도 바꾸는 것을 고려해볼 만하다. 북한이 새벽마다 미사일을 쏘는 데는 청와대를 조롱하려는 의도도 있어 보이는데, 만약 그

남과 북, 좌와 우의 경계에서

렇다면 무시하는 것이 효과적인 대응일 수 있다.

게다가 북한군 전력은 점점 약해지고 있다. 김정은이 집권 후 오로지 미사일과 조종 방사포 무력이 포함된 '전략군'에만 관심을 집중한 탓이다. 북한은 그동안 미사일과 방사포를 멀리, 정확히 쏘는 데만 초점을 맞췄다. 하지만 국방력은 미사일과 방사포로만 결정되지 않는다. 전쟁은 결국 상대의 땅을 딛는 쪽이 이긴다. 이를 위해선 육해공군이 종합적으로 골고루 발전해야 한다.

북한은 오래전에 육해공군의 전력 증강 노력을 팽개쳤다. 그 대신 미사일을 쏘고 숨어버리는 팔레스타인 무장 조직 '하마스'나 다름없는 전형적인 약자의 군사 전략으로 가고 있다. 30~40년 전만 해도 북한군은 매우 위협적이었다. 남침을 감행할 가능성도 컸다. 지금 북한은 그럴 군사적 능력을 잃었다.

북한 육군의 상황을 보면 알 수 있다. 1980년대까지 육군의 핵심 전력인 기갑은 북한이 더 강했다. 그때까지 한국군은 1952년 양산하기 시작한 미국제 M-48 계열 전차로 무장했다. 반면 북한은 1960년대부터 탱크를 자체 생산했고, 수량도 압도적으로 많았다.

지금은 상황이 바뀌었다. 북한의 탱크는 1972년 생산된 소련의 T-72 계열 전차에서 진화를 멈췄다. 이 탱크는 1990년대에 이미 '강철의 과부 제조기'란 오명을 뒤집어썼다. 걸프전 때 첨단 장비로 무장한 미군에 손쉬운 먹잇감이 되면서 붙여진 별명이다. 반면 현재 한국군의 주력 탱크인 K1A1은 북한군 탱크보다 사거리나 관통력이 두 배 이상 차이 나고 다른 성능도 월등하다.

제공권을 잃는다면 기갑부대는 무용지물이다. 제공권을 결정짓는 북한의 공군력도 이미 한국에 뒤진다. 1980년대 북한은 한국과 동일한 세대의 전투기를 운용했지만 딱 거기까지였다. 북한은 4세대 전투기 초기 모델로 1980년대 초반 생산된 미그-29를 불과 수십 대만 갖고 있다. 공군의 주력은 여전히 2, 3세대 전투기들이다. 반면 한국은 5세대 모델인 F-35 스텔스기를 보유하고 있다. 공중전에서 전투기 한 세대의 차이는 일방적 학살로 이어진다.

해군의 격차는 육군이나 공군보다 훨씬 크다. 북한 잠수함이 남쪽 바다를 휘젓고 다니던 1980년대 한국엔 작전 능력을 가진 잠수함이 없었다. 지금은 전면전이 벌어질 경우 이지스함 등 각종 최신 함정으로 무장한 한국 해군 앞에 북한의 해군은 하루도 버티기 힘들다.

북한이 미사일, 방사포 전력을 기형적으로 키워도 전세를 뒤집을 능력은 안 된다. 이런 무기들은 기습 발사는 가능하지만 제공권을 상실한 상태에선 오래 살아남기 어렵다. 모든 분야에서 열세인 북한은 핵무기 개발에 매달릴 수밖에 없다. 하지만 핵무기를 쓰는 순간 살아남기 어렵다는 것을 김정은도 잘 안다. 따라서 핵무기 하나만 믿고 북한이 남침할 가능성은 거의 없다.

10년쯤 더 지나 신형 무기를 살 돈이 떨어진 북한군과 계속 최신 무기로 업그레이드하는 한국군의 격차가 얼마나 더 벌어져 있을지 가늠조차 되지 않는다. 따라서 핵실험 정도가 아니고 재래식 무기 시험 수준이라면 너무 신경쓰지 말고 잠을 푹 자도 좋다고 생각한다. 김정은에겐 요즘 할 일이 그것밖에 없지만, 우린 다른 할 일이 많다.

남과 북, 좌와 우의 경계에서

불바다가 된 미사일 공장 | 2019. 8. 8.

김정은은 최근 보름 동안 동·서해를 오가며 네 차례나 미사일과 방사포 시험 발사를 주관했다. 그는 2010년 11월 연평도를 포격한 북한군의 방사포탄이 명중률도 한심하고 불발탄도 많자 충격을 받고 담당자들을 닦달했다. 그 결과물이 최근 시험한 신형 조종 방사포일 가능성이 크다. 하지만 북한의 유도 시스템은 미국의 민용 위성위치확인시스템을 사용하는 것으로 알려져 있다. 유사시 미국이 GPS 코드를 바꾸면 포탄 조종은 불가능해질 수도 있다.

돌이켜보면 김정은이 미사일과 방사포 사격에 매달릴 것이란 징후는 올해 초부터 예상됐다. 4월 시정연설에서 "티끌만 한 양보나 타협도 하지 않겠다"고 선언한 김정은은 5월 4일과 9일 잇따라 미사일과 방사포 사격을 참관했다. 그리고 5월 말 강계뜨락또르(트랙터)종합공장 등 자강도 강계 일대 군수공장들을 방문했다.

'26호 공장'으로 불리는 강계뜨락또르종합공장은 북한군이 사용하는 대부분의 포탄과 폭탄, 미사일 탄두, 기뢰, 어뢰 등을 제조하는 군수공장이다. 이번에 시험한 조종 방사포탄도 이곳에서 생산됐을 가능성이 대단히 높다.

이곳은 미사일과 방사포탄 등을 이란, 시리아 등 중동 국가들에 팔면서 외화벌이에도 크게 기여했다. 1949년 2월 강계 남천동에 공장이 생긴 이래 김일성은 30차례, 김정일은 23차례, 김정은은 2차례 방문했다. 북한에서 이 정도로 김씨 일가의 총애를 받은 공장은 찾기 어렵다.

남쪽에는 잘 알려지지 않았지만 이 공장에는 끔찍한 비극의 역사가 있다. 북한이 포사격을 할 때마다 남쪽 사람들은 가깝게는 2010년의 연평도를, 멀리는 1994년의 '서울 불바다' 발언을 떠올린다. 그런데 그 불바다가 현실화된 곳이 서울을 불바다로 만들기 위해 미사일과 포탄을 제작하던 26호 공장이었다. 며칠 전 취재를 위해 통화한 강계 출신 탈북민이 대뜸 "1991년 11월 30일 사고 말이죠?"라고 되물었을 정도로 현지 사람들에겐 기억이 선명한 일이다.

증언들을 종합해보면 그날 밤 잠에 들었던 강계 사람들은 엄청난 폭발음과 유리창이 부서지는 소리에 일제히 눈을 떴다. 폭발은 한 번으로 끝나지 않고 밤새 이어졌다. 미사일과 포탄들이 하늘로 솟구쳤다가 땅으로 떨어졌다. 전쟁이 발발해 폭격을 받는 것으로 착각한 주민들은 옷도 제대로 입지 못한 채 집을 뛰쳐나와 줄행랑을 치기도 했다. 당시 100km 떨어진 곳에서도 벌겋게 물든 강계의 하늘이 보였다.

이날 사고는 수출용 미사일과 포탄, 폭탄 수천 발이 쌓여 있던 26호 공장 야적장에 불이 나면서 시작됐다. 추위에 떨던 경비병들이 피운 불이 포탄 상자에 옮겨 붙은 게 원인이라는 주장도 있지만 공식적인 원인은 알려지지 않고 있다.

26호 공장은 외부 공격을 피하기 위해 산 아래를 깊숙이 파고, 여러

층에 걸쳐 고가의 독일제 기계로 구성된 생산 라인을 갖추고 있었다. 엄청난 양의 화약도 쌓여 있었다. 공장이 시가지와 붙어 있었기 때문에 만약 지하 시설에까지 불이 붙었다면 도시 전체가 큰 피해를 입을 수도 있었다.

화재 진압을 위해 먼저 뛰어들었던 사람들이 폭발로 죽자, 2차로 보안원(경찰)으로 구성된 결사대가 투입됐다. 불바다를 뚫고 들어간 이들은 몸으로 불길을 막아가며 공장 입구를 폐쇄했다. 그 결과 공장을 지켜 북한 군수산업의 핵심이 무너지는 것은 막았다. 하지만 잇따른 폭발로 갱도 내 산소가 타버리고 입구까지 밀폐되자 지하에서 일하던 야간작업조 300여 명 전원이 질식해 죽었다. 나중에 폐쇄했던 문을 열었을 때 여성들을 가운데 두고 남성들이 둘러싼 시신들이 한곳에서 발견됐다고 한다. 군율이 적용되는 곳인지라 죽는 순간까지 질서를 흐뜨리지 않은 것이다.

이날 사고로 외부 사망자도 1000명 넘는다는 말도 나돌지만 북한이 정확한 실상을 밝히지 않고 있어 알 수는 없다. 북한의 역대급 폭발 참사가 아이러니하게도 최대 군수공장에서 일어났고, 군수공업의 도시 강계가 가장 생생한 불바다를 끔찍하게 경험한 도시가 됐다는 사실 앞에서 '불을 즐기는 자 불에 타 죽는다'는 속담을 떠올리지 않을 수 없다. 이는 쏘고 터지는 것만 보면 환하게 웃는 김정은에게 한 번쯤 상기시켜주고 싶은 말이자 기억이기도 하다.

한반도 자력갱생 시대

한반도 최고의 '자력갱생(自力更生) 전문가'는 북한에 있다. 김일성부터 시작해 김정은까지 3대째 자력갱생이라는 말을 60년 가까이 우려먹고 있다. 한 우물을 이만큼 오래 파면 저작권까지 생기는지 위키피디아는 자력갱생을 '북한어'라고 소개한다.

북한에서 자라 김일성대에서 사상 교육을 받은 나는 자력갱생이란 말을 귀가 헐도록 들었고, 절대 다수의 북한 사람들과 마찬가지로 그 단어에 노이로제가 걸릴 정도가 됐다. 그 덕분에 북한식 자력갱생은 어떻게 하는 것인지 잘 알고 있다.

자력갱생은 우선 '우리는 잘못한 게 없다'로 출발한다. 우리는 옳은 일만 하는 좋은 사람들인데 힘센 악당 때문에 어쩔 수 없이 자력갱생을 해야 하는 것이다. 따라서 악당에 대해 적개심을 갖고 인류의 정의라는 대의를 위해 적의 압박에 절대 굴복하지 말아야 한다.

그리고 "내부의 이적행위와 견결히 싸워야 한다." 왜냐하면 우리는 선이기 때문에 정의를 지키려면 악당의 압박에 동조하거나 수령의 지도 사상에 불평하는 불순분자를 걸러내고 준엄하게 심판해야 한다. 이 과정을 통해 우리 편은 일심단결로 뭉치고 정치사상적 순결성을 갖게 된다.

'각자 알아서 살아야 한다'는 어쩌면 북한식 자력갱생의 핵심 본질이다. 자력갱생하라는 지시가 떨어지면 절대로 수령과 국가에 손을 내밀어 '심려'를 끼쳐선 안 된다. 굶어 죽는 것은 지도자나 국가의 잘못이 아니라 본인이 자력갱생을 제대로 못한 탓이다. 수령이 "자력갱생 간고분투(艱苦奮鬪)의 혁명정신"을 가지라고 했는데, 수령의 방침을 제대로 따르지 못했고 혁명정신이 부족해서 죽는 것이다. '고난의 행군' 때 수많은 사람들은 굶어 죽으면서도 국가를 원망할 수 없었다.

올해 북한은 자력갱생이란 단어를 어느 때보다 부쩍 강조한다. 내용은 내가 살던 20년 전 그대로다. 올해 4월 김정은은 노동당 전원회의 연설에서 자력갱생을 25번 외쳤다. "우리의 힘과 기술, 자원에 의거한 자립적 민족경제에 토대해 자력갱생의 기치를 높이 들고 제재로 우리를 굴복시킬 수 있다고 혈안이 돼 오판하는 적대 세력에게 심각한 타격을 줘야 한다"는 게 요지였다. 자력갱생을 해야 하는 원인을 100퍼센트 미국 탓으로 돌렸다.

북한 어용 매체들의 선전전도 빠질 수 없다. 노동신문은 5월 1일자 사설을 통해 "자력갱생은 혁명가와 가짜 혁명가, 애국자와 매국자, 충신과 배신을 가르는 시금석"이라고 강조한 뒤 "남에 대한 의존심과 수입병, 패배주의 같은 사상적 병집을 불사르자"고 주장했다. 자력갱생에 토를 달면 가짜 혁명가, 매국자, 배신자가 되는 셈이다.

이 신문은 또 이달 13일자 논설에서 "자력갱생은 조선혁명의 영원한 생명선이며 국가의 자주적 존엄과 주민의 삶을 지키기 위한 유일무이

한 혁명 방식"이라고 거듭 강조했다. 이어 "현 시기는 정신 대 정신이 대결하는 시대로, 신념을 버리고 환상과 의존심, 패배주의에 사로잡히는 것은 투항이고 변절이며 오늘날 자력이냐 의존이냐 하는 문제는 사느냐 죽느냐를 판가름하는 운명적인 문제"라고 썼다.

생사가 자력갱생에 달렸다는 궤변도 어이가 없지만 논설은 '자력갱생의 시대'를 이끈다는 김정은을 이순신, 서희보다 백배는 더 용기 있고 지혜로운 지도자인 양 침이 마르게 찬양했다. 그러나 60년 가까이 자력갱생을 외쳐왔지만 북한의 경제는 현재 외세(중국)에 철저히 종속된 처지라는 게 엄연한 현실이다.

자력갱생이라는 구호 뒤에는 '간고분투'나 '무조건 이긴다' 같은 정신력 무장 강조가 나오고, 그다음에는 "우리 운명을 개척할 힘은 우리 자신에게 있다"는 주체사상으로 연결된다. 이런 과정을 거치며 북한 경제는 망가져갔다.

자력갱생을 피해서 온 줄 알았는데 요새 남쪽에서 자력갱생, 애국, 매국 등 북에서 배웠던 익숙한 표현들과 이분법적 선동 방식을 보게 되니 흠칫 놀란다. 우리가 일본의 수출 규제를 받는 상황이 된 것도 달갑지 않은데 이에 대한 남쪽 권력의 대응 선전마저 북한을 닮아가나 싶다.

나는 확실히 친일파는 아니다. 일본의 오만한 규제에는 온 국민이 함께 뭉쳐 맞서는 게 옳다고 생각한다. 하지만 진절머리가 나는 북한 전제주의식 선동 방식은 정말 싫다.

최덕신의 민간인 학살과
평양의 환대

지난 주말 1박 2일 일정으로 경남 함양을 다녀왔다. 그곳에서 안내원과 1951년에 일어난 거창·산청·함양 민간인 학살에 대한 이야기를 나누었다.

1951년 2월 8~11일 국군 11사단 9연대 3대대는 지리산 인근 20여 개 산골마을에서 1400여 명을 학살했다. 군인들은 부락들을 돌며 총과 수류탄, 박격포 등을 이용해 닥치는 대로 주민들을 죽였다.

산청, 함양의 사망자 705명 중 600여 명이 어린이와 노인, 부녀자였다. 거창에선 719명 중 15세 미만 어린이만 359명에 달했다. 6·25전쟁 당시 저지른 국군의 가장 끔찍한 범죄 가운데 하나였다. 만행을 주도한 11사단장이 바로 1986년 4월 월북한 최덕신이다.

1400여 명을 학살하고도 11사단 지휘관들은 잘나갔다. 사건의 진상이 알려지자 최덕신은 보직 해임됐지만 곧 복직돼 1군단장과 외무부 장관, 주서독 대사 등을 지냈다. 그는 나중엔 '사람 대하기를 하늘과 같이 하라'를 교리로 내세우는 천도교의 교령 자리에까지 올랐다. 이후 박정희 전 대통령과 정치적 갈등을 겪으면서 1976년 아내 류미영과 함께 미국으로 이민을 갔다가 월북했다. 무기징역을 받은 오익경 9연대장은 1년 뒤 복직해 대령으로 예편했고, 10년형을 선고받은 한동석 3대대장은 1년 뒤 특사로 풀려나 군에 복귀했다가 강릉, 원주시장까지 지냈다.

6·25전쟁 이후 월북한 남한 인사 중에서 최고위급으로 꼽히는 최덕신은 북한에서 김일성훈장 등 각종 훈장을 받으며 애국열사로 추앙받았다. 또 조국평화통일위원회 부위원장과 천도교 청우당 위원장, 조선종교인협의회 회장 등 요직을 두루 맡았다.

북한이 최고의 명작으로 꼽는 영화 〈민족과 운명〉 1~4부에서는 아예 그를 주인공으로 내세웠다. 최덕신 사후 3년 뒤 만들어진 이 영화에서 민간인 학살 장면은 큰 비중을 차지한다. 영화 속에서 최덕신은 학살 장소를 찾아가 "빨갱이를 죽이라고 했지 누가 양민을 죽이라고 했느냐"며 분노하거나, 평양에 가기 전 "단테의 기름 가마면 내 죄가 세척될 수 있을까"라며 번민하는 장면도 나온다.

한국의 거창·산청·함양 민간인 학살에 관한 조사 자료를 보면 최덕신이 민간인 학살에 대해 몰랐을 가능성은 낮다. 다만 만행을 저지른 최덕신마저 김일성이 용서해준다는 설정을 하다 보니 북한은 잔인한 범죄자에 대한 성토 기회마저 포기한 것이다. 피해자 가족의 입장에서 학살 사건의 주범인 최덕신이 북한에 가서 미화되고 애국열사로 추앙받는 것은 어처구니없는 일이었을 것이다.

최근 최덕신의 둘째 아들 최인국 씨가 몰래 월북한 사실이 밝혀졌다. 언론 보도에 따르면 최인국 씨는 6일 평양에 도착했으며, 앞으로 북한에서 영주할 계획이다. 또 어머니 류미영에 이어 노동당의 관변 야당인 천도교 청우당의 위원장을 맡을 것으로 관측된다.

일부 한국 언론은 최인국 씨가 남한에서 아버지 때문에 제대로 된 일자리도 얻지 못한 채 힘겨운 삶을 살아왔다고 소개하고 있다. 하지만 억울하게 죽임을 당한 1400여 명의 민간인과 후손들 입장에서 보면 그의 삶은 업보였을 수 있다. 이제 그는 평양에서 부친과 모친의 뒤를 이어 천도교 청우당 중앙위원장직을 이어받아 좋은 집에서 살게 될 가능성이 크다.

남쪽에서 72년을 살았던 최인국 씨가 북한이 어떤 곳인지를 모르진 않을 것이다. 그러니 부인과 자식들(1남 1녀)은 서울에 두고 갔을 것이다. 가족은 서울에서 자유를 맛보며 살게 하고, 자신은 자식에게 손을 내밀지 않고 평양에서 부모가 남긴 '적금'을 타 먹으며 여생을 보내겠다는 계산이었을 것으로 추정된다. 그의 계산이 들어맞을지는 지켜봐야 안다.

한편 남한으로 망명한 북한 최고위급 인물인 황장엽의 집안이 8촌까지 멸족된 것을 다 아는 북한 사람들에게 북으로 망명한 남쪽 최고위급 인물 최덕신의 아들이 아버지의 월북 이후에도 서울에서 풍채 좋은 모습으로 70년 넘게 살다가 평양으로 옮겨와 돌아다닌다는 사실은 큰 충격이 될 것 같다.

독일 통일의 현장에서 예멘을 떠올리다

2019. 6. 27.

폭염이 기승을 부리던 6월 24일 독일 라이프치히 성 니콜라이 교회 (Nikolaikirche)를 찾았다. 현재 이곳은 동서독 통일의 시발점으로 꼽히는 라이프치히 시위 30주년을 맞아 새 단장이 한창이다. 교회 앞 번들 거리는 돌바닥을 보며 1989년 10월 9일 이곳에서 촛불을 들었던 수십만 명의 시위대를 떠올렸다.

'우리가 인민이다'라는 구호를 외치던 시위대의 요구는 당시까지만 해도 통일이 아니었다. 이들은 1985년 소련에서 시작된 '페레스트로이 카(정치·경제적 개혁)'와 '글라스노스트(개방)'에 동독 정부가 발맞출 것을 촉구했다. 언론의 자유, 슈타지(비밀경찰)의 해체, 해외여행의 자유가 핵심이었다.

시위는 베를린 등 동독 전역으로 확산됐다. 다급해진 동독 지도부는 해외여행 절차 간소화 조치를 발표해 사람들을 달래려 했지만 공산당 대변인의 실수로 국경 개방이라는 오보가 전파를 탔다. 뉴스를 들은 사람들이 몰려들면서 베를린 장벽은 어이없이 무너졌다. 동독을 사실상 지배하던 소련도 통일을 막지 않았다. 독일 통일은 우연과 행운의 연속이었다.

장벽이 무너진 다음해 동독에선 통일을 염두에 둔 '우리는 하나의 인민'이라는 구호가 울려 퍼졌다. '서독 마르크가 오지 않으면 우리가 서독으로 가겠다'는 구호도 나왔다. 통일은 더 나은 삶을 바라는 동독 사람들의 선택이었다.

베를린 장벽 붕괴 30주년을 맞아 이달 중순부터 열흘간 동독과 서독의 주요 도시를 누비며 여러 기관을 방문했다. 많은 사람들을 만났고, 많은 것을 느꼈다.

우선 동독의 도시와 도로가 서독의 도시나 도로보다 깨끗해 보였다. 30년 동안 막대한 서독 자금이 동독으로 흘러든 결과였다. 동독의 소득이 여전히 서독보다 못하다는 뉴스도 볼 수 있었다. 젊은 인력들이 서독으로 빠져나가고, 주요 공업시설 대부분이 서독에 있는 탓이었다.

동독 주민들이 느끼는 소외감은 매우 커 보였다. 여기에는 근거가 있었다. 라이프치히 대학교의 2016년 조사에 따르면 동독인은 독일 전체 인구 중 17퍼센트를 차지했지만 사회 지도층에는 단 1.7퍼센트만 진입했다. 차관급 관료 60명 중 3명, 군 장성 202명 중 2명, 연방법원 판사 336명 중 13명, 대사 154명 중 4명만이 동독 출신이었다. '우리가 인민이다'를 외쳤던 동독 사람들이 지금은 '우리는 같은 인민이 아니라 2등 국민이다'라고 자조할 수밖에 없는 상황에 처해 있었다.

한국에선 통일을 이야기할 때 대개 경제적 부분에 초점이 맞춰지지만 독일에 와서 마음의 통일이 먼저라는 사실을 새삼 깨달았다. 돈이 많고 적음을 떠나 마음이 맞지 않으면 한집에서 살 수 없다. 서독은 돈을 주었지만 마음은 그렇게 하질 않았다. 우리가 통일이 됐을 때 과연 남쪽

2019

사람들은 서독 사람들보다 나은 관용을 보일 수 있을까.

요즘 남쪽에는 독일 통일 과정을 연구하는 사람도, 관련 저서도 많다. 하지만 직접 독일에 와서 북한 출신으로서 지켜본 결과 독일 통일 과정에서 배울 것은 거의 없는 것처럼 느껴졌다. 동독과 북한은 너무 달랐기 때문이다.

동독 사람들은 과거 사회주의 시절을 회상할 때 빠뜨리지 않고 슈타지를 떠올린다. 슈타지가 얼마나 끔찍했는지를 설명하는 사람들 앞에서 나는 미안하게도 다른 생각을 했다. 슈타지는 감시만 열심히 했을 뿐 처형은 하지 않았다. 북한 사람의 눈으로 보면 동독은 천국이었다.

그 외에도 다른 점은 너무나 많다. 세습 왕조인 북한이 수령에 대한 신격화를 포기하고 동독처럼 신앙의 자유를 허용할 수 있을까. 교회를 중심으로 한 기도회가 반정부 시위로 이어져도 무력 진압하지 않을 가능성은 제로에 가깝다. 한국 TV 시청을 당국이 공식 허가하는 것 역시 꿈꾸기 어려운 일이다. 대외적 환경이 다른 것은 거론할 필요도 없다.

독일 통일 30주년을 맞아 한국에선 각종 연구발표회가 열릴 것이다. 지금까지 우리의 독일 통일 연구는 대개 서독 중심의 시각이었다. 나는 독일을 둘러보고 앞으로 예멘을 깊이 연구해야겠다는 생각을 갖게 됐다. 통일 후 사회 통합을 이루지 못해 4년 뒤 내전으로 이어진 예멘이 지금은 오히려 한반도에 더 많은 시사점을 줄 것 같다. 예멘도 내년이면 통일 30주년을 맞는다.

　—라이프치히에서

남과 북, 좌와 우의 경계에서

6월 4일은 북한의 '보천보전투 승리 기념일'이다. 북한은 보천보전투를 "김일성이 현장에서 진두지휘한 첫 조국진공작전이며, 조선의 정신을 깨운 사건"이라고 선전하고 있다.

그런데 최근 김일성이 보천보전투 현장에 있지 않았다고 주장하는 자료가 잇따라 공개되고 있어 눈길을 끈다. 일부는 70년 넘게 역사 속에 묻혀 있던 보천보전투 실제 지휘관의 이름까지 거론하고 있다. 특히 조선족 출신 유순호 작가가 최근 완성한『김일성 평전』(상·중·하)은 보천보전투와 관련해 그동안 중국이 북한을 의식해 공개하지 않았던 동북 항일 운동 관련 비밀 자료들을 담고 있어 주목할 만하다.

평전에 실린 자료는 1958년경 중국이 당시 생존해 있던 동북 항일 열사들의 증언 등을 모아 만든 것이다. 이때 중국은 김일성과 관련이 있는 내용은 모두 비공개로 숨겼다. 김일성 신격화에 공을 들이던 북한과의 관계가 껄끄러워질 수 있다는 판단에 따른 조치였을 것이다. 유 작가는 이런 자료들을 30년 이상의 시간을 들여 수집했고, 책을 완성했다.

평전에는 북한의 주장과 상반된 얘기들이 적잖은데 보천보전투 관련

이야기가 대표적이다. 유 작가는 1937년 6월 4일 발생한 보천보전투의 실제 지휘관은 김일성이 아니라 왕작주(王作舟) 동북항일연군 2군 6사 참모장이라고 주장하고 있다. 2군 6사는 1930년대 후반 김일성이 지휘한 부대였다.

중국인인 왕작주는 김일성 부대 참모장으로서 『삼국지』에 나오는 제갈량 같은 존재였다. 길림군관학교 졸업생인 왕작주는 열정만 앞세울 뿐 병법은 전혀 몰랐던 김일성을 대신해 주요 전투 대부분을 지휘했던 인물로 알려져 있다. 그동안 중국과 북한은 왕작주라는 이름이 알려지지 않도록 적잖은 공을 들였다. 가장 큰 공을 세웠기 때문에 가장 깊숙이 묻힌 셈이다. 북한이 기록한 항일투쟁사 어디에도 김일성 부대 참모장에 대한 기록은 없다.

유 작가에 따르면 1937년 5월 백두산 인근 베개봉 지역에 진출한 최현 부대가 일본군에 포위되자 왕작주는 베개봉과 적의 거점인 혜산의 중간 지점인 보천보를 공격해 포위망을 푼다는 계획을 세웠다. 그는 자신이 지휘하고 있던 6사 소속 7퇀(연대) 4중대(중대장 오중흡) 70여 명, 8퇀 1중대(중대장 무량본·武良本) 30여 명, 기관총소대(소대장 이동학) 10여 명, 여성중대(중대장 박녹금) 10여 명 등 총 130여 명을 거느리고 보천보를 공격했다. 당시 항일연군은 지휘관과 참모장이 각각의 친솔 부대를 거느리고 움직이는 경우가 많았다.

이를 뒷받침하는 자료들도 있다. 보천보전투 때 경찰서 습격을 맡았던 중국인 항일 열사 무량본과 6사 9퇀장 마덕전의 회고담 등이 대표적이다. 이들에 따르면 보천보전투의 현장 지휘는 왕작주가 했고, 김일성은 다른 곳에서 작전을 벌이다가 보천보전투 발생 다음 날인 1937년 6월 5일

압록강 건너편 23도구에서 왕작주 부대와 합세했다.

김일성이 소련에 들어가 1942년에 직접 쓴 『항련 제1로군 약사』에는 보천보전투가 언급돼 있지 않다. 자신이 한 일도 아닌 데다 별로 대단한 전투라고 보지 않았기 때문이다. 북한이 보천보전투에 의미를 두기 시작한 것은 1960년대 후반부터다.

왕작주는 1940년 전사했다. 유 작가와 면담한 왕작주의 외손녀는 "생전 어머니가 '아버지를 죽인 이가 김일성이었다'고 말했다"고 증언했다. 전투 중 중상을 입은 왕작주가 의식을 잃고 체포돼 이송될 때 김일성이 나타나 그가 변절한 것으로 오해하고 총을 쐈다고 한다.

보천보전투는 1937년 6월 5일 동아일보의 특종 보도를 통해 세상에 알려졌다. 일제의 정보 통제가 엄혹했던 시기였지만 습격 상황과 피해 대상 등을 매우 자세하고 정확하게 소개했다. 다만 보천보전투가 김일성 부대의 작전이었다는 점만 밝히고, 누가 전투를 현장 지휘했는지는 다루지 않았다. 당시로선 그런 내용까지 파악하기란 쉽지 않았을 가능성이 크다.

그동안 북한은 보천보전투를 김일성의 최대 업적 가운데 하나로 내세우며 북한 주민들에게 김일성 신격화를 세뇌시켜왔다. 유 작가의 저서가 공개되고, 보천보전투가 김일성 부대의 참모장 왕작주가 지휘한 작전이었다는 사실이 알려지면 북한 사람들에겐 적잖은 충격이 될 것 같다.

'김영철 사단'의 몰락

최근 만난 대북 지원 단체 관계자는 "상당액의 물자가 북으로 가는 중인데 연락이 안 돼 답답하다"고 말했다. 물자가 가면 누가 받으러 나간다는 정도는 알려줘야 하는데 대답이 없다는 것이다. 북한이 남측 민간단체들을 만나자고 중국에 불러놓고는 23일 당일에 "상황이 생겨 실무 협의를 취소한다"고 팩스를 보낸 일도 있다. 원인은 하나다. 북한의 대남 창구인 통일전선부가 하노이 회담 결렬에 화가 난 김정은의 지시로 풍비박산이 난 것이다.

숙청된 인사 중에는 남쪽에도 잘 알려진 김성혜 통전부 통일전선책략실장이 포함돼 있다. 김 실장은 베트남 하노이 북-미 회담에 참가했다가 귀국한 직후 억류돼 취조를 받았고, 얼마 전 정치범수용소로 끌려간 것으로 전해졌다. 하노이 회담 실무자들이 처벌을 받을 수도 있다는 예측이 나올 때 '설마 미국과 마주앉았던 사람들을 숙청하겠느냐'는 반론이 있었지만 예측은 현실이 됐다.

김성혜는 지난해에 부각된 인물이다. 평창 겨울올림픽에 참가하러 내려온 김여정을 지근거리에서 보좌하며 존재감을 드러냈고, 북-미 협상에 깊숙이 개입했다. 김영철 통전부장과 함께 미국에서 트럼프 미 대통령과 만났고 1, 2차 북-미 회담 준비 작업도 주도했다.

김성혜는 북한의 유일한 여성 대남협상가로 과거 남북회담 수석대표도 지냈고, 문재인 대통령의 지난해 9월 방북 때는 김정숙 여사를 수행하기도 했다. 올해 통일부가 발행하는 「북한 주요 인물정보 2019」에 처음 이름을 올렸는데 그게 마지막이 됐다.

반면 함께 북-미 협상에 참가했던 한 살 위의 여성 실세 최선희 외무성 북미국장은 하노이 회담 이후 승승장구하고 있어 비교가 된다. 최선희는 부상(차관급)으로 승진했고 장관들도 하기 어려운 국무위원회 위원에 올랐다. 후보위원을 거치지 않고 노동당 중앙위원회 정위원도 됐다. 하노이 회담 전날 김정은이 멜리아 호텔에서 가진 실무회의의 원탁에는 김성혜와 최선희를 포함해 단 4명만 앉았다. 결과를 보면 최선희의 분석은 높은 평가를 받았고, 김성혜의 분석은 격노를 산 셈이 됐다.

김성혜와 함께 트럼프 대통령을 만났던 박철 조선아시아태평양평화위원회 부위원장은 최근 가족과 함께 지방으로 추방된 것으로 전해진다. "냉면이 목구멍으로 넘어가냐" 발언으로 화제가 됐던 리선권 조국평화통일위원회 위원장과 김혁철 국무위원회 대미특별대표도 공식 석상에서 사라졌는데, 지금 취조를 받고 있을 가능성이 높다.

대미·대남 외교를 총괄해온 김영철도 통전부장에서 해임돼 허울뿐인 노동당 부위원장으로 밀려나 미래를 알 수 없게 됐다. 북-미 협상에 뛰어든 통전부 라인의 '김영철 사단'이 모두 전멸한 셈이다. '대남 업무를 맡은 통전부가 분수에 맞지 않게 외무성의 일인 북-미 회담은 왜 가로챘을까'라는 의문이 있었는데 결국 그 업보를 받았다.

숙청 바람은 통전부에만 불지 않았다. 1993년 유엔 주재 북한대표부 공사로 시작해 유엔 차석대사를 두 번씩이나 지낸 20여 년 경력의 최고 미국 전문가 한성렬 외무성 부상은 총살됐다고 한다. 그를 포함해 소문이 무성했던 외무성 간부 4명의 처형설은 사실인 듯하다. 다만 4명 모두 해외에서 활동한 인물들이지만 외무성 소속이 아닌 사람도 포함된 것으로 알려졌다.

한 부상은 북핵 문제의 주요 고비마다 미국에서 북한의 입으로 활약했던 인물이다. 한창 나이에 미국에 매수된 간첩으로 낙인찍혀 비참하게 생을 마감하게 됐다. 북한 내 유일한 미국 아이비리그 졸업생일지 모를 그의 딸도 수용소에 끌려갔을 가능성이 크다. 한 부상은 유엔에 근무하던 1990년대 말 한국 교민들의 후원을 받아 딸을 컬럼비아 대학교에서 공부시켰다.

최근의 숙청 상황을 전해준 북한 내부 소식통은 과거에도 고위층의 숙청 소식들을 정부 발표보다 훨씬 이전에 정확히 알려주었다. 감옥 간 사람도 하루 만에 꺼내놓을 수 있는 북한인지라 숙청 보도는 부담스럽지만 이 소식통은 신뢰할 만하다.

통전부에 몰아친 피바람은 북한과의 접촉을 학수고대하는 한국 민간단체들에는 악재다. 에이스들이 숙청된 통전부는 최대한 몸을 사릴 것이다. 수십 년을 거슬러 올라가 보면 대남 협상의 전면에 나섰던 통전부 고위급 중 무사히 은퇴한 사람은 거의 없다. 거긴 죽음의 자리다. 이 칼럼을 북에서 읽게 될 통전부 간부들에게 해주고 싶은 얘기가 있다. '나는 아닐 것이라고 제발 착각하지 말라'는 것이다.

김정은의 주머니 사정을 판단하는 잣대

"올해에 군민이 힘을 합쳐 원산갈마해안관광지구 건설을 최단 기간 내에 완공하자."

"그 무엇에 쫓기듯 속도전으로 건설하지 말고 공사 기간을 6개월간 더 연장하여 다음해 태양절까지 완벽하게 내놓자."

앞의 말은 김정은의 2018년 신년사이고, 나중은 그가 올해 4월 6일 원산을 방문했을 때 한 얘기다. 1년 4개월 만에 메시지가 완전히 달라졌다. 실제로 김정은은 2018년 신년사 직후 원산관광지구를 올해 태양절(4월 15일)까지 완공하라고 지시했다. 하지만 지난해 8월 김정은은 완공 시점을 2019년 노동당 창건기념일(10월 10일)로 6개월 연장하라고 번복했다. 그리고 올해 4월에 다시 내년 4월로 6개월 더 연장했다. 두 차례의 연기 결정 모두 김정은이 트럼프 미국 대통령을 만나고 돌아온 지 두 달쯤 지나 이뤄졌다.

김정은의 공사 기간 연장 결정은 몇 가지 요인에서 비롯된 것으로 보인다. 우선 냉혹한 현실에 대한 김정은의 깨달음이다. 지난해 초까지만 해도 김정은은 자기가 직접 정세를 주도하면 2년 내로 대북 제재가 풀리고 북한에 외국인 관광객이 몰려오는 상황이 만들어질 것이라 기대했던 것 같다. 하지만 트럼프 대통령을 만날 때마다 이런 희망은 퇴색됐다. 북-미 정상회담을 통해 김정은은 제재를 푸는 것이 매우 어렵고 현실이 절대 녹록지 않다는 사실을 깨달은 것으로 추정해본다.

자금 부족도 빼놓을 수 없다. 지난해 5월 26일부터 올해 4월 6일까지 김정은은 10개월 남짓한 기간에 네 차례나 공사 현장을 방문했다. 그만큼 원산관광지구 건설에 공을 들이고 있다는 뜻이다. 그런데도 원산관광지구에 들어설 건물들은 애초 완공 시점으로 잡았던 올 4월까지 골조 공사도 마무리하지 못했다. 더 많은 품이 드는 내부 인테리어 공사는 엄두도 못 내고 있다.

북한은 2015년 평양에 2500가구의 미래과학자거리를 완공한 데 이어 2017년엔 4800가구 규모의 여명거리를 1년 만에 완공했다. 하지만 프로젝트 규모가 작은 원산관광지구는 2년 반이나 매달려도 완공을 장담할 수 없는 상황이다.

강력한 대북 제재로 북한의 자금줄이 꽁꽁 묶인 탓도 있겠지만 상황이 이렇게 된 결정적인 이유는 건설 자금이 나오는 주머니가 다르기 때문이다. 평양 여명거리 공사는 김정은이 자기 주머니를 열지 않아도 가능하다. 하지만 원산관광지구는 오로지 김정은의 주머닛돈에 의존해서 건설해야만 한다.

평양의 거리 조성은 김정은이 구획만 지정하면 그다음부터는 '돈주'들의 '돈 놓고 돈 먹기' 판이 벌어진다. 북한에서 돈주는 권력을 가진 고위 간부들이다. 돈주처럼 보이는 사장이나 외화벌이 종사자들이 있지만 대다수가 돈과 권력을 틀어쥔 고위 간부들이 앞에 내세운 '바지사장'에

남과 북, 좌와 우의 경계에서

불과하다. 김정은이 벌여놓은 공사판은 권력자들이 돈을 불릴 좋은 기회가 된다.

최근 대북 제재로 외화가 고갈돼 평양 집값이 하락했지만 지난해까지만 해도 평양에선 아파트를 지어 팔면 투자금의 네다섯 배를 벌 수 있었다. 부지와 건설 인력을 제공해 거리 조성의 최대 주역이 된 김정은도 완공된 주택의 절반 이상을 떼어 과학자, 교수, 예술인 등 정책적으로 챙겨줘야 할 사람들에게 공짜로 나눠주며 생색을 낼 수 있었다. 누이 좋고 매부 좋은 상황이 만들어진 것이다.

반면 원산관광지구에 건설되는 호텔이나 상업시설은 팔 수 없다. 이런 이유로 김정은이 다양한 방법으로 회유해도 돈주들이 투자하지 않는 것이다. 결국 원산관광지구는 김정은의 주머니가 비게 되면 진척되기 어려운 구조다. 게다가 아파트는 기본적인 내부 인테리어만 하면 되지만 호텔과 상업시설은 내부를 호화롭게 꾸며야 해 돈도 많이 든다.

김정은이 공사 기간을 연장한 것은 더 멋있게 짓겠다거나 공사 담당자들을 배려하는 차원이 아니라, 주머니가 비어 자금을 대줄 수 있는 여력이 없어 어쩔 수 없이 선택한 것이라고 볼 수 있다. 지금과 같은 강력한 대북 제재가 유지된다면 원산관광지구가 북한의 계획대로 내년 4월에 완공될지도 알 수 없다. 다만 한 가지는 확실하다. 원산관광지구가 대북 제재로 말라가는 김정은의 주머니 사정을 보여주는 바로미터라는 사실이다.

옥류관 냉면은 권력 순으로 배분된다

2019. 5. 2.

평양에는 냉면집이 제법 많다. 그 중 남쪽 사람들도 다 아는 옥류관부터 청류관, 평양면옥, 평남면옥, 선교각, 평천각, 천지관, 고려호텔, 평양호텔, 룡흥식당 등은 10대 냉면집으로 불리며 맛집으로 통한다. 이 외 인민무력성 본부에 있는 장령식당도 냉면 맛이 상당히 좋지만, 장성에게 할당된 식권이 있어야만 이용할 수 있어 일반인이 맛보긴 어렵다. 평양 사람들은 이 중에서도 옥류관과 청류관, 고려호텔 지하 1층 냉면(1층에도 냉면집이 있다)을 3대 냉면 맛집으로 손꼽는다.

평양냉면의 대명사처럼 여겨지는 옥류관은 지명도에 비해 운영 방식은 잘 알려지지 않았다. 옥류관은 휴일인 월요일을 빼고 여름이나 겨울이나 항상 낮 12시부터 오후 7시까지 하루 1만 그릇만 판다. 그런데 표는 5000개만 발매된다. 표 1개당 무조건 곱빼기 냉면까지 두 그릇이 나오기 때문이다. 옥류관 냉면은 양이 많다. 내가 평양에 있을 땐 '오늘은 무조건 세 그릇을 먹어야지' 하고 맘먹고 쫄쫄 굶고 가도 두 그릇 반 이상을 먹지 못했다.

선주후면(先酒後麵)을 중시하는 북한에선 1인당 25도짜리 평양 술을 한 잔씩 준다. 주문한 냉면 수와 상관없이 무조건 사람 수만큼 술잔을 준다. 식사 후엔 자체 생산한, 맛이 참 괜찮은 바닐라아이스크림을 후식으로 주는데 이것도 1인당 한 컵이다.

5000개 표 중 대략 절반은 옥류관이 자체로 소비한다. 권력기관에서 요구할 때 내줄 몫으로 당비서표, 지배인표, 기사장표, 조리사표 등 권력 순서에 맞춰 적당량이 배분된다. 월급과 배급으로만 살 수 없는 옥류관 종업원 수백 명도 이 표로 먹고산다. 표를 다른 기관에 주고 과일이나 라면 등을 바꿔 종업원들이 나눠 갖는 식이다.

나머지 2500개는 지도기관인 인민봉사총국에 넘겨진다. 총국은 이 표를 '오늘은 평양화력발전소에 100개, 영예군인공장에 50개, 어느 인민반에 30개' 하는 식으로 배분한다. 외화를 받는 식당을 제외하면 평양시내 주요 식당 표는 모두 이런 방식으로 유통된다. 냉면표를 받은 기업의 간부는 다시 적당히 알아서 나눠주거나 팔아먹는다.

다른 냉면집은 오전 6시부터 한정 수량을 현장 판매한다. 그럼 할 일 없는 노인들이 일찍 나와 줄을 서서 산 뒤 암표로 팔아 차액을 챙긴다. 하지만 옥류관은 공급용 표만 있다. 공급용 표는 1인 표가 없이 최소 10명 표부터 시작해 20명 표, 50명 표 등으로 나뉜다. 지방 사람이 옥류관 냉면을 먹으려면 일단 옥류관 앞에 가서 암표상을 찾아야 한다. 암표 한 장은 북한 돈 2만 원, 달러로는 2.5달러 정도 가격에 거래된다. 10명 표를 샀다면 모르는 사람 9명과 함께 팀을 이뤄야만 한다. 만약 먹다 남으면 육수, 면, 고기를 따로따로 담아 집에 가져갈 수 있다. 집에 보관했다 먹으면 대개 면이 풀어져 있어 맛은 크게 떨어진다.

고려호텔이나 평양호텔, 천지관처럼 외화로 운영되는 곳에는 일반 공급표가 없다. 이런 곳은 돈을 내면 아무 때나 먹을 수 있다. 가격은 양에 따라 다르다. 냉면 100g은 4달러, 150g은 5달러, 200g은 6달러를 받는 식이다.

평양 사람들에게 냉면 맛집을 물으면 옥류관이라는 대답이 압도적으로 많다. 하지만 북에서 달러를 좀 만져본 사람들은 부유층만 가는 고려호텔 지하 1층 냉면을 더 많이 꼽는다. 이들은 그 이유에 대해 "일반인 상대 식당보다 달러를 받는 냉면집에서 최고의 냉면 장인들이 일하는 것이 당연하지 않냐"고 말한다.

10년 전 나는 한국의 유명 평양냉면집 순위를 매긴 적이 있다. 돌이켜 생각해보면 매우 오만한 행동이었다. 지금은 어느 냉면이 제일 맛있냐고 질문을 받으면 "냉면 맛을 처음 배운 냉면집이 제일 맛있는 냉면집이다"라고 대답한다.

그런 이유로 나는 늘 서울의 냉면집보다 맛을 배웠던 평양냉면이 제일 그리웠다. 그동안은 그 아쉬움을 달랠 방법도 없었다. 유명 냉면집에서 진짜로 일했던 탈북자가 없었기 때문이다. 그런데 며칠 전 고려호텔 지하 1층 냉면집 조리사 출신이 서울에 냉면집을 냈다고 한다. 양강도 분질감자 전분을 구할 수 없어 100퍼센트 똑같지는 않겠지만 고려호텔 지하 식당의 냉면 레시피가 서울에 왔다는 것만으로도 내겐 축복처럼 여겨진다.

남과 북, 좌와 우의 경계에서

2008년 4월. 평양의 유명 4년제 대학에 입학한 열일곱 살 여대생 영희(가명)는 부푼 희망을 안고 등굣길에 올랐다. 하지만 꿈은 몇 달이 채 되지 않아 깨지기 시작했다. 6월 말부터 평양 대학생들은 9월 9일 공화국 창건 60주년 행사에 동원됐다. 2008년 여름은 악몽이었다. 그늘 한 점 없이 뜨겁게 달아오른 김일성광장에서 4m 길이의 무거운 나무 깃대를 들고 두 달 반 동안 하루 종일 행진 연습만 한 것이다. 일사병으로 쓰러지는 학생들이 속출했고, 영희도 두 번이나 쓰러져 실려갔다. 행사를 마치고 열흘간의 방학 뒤 개강을 했지만 진도를 따라가기가 벅찼다. 교수는 시험 때 창문을 내다봤다. 공부를 못 했으니 마음껏 커닝하라는 뜻이었다.

2009년 초 조류독감이 돌았다. 모든 학교가 두 달 넘게 휴강을 했다. 4월 2학년이 된 영희와 동급생들은 교도대에 나갔다. 교도대는 대학생들이 2학년 때 6개월간 의무적으로 대공포 부대에서 복무하는 것으로, 필수 이수 코스다. 11월에 복무를 마치고 돌아와 한 달 남짓 강의를 듣다 보니 다시 방학이었다.

2010년 1월 방학이었지만 영희는 쉬는 날 없이 대학에 나와 문답식 학습 경연 준비를 했다. 신년사와 당의 정책을 외우는 연례행사다. 2월 개강한 뒤 두 달이 지났을 때쯤 영희는 다시 '아리랑' 공연에 차출됐다. 10월 10일 노동당 창건 65주년 기념공연의 3분 분량을 위해 그해 여름 내내 뜨거운 광장을 뛰어다녀야 했다. 10월부턴 매일 미니스커트를 입고 공연에 투입됐다. 11월 잠깐의 방학 뒤 한 달 남짓한 공부가 시작됐다. 90분짜리 강의가 오전 3개, 오후 3개, 저녁 1개씩 이어졌다. 한 학기 분량이 단 열흘 만에 끝났다. 커닝을 해도 시험 점수가 나쁘면 교수에게 불려갔다. '보고서 써야 하는데 A4 용지가 부족하다'는 말이 나오면 30~50달러의 돈을 내밀어야 했다. 그래야만 낙제를 면할 수 있기 때문이었다.

2011년 2월 개강하고, 두 달 뒤인 4월 말에 농촌 지원을 한 달 나갔다. 5월 말에 돌아오니 이번에는 '수도 10만 주택 건설 총동원령'이 떨어졌다. 평양의 22개 대학 전체가 문을 닫았다. 대학생들은 능라도유원지, 창전거리, 역포구역의 10만 주택 건설장에 동원됐다. 당초 1년 예정이었지만 동원령은 2013년 2월까지 지속됐다. 무려 1년 9개월을 건설 노동자로 일한 셈이다.

살림집 건설에 국가 지원은 일절 없었다. 한 개 학부에 대략 10층짜리 아파트 한 동을 짓도록 과제를 주고 알아서 완공하라는 식이었다. 인력은 대학생들로 충원됐지만 자재를 살 돈이 없었다. 그렇다고 학생들에게 돈을 걷는 일은 '세외 부담'이라며 금지했다. 대학은 꼼수를 썼다. 100달러를 내면 열흘 휴식을 줬다. 지친 학생들이 앞다퉈 돈을 냈다. 심지어 10만 달러를 내면 노동당에 입당까지 시켜주었다.

북한에서 대학생의 노동당 입당은 상상하기 어려운 일이지만, 자재 확보를 위해 당원증을 판 것이다. 권력과 돈을 가진 집안의 자제들은 노동당원이 됐고, 졸업할 때 당원이란 명목으로 군에도 안 가고 제일 좋은 부서에 배치됐다. 부족한 건설 인력은 돈을 주고 군인을 수십 명씩 고용했다. 이런 와중에 2011년 12월 김정일이 사망하자 영희는 겨울 애도행사에 동원됐다.

2013년 3월 영희는 비로소 대학에 돌아왔다. 이미 1년 전에 졸업했어야 했지만 학제에도 없는 5학년이 돼 2학년 교재로 공부를 시작했다. 이후에도 이런저런 명목으로 동원되며 1년을 더 공부하고 6개월 논문 기간을 끝낸 뒤에야 영희는 2014년 12월 졸업할 수 있었다. 6년 반이나 학교를 다녔지만 뭘 배웠는지 알 수가 없었다. 그의 동기들은 스스로를 '저주받은 세대'라고 불렀다.

졸업은 끝이 아니었다. 북한에서 대학 졸업생들은 의무는 아니지만 90퍼센트가 입당을 위해 군대를 간다. 남학생은 일반 병사로 가고 여학생은 기무, 재정 참모 등 군관이 된다. 군 복무 기간은 4~5년이다.

요즘 평양 대졸 여성들의 평균 결혼 연령은 32~33세다. 그럴 수밖에 없다. 영희는 2015년 3월 입대해 4년 만에 입당하고 제대했다. 08학번 영희는 만 28세가 된 2019년 4월에야 사회에 첫발을 내디뎠다. 이제부터 그는 결혼할 남자를 찾아야 한다.

북이 가장 숨기고 싶은 것은 생화학무기

2017년 2월 13일 말레이시아 쿠알라룸푸르 국제공항에서 김정남을 살해한 혐의로 구속 기소된 베트남 여성 도안티흐엉이 다음달 초 석방된다. 말레이시아 법원은 1일 흐엉에게 3년 4개월 형을 선고했는데 그가 이미 2년 넘게 수감 생활을 한 데다 통상적인 감형 절차까지 고려해 다음달 풀려나게 됐다. 흐엉과 함께 김정남 살해에 동참한 인도네시아인 시티 아이샤는 지난달 석방돼 본국으로 돌아갔다. 국제적인 주목을 받았던 김정남 살해 사건은 주범을 밝히지 못한 채 결국 흐지부지 끝날 가능성이 크다. 하지만 이 사건이 북한의 소행임은 누구나 안다.

북한 공작원들은 흐엉과 아이샤의 손에 각기 다른 화학물질을 묻혀 김정남의 얼굴에 바르게 했다. 따로 있으면 독성이 없는 이 물질들은 섞이는 순간 맹독성 독극물 VX로 변한다. 그래서 먼저 화학물질을 바른 아이샤는 멀쩡했지만, 두번째 화학물질을 바른 흐엉은 독극물에 노출될 수밖에 없었다. 흐엉이 곧바로 화장실에서 손을 씻었지만 구토 증세를 보인 이유다. 재빠르게 대처하지 않았다면 흐엉도 현장에서 죽었을 것이다.

남과 북, 좌와 우의 경계에서

북한은 VX처럼 두세 가지 물질이 섞이기 전까지는 독성을 띠지 않는 이원화, 삼원화 형태의 화학무기를 보유하고 있다. 이 독극물들은 북한에서 정치범 등을 대상으로 생체실험을 통해 만들어졌을 가능성이 높다. 하지만 아직도 그 실체는 세상에 알려지지 않고 있다.

북한의 핵실험이 한창이던 몇 년 전 나는 북한 현직 과학자와 이야기를 나누었는데 그는 "생화학무기는 북이 가장 숨기고 싶은 것이자 세계가 가장 모르는 분야"라며 "핵을 내놓아도 생화학무기를 내놓지는 않을 것"이라고 단언했다. 그는 또 "핵무기는 사찰이 가능할지 몰라도 화학무기는 사찰이 불가능하다"고도 했다. 그 이후에도 여러 북한 출신 관련 전문가들을 만나 많은 이야기를 들었지만, 북한 생화학무기의 실체에 접근하지 못했다.

여기에는 여러 가지 이유가 있다. 우선 화학무기의 특수한 제조 과정이 걸림돌이다. 화학무기는 각각 무해한 화학물질을 만든 뒤 특수 제작한 폭탄이나 포탄에 넣어 보관한다. 이것이 폭발해 물질이 섞이는 순간 살상무기가 된다. 따라서 화학무기는 화학 공식을 만드는 개발자만 진실을 파악할 뿐 생산자들은 자신이 화학무기용 물질을 만든다는 사실조차 알기 어렵다. 반면 핵무기는 개발자나 현장 생산자 등이 모두 핵무기를 만든다는 것을 알 수 있다.

북한 화학무기 생산의 중추는 화학산업 연구의 핵심인 과학원 산하 함흥분원으로 추정된다. 함흥분원에는 화학공학연구소, 화학실험기구연구소, 화학재료연구소, 유기화학연구소, 무기화학연구소, 분석화학연구소 등 10개의 직속 연구소가 있는 것으로 알려졌다. 또 함흥분원 옆에는 국방과학원 소속인 화학재료연구소가 있으며, 자강도 강계에도 화학 관련 연구시설이 있다. 이 중 어디에서 화학무기가 설계되고 만들어지는지를 특정하기는 쉽지 않다.

화학무기 연구소와 생산 라인이 같이 있다는 점도 북한 화학무기의 실체를 알기 어렵게 만든다. 특정 물질이 개발되면 필요한 양만 생산하고 해당 생산 라인은 멈춰진다. 만들어진 물질은 화학무기를 운용하는 부대에서 직접 수령해 무기화한다. 미사일 운영 특수부대인 '전략군'처럼 화학무기 운영 전담 부대도 있지만 구체적인 내용은 알려지지 않았다.

생물학무기 개발의 목표는 한국군의 전투력 상실에 있다고 한다. 특히 장염을 일으키는 생물학무기가 이미 여러 종이 생산됐다는 증언도 있다. 탄저균처럼 치명적 균도 연구를 끝낸 상태인 것으로 알려져 있다.

북한은 화학무기를 수출까지 한다. 대표적으로 시리아 정부군이 사용한 화학무기엔 북한의 기술이 사용됐다. 지난해 2월 발행된 유엔의 비공개 보고서에 따르면 북한은 1990년대부터 시리아의 화학무기 생산을 지원했고 기술자들도 파견했다. 미국 국방정보국 한국 담당 연구원이었던 브루스 벡톨(Bruce Bechtol)은 2007년에 사린가스와 VX로 채워진 탄두가 실수로 폭발하면서 북한 및 이란 지원단과 시리아 기술자들이 사망한 사건이 있었다고 증언했다.

북한의 생화학무기는 김정남 암살을 계기로 반짝 조명됐지만 다시 수면 아래로 묻히게 됐다. 어쩌면 김정은 정권이 존재하는 한 영영 베일에 감춰질지도 모른다.

김정은국방종합대학 　　　　　　　　　2019. 3. 20.

　북한에 김정은의 이름이 붙은 대학이 있다는 사실은 지금까지 세상에 알려지지 않았다. 이 대학은 김정은국방종합대학(김정은국방대)으로 국방 과학 인재들을 양성하는 곳이다.

　2016년 6월 13일 이 대학을 방문한 김정은은 "국방종합대학의 기본 임무는 동방의 핵대국을 빛내어 나가는 기둥감을 훌륭히 키워내는 것"이라며 "우리나라에서 제일 실력 있는 대학, 대학 위의 대학, 세계 일류급의 대학으로 만들겠다"고 말했다. 돌아갈 때 김정은은 대학 명칭 앞에 자기 이름을 붙이도록 허락했다.

　북한에는 김일성과 김정일의 이름을 쓰는 대학이 각각 3개, 2개가 있다. 김일성종합대학과 김일성군사종합대학, 김일성정치군사대학은 당·정·군의 중추적 간부들을 양성하는 최고 대학이다. 김정일 시대에는 김정일정치군사대학이 생겼지만, 이는 대학이라기보다는 대남공작원 비밀 훈련소에 가깝다. 김정일 사망 1년 뒤 김정은은 보안간부 양성 대학을 김정일인민보안대학이라고 명명했다.

　김정은의 이름을 딴 대학은 국방대가 처음이다. 겸손을 내세우며 자기 생일도 공휴일로 지정하지 않는 김정은이 자기 이름을 쓰게 허락했다는 것은 국방 과학을 매우 중시하고 있다는 사실을 웅변처럼 보여준다.

20여 년 전 사망한 김일성보다 살아 있는 권력인 김정은의 끗발이 더 센 것은 당연한 일이다. 평양시 용성구역 중이동에 있는 김정은국방대의 대외 명칭은 852군부대이다. 학생들도 군복을 입고 다니며 증명서엔 852군부대 학생으로 돼 있다. 이곳엔 각 지역 수재 학교인 제1고등중학교 최우수 졸업생을 중심으로 최고의 이공계 인재들을 최우선으로 뽑을 권리가 있다. 다른 특혜도 많다. 김정은이 수백 채의 최신식 아파트를 지어 교직원들에게 선물로 주고, 학생들을 졸업 전 노동당에 입당시킨 게 대표적이다. 학생들은 '김일성대는 저리 가라'는 자부심을 갖고 있다. 5년제 과정을 마친 졸업생들은 상위(중위와 대위 사이) 계급을 받고 군에 가거나 국방과학원이나 각 군수공장에 배치된다.

김정은국방대의 제1학부는 로켓공학부이다. 북한 로켓의 아버지로 불리는 김국태를 위시해 최고의 미사일 개발자들이 교수진이다. 국방대는 1963년 6월 13일 문을 열었다. 주요 임무는 미사일 개발이었다. 1960년대 후반 국방대는 강계공업대학으로 이름을 바꾸고, 자강도 강계로 이전했다가 1990년대 다시 평양으로 돌아왔다. 그리고 2016년 김정은국방대가 됐다.

북한 대륙간탄도미사일 개발에는 김정은국방대 인재들이 핵심 역할을 했다. 액체연료 엔진부터 고체연료 엔진 제작 실험에 이르는 모든 과정을 이들이 주도했고, 실험 도중 난관에 부닥칠 때마다 이들은 자체로 해결하거나 러시아 기술을 베껴서 극복해 나갔다. 김정은국방대 바로 옆엔 요즘 언론에 자주 등장하는 산음동 ICBM 조립공장이 있다. 미사일 설계와 조립이 한 세트처럼 맞물려 있다. 김일성대조차도 늘 정전 속에서 살고 있지만, 김정은국방대는 단 10분만 전기가 꺼져도 큰 사고로 여겨지고 비상이 걸린다.

북한이 2012년 12월 인공위성 발사라고 주장하는 '은하3호' 로켓 발사를 성공한 뒤 강일웅 국방대학장이 주석단 아래 1-1번 좌석에 앉기도 했다. 중장(한국군 소장급) 편제인 학장에겐 상상도 못 했던 엄청난 특혜였다.

김정은국방대에는 8개 이상의 학부가 있다. 각 학부에는 전자공학부, 금속공학부, 화학재료공학부 등의 이름이 붙어 있지만 외부에는 숫자만 공개된다. 가령 323조는 3학부 2학년 3반이란 뜻이다.

국방대는 김정은의 이름이 붙기 전까지 3000~4000명의 학생이 공부했다. 하지만 이후 학과가 10개 이상으로 늘었고 학생 수 역시 증가했다는 증언이 있다. 최근 김정은국방대에 4차 산업혁명 시대에 맞춰 드론이나 로봇과 같은 인공지능 관련 무기를 연구하는 학부가 새로 만들어진 것으로 알려진다. 윤리가 안중에 없는 북한이기에 몇 년 뒤 어떤 괴물 무기가 나올지 알 수 없다.

집권 초기 5년 내내 쏘고 터뜨리는 데에만 집착한 김정은의 행보를 보면 국방대에 자기 이름을 붙인 것은 너무 잘 이해가 된다. 그런데 지난해부터 김정은은 "경제 발전보다 더 절박한 일은 없다"고 주장하고 있다. 그 말이 신뢰를 얻자면 머잖아 '김정은경제종합대학' 정도는 나와야 하지 않을까 싶다.

김정은의 무너진 꿈,
받아온 숙제

2019. 3. 6.

　북-미 정상회담을 열흘쯤 앞두었을 때, 북한이 이번 회담을 낙관적으로 보고 있다는 내부 움직임 두 가지가 포착됐다. 첫번째는 2월 중순 대외 무역기관과 회사들에 대한 전면적 조사였다. 처벌하기 위한 조사는 아니었다. 각 회사들의 매출액과 거래 품목, 해외 바이어 등을 파악하는 데 초점이 맞춰져 있었다. 북한 내부 관계자는 "제재 와중에 난립했던 작은 회사들은 정리하고 주요 무역 자원을 국가가 틀어쥐겠다는 의미였다"며 "북-미 회담이 성공적으로 진행돼 주요 제재가 해제될 상황을 대비하려는 움직임으로 보인다"고 전했다.

　같은 시기에 내려진 두번째 조치는 해외 체류 4년 이상 외교관과 무역일꾼들에게 떨어진 귀국 명령이었다. 지난해 11월 망명 후 잠적한 조성길 이탈리아 주재 북한대사관 대사대리 부부가 빌미가 됐다. 북한은 떠들썩한 탈북 사건이 벌어질 때마다 해외 체류자 철수나 임시 귀국 조치를 취했다. 따라서 이번 일이 새로운 일은 아닐 수도 있다. 하지만 속내를 들여다보면 결코 단순한 조치는 아니었다. 그동안 지속된 대북 제재로 북한 해외 인력의 상당수가 귀국하면서 해외에 남은 무역일꾼들

에 대한 의존도가 크게 높아졌기 때문이다. 베테랑들에 대한 철수 조치
는 그만큼 믿는 구석이 있다는 의미였다.

김정은이 열차 여행을 선택한 것도 나쁘지 않은 징후였다. 그가 비행
기와 열차 중 불편한 열차 여행을 고른 것은 개인의 의지가 반영된 결
과일 가능성이 크다. 북한에선 김정은에게 열차에서 왕복 130시간 넘게
불편을 감수하고, 평양을 닷새 넘게 추가로 비워야 하는 무리한 일정을
요구할 만한 간부가 없다. 김정은은 열차를 타고 베트남을 가면서 중국
의 발전상을 눈으로 직접 보고 싶었을 것이다. 중국 대륙을 3박 4일간
둘러보며 김정은은 북한의 미래를 이모저모 꿈꿨을 것이다.

하지만 모든 기대는 허망하게 무너졌다. 김정은이 준비해 간 보따리
를 유일한 구매자였던 트럼프 미국 대통령이 거부했기 때문이다. 최선
희 외무성 부상은 "미국식 거래 계산법에 대해서 굉장히 의아함을 느끼
고 계시고 생각이 좀 달라지신다는 느낌을 받았다"며 김정은의 심기를
전달했다. 언론에 공식적으로 밝힌 내용이 이 정도라면 실제로는 김정
은이 대노했다는 뜻이다.

이제 김정은은 두 가지 중 하나를 선택해야만 한다. 미국식 거래 계
산법을 공부하거나 신년사에서 밝힌 대로 '새로운 길'을 찾아야 한다.
어떤 결심을 해도 말리는 사람은 없을 것이다. 지금 그의 심정으로는 새
로운 길을 찾아 미국에 본때를 보여주고 싶을 것이다. 굴레 벗은 망아지
처럼 온갖 실험과 도발로 국제 정치 상황을 혼란스럽게 만들고, 핵 기술
을 외국에 팔겠다고 선언할 수도 있다.

하지만 이런 선택은 목숨까지 내걸어야 하는 위험한 도박이 될 수 있
다. 트럼프 대통령은 그동안 북한의 핵무기와 대륙간탄도미사일 발사

중단을 자신의 최대 치적으로 선전하고, 김정은에게 온갖 찬사를 보내왔다. 따라서 대통령 선거를 앞두고 자신의 최대 치적이 최대 수모로 바뀌는 상황을 방관하지만은 않을 것이다. 재선을 위해서라면 이라크처럼 북한을 공격할 수도 있다.

새로운 길을 위해 북한이 얼마나 버틸 수 있을지를 계산하기란 쉽지 않은 문제다. 다만 지금 같은 강력한 제재가 지속된다면 북한은 머지않아 '제2의 고난의 행군'에 들어가야 한다는 점은 분명하다. 이 경우 체제 붕괴로 이어지진 않겠지만, 김정은의 권위는 북한 인민으로부터 버림받을 수 있다. 고난의 행군 시절을 스위스에서 보낸 김정은은 곳곳에서 시체가 나뒹굴던 참혹함을 다 알지 못한다.

김정은은 17세 무렵 일본인 요리사 후지모토 겐지(藤本健二)에게 "우리는 매일 이렇게 제트스키, 승마를 즐기는데 일반 인민은 뭘 하는가. 유럽과 일본에 가면 식량과 상품이 쌓여 있는데 북한에 돌아와 보면 아무것도 없다"며 고민을 털어놓았다고 한다. 김정은의 마음 한구석에 아직도 당시의 고뇌가 남아 있기를 간절히 바란다. 핵을 움켜쥐고 있는한, 북한 인민이 제트스키와 승마를 즐기며 살 수 있는 날은 절대 오지 않는다.

평양 아파트 베란다 수난사 | 2019. 2. 20.

김정은이 '외국인들이 보면 비웃겠다'고 한마디 했나 보다. 이달 들어 평양시내 아파트들이 1층 방범용 쇠살창을 떼어내느라 어수선하다. 방범창 철거가 간단해 보이지만 속내를 보면 복잡하다. 무엇보다 치안이 문제다. 이걸 떼면 베란다는 더이상 내 것이 아니다. 베란다에 김치도 놔두고, 물품도 둘 수 있지만 쇠살창이 없으면 누가 몰래 가져가도 어쩔 수가 없다. 1층 베란다가 뚫리면 2, 3층도 도난 위험에서 자유로울 수 없다. 평양의 아파트 거주민 모두가 이번 조치에 불만을 감추지 않는 이유다.

평양에는 수만 명으로 추정되는 도둑 후보들이 득실거린다. 각종 공사가 진행되면서 지방에서 공사 인력으로 차출된 군인들과 돌격대다. 이들은 평양에 들어와 천막을 치고 사는데 밤만 되면 굶주린 배를 움켜쥐고 거리를 배회한다. 아파트에 폐쇄회로TV가 있는 것도 아니고, 늘 정전이라 암흑 속에서 살다 보니 도둑질하기에 십상이다.

게다가 평양에선 일반적으로 도둑질에 대해 처벌이 경미하다. 지방에서 강제로 끌려온 군인들이 배가 고파 훔쳐 먹었다고 하면 처벌하기도 애매하다. 이런 것으로까지 감옥에 보내면 감옥이 넘쳐날 수밖에 없다. 군대에서 쫓아내면 너도나도 도둑질에 나설 것이다. 그냥 부대에 통보해 정치적 처벌을 요구하는 수밖에 없는데, 부대에 돌아가면 다 같은 처지라 '바보처럼 들켰느냐'는 비웃음을 받는 정도에 그친다.

결국 자기 집을 지키는 책임은 평양 사람들의 몫이다. 서울처럼 치안이 발달한 도시에서도 방범창이 없으면 불안한데 평양은 오죽하겠는가. 남쪽에선 방범창이 없어도 베란다 창문만 잘 잠그면 된다. 하지만 평양은 베란다에 창문을 설치하는 게 금지돼 있다. 김정일의 '유훈' 때문이다. 평양 사진을 보면 대다수 베란다가 휑한 것도 이런 이유다. 창문을 막으면 난방 효과도 있고, 베란다를 창고로 쓸 수 있지만 평양에선 안 된다.

평양 베란다의 수난사는 제법 길다. 15년 전쯤 갑자기 모든 베란다를 다 막으라는 지시가 떨어진 적도 있다. 당시 사람들은 '갑자기 웬 인민을 위한 지시냐'며 감지덕지한 마음에 급히 창문을 막았다. 누구는 유리로, 누구는 비닐로 막았다.

그런데 제각각 창문이 보기 싫었는지 2011년 남포의 대안친선유리 공장에서 생산된 유리를 팔 테니 그것으로 막으라는 지시가 떨어졌다. 능력이 안 되면 당장 단층집으로 이사 가라는 협박까지 나왔다. 주어진 며칠 안에 평양 시민들은 유리를 사야 했고, 대안 공장 유리값은 천정부지로 치솟았다. 당시 집안의 가보인 TV를 팔아 유리를 산 집도 많다.

지시대로 유리를 설치한 지 며칠도 지나지 않아 이번엔 무조건 당일로 베란다 창문을 모두 떼라는 지시가 떨어졌다. 그때 평양의 민심은 부글부글 끓었다. 당의 방침이니 대놓고 항의할 수도 없어 베란다 유리를

남과 북, 좌와 우의 경계에서

망치로 사정없이 깨뜨린 사람도 여럿이었다. 베란다 유리를 뗐다 붙였다 하는 과정에서 적잖은 사람들이 추락사하기도 했다.

지시가 오락가락한 이유는 단순했다. 베란다 창문 설치가 본격적으로 이뤄지던 시점에 공장 시찰을 나갔던 김정일이 "토끼장처럼 보이니 다 떼라. 외국인들이 평양에 와보고 얼마나 비웃겠느냐"고 말했기 때문이었다.

단층집으로 내쫓는다는 협박에 급히 창문을 설치하다 보니 누구는 통유리로, 누구는 값싼 작은 유리로 조각조각 막아야 했다. 창틀에 대한 규정도 없어 누구는 알루미늄 틀을 쓰고, 누구는 나무로 급히 만들어야 했다. 그 결과 토끼장처럼 보일 수밖에 없었을 것이다.

베란다 창틀 철거 지시는 지금도 유지되고 있다. 다만 김정은 시대엔 통일된 창을 설치할 수 있는 대로변 아파트에만 베란다 창문이 허용됐다. 이건 돈 많은 사람들만 베란다에 창문을 달 수 있다는 뜻이다.

평양은 또 한 번 춥고 어두운 긴 겨울을 이겨냈다. 반짝 좋아진 듯했던 평양의 전기 사정은 지난해 초겨울에 접어들며 또다시 악화돼 몇 시간밖에 불이 들어오지 않을 정도다. 재작년 보안성이 몰래 중국에서 밀수해 온 10만 kW 발전기 2대가 다시 고장 났을 가능성이 크다.

외국인을 의식해 방범창까지 떼어낸 평양을 뒤로 하고 김정은은 이 달 말 베트남에 날아가 역사적 북-미 정상회담을 가질 예정이다. 김정은이 이번 기회에 전 세계의 시선을 제대로 의식하길 바란다.

외환위기 터진 평양,
반값 폭락한 집값

요즘 평양이 심상치 않다. 자고 나면 집값이 뚝뚝 떨어진다. 벌써 몇 달 전 고점 대비 반값, 많게는 3분의 1 수준으로 떨어졌다. 1998년 한국의 외환위기 상황을 연상케 해, 북한판 외환위기가 본격적으로 시작됐다는 해석이 가능하다. 2017년 8월 북한의 3대 돈줄인 석탄·수산물 수출과 의류 임가공을 꽁꽁 틀어막는 유엔의 강력한 대북 제재가 시작된 뒤 1년 정도는 잘 버티는가 싶었는데 결국 터질 것이 터진 것이다.

최근 몇 년간 가장 핫한 지역으로 부상하던 평양역 뒤편 평천구역의 150m²짜리 새 아파트의 호가는 1만 5000달러 아래로 떨어졌다. 골조만 세우고 분양해도 순식간에 팔리던 아파트가 반년 만에 실내 마감까지 끝내고도 3분의 1 수준으로 추락했다.

이런 상황의 주원인은 대북 제재다. 수출이 꽁꽁 막히자 달러도 씨가 말랐다. 북한 권력층의 최대 돈줄은 수출입 과정에서 이면 계약을 통해 챙기는 달러다. 가령 석탄의 국제 시세가 톤당 100달러면 수출시 장부에 70달러로 적어 보고하고 나머지 30달러를 숨기는 식이다. 이를 통해 매년 국가 무역에서 증발한 수십억 달러가 평양의 부동산과 사치품 구매에 쓰인다.

　최근 몇 년 동안 평양에 새 아파트가 많이 공급된 것도 가격 폭락을 부추겼다. 최근 수천 채씩 분양된 미래과학자거리나 여명거리는 새 발의 피다. 돈주들이 투자한 소규모 건축물이나 재개발 등을 통해 지어진 아파트는 훨씬 많다. 이처럼 공급은 늘어났는데 돈줄이 꽉 막히니 가격이 폭락하는 건 당연하다.

　20년 동안 꾸준히 상승하던 평양 부동산은 한순간에 10년 이상의 상승 폭을 반납했다. 이 정도면 돈 냄새를 기막히게 맡는 돈주들이 절호의 기회로 생각하고 헐값에 매물들을 사들일 만하다. 하지만 지금은 그런 움직임도 없다. 주머니가 비었기 때문이다. 북한에서 돈주는 곧 권력을 가진 간부들이다.

　요새 한국도 부동산 가격 하락과 거래 절벽으로 시끄럽다. 만약 평양처럼 서울 집값이 반값이 된다면 당장 나라가 망할 것처럼 여론이 들끓고 광화문은 시위대로 넘쳐날 가능성이 크다. 하지만 평양은 잠잠하다. 지방의 충격도 클 텐데 겉으론 평온해 보인다. 마치 1990년대 중반 '고난의 행군' 초기 수십만 명이 굶어 죽어도 밖에서 몰랐던 것과 비슷한 상황이다. 내가 살다 온 곳임에도 '북한이 저렇게 무서운 곳이었구나'를 새삼 느낀다. 그렇다고 북한 사람들이 집값 폭락을 무덤덤하게 받아들이는 것은 아니다. 북한 사람들도 인생 최대의 목표가 집 한 채 마련인 경우가 많다. 다만 겉으로 자신의 감정을 드러내질 않을 뿐이다.

　여기에다 북한 당국이 새해가 밝자마자 세도와 관료주의를 없앤다고 간부들을 죄고 있는 것도 불만을 사고 있다. 이번 조치는 뇌물 받는 간부를 가만두지 않겠다는 뜻이다. 문제는 국가에서 아무것도 보장해주

2019

지 않는 북한에서 뇌물은 곧 월급이고 승진에 대한 보상으로 여겨진다는 점이다. 권력으로 달러와 부동산을 축적해온 간부들 사이에서 '핵무기 집착으로 경제 망치고, 왜 우리 옆구리를 차느냐'는 불만이 공공연하게 나돌 수밖에 없는 상황이다.

부동산 가격 폭락과 뇌물 근절 캠페인은 결과적으로 김정은 정권의 안정성을 크게 위협할 수밖에 없다. 집값 폭락에 비례해 등을 돌리는 곳이 바로 북한 체제 수호의 핵심 보루인 평양이라면 더욱 그렇다. 이를 막기 위해선 간부들의 주머니에 달러가 채워져야만 한다.

문제는 북한이 돈을 꿔 올 만한 곳이 없다는 점이다. 결국 북한이 선택할 수 있는 유일한 방법은 유엔이 제재를 풀도록 만드는 것이다. 김정은이 신년사에서 "반드시 국제사회가 환영하는 결과를 만들기 위해 노력할 것"이라고 말한 것은 '반드시 막힌 돈줄을 풀겠다'고 내부에 던진 약속이나 마찬가지다. 현 상황에서 김정은이 약속을 지키기 위해 쓸 수 있는 카드는 많지 않다. 급격히 악화되는 민심을 하루빨리 달래야 하는 김정은이 2차 북-미 정상회담에서 어떤 행보를 보일지 벌써 궁금하다.

금강산 관광 중단의 숨겨진 뒷이야기

2019. 1. 16.

2008년 7월 11일 금강산에서 관광객 박왕자 씨를 쏜 북한 군인은 여성 해안포 부대 소속 열아홉 살 여군이었다. 입대 2년 차 초급병사였는데, 북한 병사의 7단계 계급 중 밑에서 두번째인 신병이었다. 그는 잠복근무 중이던 오전 5시경 잠복지 인근에 접근한 박 씨에게 여러 발의 실탄을 발사했다.

북한군 잠복근무 수칙은 실탄 발사까지 4단계를 거친다. 먼저 '섯, 누구얏!' 하고 소리치고 서지 않으면 '안 서면 쏜다'라고 경고한다. 불응하면 공포탄을 먼저 쏘고, 그래도 서지 않으면 실탄을 발사한다. 박 씨는 첫 단계에서 뒤돌아 뛰기 시작했는데, 신참 여군은 4단계까지 빠르게 진행한 뒤 두 발을 명중시켰다. 후방이라면 잠복근무 때 실탄을 휴대하지 않지만 금강산 인근 해안은 종종 이곳을 경유해 탈북하는 사람들이 있어 경계가 엄중하게 이뤄지고 있었다.

사건 이후 남북은 서로 상대에게 잘못이 있으니 사과하라며 기싸움을 벌였다. 남측은 이틀 뒤인 13일 관광지구 내 인원을 모두 철수시켰고, 금강산 관광은 그렇게 끝났다.

이후 지금까지 알려지지 않은 이야기는 많다. 당시 북한 대남 일꾼들이 일을 수습하기 위해 전전긍긍하는 동안 북한군 총정치국 간부부 표창과에선 여군을 어떻게 포상할지를 놓고 난상토론이 벌어졌다. 당시 중앙당에서 표창하라는 지시가 직접 내려왔던 것. 사건의 심각성을 감안할 때 김정일이 직접 '여군이 규정대로 한 것은 상을 줄 일이다'라고 결정했을 가능성이 높다.

표창과에선 포상 수준을 놓고 영웅 칭호와 김일성 청년영예상, 일반 훈장 등을 검토하다 결국 국기훈장 1급으로 결정했다. 민간인을 죽였으니 영웅 칭호는 과하지만 노동당의 지시이니 낮은 포상을 할 수도 없었다. 국기훈장 1급은 수십 종의 북한 훈장 중 네번째에 해당하는 비교적 높은 레벨로, 열아홉 살짜리가 받기는 거의 불가능하다.

해당 여군은 이후 각급 부대로 순회 강연도 했다. 이런 훈장을 받고 전군의 모범으로 강연까지 하면 대개 제대를 하지 못하고 군에 머물러 있을 가능성이 크다. 올해 서른 살이 됐을 이 여군은 지금쯤 대대장 정도를 하고 있을 것이다.

북한에서 강원도 주둔 부대는 '알농(알짜 농민)'의 자식들만 간다고 알려졌다. 근무 환경이 제일 열악해 가난한 집 자식들만 간다는 것이다. 그런 와중에 대대장까지 진급했으면 '팔자를 고친 셈'이어서 다른 군인들에게 부러움의 대상이 된다. 2019년에 금강산 관광이 재개된다면 제2의 한국 관광객 피살 사건이 일어날 가능성을 배제할 수 없는 이유다.

박 씨 피살 사건은 햇볕정책의 종말을 알리는 신호탄이 됐다. 이를 계기로 남북 관계는 악화 일로를 걸었다. 이 사건은 북한 내부에도 적잖은 변화를 가져왔다.

남과 북, 좌와 우의 경계에서

사실 제한된 지역에서만 이뤄지는 금강산 관광이 북한 주민에 미치는 영향은 거의 없었다. 그 대신 연간 5000만 달러로 추정되는 관광 수익은 고스란히 노동당 자금으로 들어갔다. 금강산 관광에 이어 개성 관광까지 끊기게 되자 북한 당국은 다른 수익원을 고민해야 했고, 결국 그해 12월 이집트 통신회사 '오라스콤(Orascom)'을 끌어들여 휴대전화 사업을 시작했다.

중국에서 100달러 미만의 싼 부품을 사다 조립한 휴대전화를 주민에게 300달러 이상에 팔았다. 2013년까지 휴대전화가 해마다 100만 대 이상씩 늘어나면서 북한 당국도 매년 2억 달러 이상 벌었을 것으로 추정된다. 이는 2010년 천안함 폭침과 연평도 포격으로 남북 관계가 단절된 와중에 북한 지도부의 든든한 돈줄이 됐다. 그 대신 북한 주민은 휴대전화를 쓰는 자유를 얻었다. 강력한 유엔의 대북 제재로 돈줄이 막힌 지난해에도 북한 당국은 그동안 금지했던 외국영화 등을 주민에게 팔아 돈을 벌었다.

이는 대북 제재의 한계와 효과를 동시에 보여주는 사례다. 대북 제재로 돈줄을 말려 북한 지도부를 굴복시키긴 어렵다. 그들에겐 아직도 팔 것이 많다. 가령 주택의 사적 소유를 허가해 거래 수수료를 챙겨도 당분간 몇 년 동안은 해마다 수억 달러씩은 챙길 수 있다.

새해 들어 금강산 관광 재개가 다시금 화두가 되고 있다. 우리는 평화와 교류를 살 수 있을 것이다. 하지만 외부에서 다시 돈이 들어가면 북한의 대내 통치가 어떻게 변할지도 면밀히 분석해야 한다. 모르는 척 해서는 안 된다.

2019

2018

통일부도 개명할 때 온 듯한데

"한반도의 평화와 번영, 조선민주주의인민공화국 김정은 위원장과 함께!"

문재인 대통령이 2018년 올해 5월 26일 판문점 북측 지역 판문각에서 가진 2차 남북 정상회담 때 방명록에 남긴 글이다. 북한 체제를 확실히 인정할 테니 안심하고 함께 교류와 협력을 하자는 명백한 메시지가 담겨 있다. 1차 남북 정상회담의 하이라이트인 판문점 도보다리 밀담에서도 문 대통령은 김정은의 불안감 해소에 가장 많은 시간을 할애했을 것 같다.

만약 방명록에 '평화와 번영' 대신에 '통일'이란 단어를 썼다면 매우 어색한 문장이 됐을 듯싶다. 왜냐하면 한반도 통일은 조선민주주의인민공화국이나 김정은 위원장과 함께 갈 수 없는 일이기 때문이다. 사상과 체제가 다른 상황에서 통일은 이뤄질 수 없다. 그런데 우리는 북에 사상과 체제를 양보할 생각이 조금도 없고, 북한 역시 그렇다. 결국 통일은 둘 중 하나가 사라져야 궁극적으로 완성될 수 있다. 엄청난 열세인 김정은의 처지에선 통일은 죽음과 연관되는 단어일 수밖에 없다.

대통령이 상대와 만나 공존과 상생을 약속했는데, 이를 담당할 주무 부서의 이름이 통일부인 것은 아이러니하다. 공존과 통일은 반대의 뜻이다. 그런 점에서 통일부도 명칭 변경을 진지하게 고민할 때가 아닌가 생각한다. 가령 '남북교류협력부'로 할 수도 있고, '남북관계부'라고 할 수도 있다.

이는 크게 세 가지 점에서 필요한 일이다.

첫째는 시대정신에 맞기 때문이다. 통일은 김정은만 싫어하는 것이 아니다. 남쪽에서도 "우리의 소원은 통일"을 외치던 세대가 사라져가고 있다. 그 대신 남북이 교류하고 협력하다가 나중에 여건이 되면 통일을 하자는 사람이 점점 늘고 있다. 나 역시 통일은 소리쳐 외칠수록 멀어진다고 생각한다. 군이 상대를 자극하며 만날 필요는 없다. 통일부는 통일이 된 뒤 만들어도 된다고 생각한다.

둘째는 통일부의 장기적 미래를 위해서이다. 통일부는 정부 부처라고 하기엔 인원과 예산이 너무 적다. 10년 전 이명박 정부가 출범하면서 사라질 뻔하기도 했는데, 보수 정권 10년 동안 크게 위축됐다. 지난해 예산은 정부 전체 예산 중 겨우 0.1퍼센트 정도인 약 4600억 원 수준. 서울의 여느 구청 예산보다도 적다. 더 구체적으로 들여다보면 2200억 원은 남북협력기금으로 쌓아둔 것이고, 424억 원은 인건비이다. 나머지 사업비 약 1900억 원 중에 70퍼센트 이상을 탈북자와 북한 인권 관련 항목에 지출했다. 탈북자 업무가 없었다면 통일부는 돈 쓸 데도 거의 없다는 뜻이다.

통일부는 내년에 예산 1조 원 시대를 열려 하지만, 그래 봐야 내년 정부 예산 470조 원의 '몇백 분의 1'이다. 통일부가 돈으로 설명할 수

남과 북, 좌와 우의 경계에서

없는 매우 중요한 일을 한다고 하기도 어렵다. 요즘 남북 협력 사업이 많아지고 있지만 통일부는 약방의 감초 역할을 주로 하는 것 같다. 지금처럼 가면 군사 관련은 국방부가, 철도 도로 연결은 국토교통부가 하는 식으로 주요 협력 사업의 주도권을 빼앗기고 회담 지원 백업 부처로 전락할지도 모르겠다. 조직을 새로 정비하고 남북 관계 주도권을 장기적으로 확보할 방안을 진지하게 고민해야 한다.

셋째는 탈북자와 북한 인권을 위해서이다. 앞서 설명했듯이 보수 정권 시절 탈북자 정착 및 북한 인권 업무는 통일부 존치를 좌우할 중요한 일이었지만, 요즘엔 짊어지고 있기엔 무거운 짐이 된 듯하다. 통일부가 북한하고 친해지면서 탈북자 정착과 북한 인권 개선까지 한다는 것은 심히 모순이다. 결국 하나는 버려야 하는데 답은 정해져 있다. 올해 북한인권재단 예산이 108억 원에서 8억 원으로 준 것이 대표적 사례다. 탈북자도 통일부에 인질처럼 잡혀 있고 싶지 않다. 남북 교류협력 시대엔 탈북자와 북한 인권 업무는 행정안전부나 법무부 등 다른 부처로 분산시키는 것이 맞다. 통일부 이름을 바꾸면 명분이 생긴다. 통일부일 때는 탈북자와 북한 인권 문제를 다루는 것이 당연했지만, 교류협력부가 되면 당연하지 않게 되는 것이다.

통일부의 북한 상대는 통일전선부다. 이 역시 매우 시대착오적인 이름이다. 다음 남북 정상회담에서 한반도 평화와 번영의 정신에 맞춰 두 부처를 동시에 개명해보자고 제안한다면 북한도 선뜻 찬성할 듯하다. 새 술이라면 새 부대에 담아야 한다.

뜻이 있는 곳에 철길이 있다

2018. 12. 5.

2016년 5월 북한 노동당 7차 대회 도중 평양 철도국장과 정치부장이 체포돼 처형됐다. 대회 기간에 음주 금지령을 어기고, 밤에 몰래 술을 마시고 숙소에서 주정한 것이 걸렸다. 다음 날 김정은이 회의장에서 이들을 거론하며 격노했고 두 사람은 대회장에서 직위 해제와 출당을 당한 뒤 체포됐다. 참가자들은 이들이 처형될 것임을 예감하고 두려움에 떨었다.

아무리 북한이라고 해도 술주정으로 처형시키긴 어려우니 이들은 반동으로 둔갑했다. 사형 판결문엔 "수령님과 장군님께서 증기기관차는 전쟁 때 한몫 단단히 하니 전시 예비용으로 잘 보관 관리하라고 하셨는데, 이자들은 언제 이런 고물을 다시 쓰겠는가 하면서 수십 대를 파철(고철)로 팔아먹었다"고 적시됐다고 한다. 2009년 처형된 김용삼 철도상도 전시 예비용 증기기관차들을 못쓰게 만들었다는 것이 그 사유였다.

이쯤 되면 요새 남쪽 언론에 자주 등장하는 장혁 북한 철도상의 최대 관심사가 무엇일지 짐작이 갈 것이다. 고물 증기기관차를 운행이 가능하게 보관하는 일에 목숨이 걸려 있다.

김일성 시대엔 전기가 끊겨도 석탄으로 달릴 수 있는 증기기관차가 필요했을지 모른다. 그때는 폭격을 받아도 터널 안에 숨으면 안전했다. 하지만 스마트 폭탄이나 벙커버스터가 활용되는 요즘, 북한이 전시에 철도를 활용할 가능성은 거의 없다.

철도 간부들도 그 정도 상식은 알고 있으니 증기기관차에 별로 관심을 돌리지 않았을 것이다. 1990년대 중반 '고난의 행군' 시기 철도 노동자들은 보관 중인 증기기관차에서 구리와 알루미늄으로 된 부품을 훔쳐 중국에 팔았다. 김 철도상은 이를 막지 못해 죽었고, 평양 철도국 간부들은 쓰지도 못할 증기기관차가 눈에 거슬리니 고철로 중국에 팔다가 걸려 죽었다.

북한 당국도 이제는 증기기관차가 필요 없다는 것을 잘 알 것이다. 그러나 증기기관차를 잘 보관하라는 김일성의 유훈이 존재하니 시대착오적인 관리를 계속하고 있다. 그렇다고 죽은 사람이 다시 살아나 '이젠 그만 없애라'고 할 수도 없는 일이고, 유일하게 유훈을 수정할 수 있는 김정은은 아직 그런 지시를 내리지 않았다.

지금 북에 올라간 한국 조사단의 눈에는 낡은 노반과 레일만 보일지 모른다. 하지만 철도에 대한 북한 지도부의 인식 변화가 없다면 아무리 한국이 새 철도를 깔아줘도 제대로 사용하긴 어렵다. 이것이 우리가 직면한 북한 철도의 일면이다.

김두얼 명지대학교 교수는 지난달 30일 발표한 글에서 "북한 철도 발전은 1970년대 이후 멈춰 있는 게 아니라 1945년 이후 거의 변화가 없다"며 "경제 발전보다 정치적 목적을 우선시한 결과 철도 투자에 거의 나서지 않았다"고 분석했다.

2018

옳은 말이다. 북한 지도부의 우선적 관심사에서 멀어진 철도는 인프라뿐만 아니라 인력까지 다 망가졌다. 요즘은 신체나 가정환경 때문에 군에 가지 못하면 할 수 없이 가는 곳이 철도다. 주는 것도 없는데 군대와 같은 규율을 세운다고 들볶으니 기피 1순위다. 지방 철도 종사자에겐 텃밭 가꾸기가 주업이고, 철도 일은 부업이다. 위에서 아래까지 관점을 확 바꾸지 못하면 새 철길을 만들어도 계속 사고만 터질 것이다.

요즘 한국에선 북한 철도를 개량하느냐, 새로 깔아야 하느냐를 놓고 갑론을박이 벌어지고 있다. 그러나 북한 철도 실태를 제대로 안다면 답은 간단할 수 있다.

일제강점기에 머물러 있는 북한 철도는 새로 건설하는 것밖에 답이 없다. 그전까진 어차피 없어질 철도를 약간 보수해 쓰면 충분하다. 북한 신규 철도 건설비를 우리 기준으로 계산해 10조 원이 넘느니 마느니 하면서 떠들 필요도 없다. 요즘엔 철도 옆 북한군 주둔지 이전 토지보상비용까지 줘야 한다는 주장까지 나오는 판인데 그럴 필요가 없다. 우린 장비나 기술 보조만 하면 된다.

북한이 새 철길을 만들겠다면 부지는 그들이 해결해야 한다. 인력이 부족하면 군 병력이라도 투입하는 성의 정도는 마땅히 보여야 한다. 이는 북한이 과거의 잘못된 철도관(鐵道觀)에서 벗어나려는 의도가 있는지 판단하는 시금석이기도 하다. 밥상을 같이 차릴 순 있지만 밥을 억지로 떠먹일 수는 없다.

남과 북, 좌와 우의 경계에서

북한 시장경제의 진화를 보면 놀라운 일들이 정말 많지만, 개인적으로 가장 감탄스러운 것은 개인 은행의 진화다. 북한도 사람이 사는 곳이니 돈이 유통되지 않을 수가 없는데, 이 돈을 전달하는 곳은 은행이 아닌 '이관집'이라고 불리는 송금 전문 개인 은행이다.

가령 내가 지방에 갔다가 갑자기 평양에 돈을 보낼 일이 생긴다면 은행을 찾지 말고 주변에 이관집이 어디냐고 수소문해야 한다. 이관집에는 전화를 할 수도 있고 직접 찾아갈 수도 있다. 전화로 하면 어디에서 보자고 연락이 온다. 직접 찾아가도 집에 절대 들여놓지 않는다. 대문 앞에서 현금을 확인한 뒤 '조금만 기다리라'고 말하고 집 안으로 사라진다. 조금 있다가 주인이 나타나 '이송이 끝났으니 돈을 어디 가서 찾으라'며 평양의 전화번호를 넘겨준다. 그러면 나는 돈을 받아야 할 평양 사람에게 그 전화번호를 알려주고, 그 사람이 해당 전화번호로 연락해 돈을 찾는다. 빠르면 몇 시간 내로 송금 절차가 끝난다.

요즘 북한에서 공식 이관비는 1퍼센트 정도다. 100만 원 보내면 1만 원을 수수료로 떼는 셈인데, 북한처럼 신용이 바닥인 사회에서 송금 수수료가 이 정도로 낮다니 참 신기한 일이다. 물론 상황에 따라 1.5퍼센트로 뛰기도 하지만 일반적인 것은 아니다. 이관집으로 보내면 사기당할 일이 거의 없다. 큰돈을 들고 며칠씩 오가는 기차를 탔다간 소매치기당할 가능성이 높다. 돈을 갖고 이동할 수 있는 사람도 이관집을 통해 목적지로 먼저 돈을 부치기도 하는 이유다.

물론 북한 주민들이 유일하게 알고 있고, 또 이용할 수 있는 조선중앙은행에도 송금 서비스가 있긴 하다. 하지만 이를 사용하는 사람은 거의 없다. 돈 찾으러 가면 '아직 돈이 없으니 기다리라'는 말만 하는데, '써비'라고 불리는 뇌물을 주지 않으면 제풀에 지치기 십상이다. 뇌물을 주며 은행을 이용할 바에는 이관집을 이용하는 것이 훨씬 빠르고 정확하다.

이관집은 한국의 은행처럼 전산망을 통해 돈을 주고받는 것이 아니다. 고정 거래하는 평양의 상대 이관집에게 '얼마를 받았으니 얼마를 전해달라'고 전화로 말하면 끝이다. 평양 이관집은 또 지방에 돈을 보내야 할 때 같은 방식을 쓴다. 이렇게 돈이 오가다 한쪽으로 너무 몰리면 자기들끼리 네트워크를 사용해 돈을 적절히 분배한다.

이관집은 장마당 경제의 발달과 함께 2000년대 초반부터 생겨나기 시작했다. 그 이전에는 열차를 타고 출장을 다니는 사람이나 열차원, 자동차 운전사 등이 돈을 날라주었다. 그러나 사람이 운반하는 방식은 아무래도 사고가 잦을 수밖에 없었고, 그 결과 지역 간 송금을 담당하는 이관집이 등장한 것이다.

이런 이관집은 신용이 중요하기 때문에 주로 가족 단위로 운영되고 있다. 평양에 사는 언니와 원산에 사는 동생이, 또는 개성에 사는 딸과 신의주에 있는 친정 부모가 서로 연계하는 방식이다. 지방의 이관집 중에는 특정 지역 구간에 전문으로 특화돼 한꺼번에 거액을 보낼 수 있는 곳도 적지 않다.

현재 북한에선 미국 달러나 중국 위안화가 북한 화폐 못지않게 사용되기 때문에 외화를 다루지 않는 이관집은 거의 없다. 시장경제의 진화와 함께 이관집의 몸집도 점점 커지고 있는데, 수백만 달러씩 주무르는 이관집도 적지 않다.

이렇게 큰돈을 다루려면 권력과 공생이 필수다. 권력이 뒤를 봐주지 않는다면 '비사회주의 현상'과의 투쟁을 내건 각종 검열을 견뎌낼 수 없기 때문이다. 요즘 북한의 이관집들을 보면 노동당, 사법기관 간부의 가족이 대다수이다. 간혹 무역기관 일꾼이 이관집을 하기도 한다.

이관집이 없어진다면 북한 장마당은 당장 마비된다. 이관집은 시장경제의 혈관과 같은 역할을 하는 셈이다. 북한 당국도 어떻게 손을 쓸수가 없다. 외화까지 신속 정확하게 전달하며 신용과 비밀을 보장해주는 이관집과의 경쟁에서 국영 은행이 이기지 못하기 때문이다.

요즘 몸집을 키운 이관집들은 대부업까지 진출하고 있다. 북한에서 월 이자는 5~10퍼센트에 이른다. 돈을 빌려주면서 사람이나 부동산 담보를 받는 개념도 이관집이 처음 도입했다. 북한의 개인 금융이 앞으로 얼마나 더 비대해질지, 국영 은행이 개인 금융과의 경쟁에서 이길 수 있을지 지켜보는 것도 흥미로운 일이다.

목숨 내걸어야 하는
평양-개성 철도

해마다 6, 7월이면 황해도에서 '보리 수송 전투'가 벌어진다. 이 보리는 유명한 대동강맥주의 주원료이고 황해남도 강령과 옹진에서 생산된다. 수송량이 많아 열차가 투입되곤 한다.

평양-사리원-해주-개성을 연결하는 철도는 평소엔 기차가 거의 다니지 않는다. 침목도 빠진 곳이 너무 많아 시속 20km 이상 달리는 것은 기적에 가깝다. 언제 탈선해 목숨을 잃을지 몰라 기관사들이 온몸에 식은땀을 흘린다.

평양 이남 철도 수준은 일제가 용산-신의주 철도(경의선)를 개통했던 1906년 이전으로 돌아가 있다. 사정이 이런데 이달 말에 남북 철도 연결 착공식을 한다니, 이는 이벤트 이상의 의미를 지니긴 어렵다. 평양-개성 철도는 아예 새로 깔아야 할 판이니 한반도 횡단 열차의 꿈은 언제 실현될지 요원하다.

그나마 북한에서 지금 쓸 만한 선로는 일제가 건설한 평양-신의주, 평양-나진 노선이다. 북한이 광복 후 70년 넘게 건설해온 노선은 쓸 만한 것이 남아 있지 않다. 철로는 평양-나진 구간이 평양-신의주 구간

보다 더 좋다고 한다. 김정은이 하룻밤 새 함경북도에서 평양까지 옮겨 가는 일이 빈번한 것을 보니, 이 구간은 시속 80km는 충분히 감당할 수 있는 모양이다.

그런데도 평양-나진 구간에서 일반 열차들은 평소 시속 40km를 넘기기 힘든데, 그 이유는 기관차 때문이다. 북한은 전기기관차를 자체 생산하는데 전동기 개수에 따라 4축, 6축, 8축 기관차로 나눈다. 1990년 대 말~2000년대 초 기관차들은 전동기 한 개를 돌리며 다니기 일쑤였는데, 전동기가 고개를 넘다 고장 나면 수백 명씩 사망하는 대형 참사로 연결됐다. 지금은 그때보다는 사정이 좋아졌다고 하지만 전동기 4개 이상 가동하는 기관차는 거의 없다고 한다.

평양-나진 노선에서 마의 구간은 평안남도와 함경남도를 나누는 북대봉산맥과 함경남도와 함경북도를 나누는 마천령산맥이다. 북대봉산맥을 넘어가기 전에 열차는 평남의 전 역인 양덕역, 또는 함남의 전 역인 거차역에서 멈춰 서서 하루이틀을 지체하곤 했다. 이를 북한 사람들은 '거차 대기' 또는 '양덕 대기'라고 한다. 이 산맥은 기관차 2대가 앞뒤에서 끌고 밀어야 통과하는데, 이를 북에선 '복기 운행'이라고 한다. 북한에서 열차 우선 통과 순위는 여객열차보다 화력발전소로 향하는 석탄열차이기 때문에 사람들은 양덕에 도착하면 빨리 영(嶺)을 넘게 해달라고 소원을 빌어야 한다. 마천령에서도 일명 '여해진 대기'를 거치다 보면 평양에서 나진까지 2, 3일 안에만 도착해도 만세를 외친다.

그런데 2015년 평양-청진, 평양-신의주, 평양-원산 구간에 '써비 열차'가 도입됐다. 북한에서 '써비차'란 돈벌이를 위해 운영되는 차를 말하는데, 공공 영역인 철도에도 돈을 벌기 위한 열차가 도입된 것이다. 평양에서 청진까지 써비열차 운임 요금은 국정 가격의 100배 정도인 13만 원(한화 약 1만 7000원)을 받았다. 일주일에 보통 한 대 편성되는 이 열차를 타면 평양에서 청진까지 하루 안에 도착했다. 평양-신의주 구간은 써비열차가 매일 운행했다. 써비열차는 철도성이 전기기관차가 아니라 내연기관차를 도입했기에 가능했다. 철도성은 기름값과 정비 때문에 어쩔 수 없이 비싼 값을 받는다고 했다. 차표 값이 국정 가격의 100배라 해도 최단 시간 내에 운행되니 주민들의 만족도는 크게 높아졌다.

재미를 본 철도성은 최근 철도관광회사를 만들어 중국에서 수입한 침대차를 평양-청진 구간부터 운행할 계획을 중앙에 올렸는데 아직 승인은 떨어지지 않았다. 현재 평양-신의주 사이 침대열차 운임 요금이 35달러인 점을 고려할 때, 평양-청진 침대열차는 그 두 배는 될 것이다. 겉은 사회주의인데 이제는 기차여행조차 지불한 달러 액수에 비례해 더 빠르거나 더 편안하게 되는 셈이다.

북한은 기관차뿐만 아니라 레일과 침목 문제도 심각하다. 김정은 집권 이후부터 중량레일 생산을 국책 과제로 정했지만 코크스(석탄을 가공해 만드는 연료) 수입 제재 때문에 성공을 못 하고 있다. 중량레일은 1m에 50kg 이상인 레일을 말하는데, 북한이 자랑하는 무연탄 기반의 '주체철'로는 절대 중량레일을 만들 수가 없다. 부식을 막기 위한 기름 등이 부족해 침목도 제대로 생산하지 못하고 있다. 하나부터 열까지 다 문제인데 남북회담에 나선 북한 철도 담당자들이 남쪽에 무엇부터 요구할지가 궁금하다.

서울보다 더 비싼 평양의 전기세

많은 사람이 북한에 전기세가 있는지조차 모르지만 전기사용료라고 불리는 전기세가 있는 것은 물론, 입이 딱 벌어지게 만드는 누진세까지 존재한다. '국정전기'를 다 쓰고 나면 시민들이 '야매전기'라고 부르는 누진세 구간에 돌입하는데, 200kW까지는 1kW당 북한 돈 500원, 200kW를 초과하면 1000원을 내야 한다. 한국은 1단계는 300kW까지 93.3원, 300~500kW 사이 2단계는 187.9원, 500kW 이상은 280.6원을 낸다. 3단계 요금이 1단계의 3배 정도인데, 북한은 3단계 요금이 1단계의 29배나 되는 것이다.

한국은 300kW를 사용하면 2만 7790원을 내고, 북한은 300kW에 북한 돈 17만 6700원을 낸다. 이를 북한의 달러 환율 8300원으로 계산하면 21.3달러 정도 되는데, 한국 환율 1130원을 대입할 경우 한화 2만 4000원 정도 된다. 전기세가 한국과 별 차이가 없다. 올해 7, 8월 한국전력의 한시적 누진제 완화 조치로 가구당 평균 19.5퍼센트의 전기요금이 절약됐음을 고려하면, 올해 평양의 전기세는 경우에 따라 한국보다 더 비쌌다.

한국은행 추산 2016년 북한의 1인당 국민총소득(GNI)이 146만 원으로, 남한의 2016년 1인당 GNI 3212만 원의 22분의 1에 불과하다는 점을 감안하면 북한의 전기세가 얼마나 높은지 상상할 수 있을 것이다. 그런데도 대부분 평양 시민들은 고액 전기세를 내도 좋으니 전기만 계속 들어오면 좋겠다고 말한다고 한다.

올여름 기록적인 폭염은 평양 가정에 에어컨 장만이라는 새로운 목표를 갖게 했다. 당국도 올해 개인 주택 에어컨 사용 금지령을 전격 해제했다.

북한에선 원래 김정은이 하사한 이른바 '선물주택' 외엔 개인 집에 에어컨을 놓는 것이 허가되지 않았다. 은하수악단이나 국립연극단 등 예술인 아파트나 평양시 중심부 봉화역 옆의 '선물아파트' 등이 대표적인데, 이런 아파트는 에어컨이 설치돼 있다. 게다가 선물주택은 1kW당 35원인 국정전기를 한 달에 300kW까지 공급해주기 때문에 전기세 걱정이 크게 없다. 다른 일반 주택은 국정전기를 월 50kW까지만 쓸 수 있다. 그 이상 사용하면 전기세는 기하급수적으로 늘어난다.

북한은 누진제를 지난해 말 전격 도입하면서 제대로 고지하지도 않았다. 그래서 평소처럼 생각하고 겨울에 전기담요를 켜놓고 살던 가정들이 봄에 수십만 원, 심지어 100만 원 가까운 '전기세 폭탄'을 맞은 사례가 속출했다. 한국 같으면 촛불시위라도 일어날 상황이지만, 저기는 평양이니까 억울해도 방법이 없다.

전기세가 끔찍하게 높아졌지만 올해 평양에선 에어컨이 없어서 팔지 못했다. 중국에서 밀수한 수백 위안 정도의 싸구려 에어컨도 500달러 이상에 팔렸다.

평양이 에어컨 사용을 허가한 중요한 이유 중 하나는 올해 전기 사정이 많이 좋아졌기 때문이다. 한국의 국가정보원 격인 북한 보위성은 지난해 중국에서 각각 20만 kW 능력의 화력발전 설비 2대를 밀수해 들여갔다고 한다. 서해를 통해 배로 들여갔는데, 제재를 피하려고 군사작전 같은 극비 운송이 이뤄졌다고 전해진다.

1대는 올해 초 평양화력발전소에 설치했는데, 여기에서 현재 19만 kW가 생산된다고 한다. 기존 북한의 실제 전력 생산량이 130만 kW 정도였음을 감안하면 발전 설비 1대를 설치해 15퍼센트 정도의 전력 증산이 이뤄진 셈이다. 나머지 1대 설치도 조만간 마무리될 것이라고 한다. 이렇게 생산된 전기는 평양에 공급되지만 연쇄적으로 지방의 전력 사정까지 많이 좋아졌다.

북한은 평양시내 '숫자식 적산전력계' 설치도 올해 완료했다. 적산전력계 설치는 10년 전부터 추진됐지만 많은 시민이 전기도 잘 들어오지 않는 데다 공짜도 아니고 30달러씩 내야 설치해주기 때문에 응하지 않고 있었다. 올해는 각종 불이익을 준다는 역대 최강의 '협박'이 이뤄지면서 항복하지 않을 수 없었다.

더 황당한 사실은 서울보다 더 비싼 전기세를 받고 있고, 그 밖에도 각종 명목의 사용료가 존재하는 북한이 '세계에서 유일하게 세금이 없는 나라'라고 외부에 자랑하고 있는 것이다. 4월 1일은 '세금 제도 폐지의 날'이라는 북한 기념일이다.

평양을 강타한
인도 열풍의 비밀

북한에서 한류 열풍이 거세게 불고 있다고 알고 있는 사람들에겐 미안한 얘기지만, 올해 평양 여성들은 인도 영화 〈바후발리(Bahubali)〉의 남주인공 프라바스에게 푹 빠져버렸다. 남자들은 영화의 여주인공인 타마나 바티아와 아누쉬카 쉐티에게 열광한다. 올해는 한류가 아니라 인도 열풍이 평양을 강타한 해였다.

〈바후발리〉는 올해 1월 1일부터 평양 시내 '정보봉사소'들에서 일제히 판매됐다. CD 2장에 북한 돈 1만 5000원(약 1.8달러). 고가임에도 처음 발매한 수만 장이 순식간에 다 팔려 다음 날에는 구할 수 없게 됐다. 그리고 10월인 지금까지 평양 사람들은 유치원에 다니는 애들까지도 그 영화를 보고 또 본다.

영화를 직접 보니 남녀 주인공이 미남, 미녀인 점도 이유가 됐겠지만 북한에선 상상할 수 없는 영화의 화려한 영상미와 액션, 촬영기술 등이 열풍의 근원이라 생각된다. 평양에 가면 이 영화에 노래가 열 몇 개 나오고, 춤 동작은 어떻고 하며 전부 외우고 있는 젊은이도 많다. 휴일에 모란봉에 가면 인도식 춤을 추는 남녀도 꽤 볼 수 있다.

영화는 형제끼리 왕위를 찬탈하는 과정을 그렸는데, 김정남 암살 사건을 모르는 사람이 태반이라 영화 내용을 놓고 그에 대해 논하는 사람은 거의 없다.

5월부터 일요일마다 2개 부씩 방영된 60부작 중국 드라마 〈붉은 수수밭(紅高梁)〉도 인기가 많았다. 북-중 관계가 경색됐을 때는 중국 드라마를 보는 것도 처벌 대상이었는데, 김정은 방중 이후인 4월 〈모안영(毛岸英, 마오안잉)〉이란 영화가 방영된 것을 계기로 중국 드라마가 조금씩 방영된다. 몇 달 전 '불순물'인 중국 드라마를 봤다고 평양에서 추방된 사람들은 너무 억울할 듯싶다. 그럼에도 '불순' 녹화물이나 출판물에 대한 통제가 훨씬 강화돼 지금도 여전히 걸리면 무조건 노동교화형이고, 가족이 지방으로 추방된다. 그래서 평양 사람들은 이젠 한국 드라마는 거의 보지 않는다. 그 대신 북한은 인도 영화나 중국 드라마의 사례처럼 선택적으로 높게 세웠던 문화적 방화벽을 차츰 낮추고 있다.

여기서 가장 주목할 점은 TV에서 새 외국 영화나 드라마를 방영하기 전에 일단 국영 '목란비데오'에서 제작한 CD부터 시중에 판매된다는 것이다. 새 중국 드라마의 경우 8개 부가 담긴 DVD가 북한 돈 8000원(약 1달러)에 팔린다. 또 휴대전화 게임이나 프로그램을 넣어주고 사진 인쇄, 일반 인쇄, '왁찐(백신)' 봉사 등을 하는 정보봉사소에서 돈을 받고 휴대전화에 드라마를 넣어준다. 드라마 1부 또는 중국 소설 1권당 보통 북한 돈 800원이다. 인증 번호를 설치해야 하기 때문에 파일을 주고받을 순 없다.

판매 이익금은 당국과 정보봉사소가 7 대 3의 비율로 나누어 가진다. 즉, 드라마 1개 부를 팔면 봉사소가 240원을 갖고, 나머지 560원은 상부에 바친다. 정보봉사소는 평양에 약 100개가 있는데 소속이 노동당 39호실이다. 39호실은 김정은 비자금 관리를 비롯해 노동당 자금을 관리하는 곳이다. 쉽게 말하면 노동당이 외국 드라마 장사를 시작한 셈이다.

불순이냐 아니냐를 결정하는 권한도 노동당에 있다. 〈바후발리〉도 몰래 보다가 잡히면 불순 영화를 봤다는 죄명으로 교화소에 갔을 것이다. 그러나 노동당이 판매한 이상 더이상 불순 영화가 아니다.

8월 20일부터 평양에서 『산과의사(产科医生)』라는 중국 소설이 판매되기 시작했다. 찾아보니 아닌 게 아니라 중국에 〈산과의사〉라는 의학 드라마도 있었다. 그럼 다음 수순은 뻔하다. 평양에서 곧 그 드라마 CD도 판매될 것이다. 그러고 나서 TV로 방영될 것이다. 〈산과의사〉는 중국의 어느 성급 대학부속병원 산과의사들을 주인공으로 하고 있다. 눈길을 끄는 점은 이 드라마 주인공들이 삼성 휴대전화를 무척 많이 사용하고 있다는 것이다. 북한이 삼성 로고를 어떻게 처리할지도 궁금하다.

노동당이 대북 제재로 말라가는 돈줄을 보충할 기막힌 방법을 찾아낸 것인데 기를 쓰고 통제하던 외부 드라마를 들여다가 돈을 버는 아이디어는 나도 상상하지 못했다. 중국만 해도 매년 수백 편의 드라마가 만들어지니 이걸 들여다가 자막을 입혀 팔면 마를 줄 모르는 돈줄이 될 것이다.

이왕 재미를 본 김에 한국 역사물 드라마나 영화 장사도 한번 해보면 어떨까. 중국 드라마보다 열 배 비싸게 불러도 엄청나게 잘 팔릴 것 같다.

남과 북, 좌와 우의 경계에서

'트럼프가 흠모하는 원수님' 만드는 법 | 2018. 9. 19.

지난 8월 22일 칼럼에서 북한 평양 시민 수만 명을 무더위 속에서 집단체조 훈련에 내모는 것을 비판했다. 칼럼이 나간 지 3일 뒤인 25일 오후 10시 김정은이 극비리에 몰래 집단체조 시연회에 나타났다. 워낙 비공개로 다녀가 집단체조 참가자들도 그날 왜 오전 3시까지 훈련해야 했는지 지금도 알지 못한다. 그가 다녀간 뒤 집단체조 내용이 대폭 수정됐다.

이번 공연엔 예전과 달리 '중국장'이라고 불리는 한 개 장이 특별히 추가됐다. 이는 시진핑 중국 국가주석을 겨냥한 서비스였을 것이다. 그때까지만 해도 김정은은 시 주석의 9월 9일 방북을 확신했던 것 같다. 하지만 도널드 트럼프 미국 대통령이 이틀 뒤 마이크 폼페이오(Mike Pompeo) 국무장관의 방북을 전격 취소하며 중국 책임론을 거론하자 시 주석의 방중은 무산됐다. 결국 리잔수(栗戰書) 중국 전국인민대표대회 상무위원장이 9일 공연을 대신 봤다.

김정은은 매우 아쉬울 것 같다. 김정은이 올해 3월부터 6월까지 세 차례나 중국을 찾아가자 북한 엘리트층에선 '굴욕적'이란 여론이 돌았다. 그래서 김정은은 이번엔 시 주석을 어떻게든 데려와야 체면이 선다고 타산했을 것이다.

김정은이 북-미 싱가포르 회담 이후 5년 전 중단된 집단체조 공연을 다시 시작하라고 지시한 것은 올해 중에 한·미·중 정상을 모두 평양에 불러올 수 있다고 봤기 때문으로 보인다. 북에서 이들 정상에게 집단체조만큼 자신 있게 보여줄 상품은 없다. 공연이란 장르를 통해 확실한 메시지를 전달할 수 있을 뿐 아니라 상대의 정신까지 쏙 빼놓을 수 있다.

싱가포르 회담 뒤 김정은은 미국 중간선거 전에 트럼프 대통령을 평양 시민 수만 명의 떠나갈 듯한 환호 앞에 세울 계획이었던 것 같다. 비록 지난 몇 달 새 일이 좀 꼬였지만 만약 그 시나리오가 현실화됐다고 하면 시각적 메시지를 너무 좋아하는 트럼프 대통령은 '엄청난 환대를 받았다'며 트위터를 통해 얼마나 두고두고 자랑할 것인가.

김정은은 외교 성과뿐만 아니라 확실한 내부 선전 소재도 만들 수 있다. 지금 북한은 초급 당 비서 이상 당 간부들과 2급 이상 행정기관 책임자들을 대상으로 진행되는 간부학습반 강연회에서 이런 선전을 하고 있다.

"트럼프는 푸틴이나 시진핑과 만나서도 강력한 악력으로 상대의 손을 잡아당긴 뒤 그 사진을 내돌리며 자신이 세다고 시위하는 '악수 외교'의 선수다. 하지만 이번엔 (김정은) 원수님의 손을 두 손으로 감싸쥐고 존경의 뜻을 표했다."

"원수님을 얼마나 흠모했던지 절대 비밀인 대통령 전용차 내부까지 다 보여주고 타보라고 권하기까지 했다. 초대국의 대통령도 이렇게 존경하는 분이 우리 원수님이다."

"트럼프는 원수님보다 두 배 넘는 거리를 달려왔다. 너무 떨려 방에

남과 북, 좌와 우의 경계에서

박혀 회담 준비에만 몰두했지만 원수님은 하루 늦게 도착하고도 여유 있게 시내 관광까지 했다.”

중앙당 강사들은 슬쩍 ‘동무들한테만 해주는 말인데……’ 하며 강연 자료에도 없는 이런 말을 한다고 한다.

“회담 때 트럼프가 원수님에게 핵무기가 몇 개 있냐고 물었다. 원수님이 수령님 대에 수백 개, 장군님 대에 수백 개, 내가 만든 것까지 하면 1000개 정도 있다고 대답하자 그는 너무 놀라 입을 딱 벌리고 핵 폐기가 아니라 서로 공존하는 방향으로 회담 의제를 돌렸다.”

북한은 공식 강연에서 차마 낯 뜨거워 하기 힘든 얘기는 추가로 소문을 만들어 퍼뜨린다.

“트럼프는 비록 군수독점 재벌의 대변인에 불과하지만 오래전부터 원수님을 매우 존경했고, 꼭 만나보고 싶어했다. 원수님을 가장 흠모하는 사람이 미국 대통령이 됐다. 영어, 중국어, 러시아어에 능통한 원수님은 트럼프와 40분 넘게 영어로 단독 회담을 했다.”

싱가포르에서 몇 시간 만나고 이 정도니, 미중 정상이 평양에 가면 어떤 위대한 김정은을 만들어낼까. 전 세계 강대국 지도자들이 앞다퉈 장군님을 흠모해 달려온다고 선전할 게 뻔하다.

문재인 대통령의 평양 방문도 당연히 좋은 선전 소재가 될 것이다. 그렇다고 평양에 가지 말랄 수도 없고, 북한 보고 사기 치지 말랄 수도 없고……. 쓸쓸하다. 북한은 저렇게 꿩 먹고, 알 먹고, 둥지 털어 불까지 때는데……. 그 대신 우리는 실리라도 확실히 챙겼으면 좋겠다.

사회주의 3시간, 자본주의 5시간

북한의 가장 유명한 종합편의시설 창광원에서 머리를 깎고 싶다면 두 가지 방법이 있다.

'사회주의 방법'은 새벽 5시 이전에 창광원 매표소에 가서 줄 서는 것이다. 지하철이나 버스 운행 전부터 창광원 매표소 앞엔 항상 긴 줄이 늘어서 있다. 오전 7시가 넘으면 표를 살 수 없다. 이렇게 표를 사면 북한 돈 800원(한화 약 100원)에 머리를 깎을 수 있다. 여성의 미용 요금은 스타일에 따라 북한 돈 수천에서 수만 원 사이이다. 이는 사회주의 국정 가격이다.

두번째 '자본주의 방법'은 아무 때나 창광원에 가서 접수원에게 담배 한 갑을 주고 들어간 뒤 이발사에게 북한 돈 1만 원 정도 직접 주는 것이다. 그러면 더위나 추위, 어둠 속에서 몇 시간씩 줄을 서지 않아도 되고, 줄 서도 표를 못 사는 일도 없다.

창광원 이발사들은 북한 최고 수준이다. 독립해 미용실을 차리면 창광원 커리어만 내세워도 큰돈을 벌 수 있다. 그런데 이들이 800원짜리 머리를 깎는 비밀은 따로 있다.

창광원 이발표는 한 사람당 봉사 시간을 40분으로 환산한다. 하루에 8시간 일한다고 가정하면, 12명만 깎으면 국가 과제가 끝난다. 그런데 실제로 이들이 손님 한 명의 머리를 깎는 데 걸리는 시간은 10분 정도, 길어야 15분이다. 국가 과제를 마치는 데 3시간여 정도만 쓰면 되는 것이다. 그리고 나머지 5시간은 1만 원 이상 내는 고객을 받는 '자본주의 시간'이다.

자본주의 시간에는 돈을 더 많이 주거나 꾸준히 찾아오는 단골이 우선이다. 단골은 이발사가 접수원에게 말해놓기 때문에 통과세인 담배를 주지 않아도 되고, 휴대전화로 예약도 받는다. 창광원은 물론 다른 고급 종합편의시설도 이런 식으로 운영된다.

평양에는 국영 이발소가 아닌 봉사소 간판을 내건 고급 독립 미용실이 많다. 남성 이발 가격이 대개 2~5달러(북한 돈 약 1만 7000~4만 2000원)로 창광원보다 더 비싸지만 부분 안마와 미안(얼굴 케어)까지 해준다.

여성 미용 요금은 천차만별이다. 동네 평범한 미용실에선 1만~2만 원 정도 받는다. 하지만 50달러 이상(북한 돈 40만 원 이상) 받는 고급 미용실도 많다. 최근 평양에는 1회에 200달러를 받는 미용실까지 생겼다고 한다. 이런 미용실은 최상의 미용 재료를 쓰고, 머리 스타일도 매우 다양하며, 미안과 안마도 최고 수준이다.

몇 년 전 나도 북한 정보원에게서 뜻밖의 '사례'를 요구받은 적이 있다. 제호까지 언급하며 남쪽 최신 헤어 잡지 몇 개를 보내달라는 것이었다. 나에겐 낯선 제호여서 검색해보니 그 분야에선 상당히 유명한 잡지였다. 왜 필요하냐고 묻자 "친척이 모 지방 도시에서 미용실을 하는데, 고객에게 몰래 남쪽 잡지를 보여주며 이 모양대로 해준다고 하면 돈을 세 배로 받을 수 있다"고 대답했다. 평양의 최고급 미용실에는 모름지기 고객에게 몰래 보여주는 세계 여러 선진국의 헤어 잡지가 다 있으리라 추정된다.

요즘 북한에선 이발사나 미용사는 굶을 걱정이 없다고 한다. 먹고살 만하니 꾸미는 데 신경을 쓴다는 의미다. 유명 미용실에서 경력을 쌓고 개인 미용실을 차린 뒤 머리 잘한다는 소문을 만들거나, 홍보를 잘하고 사은품을 듬뿍 주는 등 영업을 잘하면 고객이 많아진다. 물론 자기 명의의 미용실을 열 순 없고 국가기관 소속으로 등록한 뒤 월마다 입금한다. 공식적으론 기관 소속의 전문 미용사이지만 실제론 사장이다. 이렇게 해서 월 2000달러 이상 벌면 상위 1퍼센트 미만의 '미용사 갑부'가 될 수 있다.

이발과 미용을 사례로 들었지만, 요즘 북한의 대다수 서비스업은 이런 식으로 운영된다. 여러 증언을 종합하면 많은 서비스업은 사회주의와 자본주의에 들이는 시간 비율이 절묘하게도 거의 3 대 5 비율을 유지한다. 기관 소속인 경우, 입금액과 자기가 갖는 돈의 비율도 대개 이 정도 비율을 유지한다.

거슬러 올라가면 하나의 법칙을 발견하게 된다. 과거엔 사회주의에 바치는 시간이 압도적으로 많았지만 시간이 흐르면서 점점 더 자신이 갖는 몫이 커져왔고, 지금은 자본주의가 사회주의를 넘어섰다. 지금은 5 대 3 비율이지만, 6 대 2가 되는 것도 시간문제라고 본다. 7 대 1까지 넘는다면 매우 어리둥절해질 것 같다. 진짜 자본주의에 사는 나도 소득의 2할 이상을 세금으로 내는데 말이다.

남한은 '은행 피서', 북한은 '지하철 피서'

올여름 한반도의 기록적 폭염이 가장 끔찍했을 사람들은 아마 북한 주민이 아닐까 싶다. 수치로는 남쪽이 더 더웠지만, 한국은 에어컨이 많아 대다수 사람이 직장과 집에서 헉헉대며 살지 않아도 됐다. 북한엔 에어컨을 쓸 수 있는 사람은 한 줌도 안 되고 선풍기라도 있으면 다행이지만 전기가 부족하다.

이 와중에 북한은 9월 9일을 맞아 집단체조를 한다며 평양 시민과 학생 수만 명을 불러내 야외 훈련을 시키고 있다. 밖에 10분 서 있어도 땀이 뚝뚝 떨어지는 폭염에 확확 단 콘크리트 바닥 위에서 꼼짝 못 하고 강제로 몇 시간씩 훈련하는 모습을 상상해보라. 나도 예전에 평양에서 겪었던 일이지만, 이 무더위에 그런 훈련은 정신 나간 짓이라고밖에 설명할 수가 없다.

남쪽의 은행처럼 들어가 몸을 식힐 데도 없으니 노인들도 고통스럽긴 마찬가지다. 그나마 평양에서 누구나 몸을 식힐 수 있는 유일한 곳이 지하철이다. 지하 100m 이상 파고 들어간 지하철은 에어컨이 없어도 시원한 느낌이 든다. 평양 시민에게 여름에는 무더위를 식혀주고, 겨울에는 따뜻하게 몸을 덥혀주는 곳이 바로 이 지하철이다. '소(小)보수날'로 지정된 매월 첫 일요일을 빼고는 항상 운행된다. 게다가 싸기까지 하다. 평양 지하철은 2012년부터 지하철 카드라는 것을 도입했는데, 카드 가격은 쌀 1kg을 살 수 있는 5000원이고 별도로 승차 요금을 충전한다. 하지만 운임이 5원에 불과해 1000원만 충전하면 200번을 탈 수 있다.

평양 지하철은 2개 노선이며, 총길이 34km에 정차역은 16개이다. 아마 요즘도 평양 지하철역마다 무더위를 이기기 위해 들어와 머무는 사람들이 가득할 것이다. 다만 그런 사진은 공개되지 않는다. 사진을 찍을 수 있는 외국인이 참관할 수 있는 역은 승리역이나 영광역, 개선역 정도로 제한돼 있고, 이런 역은 통제가 된다.

북한 사람은 지하철에서 동영상과 사진 촬영이 금지된다. 사진 찍다 걸리게 되면 사진기나 휴대전화를 빼앗기는 것은 물론 직장에 통보되고 보안기관에 불려가는 등 각종 시끄러운 일을 당하게 된다. 아무리 외국인이 우대되고 자국민이 천시되는 북한이라지만 이 문제에 대해선 평양 사람들조차 불평이 크다. 근래엔 지하철에서 휴대전화를 보는 사람이 늘었다. 하지만 지하철엔 통신망이 없어 전화를 할 수 없고 대다수가 미리 내려받은 도서를 보거나 게임을 한다.

지하철에 들어가 더위를 식힐 수 있는 시간은 개장 시간인 오전 5시 30분부터 오후 10시 30분쯤까지이다. 평양 지하철은 입장 마감이 오후 9시 30분인데 2년 전쯤 30분이 더 연장됐다. 9시 30분 정각에 평양 지하철을 관리하는 지하철도운영국 군인들이 입구를 막는다. 여단 규모의 이 부대는 평양에서 근무하니 권력자의 자식들이 모이는 '꿀보직'이며, 여군의 비율이 높아 '임신 사건'이 가장 많이 나오는 부대이기도 하다.

평양 지하철은 '누구도 뒤에 남겨두지 않는다(No one left behind)'는 미군의 신조를 떠올릴 만한 독특한 관습이 있다. '누구도 지하에 남겨두지 않는 것(No one left underground)'이다.

종점에서 막차는 오후 9시 30분에 들어온 사람이 플랫폼에 올 때까지의 시간을 계산해 9시 45분에 떠난다. 그리고 환승역인 전우역이나 전승역에 와서는 다른 노선에서 내린 사람들을 기다리느라 20분 이상 정차한다. 그래서 막차를 타면 집에까지 가는 데 걸리는 시간이 길어진다. 막차를 타면 단 8개 역을 가는 데 1시간 이상 걸리지만, 그래도 걸어가는 것보다는 훨씬 낫다. 막차가 지나는 중간 역에선 10시가 넘어도 전철을 탈 수는 있다. 그 대신 9시 30분 이후엔 군인들에게 담배 한 갑 정도는 찔러줘야 한다.

평양 지하철은 전쟁이 나면 평양 시민을 위한 '전시 대피호'로 사용하려고 땅속 깊이 뚫었다. 대피호로 쓰인 적은 없지만 다행히 지금과 같은 무더위 속에선 시민을 위한 '폭염 대피소'로 제격이다. 북한 당국이 요즘 같은 때는 전철 운행 시간이 지나도 역사 안에서 무더위를 식힐 수 있게 개방 시간을 늘려주면 찬사를 받을 것이다. 그보다 훨씬 더 중요한 일은 시민과 아이들에게 더위를 먹지 않게 하는 것이다. 요즘 같은 살인 더위에 집단체조 훈련이 웬 말인가.

평양의 '궤도택시'와 '무궤도택시'

김정은이 새로 만든 무궤도전차를 보며 크게 만족해하는 사진이 8월 4일 북한 매체들에 실렸다. 김정은은 "대부분의 부품을 국산화하고 손색없이 잘 만들었다"고 치하하고 "인민들이 낡아빠진 대중교통 수단을 이용하며 불편을 느끼고 거리에는 택시들이 점점 늘어나는 것을 볼 때마다 늘 마음이 무거웠는데 이제는 전망이 보인다. 정말 만족한다"고 말했다.

이를 보니 3년 전 김정은이 자체로 만들었다는 새 지하 전동차를 둘러보던 장면이 떠올랐다. 그때도 그는 "수입병이라는 말 자체를 없애야 한다는 것을 실천으로 확증해줬다"며 흥분했다. 나중에 들으니 중국에서 전동차를 수입하려 했는데 너무 비싸 김정은이 200만 달러를 줘서 만든 것이라고 한다. "기관차도 만들었는데 전동차 하나 못 만들겠는가"라며 내리먹이는 지시에 몇 달 만에 급히 만들다 보니 주요 부품을 모두 중국에서 사 와서 조립한 것에 불과했다. 평양 사람들에게 물어보니 3년이 지난 지금 북한제 전동차는 딱 한 개 편성만 뛴다고 한다. 부품 사 올 돈이 없으니 그 이상 만들 수 없을 것이다. 그런데 3년 뒤 김정은이 이번엔 버스를 보고 똑같이 기뻐하고 있다.

버스 부품 국산화율이나 따지려는 게 아니다. 김정은이 대중교통 문제의 해법을 새 버스에서 찾았다면 현실을 모르고 있다. 평양에서 가장 '자본주의화'된 것 중의 하나가 바로 대중교통이다. 평양에는 표 받는 차장이 없는 버스도 많다. 북한에서 쌀 1kg이 약 5000원인데 버스비는 5원밖에 안 되니 차장이 없어도 차표를 잘 낼 수밖에 없다. 사실상 공짜 버스인데 버스 운전사들 처지에서 보면 아무리 일해봐야 남는 것이 없다. 그렇다고 배급을 제대로 주는 것도 아니고 월급도 있으나마나다.

결국 운전사들은 역이 아닌 곳에서 사람을 태워주거나 내려주고, 또 장사 물건을 옮겨주는 것으로 가외로 벌어 먹고산다. 평양 버스는 뒷문으로 탑승하는데 가다가 도로에서 손을 드는 사람을 앞문으로 태워주고 보통 1000원을 받는다. 이미 평양에는 교통보안원이나 단속대가 있는 곳을 피해 운전사와 시민들 사이에 무언의 약속이 이뤄진 노선별 탑승 장소도 다 정해져 있다. 1000원을 내면 길게 줄을 서서 기다릴 필요도 없고 언제든 시간 맞춰 타고 내릴 수 있어 선호하는 사람이 많다. 막차 시간인 오후 11시 이후 버스는 '아무 곳에서 세우고 타는 초대형 택시'로 변한다. 평양 사람들은 이런 버스를 '무궤도택시' 또는 '궤도택시'라고 부른다.

전기로 운행되지 않는 다른 노선버스는 출퇴근 시간에만 다닌다. 나머지 시간에는 합법적 택시와 장사 물건 운반 버스가 된다. 이들의 명분은 이렇게 돈을 벌어야 출퇴근 시간에 뛸 수 있는 연료와 부품을 살 수 있다는 것이다. 국가에서 줄 수 없는 것이라 통제도 못 한다.

평양에는 국영버스 외에 대중교통 노선을 따라 달리며 돈을 버는 기업 외화벌이용 '벌이차'도 많다. 보통 북에서 '롱구방'이라 불리는 미니버스다.

벌이차는 정전이나 혼잡으로 대중교통이 마비되는 시간을 노려 사람을 태우고 다니는데 평양역에서 광복역까지 약 6km에 5000원을 받는다. 그래도 기본요금이 2달러(북한 돈 약 1만 7000원)에, 이후 1km마다 0.5달러씩 오르는 택시보단 훨씬 싸다. 특히 시내 변두리로 향하는 노선에 벌이버스가 많은데 서평양-낙랑 노선의 부흥역 앞, 지체되기로 악명 높은 선교-만경대 노선의 역전백화점 앞에 벌이차가 제일 많다. 이밖에 통일거리엔 '통통이'라고 불리는 중국식 삼륜 전동차가 근거리 운송의 최강자로 부상했다.

평양엔 시외버스터미널 역할을 하는 곳도 여러 군데다. 대표적으로 서성구역 '3대혁명전시관' 앞 등에 가면 '몰이꾼'이라 불리는 호객꾼들이 저마다 자기 버스를 타고 가라고 사람들을 잡아끈다.

이렇게 평양의 교통 체계는 자연 발생적으로 시장화하고 있다. 평양 대중교통의 공공성을 회복하려면 무엇보다 전기 문제와 국영 운전사에 대한 보상 현실화가 시급하다. 또 국영 교통체계를 보조하는 벌이차, 택시, 통통이도 더 많이 경쟁시켜야 한다. 버스는 중국에서 사 와도 된다. 골동품 공장 몇 개를 겨우 가동하면서 아직도 제품을 국산화했느냐 안 했느냐를 따지고 있는 북한이 참 안쓰럽다.

김정은도 덥고 답답하다   2018. 7. 25.

4월 27일 판문점 남북 정상회담 만찬장에서 문재인 대통령이 이렇게 말했다.

"제가 오래전부터 이루지 못한 꿈이 있는데 바로 백두산과 개마고원을 트레킹하는 것입니다. 김정은 국무위원장이 이 소원을 꼭 들어줄 것이라 믿습니다. 제가 퇴임하면 백두산과 개마고원 여행권 한 장을 보내주겠습니까?"

그러자 김정은은 엉뚱한 답을 한다.

"오늘 내가 걸어서 온 여기 판문점 분리선 구역의 비좁은 길을 온 겨레가 활보하며 쉽게 오갈 수 있는 대통로로 만들기 위해 더욱 노력해 나가야 합니다."

왜 그랬을까. 내 생각엔 김정은이 '트레킹'이란 외래어를 알아듣지 못했을 것 같다. 북한에선 안 쓰는 단어다. 머릿속에 '개마고원에서 뭘 하고 싶다고?'라는 궁금증이 생기니 즉답을 못 했을 것이다. 만약 '개마고원을 걷고 싶다'고 했다면 김정은은 별것도 아니라며 흔쾌히 응했을 수도 있다. 어쩌면 '가을에 평양에 오시면 개마고원도 같이 갑시다'라고 역제안을 했을지도 모른다. 김정은은 돌아가서 트레킹이 뭔지 찾아봤을 것이다. 이달 그의 삼지연 방문을 보며 그랬을 것이란 생각이 들었다.

김정은은 삼지연에서 관광 구획 건설과 함께 예전과 달리 특별히 생태환경 보전을 강조했다. "산림을 파괴하는 현상이 나타나면 안 된다. 봇나무를 많이 심으라"고 구체적인 지시까지 했다. 어쩌면 김정은은 남조선 대통령까지 백두산과 개마고원에 오고 싶어한다니, 여길 원산 관광지와 엮어서 결합하면 좋은 관광 코스가 될 수 있겠다는 생각을 했을지도 모른다. 실제로 개마고원은 트레킹, 산악자전거, 산악자동차 대회 등을 유치해 전 세계 관광객을 모을 수 있는 조건을 충분히 갖추고 있다. 하지만 대북 제재가 풀려야 가능한 일이다.

트럼프 미국 대통령과 만난 이후 김정은은 모두 세 차례의 현지 시찰을 했다. 간 곳들을 보면 콩밭에 가 있는 김정은의 마음이 읽힌다.

지난달 말 찾은 신도군과 신의주는 북한의 1순위 특구 개발 예정지다. 그가 작은 모터보트를 타고 위태로운 선착장을 올라 구두에 진흙을 묻히며 걸었던 곳에 황금평 경제특구가 있다. 북-중이 2011년 6월 성대한 착공식까지 열었지만 그뿐이었다. 하지만 대만 폭스콘이 최근 황금평에 400만 달러 투자 의사를 밝혔다는 이야기가 나온다.

또다른 방문지 삼지연은 백두산을 끼고 있어 향후 원산과 더불어 매우 중요한 관광자원이다.

그가 일주일 전에 세번째로 방문한 청진과 어랑은 모두 북한이 지정한 경제개발구다. 김정은은 유명한 주을온천과 염분진해수욕장의 호텔 건설장에도 들렀다.

김정은이 시찰한 세 곳은 북한이 지정한 25곳의 경제특구 중에서 성공 가능성이 가장 높은 곳들이다. 김정은의 시찰은 현지 요해(파악)와 군기 잡기로 포장돼 있지만 실제 그는 '과연 여길 열어도 될지, 환경과 분위기는 어떤지 직접 눈으로 확인해봐야겠다'는 속셈이었을 것이다.

하지만 대북 제재가 유지되는 한 그의 구상은 이뤄질 수 없다. 트럼프 대통령이 대북 협상 부진으로 화를 낸다는 보도도 나왔지만, 사실 더 조급한 것은 김정은일 것이다. 미국인 인질도 보내고, 핵실험장과 미사일 발사장도 없애고, 미군 유골도 곧 보내기로 했지만 미국은 시원하게 해주는 것이 없다. 체제 안전 보장이나 제재 해제, 경제 지원 등 실질적으로 필요한 것을 언제 얻을지 기약도 없다.

일각에선 미국이 북한의 시간 끌기 전술에 말렸다고 하지만, 반대로 김정은의 처지에서 생각하면 그가 시간을 끌어 얻을 이득이 무엇이란 말인가. 고작 시간이나 끌려 했다면 자신이 직접 한국과 중국, 싱가포르를 오가며 초대형 쇼를 벌일 필요까진 없었다.

정상회담 결과들을 북한 내부에 최근 몇 달간 선전한 이상 김정은도 인민에게 보여줄 실질적 성과가 시급하다. 지금 북-중 국경에서 밀거래가 다시 활발해진다고 하지만 '언 발에 오줌 누기'일 뿐이다. 가장 중요한 돈줄인 광물·수산물 수출과 의류 임가공에 대한 제재를 풀지 못하면 북한은 오래 버티기 어렵다. 시간은 트럼프의 편도 아니지만 김정은의 편은 더욱 아니다.

마음은 이미 제재를 푼 이후에 가 있지만 미국 말만 믿고 전 재산인 핵을 선뜻 내놓기 두려운 것이 김정은의 현재 심정 아닐까. 열대야로 푹푹 찌는 지금, 김정은은 평소 여름마다 애용하던 원산 별장에 머무르고 있을 것 같다. 어디에 있든 몸과 마음이 참 덥고 답답할 듯하다.

베트남은 북한의 롤모델이 아니다

지난주 폼페이오 미국 국무장관이 빈손으로 평양에서 돌아온 것을 보며 미국이 북한을 깊이 '학습'하지 못했다는 생각이 들었다. 미국은 전리품에만 관심이 있지 전 재산을 도박판에 올려놓은 북한의 심정을 깊이 고려하지 않고 있다.

북한으로선 종전협정을 맺고 핵 목록 신고를 하면 적어도 북-미 대표부 정도는 개설하고, 미국에 핵 검증을 맡기면 북-미 수교와 체제 보장 선언 정도는 받아낼 것으로 생각할 것이다. 반면 미국은 요구는 섬세하지만 보상에 대해선 '일단 빨리 다 내놓으면 그다음은 만사 오케이'라는 식이다.

폼페이오 장관이 7월 8일 베트남에서 한 발언이 대표적 사례다. 그는 "김정은이 기회를 잡는다면, 미국과의 정상적 외교 관계와 번영으로 가는 베트남의 길을 따라갈 수 있을 것으로 본다. 이 기회를 잡으면 베트남의 기적은 당신(김정은)의 기적이 될 수 있다"고 말했다. 언론은 '미국이 베트남의 기적을 북한의 롤모델로 제시했다'고 보도했다.

베트남이 미군 유해 송환으로 신뢰를 쌓고 미국과 국교 수립을 했고 각종 제재를 푼 뒤 국제기구에 가입한 것은 사실이나, 이는 전형적인 미국의 시각이다. 그러나 김정은의 시각에서도 보자. 베트남은 30년 넘게 개혁개방 정책을 펴고 있는 나라지만 현재 1인당 국민소득은 2000달러 남짓(세계 130위권)이다. 과연 김정은의 눈에 베트남이 '번영의 기적을 쓰고 있는 롤모델'로 보일까.

특히 베트남은 1979년 '신경제정책'을 발표한 뒤 1986년 '도이머이 정책'을 내놓기까지 네 차례나 공산당 지도부가 바뀌었다. 보수파와 개혁파의 치열한 권력투쟁 끝에 전임 지도부에 실수와 능력 부족의 책임을 확실히 물은 뒤 개혁개방의 노선을 확정했다. 지도자가 실수할 수도 없고 책임질 일도 없는 북한으로선 받아들일 수 없는 모델이다.

폼페이오 장관이 북한에 베트남을 롤모델로 언급한 것은 그만큼 미국이 얼마나 북한을 이해하지 못하고 있는지, 또 이해하려 하지 않고 있는지를 보여주는 방증이다. 중동에서 수없이 되풀이된 미국의 특정 국가에 대한 몰이해, 그로 인한 실패들이 똑같은 방식으로 북한에서 반복될까 봐 우려스럽다.

차라리 미국이 26년 동안 집권하며 싱가포르의 번영을 이끈 리콴유(Lee Kuan Yew)의 길을 따르라 했다면 김정은은 더 솔깃했을 것이다. 리콴유는 장남인 리셴룽(Lee Hsien Loong)이 총리가 된 뒤에도 90세 가까이 '선임장관'이란 이름으로 나라를 실질적으로 통치했고, 죽은 뒤에도 '국부'로 추앙받고 있다. 싱가포르는 북한과 마찬가지로 강국에 둘러싸여 늘 안보 위협 속에 살아왔음에도 일당 독재를 유지했고, 국가가 기업을 경영하며 세계 최고 수준의 경제 성장에 성공했다. 김정은이 매력을 느낄 요소가 베트남에 비교할 바가 없이 많은 나라다.

그 밖에도 김정은이 롤모델로 참고할 나라는 많다. 싱가포르처럼 가난한 어촌에서 세계적 도시로 성장한 중국의 '선전(深圳) 모델'은 어떤가. 리콴유도 "선전의 미래는 곧 중국의 미래"라고 예언했다. 선전은 중국식 시장경제의 시험 무대로 대성공을 거두었고, 중국 개혁개방의 기관차가 됐다. 북한에도 개성, 신의주, 나선처럼 선전의 역할을 할 도시들이 있다. 또 선전을 만든 덩샤오핑(鄧小平)이 모방했던 박정희식 개발 모델도 있다.

위의 사례들은 모두 세계에서 평가받는 모델들이지만, 다 과거일 뿐이다. 21세기 4차 산업혁명 시대에 사는 김정은은 새로운 '김정은식 모델'을 만들어야 한다. 가령 김정은은 좁은 국토와 부족한 자원을 4차 산업혁명 인재 양성으로 극복해가는 '에스토니아 모델'도 적극 받아들일 필요가 있다.

2007년 앨빈 토플러(Alvin Toffler)는 "한국 학생들은 미래에 필요하지 않은 지식과 존재하지 않을 직업을 위해 매일 15시간씩 낭비하고 있다"고 말했다. 한국은 11년이 지난 지금도 암기 위주의 주입식 교육에서 벗어나지 못했고, 벗어날 힘도 없어 보인다. 북한이 4차 산업혁명 인재 양성 시스템을 제대로 갖춘다면 20~30년 뒤 한반도의 주도권을 가질 수도 있다.

김정은에게 보여줘야 할 미래는 베트남이 아니라 이런 것들이어야 한다. 트럼프 대통령은 "김정은이 북한 주민들을 위해 다른 미래를 볼 것이라는 진심을 보았다"고 했다. 그 진심을 나도 보았기에, 진심으로 이런 글을 쓰는 것이다.

남과 북, 좌와 우의 경계에서

김정은,
아버지의 마지막 꿈을 기억하라

2011년 8월 김정일은 뇌중풍(뇌졸중) 후유증으로 절뚝거리며 힘겹게 생애 마지막 해외 방문에 나섰다. 나흘 동안 열차로 3900km를 이동해 간 곳은 러시아 아무르주. 이곳에서 그는 서울 면적(6만 ha)의 세 배가 넘는 빈 땅 20만 ha를 임차해 농사를 짓겠다는 구상을 밝혔다. 그는 그해 10월에도 아무르 주지사를 평양에 불러 임차 계획을 구체화했다. 그러나 김정일이 두 달도 안 돼 사망하면서 그의 마지막 꿈은 물건너가는 듯했다.

북한이 2013년 아무르주에 1000ha 규모의 작은 시범농장을 시작하고 이듬해까지 운영했다는 것까진 알려졌지만 이후 소식이 없다. 작황도 시원치 않았던 것 같고 대북 제재로 대규모 인력 파견이 쉽지 않았을 것으로 보인다.

김정일은 북한의 식량 문제를 풀려고 농지 임차 계획을 세웠겠지만, 만약 이 구상이 지금 현실화됐다면 다른 시각에서 탁월한 선택이 됐을 가능성이 있다. 세계 두 강대국인 미국과 중국이 무역전쟁을 치르면서 대두가 초미의 관심사로 떠올랐기 때문이다.

미국이 500억 달러 상당의 중국산 제품에 25퍼센트의 수입 관세를 부과하겠다고 하자, 중국이 내달 6일부터 미국산 대두에 25퍼센트의 관세를 부과한다고 발표했다. 지난해에 중국은 미국산 대두 3300만 톤, 139억 달러어치를 수입했다. 문제는 미국산 대두에 관세를 부과하면 중국인의 밥상에서 빠지지 않는 돼지고기와 식용유 가격도 덩달아 오르게 된다.

중국은 미국산 대두를 대체할 수입처를 찾지 못했다. 동북 지역을 활용해 내수로 대체하려 해도 경작지가 많지 않고, 시간도 꽤 걸린다. 하지만 러시아 극동(원동)의 광활한 땅은 중국의 대두 공급처로 적합하다. 북한이 20만 ha에 콩을 심었다면 최대 40만~50만 톤을 생산했을 것이다. 러시아 극동의 1ha당 콩 생산량은 유기농 1톤, 일반 콩은 최대 3톤을 넘지 못한다.

극동에선 콩, 보리, 밀, 귀리를 한 세트로 순환 재배를 한다. 이 작물들은 높이가 비슷해 한 콤바인으로 경작이 가능하다. 옥수수는 높이가 달라 콤바인을 새로 사야 한다. 극동에서 쓰는 농기계는 미국산이 많다. 한국 농기계는 작아서 광활한 극동의 농사엔 적합지 않다. 극동에 경작지가 늘면 미국 농기계도 대거 팔릴 것이다.

하지만 미국이 자국 농가들에 직접적 피해가 될 러시아 극동 농지 개간을 반길 리 만무하다. 그럼에도 생산량 100만 톤 정도는 북한과 러시아만 결심하면 얼마든지 가능하다. 중국을 경계하는 러시아는 극동에 북한 외에 딱히 갖다 쓸 만한 노동력이 없다.

러시아산 곡물은 한국인과도 밀접히 연관될 수 있다. 2년 전 러시아는 유전자변형동식물(GMO) 금지법을 채택했다. 러시아산 곡물은

Non-GMO라는 의미다. 우리나라는 연간 1000만 톤의 GMO 곡물을 수입한다. 인구 1인당 쌀 소비량이 65kg인데, GMO 소비량은 45kg으로 세계 최대 수준이다. 한국에선 GMO 대두 100만 톤이 독성 물질인 헥산을 사용하는 유기 용매 추출 방식으로 식용유 생산에 쓰인다.

GMO 유해성은 과학적 논쟁의 대표적 주제다. 한쪽에선 한국이 GMO를 수입하기 시작한 1990년대 중반 이후 자폐증과 대장암 발병률 세계 1위, 유방암과 치매 증가율 1위가 됐으며, 출산율에도 지대한 영향을 미친다고 주장한다. 또다른 쪽에선 GMO 부작용이 전혀 근거가 없다고 한다. 어느 쪽이 맞는지는 모른다. 다만 북한에서 살다 온 나는 왜 같은 민족인데 남쪽엔 자폐증과 치매 환자 등이 너무 많은지 그 이유를 잘 모르겠다. 북한은 GMO에서 완전히 벗어나 있고, 콩기름도 전통적 압착 기법으로 생산한다.

수입 GMO 곡물을 러시아산 Non-GMO 곡물로 대체하면 최소한 손해 볼 일은 없다. 깨끗한 공기와 더불어 안전한 먹을거리 역시 한국인의 사활적인 관심사다. 이런 점에서 문재인 대통령은 이번 러시아 방문 때 농업 교류를 좀 더 중요하게 다뤘어야 했다. 이미 극동 지역엔 한국 농업인들이 진출해 10만 ha 이상 경작하고 있다.

극동 농업은 노동력 때문에 북한의 참여가 필수적이다. 러시아는 김정은에게 9월 이전 자국을 방문해달라고 요청했다. 만약 간다면 농업 교류를 먼저 추진하길 바란다. 이는 강대국들이 사활을 건 이해관계에 북한이 뛰어들 수 있는 카드이기도 하다. 김정은이 아버지의 마지막 꿈을 기억하기 바란다.

김정은, 이젠 진심을 보여주라 | **2018. 6. 13.**

싱가포르로 날아간 김정은 북한 국무위원장을 보며 18세기 연암 박지원이 쓴 「허생전」을 떠올렸다. 외진 산골에 박혀 있던 허생은 굶주린 아내의 질책에 7년 만에 집을 나서더니 서울 최고 부자에게서 1만 냥을 빌려 순식간에 100만 냥을 만들었다.

김정은도 집권 7년째에 문을 열고 나와, 전국을 휘젓고 다닌 허생처럼 남쪽에도 오고 중국에도 갔다. 시골 선비인 줄 알았는데 지금까지 카메라 앞에서 보여준 행동거지, 임기응변은 외교 신인답지 않다.

2018년 6월 12일 세기의 북-미 정상회담으로 김정은이 판을 짠 외교 행보는 설계대로 화룡점정을 찍었다. 이 과정에서 김정은은 '운전자'가 되고 싶은 문재인 대통령을 적절한 시점에 두 번이나 활용했고, 북-미 '빅딜'에 불안감을 느끼는 중국 대륙의 황제도 두 번이나 찾아가 안심시켰다. 두 달 동안 네 차례의 숨가쁜 정상회담을 연 끝에 드디어 세계 최강국 미국의 수뇌와 마주앉는 데 성공했다.

김정은은 원했던 합의문뿐만 아니라 많은 것을 함께 얻었다. 특히 이미지 세탁에 성공했다. 지난달 25일 김정은과 만난 문 대통령이 "김위원장이 한국에서도 아주 인기가 많다"고 말한 것은 우연이 아니다. 4·27 남북 정상회담 전후로 대학생 195명을 대상으로 한 조사에서 김정은에 대한 긍정 이미지는 회담 전 4.7퍼센트에서 약 열 배인 48.3퍼센트로 급증했다. 부정적 이미지는 87.7퍼센트에서 25.8퍼센트로 크게 감소했다.

싱가포르에서 전 세계의 스포트라이트를 받으며 김정은에 대한 세계인들의 부정적 이미지도 크게 희석됐을 것이다. 뉴욕타임스도 6일 "수개월 사이 김정은은 핵에 미친 사람에서 숙련된 지도자로, 현대 외교에서 가장 눈에 띄는 변신을 달성했다"고 평가했다. 고모부와 이복형까지 죽인 살인적인 독재자이자 핵 미치광이라는 이미지를 각국 정상들과 마음을 터놓고 대화하는 합리적 지도자의 이미지로 바꾸는 데 성공했다는 것이다.

이것만으로도 김정은은 충분히 자신감을 가질 만하고 뿌듯한 느낌이 들 것이다. 하지만 지금이야말로 자신이 왜 이 길을 떠났는지, 출발선에 선 심정으로 되돌아볼 때이다. 이번 결행의 목적이 이미지 세탁이나 트럼프 미국 대통령의 인정을 받기 위한 건 아닐 것이다. 가난한 북한과 자신의 미래를 바꾸기 위해 떠난 길일 것이다.

김정은의 희망대로 북한을 발전시키려면 이제 외부 투자를 받아야 한다. 핵까지 내놓은 진짜 이유가 바로 이걸 위해서다. 하지만 남의 돈은 좋은 이미지만으론 절대 받을 수 없다. 자본주의 사회에서 투자를 받으려면 성공에 대한 확신과 함께 나를 믿어도 된다고 투자자를 이해시켜야 한다. 특히 가진 것이 없을수록 투자자의 신뢰를 진실된 마음으로 얻어내야 한다.

2018

북한보다 더 가난했던 1960년대에 가난한 조국을 후대에 물려주지 않겠다는 집념으로 가득했던 40대 지도자가 바로 그랬다. 1963년 서독을 방문한 당시 박정희 대통령은 루트비히 에르하르트(Ludwig Erhard) 총리를 만나 호소했다.

"우리 국민 절반이 굶어 죽고 있다. 빌린 돈은 반드시 갚는다. 도와달라. 우리 국민 전부가 실업자다. 라인강의 기적을 우리도 만들겠다."

이 말을 하며 박정희는 눈물을 흘렸고, 이 말을 옮기던 통역관도 함께 울었다.

진심은 통한다. 광복 후 최초의 차관(借款)을 주었던 서독은 박정희와의 만남 이후엔 담보도 필요 없는 막대한 추가 지원으로 고속 성장의 밑천을 마련해주었다.

1960년대 한국의 구세주가 '라인강의 기적'을 이뤘던 서독이었다면 오늘날 북한의 구세주는 '한강의 기적'을 만든 동포의 땅 한국이 될 것이다. 남쪽의 많은 사람이 김정은의 이미지가 아닌 진심에 감동할수록, 한국은 큰 내부 갈등이 없이 북한 발전의 최대 후원자가 될 것이다.

이제 박정희의 눈물을 김정은이 흘려야 하고, 박정희의 길을 김정은이 가야 한다.

"김정은은 나라를 아주 많이 사랑하는 유능한 사람"이라는 트럼프 대통령의 평가가 맞는다면, 북-미 회담의 다음 행보로 그가 한국 언론 앞에 나서길 바란다. 단독 회견이든 기자회견이든 상관없다. 그 자리에서 남한 국민을 향해 이렇게 호소해야 한다.

'북한은 가난하다. 도와달라. 한강의 기적을 우리도 만들겠다.'

북한 재건에 통찰력을 더하라 | 2018. 5. 16.

요즘 남한 언론을 열심히 본다고 하니, 김정은 국무위원장을 위시한 북한 지도부가 이 글도 자세히 읽어줬으면 좋겠다.

북한이 북-미 수교를 통해 '정상 국가'로 나가면, 남한과 국제사회의 투자도 활발해질 것이다. 역사상 처음 오는 절호의 기회다. 하지만 절대로 허겁지겁 지원을 받아오는 것에만 급급해선 안 된다. 미래를 내다보는 지도자의 통찰력과 결단에 따라 똑같은 지원으로 몇 배의 효과를 만들 수도 있고, 물에 풀린 설탕처럼 지원이 흔적조차 없이 사라질 수도 있다. 평소에 북한 개발과 관련해 생각했던 것 중 세 가지만 적어본다.

첫째로, 일석이조의 효과가 나는 분야에 외부의 지원을 집중하길 바란다.

실례를 든다면, 남북 관계 개선과 더불어 남쪽에선 한반도 통합 교통망 실현이 우선적 과제로 꼽히고 있다. 그런데 담당 부처인 국토교통부에서 지난해 만든 '한반도 통합철도망 마스터플랜'을 보면 비전문가인 나는 이해 불가다. 경의선 고속철도 건설 비용을 무려 24조 5100억 원으로 계산했다. 노선 길이는 더 길고 터널과 교량이 70퍼센트나 되는 경부선 고속철도(KTX) 건설에도 20조 원 정도 든 걸로 아는데, 평야가 대다수인 경의선이 더 비싸다.

북한에선 총사업비의 30~50퍼센트 정도인 토지 수용비도 필요 없고, 인력은 값싸고, 환경영향평가나 반대 시위와 같은 사회적 비용 지출도 없다. 중국의 고속철 1km당 건설비를 단순 대입해도 10조 원 이상 나올 수 없다.

그럼에도 남쪽에서 24조 원을 투자해주겠다면 북쪽은 여러 필수 사업을 철도 건설과 동시에 해결하면 된다. 가령 이왕 땅을 파는 김에 지하에 가스관과 전력선을 함께 묻게끔 설계하고 그 위에 고속도로와 철도를 같이 건설할 수 있다. 일석삼조를 얻을 수 있는 것이다. 도로 밑에 전력선을 묻으면 나중에 자동충전식 자율주행차 도로로도 쉽게 개조할 수 있다.

둘째로, 대담하게 농경사회에서 벗어나 '스마트 메가시티' 시대로 도약하길 바란다.

현재 북한의 농축산·어업 종사자는 약 440만 명. 가족까지 포함하면 농촌에 1000만 명 이상 묶여 있다. 그런데 1년 곡물 생산량은 500만 톤도 안 된다. 농가 인구 530만 명이 매년 곡물 4억 톤 이상을 생산하는 미국과 비교하면 북한 농업은 비효율의 극치다. 북쪽은 농사에 적합한 지형도 아니다. 농촌을 버려야 북한이 산다.

강력한 인구 이동 통제 정책으로 북한의 도시화율은 남한의 1970년대 수준에도 한참 못 미친다. 남한의 현재 도시화율은 90퍼센트에 육박한다. 도시화 진행 속도가 점점 빨라지는 것은 세계적 추세이기도 하다.

북한도 빨리 도시화를 해야 글로벌 경쟁력을 가질 수 있다. 재건비가 많이 드는 낡은 소도시와 농촌을 과감하게 포기하고 4차 산업혁명 시대에 맞는 '스마트 메가시티'를 받아들여 도입해야 한다. 정보기술 강국인 남한은 이를 도울 수 있는 충분한 잠재력이 있다.

북한은 인구 300만 명 규모의 권역 6개 정도만 집중 건설해도 충분히 먹고살 수 있다. 동해엔 인구 수억 명의 중국 동북 지역을 배후로 한 청진-나진 권역, 자원 개발이 유망한 단천 권역, 일본을 겨냥한 함흥-원산 권역을 키우면 된다. 또 서해엔 남쪽과 협력하는 해주-개성 권역, 중국을 배후로 한 신의주 권역, 대규모 공단 조성이 가능한 평양-남포 권역을 생각해볼 수 있다. 이런 지역을 선택해 투자를 집중하면 막대한 개발비를 줄일 수 있다.

셋째로, 자존심을 버릴 땐 과감히 버려야 한다.

가령 현재 북한에 제일 시급한 것은 전력인데, 발전소를 새로 건설하려면 막대한 비용과 시간이 든다. 반면 남쪽은 1년에 며칠을 제외하면 1000만 kW 이상의 전기가 남아돈다. 200만 kW로 버티는 북한이 흥청망청 쓰고도 남을 양이다. 남한도 전력 공급을 중단하면 북한이 순식간에 멈춰 서는, 일종의 대북 지렛대를 만들 수 있기 때문에 전력 공급에 인색하진 않을 것이다. 북한에 충분한 발전소를 지을 때까지 자세를 낮추며 남한과 사이좋게 지내면 북한 경제를 최대한 빨리 재건할 수 있는 황금 같은 시간과 돈을 절약할 수 있다.

북-미 수교에 자신이 있다면, 이제 경제 및 국토개발 계획도 제대로 상상하며 만들어가야 할 것이다. 북한이 고속 성장의 기적을 쓰기를 진심으로 소망한다.

10년만 본 아버지, 50년을 보는 아들

2018. 5. 2.

역사적인 남북 정상회담을 한 달 앞두고 북한 권력자가 탄 특별열차가 중국에 갔다. 집권 후 첫 중국 방문이었다. 그는 베이징에서 중국 수뇌부를 만나 대남 정책 선회 배경을 설명했다. 남북 관계 개선으로 살길을 찾겠노라 역설했으리라.

이것은 2000년 5월 김정일의 중국 방문 이야기다. 한 달 뒤 평양에선 전 세계가 지켜보는 가운데 남북 정상이 포옹했고 획기적인 6·15 남북 공동성명도 발표됐다. 지난 4월 27일 판문점에서 봤던 것과 판박이다. 그 이후의 역사는 모두가 안다. 북한은 변하지 않았다. 그래서 오늘날 김정은의 파격도 아버지의 쇼와 다를 바 없을 것이라고 생각하는 사람이 적지 않다.

하지만 난 18년 전 김정일과 지금 김정은의 처지는 전혀 다르다고 본다. 김정은이 3월에 시진핑 중국 국가주석을 만나 "덩샤오핑의 개혁개방 길을 빨리 걸었어야 했는데"라고 했다는 이야기를 들었다. 알고 보면 김정일도 18년 전에 '북한의 덩샤오핑'이 되려고 결심했다. 그때는 사람들이 굶어 죽을 때라 절박함은 더했을지도 모른다. 2001년 1월 상

남과 북, 좌와 우의 경계에서

하이에 간 김정일은 푸둥지구, 증권거래소, 제너럴모터스 자동차공장, 농업개발구역을 차례로 돌아봤다. 그의 입에선 "중국이 천지개벽을 했다"는 극찬이 나왔다.

귀국한 김정일은 '신사고(新思考)'를 주문했고, 변화하는 현실에 맞게 경제관리방법을 개선하라고 지시했다. 이듬해 획기적인 경제개혁인 '7·1경제관리개선 조치'가 발표됐다. 두 달 뒤인 9월 중국계 네덜란드인 양빈을 초대 행정장관으로 한 신의주특구개발계획도 발표됐다. 특구에 입법 행정 사법권을 모두 다 준 개방에 가까운 결단이었다.

하지만 불행하게도 김정일의 '덩샤오핑 되기'는 딱 거기까지였다. 그는 더 나아가지 않고 얼마 뒤 주저앉았다. 중국이 국경에 마카오를 능가하는 거대한 도박 도시가 설 것을 우려해 양빈을 구속하자 김정일은 분노했다. 미국의 부시(George W. Bush) 행정부가 북한을 악의 축으로 낙인찍자 김정일은 좌절했다. 2004년 4월 김정일 암살 시도로 보도된 평북 용천역 대규모 폭발 사고가 터지자 그는 도입했던 휴대전화 서비스를 다시 금지했다. 이때쯤부터 북한은 7·1개혁 조치의 동력을 잃었다. 2004년 8월 부인 고용희마저 암으로 죽은 뒤부턴 김정일은 모든 의욕을 잃은 듯했다.

2006년 1월 그의 세번째 중국 방문은 이를 입증해준다. 그때도 김정일은 대표적인 개방 지역인 광둥성과 후베이성에서 전자 첨단산업 현장을 둘러봤다. 중국이 대규모 경제 협력도 제안했지만 김정일은 5년 전과 달리 어떠한 반응도 없었다. 한 가닥 가졌던 개혁의 의지가 이미 그의 몸에서 빠져나갔기 때문이다.

환갑을 넘겼을 때 김정일은 몸과 마음이 다 늙고 병들어 있었다. 그가 2008년 8월 뇌중풍으로 쓰러진 뒤 건강이 악화된 것처럼 알려졌지만, 사실 그는 50세 이후부터 각종 질병에 시달렸다. 아픈 사람은 만사가 귀찮은 법이다.

애초에 방향을 잘못 정한 북한이란 배가 이대로 가다간 경제난이란 빙산에 부딪쳐 가라앉을 수밖에 없음을 알면서도 그는 키를 돌리지 않았다. 모름지기 그는 '내가 죽을 때까진 빙산에 부딪치지 않을 것이고, 10~20년만 버티면 된다'고 판단한 듯하다. 죽을 때까지 가진 것을 움켜쥐는 길을 선택했다. 지도자가 아닌 한 인간으로서의 이기적인 선택이었다. 그렇게 북한은 침몰이 예고된 방향으로 계속 나아갔다. 그리고 김정일은 북한이 붕괴되기 전에 죽었다.

키를 넘겨받은 김정은은 아버지와 처지가 전혀 다르다. 그는 젊고, 자신만만하며 추진력도 있다. 무엇보다 최소한 50년쯤 더 선장을 해야 하는 처지다. 열 살도 채 안 된 세 자녀의 미래까지 생각한다면 더 멀리 봐야 할 것이다. 지금 갑자기 키를 돌려도 빙산을 피할 수 있을지, 배가 통제력을 잃어 전복되진 않을지 등 각종 불안한 마음도 없진 않을 것이다. 그럼에도 이대로 가면 침몰할 수밖에 없고, 키를 돌려야만 살 확률이 있다는 것은 자명하다. 바로 지금이 아니면 더이상 기회가 없을지도 모른다.

이것이 10년만 본 김정일과 50년을 내다봐야 하는 김정은의 근본적 차이이다. 김정은의 현명한 결단이 계속 이어지길 기대한다.

북한 동화 '황금덩이와 강낭떡'의 교훈   2018. 4. 18.

북한 아이들은 어려서부터 김일성이 들려주었다는 '황금덩이와 강낭떡' 동화를 배우며 자란다. 내용을 요약하면 이렇다.

옛날 어느 마을에 대홍수가 나자 지주는 제일 소중한 황금덩어리들을 보자기에 싸 들쳐 메고 나무에 올라갔다. 그의 머슴은 강낭떡(옥수수떡)을 싼 보자기를 메고 옆 나무에 올라간다. 비는 며칠이고 그칠 줄 몰랐다. 점점 배가 고파진 지주는 머슴에게 황금 한 덩이와 강낭떡을 바꾸자고 제안한다. 하지만 머슴은 한마디로 거절한다. 날이 갈수록 지주가 주겠다는 황금덩이 수는 늘어가고, 마침내는 금을 몽땅 줄 테니 떡을 하나만 달라고 사정사정하지만, 머슴은 끝내 '난 금이 필요 없다'며 거절한다. 굶주린 지주는 결국 정신을 잃고 나무에서 떨어져 죽는다. 홍수가 끝난 뒤 머슴은 지주가 남긴 황금을 차지하고 팔자를 고친다.

이 동화를 통해 북한은 황금만능주의는 강낭떡 한 개보다 쓸데없는 욕심이라고 아이 때부터 주입하고 있다. 또 머슴보다 어리석은 지주와 자본가는 탐욕만 부리다가 결국 망할 수밖에 없다고 가르치고 있다.

요즘 한반도 정세가 돌아가는 것을 보니 어렸을 때 배웠던 이 동화가 불쑥 생각났다. 바로 지금 김정은이 먹지도 못할 황금덩이를 부둥켜안고 점점 정신이 혼미해가는 지주의 신세이기 때문이다.

국력을 총동원해 핵과 미사일을 만들어 보따리에 싸 들었지만, 그것으로 배를 채울 수는 없다. 국제사회의 강력한 대북 제재는 무서운 홍수처럼 언제 끝날지 끝이 보이지 않는다. 결국 배에서 꼬르륵 소리가 나자 김정은은 황금덩이를 꺼내선 미국과 한국을 향해 떡을 바꿔 먹자고 손을 내민 형국이다.

문제는 아직 북한이 동화 속 지주처럼 굶주려 정신이 혼미해진 상황은 아니라는 것이다. 김정은은 지난달 중국에 가서 "한미가 선의로 우리의 노력에 응해 평화 안정의 분위기를 조성해 평화 실현을 위한 단계적, 동시적인 조치를 한다면 한반도 비핵화 문제는 해결될 수 있다"고 말한 것으로 알려졌다.

하지만 이는 트럼프 미국 대통령의 생각과 거리가 있다. 그의 속내는 '단계적 접근 방식을 택한 과거의 협상이 모두 실패했고, 북한이 시간을 버는 것을 허용하는 협상에 관심이 없다'는 것이다. 아마 트럼프 대통령은 북한이 '완전하고 검증 가능하며 불가역적인 비핵화(CVID)'를 선언하고, 최소한 먼저 핵시설을 불능화한 뒤 국제원자력기구(IAEA)의 사찰을 수용하기를 기대할 것이다.

이렇게 북-미의 견해차가 많이 클 때 김정은이 떠올려야 할 것이 바로 '황금덩이와 강냉떡'이란 단순한 동화가 아닐까 생각한다. 굶주린 사람에겐 먹을 것을 쥔 사람이 갑이다. 그래서 홍수가 나자 지주와 머슴의 갑을 관계가 바뀌었다.

대북 제재로 굶주려가는 북한은 이대로 시간이 흐를수록 점점 더 불

남과 북, 좌와 우의 경계에서

리한 상황에 놓이게 된다. 아직까진 당당하게 '단계적, 동시적 조치'를 주장하고 있지만, 앞으로 점점 목소리에 힘이 빠질 수밖에 없다.

김정은 역시 시간이 자기편이 아님을 모르진 않을 것이다. 그러니 아직 기운이 있는 바로 지금 최대의 양보로 최대의 실리를 택하는 것이 최선이 아닐까 싶다. 가끔 억울한 생각이 들 때면 할아버지 김일성이 들려줬다는 이 동화를 떠올리면 좋겠다. 핵을 꼭 부둥켜안고 놓지 않으면 결국 목숨도 핵도 다 잃게 된다.

어른이 돼 다시 곰곰이 생각해보니 김일성이 각색한 이 동화는 한편으로 매우 비인간적이고 잔인한 동화이기도 했다. 머슴은 갑이 되자 눈앞에서 지주란 사람이 굶어 죽어가도 눈 하나 까딱하지 않았다. 지주 자본가는 무조건 죽어야 한다는 북한식 계급 노선만 반영됐을 뿐, 생명 존중 사상은 전혀 고려되지 않았다.

이 동화의 한국판은 좀 다르다. 지주는 금을 몽땅 내어주고 머슴에게서 강낭떡 하나를 얻어먹을 수 있었다. 난 머슴이 남의 불행을 이용해 뜯어내는 데서 지주보다 더 영악한 기질을 보인 이 결말도 마음에 들지 않는다.

'서로 떡을 나눠 먹고, 욕심 많던 지주도 뉘우치고 개과천선해 홍수가 끝난 뒤 둘이 사이좋게 지낸다' 이렇게 바뀌면 훨씬 더 인간적인 동화가 되지 않았을까 싶다. 현실성이야 제일 떨어지겠지만 아이들을 교육하는 동화 아닌가. 동화가 아닌 현실에선 김정은과 트럼프의 만남은 어떤 마무리로 끝날지 참 궁금하다.

김정은도 감동했다는
평양의 환호

2018. 4. 4.

"오늘밤 테레비에서 남조선 공연을 방영한대."

소문은 바람처럼 빨랐다. 어린 나도 어른들 따라 일찌감치 TV와 마주앉았다. 그때가 1985년 9월이었다. 분단 이후 최초의 '이산가족 고향 방문단 및 예술공연단' 교환 방문 행사가 진행됐고, 북한은 이를 생중계했다.

내가 본 첫 남쪽 예술이었다. 그러나 부푼 기대는 이내 바늘에 찔린 풍선처럼 피식 빠졌다. 예술인처럼 보이지 않는 노인들이 느릿느릿한 가야금에 맞춰 이상한 발성으로 목청을 뽑았다. 어머니는 전통 가야금과 판소리라고 말해주었다. 참고로 북한은 1960년대에 가야금을 기존 12현에서 21현으로 개량했고 판소리는 음악계에서 퇴출시켰다.

난 공연을 보다 잠들었다. 그렇게 졸음을 부르는 음악은 처음이었다. 이후부터 '예술은 북쪽이 훨씬 앞섰다'라는 당국의 선전을 확실히 믿었다. 내가 봤으니까.

그러다 1997년 겨울 평양행 열차에서 〈홀로 아리랑〉을 만났다. 당시는 전력난으로 기차가 수백 킬로미터를 가는 데 일주일씩 걸렸다. 사람들은 밤이면 칠흑 같은 어둠 속에서 노래를 부르며 추위와 무료함을 달랬다. 어느 밤 객차 앞쪽에서 청년의 노랫소리가 들렸다. 생전 처음 들어보는 노래와 창법이었다. 사람들은 연방 재청을 외쳤고 나 역시 그랬다. 전율을 느낄 만큼 좋았다. 탈북해서야 그날 밤 청년이 부른 노래들이 한국 가요였고, 그 중 하나가 〈홀로 아리랑〉이란 걸 알았다. 어둠에 얼굴을 숨겼던 청년은 노래를 참 잘했다. 그가 어디서 그 노래들을 배웠는지는 알 수 없다. 초기에 탈북해 중국에 갔다 왔던 청년은 아니었을까.

그로부터 20여 년이 흘렀고, 지금은 북한 사람들도 웬만한 한국 노래는 다 안다.

남북 간 예술 교류도 적잖았다. 가장 화려했던 공연은 2005년 8월 조용필 평양 공연이 아니었나 싶다. 공연은 훌륭했다. 그런데 마지막에 〈홀로 아리랑〉을 부르며 조용필은 "함께 불러요. 다 아시죠?"라고 객석에 호소했지만 반응이 없었다. 객석의 7000여 평양 시민 중 이 노래를 모를 사람은 거의 없었겠지만, 누가 간 크게 호응한단 말인가. 카메라에 비친 얼굴들은 썰렁한 분위기와는 완전히 달랐다. 눈물 가득한 눈은 감동으로 파르르 떨렸고, 입술은 따라 부르고 싶은 욕망을 참느라 오물거렸다. 급기야 마지막엔 몇 명이 조용히 따라 불렀다. 카메라에 잡힌 이들이 보위부에 끌려가지는 않을까 걱정됐다.

예전엔 평양 가는 가수들에게 '당신이 들려주고 싶은 곡이 아니라, 탈북 예술인들과 상의해 그들이 듣고 싶은 곡을 선정했으면 좋겠다'고 말해주고 싶었다. 하지만 나중에 이런 생각도 바뀌었다.

가령 2002년 9월 윤도현밴드가 평양에 갔을 때 '저 록(Rock) 버전 〈아리랑〉을 북에서 소화할 수 있을까' 우려했다. 하지만 기우였다. 탈북한 평양 청년은 "처량한 줄로만 알았던 아리랑이 저렇게 신나는 노래가 될 수도 있구나 싶어 전율을 느꼈다"고 말했다. 〈너를 보내고〉는 북한 국민가요가 돼버렸다. 얼마 전 마이클 잭슨의 공연 영상을 몰래 보고 미치도록 황홀했다는 탈북 예술인도 만났다. 평양은 마이클 잭슨도 소화할 수 있는 것이다.

평양 사람들도 친지끼리 모이면 남한 사람 저리 가라 할 정도로 잘 놀고 잘 춤춘다. 한민족 특유의 음주가무 DNA가 어딜 가겠는가.

평양에서 공연한 이들은 객석의 무반응에 당황한다. 지금까진 부르르 떨리는 눈동자와 꾹 다문 입술이 평양에서 받을 수 있는 최대의 찬사라고 생각했다. 하지만 이번에 한국 예술단의 평양 공연을 보며 난 평양이 또 많이 바뀌었음을 느꼈다. 공연장의 평양 시민들은 김정은 앞에서 노래에 맞춰 손도 흔들고 소리도 질렀다. 김정은이 직접 "우리 인민들이 남측의 대중 예술에 대한 이해를 깊이하고 진심으로 환호하는 모습을 보면서 가슴이 벅차고 감동을 금할 수 없었다"고 말할 정도면, 이건 대단한 파격이다. 다만 과거엔 이런 공연을 생중계하던 북한이 이번엔 중계를 하지 않았으니 말과 행동의 괴리는 크다. 한국 노래만 불러도 여전히 잡혀갈 것이다.

그럼에도 13년 만에 재개된 평양 공연을 보며 새삼 느꼈다. 평양의 예술혼은 잠들지 않았고, 잠든 적도 없었으며, 다만 억눌려 있었을 뿐이다. 평양의 얼어붙은 가슴들을 깨워주는 이 봄이 참 좋다!

북한인권법이 죽여버린 북한 인권단체

2016년 3월 북한인권법이 국회를 통과했다. 11년 가까이 여야가 옥신각신 싸운 끝에 가까스로 통과되긴 했지만 법은 지금까지도 제대로 이행되지 않고 있다.

법은 두 가지 핵심 이행 사항을 담고 있다. 하나는 통일부에 북한 인권 침해 사례들을 기록하는 북한인권기록센터를 설치하는 것이었고, 다른 하나는 북한인권재단을 출범시키는 것이었다. 인권기록센터는 법안 통과 직후 통일부 산하에 만들어졌지만, 인권재단은 아직도 출범하지 못하고 있다. 여야가 재단 이사 5명씩을 추천하게 되어 있지만 아직도 합의가 이뤄지지 않고 있다.

이사가 무슨 대단한 벼슬도 아닌데 그걸 2년씩이나 방치하는 이유가 뭘까. 국회의 위선이다. 북한인권법은 선거 때 활용하는 소재였을 뿐이다. 법안이 통과돼 볼장 다 봤으니 누구도 관심을 두지 않는 것이다. 어쩌면 그들 스스로가 '북한인권법은 북한 인권 개선에 별 영향이 없다'고 생각해 그런지도 모르겠다.

나도 북한인권법의 실효성엔 의문이 든다. 2012년 6월 「누구를 위한 북한인권법인가」라는 칼럼을 통해 "미국과 일본에서도 떠들썩하게 북한인권법이 통과됐지만, 상징적 차원에 머물러 있을 뿐 실질적 변화는 가져오지 못했다"고 지적했다.

그렇지만 난 칼럼에서 북한인권법을 이왕 만들겠다면, 딴 건 몰라도 북한 인권 침해 기록 하나만은 성실히 해주었으면 좋겠다고 조언했다. 이것만 제대로 해도 북한 당국의 인권 침해에 부담을 주고 가해자들을 크게 위축시킬 수 있어 결과적으로 북한 인권 개선에 큰 영향이 있다고 봤기 때문이다. 또 통일되면 이런 기록은 대한민국이 활용할 수 있는 강력한 정의의 무기가 된다.

내 판단으론 북한인권법 통과 이전에 북한 인권 조사 및 기록을 그나마 제대로 해온 곳은 북한인권정보센터(NKDB)라는 민간단체뿐이다. 나는 6년 전 칼럼에서 "북한 인권 침해 사례를 최초로 기록하기 시작한 민간단체인 북한인권정보센터의 연구원들은 9년째 박봉 속에서도 고군분투하며 엄청난 자료를 축적해놓았다"고 높이 평가했다.

우여곡절 끝에 2016년 북한인권법이 통과된 뒤 나는 슬픈 광경을 보게 됐다. 북한인권법 통과의 최대 수혜자가 되길 바랐던 북한인권정보센터가 오히려 최대 피해자가 된 것이다.

북한인권법으로 북한인권기록센터라는 산하기관 하나를 더 갖게 된 통일부는 탈북자 조사를 독점하고 북한인권정보센터의 탈북자 면담 조사는 거의 막아버렸다. 15년 동안 사명감 하나로 버텼던 북한인권정보센터는 고사 위기에 내몰렸다. 현재 북한 인권 조사는 정부가 급히 공모해 뽑은 신입 조사원들이 맡고 있고, 풍부한 경험과 지식을 가지고 있는 북한인권정보센터 조사원들은 하나둘 센터를 떠나 새 일자리를 찾아

남과 북, 좌와 우의 경계에서

헤매게 됐다. 북한 인권 조사는 몇 년만 공백이 생겨도 나중에 메우기가 거의 불가능하다. 하나원을 졸업하고 전국에 흩어진 탈북자들을 다시 찾아다닐 수 없기 때문이다.

북한인권정보센터는 조사 자료를 바탕으로 매년 『북한인권백서』를 발간해왔다. 그런데 통일부는 아직 백서조차 발급하지 않으니 얼마나 성실히 조사하는지도 알 수 없다. 잘할 것이라 믿고 싶지만 정작 눈에 보이는 건 그렇지 못한 사례들뿐이다.

지난해 문재인 정부 출범 직후 만들어진 국정원개혁위원회는 탈북자동지회 지원금부터 잘라버렸다. 황장엽 전 노동당 비서가 김대중 정부 시절인 1999년 탈북자동지회를 만든 이후 역대 정부는 이 단체의 상징성 때문에 사무실 월세와 일부 인건비를 지원했다. 19년째 이어지던 지원은 현 정부 출범 한 달 만에 완전히 끊겼고, 탈북자동지회는 일개 민간단체로 전락해 유명무실하게 됐다. 정부는 평창 올림픽에 북한 인사들이 내려오자 태영호 전 공사 등 탈북 인사들을 '압박해' 언론에 등장하지 못하게 했다. 통일부가 발간한 통일 교육 교재도 올해부터 북한 인권 관련 부분을 대폭 축소하고, '독재' '세습' '공개 처형' '정치범수용소' 등의 단어와 설명이 모두 삭제됐다.

이런 정부가 북한 인권 기록만큼은 성실히 하고 있을까. 솔직히 신뢰가 가지 않는다. 무엇보다 북한 인권 조사기관이 남북 대화에 나서는 통일부에 있는 것 자체가 문제다. 앞으로 북한은 북한인권기록센터를 없애라며 강경하게 나올 가능성이 크다. 과거 동독도 서독 정부가 운영하는 잘츠기터 중앙기록보존소(Zentrale Erfassungsstelle)의 폐지를 양국 관계 진전과 연계시켰다. 북한은 더하면 더했지 덜하진 않을 것이다. 서독은 끝내 버텼다. 하지만 통일부는 버틸 것 같지 않다. 그러니 남북 대화가 본격화되기 전에 미리 북한 인권 업무를 법무부에 넘기는 게 현명해 보인다.

무엇보다 북한 인권 조사와 기록은 반드시 정부와 민간이 함께 해야한다. 그래야 정부가 태만해도 민간이 커버할 수 있다. 그런 의미에서라도 정부는 북한인권정보센터의 하나원 접근을 전면 허용해주길 바란다.

고은과 겨레말큰사전

2018. 3. 8.

나쁜 손버릇이 미투(#MeToo)로 고발되기 훨씬 전부터 난 고은을 '양심 없다'고 욕했다. 김정일 앞에선 감격에 겨워 시를 낭송하고, 북한 인권은 "가보지 않아 모른다"고 대답한 이중성도 싫었지만, 진짜 이유는 그가 매달려온 남북 공동 국어사전인 '겨레말큰사전' 때문이다.

고은은 2006년 1월 '겨레말큰사전 남북공동편찬사업회'(이하 사업회) 초대 이사장이 돼 12년 넘게 자리를 지켜왔다.

나는 겨레말큰사전을 생각하면 왜 막대한 예산을 쓰며 왜 지금 꼭 만들어야 하는지, 누굴 위해서 만드는지를 납득할 수 없었다. 2011년 1월에도 이 사전을 비판했었기에 '언어학 문외한'이라는 비난도, '반통일론자'라는 욕도 얻어먹을 수 있다는 것을 안다.

그럼에도 할 말은 해야겠다. 지금까지 이 사전 만든다며 300억 원 넘는 세금이 들어갔다. 올해도 33억 원이 책정됐다. 고은은 2009년 11월에 사전 편찬 작업의 50퍼센트를 진척했다고 말했다. 통일부는 지난해 3월까지 진척도가 75퍼센트라고 했다. 예산이 투입돼 3년여 만에 50퍼센트를 한 작업을 7년이 넘도록 고작 25퍼센트 더 했다는 얘기다.

과거 정부의 대북 정책 탓에 북한 학자를 6년이나 만나지 못했기 때문이라고 해명할 순 있다. 그런데 진척도는 5분의 1 이하로 떨어졌는데도 사업회 예산 중 인건비 액수는 오히려 계속 늘어나 현재 15억 원에 육박한다.

대체 뭘 하고 있는지 궁금해 사업회 홈페이지를 보니 북한 어느 옛 소설에서 찾아낸 '합태' '허두하다' '갈마붙다' 등을 '새로 찾은 겨레말'이라고 올려놨다. 이 용어들은 올림말 44만 개가 수록된 북한 『조선말 대사전』에도 없다. 우리가 왜 북한조차 인정하지 않는 용어까지 세금을 들여 찾아줘야 하는지를 이해할 수 없다.

사업회는 지금까지 30명 미만이 일하는 사무실 유지비와 공과금으로 50억 원 넘는 세금을 썼다. 하는 일 거의 없는 고은의 번듯한 이사장실 유지비에도 세금이 꼬박꼬박 들어가는 것을 보며 '저 사람은 명성과 달리 참 양심이 없다'고 생각했다. '남북 공동 국어사전'이란 업적을 만들어 노벨문학상 타려는 욕심에 수백억 원의 세금이 탕진되는 것 아니냐'는 생각마저 들곤 했다.

2013년까지 만들겠다던 사전은 2019년까지 사업이 연장됐다. 그런데 내년까지 끝날 확률도 희박하니 또 사업 기간 연장하고 매년 30억 원 넘게 정부 예산을 달라고 할 것이다. 도대체 이 사전은 몇백억 원짜리가 될지 가늠이 안 된다.

난 4년 전쯤 '남북 언어 비교 용어집'을 직접 만들어본 적이 있다. 언어 적용에 어려움을 겪는 탈북민을 위해 쉬는 날에 짬짬이 국어사전 6개를 다 보고 남북이 서로 다른 용어를 골라냈는데, 혼자서도 딱 3개월밖에 걸리지 않았다.

남과 북, 좌와 우의 경계에서

직접 해보니 순수 우리말은 남북의 차이를 무시해도 될 정도라 훗날 남북통일이 돼도 언어 소통에 별문제가 없겠단 결론을 내렸다. 내 경험 상으로도 북에 있을 때 몰래 구한 남쪽 '엣센스 영어사전'으로 공부했지 만 이해 안 되는 것이 거의 없었다. 북한 사람이 남쪽 말을 잘 알아듣지 못하는 원인의 99퍼센트는 남용되는 외래어 때문이다.

남북 공동 사전이 꼭 필요하다고 생각했다면 나는 이 글을 쓰지도 않 았다. 누구를 위해 지금 이렇게 비싼 사전을 만드는지 도저히 모르겠다.

사업회는 사전 발간 취지의 첫 설명으로 "남북의 겨레가 함께 볼 최 초의 사전"이라고 했다. 아니, 한국 출판물을 보면 잡혀가는 북한 사람 들에게 이 사전이 필요한 것인가. 아니면 이 비싼 사전이 지금 한국의 누구에게, 도대체 몇 명에게 필요한 것인가.

2차 '고난의 행군'은 로드맵에 없었다

2018. 2. 22.

한국이 핵미사일 앞에서 무방비라면, 북한의 최대 약점은 체제 위기다. 근래에 한반도라는 그라운드에서 한미 연합팀과 북한팀 사이에 벌어진 게임은 늘 반(半)코트 싸움이었다. 북한은 상대의 약점을 노린 극단적 공격 전술로 나왔고, 한미는 방어에만 급급했지 상대의 약점을 노려 반격하지 못했다.

그런데 한미 연합팀 총괄감독이 버락 오바마(Barack Obama)에서 트럼프로 바뀌면서 판세가 바뀌었다. 트럼프는 상상 이상으로 북한의 약점을 파고드는 강공 작전을 구사했다. 북한의 최대 스폰서인 중국을 힘으로 압박해 지원을 못 하게 만들었다. 몇 년 안으로 북한은 굶주려 허우적대다 쓰러질 판이다.

북한팀 감독 김정은은 상황 판단이 빨랐다. 그는 공격 모드에서 방어로 급히 전술을 바꾸었다. 이대로 가면 팀이 버티지 못한다는 것을 알아챈 것이다. 평창에 대규모 화해 대표단을 파견하고, 한국팀 문재인 감독을 평양에 초대한 것은 양 팀의 공수가 바뀐 상징적 사건이다.

아버지의 뒤를 이어 감독직을 세습한 김정은은 본인의 능력인지 아버지가 물려준 코치진의 능력인진 알 길이 없지만, 지금까진 자기 팀을 잘 이끌어왔다. 부임 첫해에 선수 사기 진작이 가장 중요하다는 것을 알고 희망을 심어주는 데 초점을 맞추었다. "더는 허리띠를 조이는 일이 없을 것"이라고 선언한 뒤 젊은 부인의 팔짱을 끼고 나와 '나는 가족을 중시하는 젊은 남자이니 믿어보라'는 메시지를 던졌다. 잇따른 경제와 농업 개혁 조치 선언으로 기대감도 끌어올렸다.

이듬해 장성택 처형을 통해 그는 '북한의 왕은 나'라고 대내외에 과시했다. 마치 잉글랜드의 위대한 축구 감독 알렉스 퍼거슨 경이 데이비드 베컴이라는 걸출한 스타플레이어를 걷어차 '맨유는 퍼거슨의 팀'임을 보여줬듯이 말이다. 물론 코치진이 '강력한 2인자를 두고 장기 집권한 독재자는 역사에 없다'고 조언해주었겠지만 대단한 권력 의지가 아니라면 자신을 돌봐주던 고모부를 처형하긴 어렵다.

김정은이 집권 6년 내내 핵과 미사일 개발에 매달렸던 것도 '가진 것 없어 무시당하는 수모를 되풀이하지 않겠다'는 의지 때문이라고 판단된다. 한미가 가장 두려워하는 핵미사일을 손에 넣고 종신 집권을 위한 통 큰 거래를 하겠다는 것이 그의 장기적 계획이었을 것이다.

그러나 이 계획은 재작년 말부터 예상치 못하게 어긋나기 시작했다. 미국인들조차 예상치 못했던 트럼프의 집권을 김정은이 미리 알아챘을 리 만무하다. 민주당의 힐러리 클린턴(Hillary Clinton)이 거래 상대가 됐다면 김정은은 '그것도 이미 내 로드맵에 있었어'라며 회심의 미소를 지었을 것이다.

트럼프가 집권 후에 보여준 저돌성은 더욱 놀랍다. 중국이 북한의 3대 돈줄(석탄, 수산물, 의류임가공)을 끊고 원유 지원도 대폭 줄일 거라고 예상한 전문가는 거의 없었을 것이다. 그 어려운 미션을 트럼프가 해냈다. 이제 와선 트럼프가 북한 공격 명령을 내리지 못할 것이라 장담할 수 있는 전문가도 점점 줄고 있다.

조급해진 김정은은 지난 1년여 동안 눈과 귀를 다 틀어막고 그야말로 '미친 듯이' 핵미사일 완성에 매달렸고, 2017년이 지나가기 전에 '핵무력의 완성'을 부랴부랴 선언했다. 그러곤 새해 벽두부터 핵미사일 완성 이후로 세워둔 로드맵상의 '흥정' 단계로 넘어가려 한다. 하지만 여유롭게 배를 내밀며 하려던 흥정이 숨을 헐떡이며 시간에 쫓겨서 하게 된 이상 제대로 될 리는 만무하다.

김정은의 장기 플랜에는 두 가지가 없었다. 첫째는 트럼프 당선, 둘째는 고난의 행군이다.

중국이 대북 압박에 동참하자 북한 내부에선 곧바로 비명이 터져 나오고 있다. 연료가 없어 군부대가 기동할 수 없고, 고위 간부와 장성조차 추위에 떨고 있다. 춘궁기로 가면 식량 가격이 치솟아 기근이 다시 북한을 덮칠 가능성도 높다. 그러면 김정은을 '신뢰할 수 없는 사기꾼'으로 비난하는 내부 불만이 치솟아 역심(逆心)이 꿈틀거릴 것이고, 김정은이 제일 두려워하는 체제 위기가 현실화된다.

약점을 정확히, 매우 아프게 공격당해 순식간에 수세에 몰린 김정은은 급히 상황 반전에 나섰지만 문제는 거래 조건이 달라졌다. 이제 김정은이 부르는 핵미사일 값은 단순 호가일 뿐 실거래 가격이 될 수 없다. 북한이 거래를 거부하면 그건 곧 고난의 행군을 의미한다.

지금까지 김정은은 자기 처지에서 어떤 것이 최선일지를 잘 판단해왔다. 만약 김정은이 핵미사일을 부둥켜안은 채 몇 년 정도는 고난의 행

남과 북, 좌와 우의 경계에서

군을 하는 것이 가능하다고 판단한다면, 이는 최후의 오판이 될 확률이 매우 높다. 1990년대 중반 1차 고난의 행군을 체험했고 평생 북한을 지켜본 내 판단으론, 북한은 절대 고난의 행군을 또다시 견뎌내지 못한다.

떡밥만 뿌리고 가는
낚시꾼은 없다

2018. 2. 8.

1996년 11월 26일 연평도로 북한 병사 정광선이 탄 목선이 표류해 왔다. 한국 경비정에 구조된 그는 조사 뒤 북으로 돌아갔다. 얼마 뒤 노동신문은 그를 '혁명전사의 귀감'이라며 한 개 면을 털어 크게 내세웠다. "괴뢰 놈들이 배를 끌고 가려 할 때 도끼를 휘두르며 정신 잃을 때까지 싸웠고, 집요한 귀순 회유에도 장군님 품으로 가겠다는 절개를 굽히지 않았다"는 것이다.

19세 정광선은 말단 상등병에서 바로 장교로 진급했고, 죽기 전엔 받기 어렵다는 최고의 명예인 '공화국영웅'까지 됐다. 함북 청진에 있는 그의 모교는 '정광선고등중학교'로 개명됐다.

그로부터 3년쯤 뒤 정광선이 술자리에서 "남조선을 암흑의 세상이라고 배웠는데, 서울에 가보니 완전히 불바다더라"라고 했고, 이를 전해 들은 김정일이 "앞으로 남조선을 암흑의 세상이라 교육하지 말라"고 했다는 말을 북에 있을 때 들었다. 실제로 이후 북한 대남 교육은 "한강 다리 아래 거지가 득실댄다"는 레퍼토리에서 "부익부 빈익빈이 극심해 살기 힘든 사회"로 바뀌었다.

남과 북, 좌와 우의 경계에서

남쪽에 살던 한 탈북자는 2012년 북으로 돌아가 기자회견까지 하고도 반년 뒤 다시 탈북했다. 남조선에서 먹었던 삼겹살과 삼계탕 이야기를 했다가 보위부에 잡혀가 고문을 받았고, 숨 막혀 살 수 없어 다시 도망쳤다는 것이다. 집중 감시를 받는 줄 뻔히 알면서도 술이 들어가니 입을 통제 못 한 것이다. 진실은 자루 속 송곳과 같다.

북한이 평창 겨울올림픽을 활용해 체제 선전 공세를 펼 것을 우려하는 사람들이 많은데, 그게 통할 것이라고 믿는다면 우리 국민을 우습게 본 것이다. 일부러 눈과 귀를 틀어막은 극소수를 빼곤 북한이 어떤 곳인지 다 안다. 오히려 북한이 체제 선전을 한다면 엄청난 역풍을 맞을 게 뻔하다. 북한 예술단이 싫은 사람들이 진짜로 걱정해야 하는 것은 북한 여성들이 체제 선전 가요가 아닌 한국 노래를 심금을 울릴 정도로 너무 감동적으로 부르는 상황이 아닐까 싶다.

따져보면 역대 최대 규모로 500여 명이나 남쪽에 내려보낸 북한이야말로 엄청난 용기를 낸 것이다. 아무리 입단속을 하고 감시를 해도 그들이 북으로 돌아간 뒤 언제 어디에서 어떤 말을 할지 알 수가 없다. 최소한 가족 형제에게는 비밀이 없다.

북한이 동포애를 발휘해 남쪽 잔치가 흥하라고 위험을 감수하며 대규모 대표단을 보낸 것이 아님은 누구나 안다. 북한이 올림픽 이후 대륙간탄도미사일 발사를 재개해 남북 관계가 지난해 수준으로 돌아간다 해도, 올림픽 기간 북한 도발을 관리해 평화적으로 대회를 치른 한국의 득이 더 크다. 그걸 북한이 모를 리가 없다.

김정은이 신년사에서 평창에 간다고 했을 때는 이미 올림픽을 활용해 분위기를 바꾼 뒤 어떻게 하겠다는 구상은 서 있었을 것이다. 그걸 위해 동생 김여정까지 포함된 대규모 남한 방문단이란 떡밥을 던진 것이다.

북한은 무엇을 노리고 있을까. 떡밥의 양과 질을 봤을 때 개성공단이나 금강산 관광 재개 정도로 만족할 것 같진 않다. 또 미국의 동의 없이 그게 가능하지 않다는 것도 잘 알 것이다. 북한의 모사(謀士)들을 우습게 보면 안 된다. 더구나 북은 목을 내놓고 결재받는 곳이다.

하지만 핵이나 ICBM을 내걸지 않고 미국을 움직일 순 없다. 안 될 것도 없다. 원료 추출 시간이 오래 걸리는 핵무기보단 기술을 이미 확보해 수십 개를 얼마든지 다시 만들 수 있는 ICBM은 얼마든지 흥정판에 올려놓을 수 있다. 사실 북한은 미국까지 가는 ICBM을 굳이 가질 필요는 없다. 미국 영토에 쏴봐야 자살 행위이고, 가진 것만으로도 미국의 분노만 키울 뿐이다. 협박용 핵미사일은 주한미군만 사거리에 넣어도 충분하다.

북한도 지금쯤 트럼프 미국 대통령을 적잖게 파악했을 것이다. 말을 얼마나 쉽게 바꾸고 자화자찬은 얼마나 능숙하게 하는지 등을 말이다. 남한을 활용해 북-미 대화를 성사시킨 뒤 '김정은을 압박해 미국을 핵 공격 할 수 있는 능력을 빼앗아냈다'는 업적을 트럼프에게 만들어준다면 흥정할 수 있다고 계산했을지도 모른다.

ICBM 포기와 함께 미국에 '신뢰를 지키면 핵무기도 폐기하겠다'는 약속도 못 할 것은 없다. 그렇게 목을 조이는 대북 제재를 풀어내고 경제 협력을 하자며 남한 돈을 다시 끌어들일 수만 있다면 시간도 벌고 잇속도 챙길 수 있다. ICBM은 필요할 때 미국이 약속을 깼다며 다시 만들면 그만이다. 북한은 늘 임기 내 업적에 안달인 한국과 미국 대통령들을 봉으로 활용하는 데 능숙했다. 이미 한국 정부는 '말씀만 하십시오' 자세라고 여기고 있는지도 모른다.

평창 올림픽 이후의 대북 카드는 걱정할 필요도, 급해할 필요도 없다. 고위급 대표단이나 다른 라인을 통해서 북한이 먼저 낚싯대를 던질 때까지 기다렸다가, 그들이 낚으려는 게 잉어인지 가물치인지 판단하면 된다. 세상에 떡밥만 뿌리고 가는 낚시꾼은 없다.

남북 궁합론

남북 관계엔 '궁합'이라는 게 분명 존재한다. 한쪽이 원한다고 해서 서로 좋아지는 것이 아니다. 게다가 미국이란 '시어머니'도 큰 변수가 된다.

셋의 궁합이 가장 좋았던 시기는 2000년이었다. 5년 넘은 '고난의 행군'으로 수많은 아사자가 발생하고 경제가 완전히 파탄 난 김정일에겐 돈이 절실히 필요했다. 김대중 대통령은 결과적으로 노벨 평화상을 안겨준 '햇볕정책'에 대한 집착이 강했다. 르윈스키 스캔들에서 막 빠져나온 빌 클린턴 미국 대통령에겐 확실한 대외 관계 업적이 필요했다.

이 셋의 조합이 만들어낸 결과가 2000년 6월 남북 정상회담이었다. 누구 하나라도 원치 않았다면 정상회담은 탄생할 수 없었을 것이다. 이때의 '긍정적 궁합'은 8년간 이어졌다.

그러나 한결같이 좋은 운세란 없다. 2008년은 남북 관계가 '부정적 궁합'으로 돌변한 해이다. 막 출범한 이명박 정부는 보수 지지층을 의식해 대북 지원을 하려 하지 않았다. 미국엔 북한을 '악의 축'이라고 지목한 조지 부시 대통령이 있었다.

남북 관계가 어그러진 상징적 사건이 바로 2008년 7월 '금강산 관광객 박왕자 씨 피살 사건'이었다. 금강산 관광을 '현금 퍼주기'의 상징으로 본 이명박 정부는 기다렸단 듯이 금강산 관광 전면 중단을 단행했다. 김정일은 8월 초만 해도 현정은 현대아산 회장을 만나 피살 사건에 대해 사과하고 재발 방지를 약속하는 등 사태를 수습하려 노력했다. 햇볕 정책 시기라면 이 정도 노력이면 무난히 풀 수 있었다.

이때 결정적 사건이 발생했다. 8월 중순 김정일이 뇌중풍으로 쓰러진 것이다. 약 한 달 뒤 회복한 김정일의 태도는 확 바뀌었다. 수명이 얼마 남지 않았음을 직감한 김정일은 '지금은 외부에 문을 열 때가 아니라 문을 꽉 닫아걸고 내부에서 아들에게 권력을 물려줘야 할 때'라고 판단한 듯싶다. 이때부터 사망할 때까지 3년 동안 김정일이 오로지 집착했던 일은 아들 김정은에게 권력을 물려주는 것뿐이었다.

결국 어느 한쪽도 원치 않았으니 남북 관계는 파탄 날 수밖에 없다. 북한이 문을 닫아거는 수법은 간단하다. 도발을 하면 외부에서 알아서 '제재'라는 빗장을 꽉 걸어준다.

김정은도 집권 초기 외부 교류에 관심이 없었다. 그에게 가장 시급한 문제는 몽둥이를 휘둘러 확실하게 내부 권력을 장악하는 것이었다. 그러자면 누가 엿보지도 참견하지도 못 하게 집안 문을 꽉 닫아 매는 것이 필요했다. 또 어차피 남의 참견 상관없이 문을 닫은 김에 핵과 대륙간탄도미사일이란 비싼 '금단의 재산'도 빨리 장만하자는 게 김정은의 속셈이었다. 그렇게 2008년에 시작된 부정적 궁합은 이렇게 지금까지 이어져왔다.

하지만 올해는 부정적 궁합이 다시 긍정으로 바뀌는 때가 온 듯하다.

1월 9일 열린 남북 고위급 회담은 어쩌면 전환점일 수도 있다. 문재인 대통령의 남북 관계 개선 의지는 굳이 더 설명할 필요가 없다. 김정은에게도 이제는 문을 열고 나와야 할 절실한 필요가 생겼다. 지난 6년간 대량 숙청으로 권력도 확실히 장악한 데다, 지난해 말엔 수소탄과 미국까지 가는 ICBM을 가졌다고 주장하며 '국가 핵 무력 완성'까지 선언했다.

이제 김정은의 당면 과제는 민심 달래기이다. 핵 무력만 완성하면 이른 시일 내에 잘살 수 있다는 선전을 믿고 허리띠를 조이며 살아온 인민에게 희망이라도 보여줘야 한다. 하지만 현 상황은 완전히 반대다. 지금 중국과 해외에 파견됐던 외화벌이 일꾼들이 줄줄이 돌아오면서 북한 내부에선 '이젠 중국까지 등돌렸으니 우린 다 죽게 생겼다'는 불안감이 팽배해지고 있다. 실제로 중국이 대북 제재에 적극적으로 합세하면서 최근 북한 장마당 내 식량과 휘발유 등의 가격이 크게 오르고 있다. 여기에 피복 임가공, 해산물 수출 등이 막히면서 돈줄도 말라가고 있다.

올해 봄쯤이면 북한 내부 여기저기서 곡소리가 터져 나올 판이다. 그러면 '이렇게 굶어 죽으려고 핵을 만들었느냐'는 불만의 화살이 김정은에게 향할 것이 뻔하다. 김정은은 하루속히 인민에게 곧 잘살게 될 것이란 희망을 심어주어야 한다.

그러기 위해선 현재 유일하게 활용할 수 있는 것이 남북 관계다. 남한과의 급진적인 교류 재개를 보여주며 '봐라. 고생을 견디며 핵 무력을 완성하니 남조선이 저렇게 황급히 머리 숙이고 들어오지 않냐. 더 참으면 미국과 일본도 다 우리에게 굴복하게 돼 있다'고 선전해야 한다. 그래야 민심을 수습할 수 있다.

회담을 하더라도 상대를 꿰뚫어 보며 마주앉는 것은 매우 중요한 일이다. 그래야 최대한 적게 주고 더 많이 얻을 수 있다. 궁합이 아무리 좋다고 해도 연애를 하다 보면 더 많이 좋아하고 더 간절한 쪽이 늘 먼저 양보하는 법이다. 마찬가지다. 남북이 다시 마주앉더라도 이건 분명히 알아야 한다. 지금 더 간절한 쪽은 북한이지 우리가 아니다.

(2018)

2017

'미제 난닝구' 자랑한
'위대한 영도자'

미국프로농구(NBA) 선수 출신의 데니스 로드먼이 북한에 처음 갔던 2013년 2월 28일 평양 류경정주영체육관에서 있었던 일이다.

묘기 농구단 '할렘 글로브트로터스'를 데리고 간 로드먼은 이날 김정은과 리설주 앞에서 북한 팀과 친선경기를 펼쳤다. 평양에서 고르고 고른 핵심 계층들로 1만 2000석 규모의 관중석도 꽉 찼다. 처음 보는 거구의 흑인들이 눈앞에서 뛰어다니는 농구경기도 흥미로웠지만, 김정은의 일거수일투족도 관중의 중요 관심사였다. 김정은이 등장해 불과 1년 남짓 지났던 때라 대다수 관중은 그렇게 가까이에서 김정은을 본 것이 처음이었다.

관중을 깜짝 놀라게 한 사건은 경기가 끝난 뒤 일어났다. 미국 선수가 김정은에게 다가가 할렘 글로브트로터스의 유니폼을 전달하자 김정은은 활짝 웃으며 유니폼을 번쩍 들어 흔들었다. 몸을 돌려 왼쪽을 향해 몇 번 흔들고, 뒤를 향해 흔들고, 다시 오른쪽을 향해 흔들고……. 유니폼 선물을 관중을 향해 흔드는 것은 한국이나 또 외국의 기준으로 보면 크게 이상한 것은 없다.

411

문제는 그곳이 가장 폐쇄적인 북한이라는 점이다. NBA가 뭔지, 유니폼 선물이 뭘 의미하는지를 이해하지 못하는 곳이다. 아무리 유명 인사가 기념 사인을 해주려고 해도 '함부로 낙서하지 마시라요' 하며 펄쩍 뛸 곳이 평양이다.

그 자리에 있었던 사람은 이렇게 말했다.

"우린 김정은을 신처럼 보게끔 교육받았단 말입니다. 우리 지도자에게 양키가 난닝구를 선물한 것도 우릴 거지로 여기나 싶어 자존심 상하는데, 지도자란 사람이 미국 놈한테 스프링(러닝의 북한 사투리) 쪼가리나 받고선 입이 귀까지 째져서 우릴 향해 흔들며 자랑한단 말입니다. 전 엄청난 충격을 받았습니다. 위대한 영도자는 무슨 개뿔. 저거 바보 아니냐 싶더라고요."

그 장면이 TV로 방영되자 북한 사람들도 끼리끼리 수군거렸다. 그들의 눈엔 NBA 유명 스타의 유니폼도 한낱 싸구려 러닝에 지나지 않았다. 그들에겐 국가수반이 러닝셔츠를 선물 받는다는 것은 상상도 할 수 없는 수모였다. 그런데 '민족의 태양' '절세의 위인' '위대한 선군영장' 등 수백 가지의 찬양 수식어가 따라붙는, 신처럼 여기라 교육 받는 김정은이 양키의 러닝셔츠를 받고 흔들어대며 자랑까지 하다니. '모자라다'는 단어를 빼고 그들이 이 상황을 이해할 방법은 없었다.

김정은이 로드먼에게 "우리의 우정을 위하여 김정은 2013. 2. 28."이라고 적힌 선물까지 주었다는 것을 알면, 북한 사람들은 더 충격을 받았을 게 분명하다.

이듬해 김정은의 30번째 생일인 1월 8일 비슷한 일이 또 벌어졌다. 이번엔 로드먼이 경기장에서 김정은을 "베스트 프렌드"라고 지칭하면서 생일 축하 노래를 불렀고 경기 중엔 김정은 옆자리에서 담배까지 피웠다. 대단한 고위 간부도 김정은 앞에선 무릎을 꿇고 입까지 가리는 것만 봤던 북한 사람들은 그저 속으로 '세상에'를 연발할 수밖에 없었다.

귀와 코, 심지어 입술에까지 고리를 매단 저 정신 이상해 보이는 흑인 '양키'가 도대체 뭔데 공개 장소에서 감히 우리의 '최고 존엄'을 친구라 스스럼없이 부르며 다리를 쩍 벌리고 앉아 맞담배까지 피우다니. 그들에게 김정은은 스위스 유학 시절 로드먼의 유니폼을 입었던 광팬이었다고 설명해도 소용이 없다. 그럼 '팬이란 게 뭔데요?'라고 반문할 게 뻔하다. 남쪽에 갓 온 탈북민에게 팬이 뭔지 장황하게 설명해줘도 '세상에 밥 먹고 할 짓도 없지'라는 대답을 듣기 일쑤다.

팬이 뭔지를 이해시켜도 문제다. 김정은을 온 세상이 우러러본다고만 배웠지, 김정은이 설마 남의 유니폼까지 따라 입을 정도로 누굴 좋아했다는 것은 상상하기 힘든 것이다. 그들 보기엔 그건 멍청이들이나 하는 짓이다.

로드먼은 북한을 다섯 차례 방문했지만 지금은 가지 못한다. 미 국무부가 9월부터 미국인의 북한 여행을 금지했기 때문이다. 로드먼은 도널드 트럼프 대통령에게 자신을 북한에 평화특사로 파견해달라고 촉구했고, 12월 11일엔 중국 베이징까지 가서 괌과 북한 간의 농구 경기를 주선하겠다며 인터뷰도 열었다. 그래도 방북 허가는 얻어내지 못했다. 북한에서 어떤 대접을 해주었기에 저렇게 애타게 가고 싶은지는 모르겠지만, 허가 절차를 무시하고 북한에 가지 않는 것을 보면 적어도 친구 옆에서 살 생각은 없는 것 같다.

내가 볼 때 로드먼은 김정은을 진심으로 좋아하는 것 같다. 미국 호텔 바에서 큰 소리로 세 시간이나 김정은을 칭찬하다 쫓겨난 일도 있다고 한다. 트럼프 대통령이 트위터에 김정은을 비난하면 로드먼이 참지 못하고 반박한다.

로드먼을 향한 김정은의 팬심이 지금도 그대로일지는 알 수 없지만 어쨌든 둘이 계속 어울려 같이 노는 것도 그리 나쁘진 않아 보인다. 이들의 정신세계를 더 자주, 더 많은 사람이 볼 수 있지 않을까.

장성택 가문을 관통한 '사위의 저주'

2017. 12. 14.

2017년 12월 13은 어제는 장성택 전 북한 노동당 행정부장 처형 소식이 전해진 지 4년째 되는 날이었다. 세계가 경악했던 그날이 어제 같은데 벌써 시간이 많이 흘렀다. 김일성의 사위에서 "개만도 못한 만고의 역적"으로 낙인찍혀 돌봐줬던 조카의 손에 처형당한 장성택의 일생은 통일 후에도 이런저런 이야기 소재로 꽤 많이 활용될 듯싶다. 지난 4년간 장 씨에 대해 이런저런 정보를 적잖게 들었다. 그는 캘수록 흥미로운 인물이었다.

1980년대 말에 벌써 김정일을 가리켜 "저런 난봉꾼이 권력을 잡았으니 우린 희망이 없다"며 극소수 친한 지인들과 통음했다는 이야기도 들었다. 그만큼 김정일을 잘 아는 사람도 없을 것이다. 그러면서도 장 씨는 김정일을 도와 손에 피도 많이 묻혔다. 그는 사위-매부-고모부의 굴레를 벗어던지지 못했다.

특히 장성택과 그의 가문을 보면 '사위의 저주'란 단어를 떠올리지 않을 수가 없다. 장성택을 닮은 듯, 장씨 집안의 사위들은 누구도 비운의 운명을 벗어나지 못했다. 이 가문은 전생에 '사위'와 무슨 지독한 악연이 있을까 싶을 정도다. 김경희가 아버지 김일성을 비롯한 온 집안의 반대를 무릅쓰고 끝까지 장성택을 쟁취한 러브스토리는 이미 널리 알려져 있다. 그렇게 시작은 아름다웠으나 말로는 비참했다.

장성택의 형제들 역시 공교롭게도 모두 딸이 한 명씩 있었는데 사위들의 운명은 하나같이 비극으로 끝났다. 맏형 장성우의 외동딸은 숙모 김경희와 똑같은 방식으로 남자를 점찍고 쟁취했다. 그가 반한 남자는 1990년대 북한 최고 미남 배우로 뭇 여성의 선망의 대상이던 공훈배우 최웅철이었다. 당시 최 씨는 약혼녀가 있었다. 그러나 권세가 하늘을 찔렀던 장씨 집안의 장녀를 뿌리치지 못했다.

최 씨는 결혼 후 배우를 그만두고 평양에서 택시회사를 경영하는 사업가로 변신했다. 사업은 당연히 잘됐다. 하지만 그런 삶도 10년 남짓. 그는 장성택이 체포된 뒤 심상치 않은 눈치를 채고 처남인 말레이시아 대사 장용철의 도움으로 해외로 도망치려다 체포돼 비밀 처형됐다. 누구나 다 아는 배우였던 그는 지금 북한에서 철저히 매장됐다. 그가 처형된 뒤 북한은 그가 출연한 영화 25편에 대해 시청 금지 및 비디오테이프 몰수령을 내렸다. 이 중엔 북한이 시대의 명작이라 선전했던 영화도 다수 포함됐다. 탈출 시도만 안 했어도 조카사위라는 것만으론 처형되지 않았을 가능성이 높다.

둘째 형인 장성길의 외동딸은 평양외국어대학교를 다니다 동창에게 반해 결혼했다. 장성택은 둘째 조카사위를 자신이 수장으로 있는 행정부 산하 54부 통역원으로 받아 키워주었다. 54부는 북한의 '알짜' 외화벌이 이권을 거머쥔 부서였다. 장성택 처형과 함께 행정부는 전원 숙청됐다. 장 씨의 최측근인 장수길 행정부 부부장 겸 54부장은 장성택보다

20일쯤 먼저 처형됐다.

태영호 전 주영국 북한대사관 공사는 "행정부의 부부장과 과장 15명이 총살당하고, 그 아래로는 전 가족이 정치범수용소로 갔다. 북한 역사상 한 부서 전체가 이렇게 당한 것은 처음이었다"고 증언했다. 장성택 조카사위의 운명이야 더 말할 필요조차 없다. 그가 54부에만 들어가지 않았다면 큰 화는 면했을지 모른다.

장성택의 누나 장계순의 외동딸은 김일성대학교 영문과를 졸업하고 장씨 집안의 외동딸 중 제일 먼저 결혼했다. 김경희가 중매를 선 것으로 알려졌다. 그런데 상대가 하필 황장엽 전 노동당 비서의 외아들인 황경모였다. 1997년 2월 황 전 비서의 한국 망명으로 그는 가족과 함께 자택연금됐지만 그해 10월 말 보위부의 감시를 따돌리고 탈출했다. 당시 34세였던 황경모는 김일성대 철학부를 졸업한 수재에 태권도 7단 유단자이기도 했다. 그러나 끝내 북한을 벗어나지 못하고 보름 뒤 평북 용천군 어느 산골에서 체포돼 곧바로 처형된 것으로 전해진다. 당시는 장씨 가문의 기세가 서슬 퍼럴 때라 장계순의 딸은 이혼 절차를 밟고 집에 돌아왔지만, 충격으로 오랫동안 독수공방했다.

장성택과 김경희 사이에도 외동딸 장금송이 있었다. 그러나 그는 프랑스 파리 유학 중이던 2006년 자살했다. 한국에는 장금송이 1978년생으로 알려졌지만 실제는 그보다 두세 살 어리다. 그는 유학 중 만난 백인 남성을 사랑하게 됐지만 부모가 강력히 반대하자 우울증에 걸려 목숨을 버렸다. 상대가 네덜란드 국적이란 말이 있지만 확실치는 않다. 어머니 김경희는 장성택이 아니면 자살하겠다고 했고, 그 피를 받은 딸은 진짜로 자살했다. 장성택은 사위를 볼 기회도 없었다.

장씨 집안의 여인들은 아직까진 생존한 것으로 전해진다. 그러나 부모 잃고, 남편 잃고, 기댈 곳도 없는 그 처지가 지금 알코올의존증에 빠져 치료 중인 김경희를 꼭 닮았다. 이 여인들의 덧없는 일장춘몽(一場春夢)이여.

남과 북, 좌와 우의 경계에서

애국열사 대접 받는
장성택 형들

김정은이 고모부 장성택을 처형해 세상을 경악시킨 지 어느덧 4년이 돼간다. 2013년 12월 장성택 사형 판결문에는 그가 "개만도 못한 천하의 만고역적"으로 적시돼 있다. 이쯤 되면 그의 가문도 멸문지화(滅門之禍)를 당한다는 것은 북한 사람들 누구나 아는 상식이다. 실제 한국에선 장성택 일가는 어린아이까지 포함해 3대가 멸족됐다는 것이 정설로 통한다.

그런데 얼마 전 뜻밖의 사진 하나를 보게 됐다. 북한을 방문한 한 해외 교포가 내게 평양에서 찍어 온 사진을 보여주었는데, '애국열사릉'에서 찍은 사진 중에 장성택의 두 형 묘비가 있는 것 아닌가. 물론 그 교포는 자기가 장성택 형들의 묘비를 찍은 줄은 전혀 몰랐다.

해당 사진은 장성택 처형 1년 반 뒤인 2015년 5월 말에 촬영된 것이었다. 북한에서 '장성택 잔재 청산' 바람이 휩쓸고 지나간 지 한참 뒤에도 이들이 여전히 애국열사릉에 안장돼 있는 것으로 보아 지금도 묘비는 남아 있을 것으로 보인다.

평양 형제산구역 신미동에 있는 애국열사릉은 북한 체제에 충성을 다하다 사망한 인물들 약 800명이 매장된 곳으로 우리의 현충원과 비교되는 곳이다. 수많은 사람이 참관하는 이런 곳에 '만고역적'의 두 형인 장성우와 장성길이 여전히 애국열사로 대접받으며 묻혀 있다는 것은 이해하기 어려웠다. 탈북민들 역시 북한이 장성택의 두 형 묘를 애국열사릉에서 파내지 않았다는 사실을 믿기 어려워했다.

장성택의 맏형인 장성우는 '조선인민군 차수(대장과 원수 사이 직급)'로 소개돼 있으며 2009년 77세로 사망한 것으로 묘비에 적혀 있다. 장성우는 북한군 정찰국장, 노동당 민방위부장 등을 지냈다. 둘째 형인 장성길은 '조선인민군 장령'으로만 소개돼 있다. 장성길은 인민무력부 혁명사적관 관장(중장)을 지내다가 67세로 사망했다.

이들은 장성택이 처형되기 각각 4년, 7년 전에 사망했지만, 만고의 역적으로 처형된 동생을 둔 이상 연좌제에서 벗어나긴 어렵다. 북한은 1997년 서관희 노동당 농업담당 비서를 처형한 뒤, 그를 등용했던 김만금 농업위원장을 간첩으로 몰아 13년 전 사망해 애국열사릉에 묻혀 있던 김 위원장의 유골을 파내 부관참시하기도 했다.

장성택의 두 형이 여전히 애국열사로 인정받고 있다면 그의 가족들 역시 처형되지 않았을 가능성이 있었다. 다시 말해 장씨 집안 3대 처형은 소문에 불과했을 수 있다. 이와 관련해 신뢰할 수 있는 한 대북 소식통은 "장성택 처형 이후 북한 당국이 관례대로 장성택 가문을 몰살시키려 했던 것은 사실"이라고 말했다.

그러나 장성택의 아내인 김경희 노동당 비서가 김정은을 직접 찾아가 "내 남편을 죽였으면 됐지 시댁까지 몽땅 매장하려 하냐"며 펄펄 뛰었다고 한다. 평소 김경희는 시댁 식구들을 일일이 챙겨 그들에 대해 애

남과 북, 좌와 우의 경계에서

정이 깊다. 김정은은 살아 있는 고모의 위세를 이기지 못해 이미 수용소에 끌고 갔던 이들까지 풀어준 것으로 알려졌다. 물론 김정은이 '장성택 가족을 죽이지 않을 테니 고모는 죽은 듯 조용히 지내라'는 제안을 했을 가능성도 없진 않다.

현재로서는 장성택 집안에서 확실히 처형된 이는 장성택 맏형인 장성우의 차남 장용철 전 주말레이시아 대사와 장성우의 사위로 외화벌이 업체 사장을 지낸 최웅철이다. 이들은 장성택이 처형된 2013년 12월 12일 이전에 먼저 처형됐다.

장성우 자식 중 막내 외동딸과 결혼한 최웅철은 인맥을 통해 장성택 사건이 심상치 않게 돌아가고 있다는 것을 누구보다 먼저 눈치챘다. 그는 말레이시아에 있는 처남 장용철에게 연락했다.

"이번 일은 심상치 않아. 우리도 죽을 것 같아. 빨리 외국으로 튀어야겠다."

"응. 그래 매부, 그럼 빨리 여기로 빠져나와."

하지만 이들의 대화는 이미 장성택 주변에 대한 철통같은 감시를 펴고 있던 보위부에 포착됐다. 보위부는 즉시 장용철을 현지에서 체포해 소환했고, 최웅철도 체포했다. 이들은 조국을 버리고 적들에게 도주하려 했다는 반역 혐의로 장성택 처형 전에 먼저 총살됐다.

이처럼 장성우는 동생만 대역죄인으로 죽임을 당한 것이 아니라 아들과 사위까지 반혁명분자로 총살된 것이다. 이런 그가 여전히 애국열사릉에 묻혀 있는 것은 미스터리한 일이다. 그러나 그의 묘가 언제까지 애국열사릉에 있을진 장담할 수 없다.

아직까지 김경희는 살아 있다. 국가정보원은 8월 29일 김경희가 평양 근교에서 은둔하면서 신병 치료를 하는 것으로 확인됐다고 밝혔다.

김경희가 살아 있다면 그의 시댁 식구인 장성택의 가족은 아직 잡을 수 있는 동아줄이 남아 있는 셈이다. 하지만 올해 71세인 김경희가 사망한 뒤에도 김정은의 자비가 지속될 거라 보긴 어렵다. 시한부 인생을 살 장성택의 가족은 하루하루 어떤 심정일까.

남과 북, 좌와 우의 경계에서

평양의 미인은
어디서 찾아야 하나

"북한 미인은 어디에 다 가 있죠?"

최근 몇 달 동안 탈북 예술인들을 만날 때마다 이런 질문을 던졌다. 묻게 된 계기를 설명하려면 작년 4월로 거슬러 올라가야 한다.

사실 그때 중국의 북한 식당 여종업원 12명이 한국에 왔다는 통일부의 깜짝 발표에 난 '뭐 그럴 수도 있지' 하고 별로 놀라지도 않았다. 그런데 그들 속에 '북한 가요계의 여왕' 최삼숙의 외동딸이 포함됐다는 소식에 나는 깜짝 놀랐다. 남쪽 사람들에겐 이 전설적 가수에 대한 설명이 좀 필요할 듯싶다.

최삼숙은 북한 예술의 전성기였던 1970, 1980년대를 대표하는 가수다. 가수 남인수(본명 최창수)의 조카이기도 한 그는 북한이 '불후의 고전적 명작'이라고 내세우는 〈꽃파는 처녀〉 주제곡을 포함해 수백 편의 영화, 드라마 주제곡을 불렀다. 북한이 제작한 영화가 아무리 많아도 연간 수십 편에 그쳤다는 것을 감안하면 당대를 주름잡은 것이다. 31세 때 예술인의 최고 명예인 인민배우 칭호를 받았고 40년 동안 가수로 활동하며 부른 독창곡은 2800곡이 넘는다. 아마 북에 한국 같은 노래방이 있다면 노래 목록 책자는 최삼숙이란 이름으로 가득 찼을 것이다.

그러니 최삼숙은 한마디로 '여러분이 한국 최고 가수로 누구를 꼽든, 북에서 그의 인지도는 그것 이상이다'쯤으로 설명할 수 있을 것 같다. 그런 가수의 외동딸이 탈북했다니…….

최삼숙이 딸을 돌려보내라며 만든 서류에 적은 주소를 보고 또 한 번 놀랐다.

"평양시 동대원구역 신리동 64반?"

주체사상탑 뒤편 이 동네는 평양 중산층 거주지에도 속할까 말까 한 곳이다. 북한 최고의 여가수가 인기 없는 동네의 허름한 작은 아파트에 사는 것이다. 그때부터 사정을 좀 알 만한 탈북자를 만나면 '왜 최삼숙이 신리동에 사냐'고 물었다. 그런데 돌아오는 대답이 더 놀라웠다. 돈 없는 가수가 거기 사는 게 뭐가 이상하냐는 것이다. 한 탈북 예술인은 이렇게 말했다.

"이경훈 알죠? 2000년대 초반 이경훈이 하도 초라한 행색으로 양동 이를 들고 물 길으러 다니길래, 외화벌이 회사 다니는 지인이 돈을 좀 쥐여주었더니 덥석 받고 눈물 글썽이며 고맙다고 인사하더래요."

'남자 최삼숙'이라고 할 수 있는 이경훈이 몇 푼의 동정에 울먹였다 니. 비록 출신성분이 나빠 인민배우 아래인 공훈배우에 머물렀지만 그 만큼 많은 노래를 부른 남성 가수도 드물다.

탈북 예술인들은 말했다.

"예술인이 가진 게 뭐가 있어요. 권력이 있나, 달러 만질 수 있나, 장 사할 수 있나. 예술인끼리 눈 맞아 살면 배급에 목매달고 사는 거지가 되기 십상이죠."

남쪽에서는 선전선동에 강한 북한에서 예술인이 큰 대우를 받는 줄 안다. 하지만 실상은 권력자의 눈에 든 일부 아이돌만 특혜를 받는다고 했다. 사정을 듣고 보니 온 나라가 다 아는 최고의 가수 어머니가 끼니 걱정하는 모습을 지켜보았을 최삼숙 딸의 심정이 이해됐다. 중국에 와서 바깥세상에선 스타가 어떤 대접을 받는지도 똑똑히 봤을 것이다.

"그래, 나 같아도 열 받지. 가수는 그렇다 치고 영화, 드라마 배우는 좀 낫지 않나요? 제가 북에서 살 땐 동네에서 예쁜 여자애들을 보면 '배우감이다' 이랬는데."

"에이, 뭘 만들어야 출연하든지 말든지 하죠."

하긴 요즘 북에서 새 영화, 드라마가 거의 안 나오긴 한다. 아버지와 달리 김정은은 핵미사일에 미쳤지 영화엔 별 관심 없는 것 같다. 그런데 이유가 그것 때문만은 아닌 듯하다.

"뭘 찍어도 몰래 본 할리우드 영화, 한국 드라마에 눈 높아진 사람들이 재미없다고 욕설을 퍼부으니 예술인들이 만들 의욕도 없어졌어요."

6년 전 있었던 일이라 한다. 김정일이 한국 드라마가 부러웠던지 "우리도 역사물 드라마 제대로 한번 만들라"는 지시를 내렸단다. 그래서 최고 배우들이 총출동해 찍은 것이 23부작 〈계월향〉이었다. 하지만 TV로 10부까지 방영했을 때 참고 참던 김정일이 재미없다고 화를 내며 '때려치우라'고 했단다. 드라마는 도중에 갑자기 방영이 중단됐다. 한국에선 상상하기 어렵지만 북한이니 가능한 일이다.

나도 유튜브로 〈계월향〉을 봤다. 여주인공은 낯선 신인이었다. 이후엔 사라진 것 같아 궁금해 물었더니 이런 대답이 돌아왔다.

"아, 걔는 집에 돈 좀 있어 여주인공 됐죠. 요새 영화나 드라마나 주인공이 되려면 의상은 모두 자기 돈으로 해결해야 해요. 소속사나 매니저가 있는 것도 아니라서 집에 돈이 없음 배우 못 해요. 잘사는 집은 딸 한번 띄워서 시집 잘 보내려고 해요."

영화계나 가요계가 저 지경이면 도대체 북한의 미인과 가수 소질을 타고난 인재는 다 어디에 가 있을지 궁금해졌다.

"어디겠어요. 달러가 도는 곳에 가 있죠. 예쁘면 외화를 쓰는 식당이나 상점의 접대원, 봉사원이 최고죠. 돈 있는 남자와 만나 결혼할 확률도 높고요."

아하. 북한의 미인을 만나려면 평양의 외화 식당이나 외화 상점에 가야 하는 것이었다.

남과 북, 좌와 우의 경계에서

나를 낚아낸
북한 해킹 고수

아뿔싸. 미끼가 매우 파격적이라 이번 낚시엔 제대로 걸려들었다. 난 평소 이메일 첨부 파일은 거의 열지 않는다. 북한 해커들이 내 컴퓨터를 얼마나 엿보고 싶어하는지 잘 알기 때문이다. 하도 낚시 메일을 많이 받아서 이젠 척 보면 감이 온다.

그런데 이번엔 전날 과음이 문제였다. 술이 덜 깬 상태에서 아는 분의 이름으로 온 메일의 첨부 파일을 무심코 클릭한 것이다. 동시에 '아차' 싶어 화들짝 놀라 발송인에게 전화했더니 역시 메일 보낸 적이 없다고 했다. 전문가에게 분석 의뢰를 했더니 거의 100퍼센트 북한 소행이며, 보기 드물게 매우 잘 짜인 해킹 프로그램이라고 혀를 찼다. 클릭한 번 잘못했다가 포맷하느라 한나절을 허비했다.

내가 실수를 한 건 꼭 숙취 탓만은 아니다. 해커는 내가 지난해 12월 칼럼으로 『김일성 평전』을 소개했다는 것도 파악해 적절히 활용했다. 첨부 파일 제목도 '김일성의 실체'였다. 무엇보다 방심했던 이유는 '이런 메일을 설마 북한 해커가 보냈을까' 싶을 정도로 내용이 파격적이었기 때문이다. 북한에선 이유 불문하고 '김씨 가문'을 욕보이는 '불경'을 했다간 무조건 사형이다.

그런데 이번 메일은 내 상식을 완전히 깼다. 내게 김일성 신화를 허무는 녹음 파일을 만들어 북한에 살포하자는 제안을 하고 있는데, 일부 내용을 소개하면 이렇다.

"김형직(김일성 부친)이 사망하고 강반석(김일성 모친)이 어린 자녀들을 데리고 살길이 어려워서 한족에게 재가를 하였다는 사실도 있고 하니 여러 자료들을 잘 배합하면 북한 주민들 머릿속에서 김일성 신화를 확실히 날려버릴 수 있을 것 같습니다. 김일성 가계에 대하여 환멸을 느낄 수 있도록 잘 체계화하고 녹음을 하여……."

이런. 북한 해커가 김일성 신화에 환멸을 느끼도록 하자고 꼬드긴다.

"우리가 더 많은 일을 하여 북괴가 스스로 망하거나 또는 북한 주민들의 손에 의하여 죽임을 당하도록 만들었으면 좋겠습니다."

이건 더 파격이다. 누가 죽임을 당해야 할지 밝히진 않았지만, 북괴가 망하게 하잔다.

북한 독재를 무너뜨리자고 여러 번 되풀이했는데, 이건 찔렸는지 '독재'를 '독제'로 의도적으로 틀리게 썼다. 이런 파격적 내용으로 해커는 내 클릭을 유도하는 데 성공했다. 이런 걸 감히 승인할 간부는 없을 터이니 이건 분명 독자적 행위라고 판단한다.

나는 북한 해킹 수준을 언론의 부풀려진 내용이 아니라 있는 실체 그대로 비교적 잘 파악하고 있다.

북한 사이버전 부대는 두 곳이다. 해킹 담당은 정찰총국으로 예전 노동당 작전부와 군 정찰국 해커부대가 통합돼 수백 명 규모인데 정찰국 출신들의 실력이 조금 더 높다. 인터넷 심리전은 몇 년 전 창설된 100명

규모의 군 총정치국 적군와해공작국(적공국) 소속의 사이버 부대가 담당한다.

해커들은 대개 금성학원 컴퓨터반을 졸업한 뒤 김일성대와 김책공대에서 2~3년 추가 교육을 받는다. 예전엔 해킹하려면 중국에 나와야 했고, 팀원 중에서도 허가받은 몇 명만 인터넷에 접속할 수 있었다. 그런데 지금은 평양에 앉아 수백 명이 동시에 해킹이 가능할 정도로 인터넷 선이 많이 들어갔다. 물론 북에선 감시가 철저하기 때문에 나를 낚은 해커는 중국에 파견된 '고수'로 추정된다.

미국이 북한 해킹부대 수백 명이 평양에서 인터넷에 접속할 수 있는 환경을 중국이 제공하고 있단 사실을 파악하고 있을까. 미국도 해킹 피해를 많이 받는다고 하니 이 칼럼 이후 미국의 대중 압박 항목에 인터넷 차단도 포함될지 모른다.

북한 해킹 역량을 키워준 일등공신은 한국 언론이다. 하도 북한 사이버 역량을 과대 광고해주니 '해킹'이 뭔지 전혀 모르던 북한 늙은 간부들까지 '요새 대남공작원 파견하기도 어려운데 이런 노다지가 있는가 보군' 하고 큰 관심을 끌게 해줬다.

요즘 수시로 북한이 국방부 작전 계획을 빼갔다, 이지스함 설계도를 빼갔다는 보도가 나온다. 그런데 이런 비밀은 북한만 군침을 흘릴까. 중국과 러시아는 북한과 비교 불가한 수준의 최정예 해커들을 국가 차원에서 대거 운용하고 있다. 그런데도 십 년 넘게 해킹만 발생하면 무조건 북한 소행이란 뻔한 발표가 나온다. 문재인 정부에선 '이번 해킹은 북한이 아니라 중국 또는 러시아 소행으로 보인다'는 '획기적' 발표가 나올 수 있을지 궁금하다.

2017

단, 이건 분명히 하자. 정보가 털린 것은 해커의 수준이 높아서라기보단 우리의 보안이 허술했기 때문이다.

끝으로 이 글을 읽을 북한 대남기관에도 한마디 한다. 누가 '주성하의 컴퓨터 해킹에 성공했다'고 보고하거들랑, 그가 보낸 메일 내용도 파악하길 바란다. 성과에 아무리 목을 매도 그렇지, 어떻게 북한 사이버 전사가 감히 '최고 존엄' 가문을 모욕하고 북괴 멸망을 운운할 수 있단 말인가. 이 해커, 멸문지화를 당하고 싶어 환장했나 보다.

남과 북, 좌와 우의 경계에서

'백두혈통'의 문지기, 최룡해

2017. 10. 19.

2013년 봄 어느 날. 자정 무렵 평양 서성거리 한 도로에서 젊은 남성 두 명이 한 자전거를 타고 가고 있었다. 한 명은 페달을 밟고, 한 명은 짐받이에 앉았다. 갑자기 뒤에서 군용 승합차가 이들을 덮쳤다. 아스팔트에 내동댕이쳐진 둘을 그대로 둔 채 차량은 도망갔다. 이런 뺑소니는 북한에서 흔한 일이다.

사고를 당한 남성들은 뒤늦게 근처 모란봉구역의 평양 제1인민병원 구급실(응급실)에 실려갔다. 당직 의사들이 보니 출혈이 심해 가망이 없었다. 의식 잃은 이들은 사체실로 옮겨졌다. 신분 확인을 위해 의사는 이들의 지갑 속 증명서를 꺼냈다.

"최현철. 1984년생. 미혼. 평양시당 조직부 책임부원……. 이런, 당 간부네. 시당에 알리세요."

40분이나 지났을까. 갑자기 요란한 사이렌 소리와 함께 봉화진료소 구급차가 병원에 들이닥쳤다. 이들은 사체실에서 현철만 꺼내 급히 사라졌다. 평양에서 김씨 패밀리 전용 병원이자 극소수 특권층 간부들만 치료하는 봉화진료소를 모르는 사람은 없다. 평양시 하급 간부인 부원이 감히 문턱에도 못 갈 곳이다.

깜짝 놀란 의사는 보통강구역당 조직부원으로 확인된, 페달을 밟았던 남성을 병상에 옮겨 산소호흡기를 달았다. 하지만 현철보다는 상태가 좋아 보였던 그 남성은 끝내 숨을 거뒀다. 그게 일반 병원의 한계였다.

한편 봉화진료소에도 비상이 걸렸다. 새벽 4시에 김정은이 직접 찾아온 것이다. 그는 실려 온 청년을 가리키며 "최씨 가문의 대가 끊기면 안 된다. 무조건 살려내라"고 지시했다.

최현철은 최룡해 노동당 부위원장의 외아들이자, 최현 전 북한 인민무력부장의 유일한 손자였다. 현철에겐 복실이란 이름의 누나만 하나 있다. 복실은 날 때부터 얼굴에 손바닥만 한 기미가 있어 얼굴 반쪽을 늘 머리카락으로 가리고 다닌다. 현철이 사고를 당했을 때 군 총정치국장이었던 최룡해는 지방 군단에 출장을 나가 있었다. 최룡해 아들의 교통사고 소식은 김정은의 단잠을 깨울 만큼 중요한 보고였다. 체포된 뺑소니범은 공교롭게 최룡해가 수장으로 있는 총정치국의 선전선동부 소속이었다.

김정은의 특명에 최고 의료진이 총동원됐다. 현철은 42일 만에 눈을 떴다. 하지만 뇌를 다쳐 발음도 어눌했고 거동도 불편했다. 현철은 요양원을 전전하며 치료를 받다가 그해 말 싱가포르까지 가서 고막 수술을 받았다. 그래도 사고 전만큼 멀쩡해지진 않은 것 같다. 이런 사정도 모르고 이 무렵 평양엔 현철과 김여정이 결혼했다는 소문이 파다하게 퍼지기도 했다.

위 사건은 최룡해에 대한 김정은의 신뢰를 대표적으로 보여준다. 최룡해가 누구에게 밀려났다는 식의 보도가 가끔 나오긴 하지만, 누가 뭐

남과 북, 좌와 우의 경계에서

래도 최룡해는 빨치산 최현의 자식이다. 최현은 글도 모르는 까막눈이지만 김일성 독재를 구축하는 데 으뜸 공신 노릇을 했다. 김정일이 후계자로 낙점되는 데도 최현이 큰 역할을 했다.

최룡해도 김정일의 최측근으로 살았고, 지금은 김정은을 보좌하고 있다. 대를 이어 김씨 일가를 지키는 '백두혈통'의 문지기 역할을 충실히 해오고 있는 셈이다. 군 경력이 없던 최룡해가 2012년 4월 군 총정치국장이 된 것도 김정일 사망 직후 김정은이 쿠데타를 가장 두려워했기 때문으로 보인다. 김정은이 고모부 장성택을 처형하는 과정을 거쳐 권력을 확실히 장악할 때까지 2년 동안 최룡해는 군부를 감시하는 역할을 충실히 해냈다.

이달 7일 노동당 제7기 2차 전원회의에서 최룡해는 기존의 6개 보직에 더해 2개의 보직을 더 받아 총 8개의 감투를 썼다. 정치국 상무위원, 정무국과 국무위원회 부위원장 등 당정 주요 보직을 두루 꿰찬 명실상부한 북한의 2인자로 자리매김한 것이다.

북한에서 최룡해는 최현과 빨치산 출신의 아내 김철호 사이에 태어난 확실한 빨치산 2세로 알려져 있다. 하지만 북에서 수십 년 동안 기자로 일한 탈북자는 "최룡해는 김철호의 아들이 아니다"라고 말했다. 광복 후 최현이 38선 경비여단장으로 있던 때 황해도 현지 여성과 눈이 맞아 1950년에 태어난 자식이 최룡해임을 빨치산 동료들은 다 안다는 것. 그렇더라도 그가 최현의 아들이고, 김철호 손에서 컸다는 것은 부인할 수 없다.

최룡해는 젊었을 때 미모의 처녀들을 기쁨조로 뽑아 김정일의 파티를 흉내내며 방탕한 생활을 하다 47세 때인 1997년부터 무려 5년이나 자강도 랑림의 임산사업소에서 고된 '혁명화'를 거쳐야 했다. 이때 그는 북에선 김씨 혈육이 아닌 한 누구라도 철저히 몸을 낮춰야 산다는 교훈을 얻은 것 같다.

북한 2인자의 외아들인 현철이 당 기관의 말단 직책에서 10년 넘은 낡은 겨울옷 차림에 자전거로 출퇴근하는 것도 아버지의 뜻일 것이다. 김정은과 동갑내기인 현철은 앞으로 어디까지 오를 수 있을까. 3대 세습 국가에선 3대 세습 문지기도 별로 이상해 보이진 않는다.

대북 제재에도 넘지 말아야 할 선이 있다

1995년 봄. 평양의 공기는 음산했다. 2월경부터 쌀값이 미치기 시작했다. 1kg에 50원 정도였는데 자고 나면 올라 석 달쯤 뒤엔 230원까지 치솟았다. 120원쯤 됐을 때 사람들이 '이러다 망하는 거 아니냐'며 술렁거렸다. 200원이 넘었을 때 거리는 축 늘어져 좀비처럼 걸어 다니는 사람들로 넘쳤다. 식인 사건 등 범죄 소식이 퍼지며 도시 분위기는 불과 몇 달 만에 흉흉하게 변했다.

나는 1994년 12월 말 기차역에서 만난 평북 구성에 사는 여인에게서 대량 아사 소식을 처음 들었다. 군수공장이 밀집한 그곳 노동자구(區)에선 여름부터 소나무 껍질을 벗겨 먹기 시작했고 가을쯤부터 굶어 죽는 사람들이 나오기 시작했다는 것이다.

평양에서 불과 100여 km 떨어진 곳에서 그런 참사가 벌어지는 줄 몰랐다. 그때 북한은 그런 곳이었다. 몇 달 뒤 굶주림은 순식간에 평양까지 삼켰다. 북한 '고난의 행군' 시기를 외부에선 1995~1998년으로 보지만, 실은 1994년부터 시작됐다. 아사자 수도 300만 명이라 알려졌지만, 난 100만 명 미만으로 추산한다. 300만 명이 굶어 죽을 정도면 어림

잡아 1000만 명은 심각한 신체·정신적 장애를 겪어야 했을 것이지만, 그 정도는 아니었다.

아사자 100만 명도 세기의 재난임은 분명하다. 그 현장에 있었던 체험으로 난 북한의 동향을 판단하는 나름의 기준을 가졌다.

현재 1kg에 6000원쯤인 쌀값이 1만 3000원쯤으로 오르게 되면 민심이 요동치고 2만 5000원을 넘으면 대량 아사가 시작될 수도 있다. 물론 1990년대 중반 상황과 지금이 크게 달라 단정하긴 어렵다. 장마당이 활성화돼 있고, 수백만 대의 휴대전화는 위기 징후를 재빨리 전파할 수 있다. 무엇보다 대다수 북한 주민은 아사에서 살아남은 경험이 있다.

나는 식량 가격을 북한 안정성을 평가하는 중요한 지표로 삼는다. 그런데 2013년 1월부터 지금까지 5년 가까이 북한 쌀값은 5000~6000원 선을 유지하고 있다. 이렇게 장기간 쌀값이 안정됐던 시기는 수십 년 내 없었다.

그동안 수많은 대북 제재가 발표됐다. 특히 지난해부터 지금까지 무려 다섯 차례의 유엔 안전보장이사회 대북 제재가 '역대 최강'이라는 수식어를 달고 쏟아졌다. 그런데 지금까지도 쌀값 변동이 없다. 쌀값이 안정되면 김정은은 민심을 신경 쓰지 않고 계속 핵과 미사일 개발에 '올인'할 수 있다.

하지만 앞으로도 변동이 없을 것 같지는 않다. 그동안 쌀값 안정은 최근 10년간의 폭발적인 수출 증가가 내수 시장을 받쳐줬기에 가능했다. 2006년 9억 4700만 달러였던 북한의 수출은 10년 뒤인 지난해 그 세 배인 28억 2000만 달러로 성장했다. 수출이 정점을 찍은 2013년엔 32억 1840만 달러였다.

크게 늘어난 외화는 식량 가격을 안정시켰고, 심지어 부동산 거품까지도 만들어냈다. 수출액 증가는 석탄과 의류 수출이 주도했다. 2006년 수출에서 광물과 의류의 비중은 40퍼센트였지만 지난해엔 80퍼센트로 늘었다. 수출 경제의 체질이 석탄 캐서 팔고 옷 만들어 외화를 버는 것으로 빠르게 전환된 것이다.

앞으로 석탄 수출과 의류 임가공이 차단되면 외화 수입의 80퍼센트가 사라진다. 안정적으로 배급과 월급을 받던 각각 수십만 명의 탄광 남성 노동자와 피복공장 여성 노동자가 사실상 실업자가 되며 부양가족도 생계난에 빠지게 된다는 얘기다. 물론 중국이 대북 제재를 100퍼센트 이행할 리 만무하지만, 절반만 실행에 옮겨도 북한 경제는 큰 타격을 받는다. 연료유 수입이 줄면 장마당 유통 비용이 상승해 쌀값도 오르게 된다.

쌀값이 두 배쯤 오르는 시점을 나는 북한 내구력의 한계점으로 본다. 고난의 행군 때를 보면 한 번 고삐가 풀린 쌀값은 통제가 어렵고, 대비할 틈도 주지 않았다.

지금 미국을 향해 사상 최고의 초강경 대응 조치를 보여주겠다며 기세등등한 김정은은 쌀값이 얼마나 올라야 '민심이 위험하다'고 판단해 협상장에 나올까. 물론 그땐 핵무장은 끝났을 것이다. 하지만 만약 김정은이 끝까지 버틴다면…… 북한은 1990년대 후반 수출 5억 달러로 3년을 버텼다. 심지어 김정은은 100만 명쯤 굶어 죽어도 눈 하나 깜짝하지 않을지 모른다.

앞으로 대북 압박의 강도는 점점 세질 것이다. 버티고, 제재하고…… 이 과정이 반복돼 대량 아사가 초래돼도 간부들은 체제가 붕괴될 때까지 살아남을 것이다. 제일 먼저 구해야 할 가난한 사람들은 굶어 죽거나 장애인이 되고, 김정은 체제를 옹호하던 기득권층만 살아남는 통일이라면, 난 그런 통일은 절대 반대다.

제재는 강력해야 하겠지만, 넘지 말아야 할 선을 구분하는 이성은 갖고 있어야 한다. 인질범 잡겠다고 인질들부터 죽여선 안 된다. 핵에 집착하는 김정은 한 명을 어찌 못해 대신 수십만 수백만 명의 목숨을 제물로 삼는다면, 어떤 명분으로도 이를 정당화할 순 없을 것이다.

남과 북, 좌와 우의 경계에서

'혁명의 어머니'는 어떻게 만들어지나

미사일보다 리설주가 더 높이 떴다. 북한 탄도미사일이 일본 상공을 가로지른 날, 네이버에선 오후 늦게까지 리설주가 실시간 인기 검색어 1위에 올라 있었다. 북한 미사일은 2위.

사람들이 리설주가 지난 2월에 셋째를 낳았다는 소식에 더 큰 관심을 보인 것이다. 남쪽 인터넷을 수시로 살필 김정은이 검색어 순위를 보며 '역시 내 아내 인기는 식을 줄 몰라. 앞으로 이미지 관리를 더 철저히 해야지' 하며 즐거워할지도 모를 일이다.

김정은 우상화와 더불어 설주는 머잖아 '혁명의 어머니'로 등극해야 할 몸이다. 혁명의 어머니는 성녀(聖女)여야 한다. 정은과 만나기 전 딴 남자와 손을 잡은 과거조차 없어야 한다.

설주는 20세 때인 2009년부터 정은과 동거를 시작했다. 이때부턴 문제될 순 없지만 그 전이 문제다. 설주는 북한 최고의 예술 인재 양성 학교인 금성학원에서 최고의 '퀸카'였다. 본인이 아무리 뿌리쳐도 남자가 줄줄 따라다녔을 것이다. 더구나 금성학원의 연애 풍조는 다른 학교에 비해 훨씬 자유롭다.

금성학원 시절의 설주를 가장 잘 아는 사람은 동창들이다. 평양 만경대학생소년궁전 옆에 있는 금성학원은 11세부터 전국에서 인재를 뽑아 9년 동안 성악과 기악을 훈련시킨다. 함께 사춘기를 보냈고 졸업 후에도 같은 예술단에서 일하다 보면 서로의 사생활을 너무 잘 알 수밖에 없다.

오랜 친구였던 설주가 갑자기 정은의 간택을 받았을 때 동창들은 불행히도 변화된 상황에 적응하지 못했다. 질투심 때문인지는 몰라도 그들은 '설주가 연애하던 남자친구 있었잖아. 자격도 안 되는 애가 말이돼' 하며 서로 수군거리다가 급기야 증거 사진까지 돌렸다고 한다. 재빨리 태워버려도 시원찮을 사진을 돌려본 '죄'로 이들은 목숨을 잃었다.

그게 딱 4년 전 2013년 8월 말 벌어진 은하수관현악단과 왕재산음악단 예술인 9명이 처형된 사건이다. 당시 이들이 '포르노를 찍었다'느니 '리설주도 우리와 똑같이 놀았다고 말해 죽었다'는 등의 설이 돌았지만, 실상은 사진 한 장 때문이었다. 사진 때문에 죽인다곤 할 수 없으니 '부화타락했다(성적으로 문란했다)'는 죄를 잔뜩 씌웠다.

내막을 잘 아는 탈북민에 따르면 문제의 사진은 설주가 학생 시절 남자친구와 만경대학생소년궁전 옆 잔디밭에서 어깨를 감싸고 찍은 것이라고 한다. 그런 사진 한 장이 순결하지 않다는 증거가 될 순 없지만, 성녀에겐 딴 남자에게 가슴 설렜던 과거 따윈 없어야 했다.

가뜩이나 설주 동창들을 주시하던 당국은 사진의 존재를 알아챘다. 설주와 친구들이 가수로 있던 은하수관현악단에 중앙당 간부가 내려와 공식적인 회의에서 세 차례 정도 경고를 했다고 한다.

"설주 동지는 이제 일반인이 아니다. 그와의 모든 기억을 지우고 입

남과 북, 좌와 우의 경계에서

에도 올리지 말라."

　한편으론 단원들을 은밀히 불러 문제의 사진을 누가 퍼뜨렸고, 누가 봤는지 캐기 시작했다. 하지만 솔직히 말해도 처벌받을 게 뻔한 상황이라 이들은 한결같이 '그런 사진은 본 적이 없다'고 발뺌했다. 하지만 집요한 추궁에 결국 실토한 사람이 생겼다. 원본 사진과 돌려본 사람의 이름도 줄줄 나왔다.

　북한은 이들을 체포한 지 불과 사흘 뒤 강건종합군관학교 사격장에서 문화예술계 간부 및 종사자 수천 명을 모아 총살했다. 집행관은 "부화타락한 인간들이 감히 혁명의 최고 수뇌부에 대해 유언비어를 퍼뜨리고 있다"고 소리를 질렀다. 처형장 맨 앞줄엔 악단 동료들을 앉혔다. 말뚝에 묶인 9명에게 1인당 90발씩 AK-47 자동소총 점발사격이 가해졌다. 사형수 중 가장 나이 어린 연주자 청년은 스무 살을 갓 넘겼는데, 청진에서 평양에 뽑혀 온 지 얼마 안 돼 죽임을 당했다.

　총소리가 멎었을 때 앞에 앉은 여가수 중 오줌을 지리지 않은 이가 없었다고 한다. 집행관은 앞줄부터 일어나 말뚝 주변을 빙 돌게 했다고 한다. 90발을 맞으면 형체조차 알아보기 힘들게 된다. 며칠 전까지 함께 웃던 친구와 동료의 피와 살점을 밟으며 그들이 느꼈을 공포를 어떻게 설명할 수 있을까. 김정일은 유부녀 성혜림과 자신의 관계를 발설한 연예인들을 정치범수용소로 보내 격리했지만, 정은은 설주의 과거를 피로 지워 땅에 묻었다.

　혁명의 어머니의 삶도 만만치는 않다. 인기 가수였던 설주는 지금 열심히 출산 중이다. 28세에 벌써 자식이 세 명이다. 성별이 확인된 것은 '주애'라는 딸(둘째)뿐이다. 국가정보원은 29일 첫아이가 아들로 파악된

2017

다고 밝혔다. 그렇더라도 왕조를 물려주려면 예비 '왕자' 한 명은 더 있어야 한다. 올해 낳은 셋째의 성별은 아직 확인되지 않고 있다.

설주에게 아들이 있다면 발편잠은 잘 수 있을 것 같다. 딸만 낳았다면 아들 못 낳은 왕비는 반드시 밀려난다는 역사가 되풀이될 뻔했다. 김정일의 세번째 여자의 아들인 정은이야말로 누구보다 설주가 아들을 많이 낳길 기대할 것 같다. 설주는 앞으로 몇 명을 더 낳아야 할까.

남과 북, 좌와 우의 경계에서

사드 보복으로
죽어가는 사람들

2017. 8. 17.

2년 전 쓰지 않았던 특종이 있다. 그해 9월 3일 박근혜 전 대통령이 중국 전승 70주년 행사에 참가해 대한민국 정상으론 최초로 톈안먼(天安門) 성루에 섰다. 그로부터 딱 보름 뒤인 18일 멀리 북-중 국경에선 아무도 예상치 못했던 기적이 일어났다.

이날 옌지공항에서 탈북자 30명이 중국 공안 차량에서 내려 인천행 비행기에 올랐다. 이들은 한국으로 오던 중 7월 중순 쿤밍(昆明)에서 체포된 2개 조와 칭다오(靑島)에서 체포된 1개 조였다. 일행 속엔 수백 명의 부하를 두었던 북한군 군관 출신도 있었다.

이들은 탈북자들이 '도문 변방수용소'라고 부르는 지린(吉林)성 투먼(圖們)시 공안변방대대 변방구류심사소에 수감돼 있었다. 두만강 옆의 이 수감시설은 탈북자들이 북송 전 마지막으로 머무는 곳이다. 이곳까지 가면 사실상 북송 확정이기 때문에 '도문까지 갔다'는 말은 탈북자들에겐 마지막 희망이 사라졌다는 것을 의미한다. 북한 보위부도 어떤 탈북자 몇 명이 수감돼 있는지 건너편 감옥의 사정을 손금 보듯 파악하고 있다.

중국이 이곳에 수감된 탈북자를 공식 석방한 경우는 내가 알기엔 한 번도 없다. 그런 상상도 못한 일이 실제로 벌어졌다. 그것도 30명씩이나, 심지어 비행기까지 태워준 것이다.

이들의 한국행은 명백히 박 전 대통령이 톈안먼 성루에 오른 데 대한 보상이었다. 그러나 이를 당일에 알고도, 난 이 역사적인 행운아들의 이야기를 조용히 묻어버렸다. 이 사실이 알려지면 북한이 중국에 강력히 반발해 다음 기회가 사라질 수도 있다고 판단했기 때문이다.

이때부터 이듬해 7월 한미 당국이 사드(THAAD·고고도미사일방어체계) 배치를 전격 발표하기 전까지 중국에서 탈북자들이 체포됐다는 소식은 거의 들리지 않았다. 지난해 4월 중국 북한식당 종업원 13명이 버젓이 비행기를 타고 한국까지 온 것도 중국의 묵인이 없었다면 불가능했다. 지난해 지린성과 헤이룽장(黑龍江)성 일부 지역에선 중국 남성과 오랫동안 동거한 탈북 여성과 자녀가 합법적으로 살도록 중국 당국이 호구까지 발행해주었다는 소식도 들려왔다.

하지만 사드 배치 선언 이후 지난 1년 동안 중국의 탈북자들에겐 다시 지옥이 시작됐다. 한국행 길에 올랐던 탈북자들이 다시 무더기로 체포되기 시작했다. 그러나 중국의 사드 보복으로 한국 기업이 피해 입는 소식은 많이 알려져도, 목숨을 잃는 탈북자들에 대한 이야기는 찾아보기 어려웠다.

문재인 대통령이 6월 말 미국을 방문해 확고한 한미동맹을 재확인한 이후 중국의 탈북자 단속은 갑자기 크게 강화됐다. 지난달 중순에도 주요 탈북 경유지인 쿤밍을 휩쓴 대검거 바람에 버스로 몇 시간만 더 달리면 한국에 왔을 수십 명의 탈북자가 또 체포됐다. 이들 중 노동당 간부가 아내와 10대 자녀 3명과 함께 품고 있던 독약을 먹고 자살했다는 소식도 전해졌다. 사랑하는 자식의 입에 독약을 밀어 넣어야 했을 부모의 모습을 상상해보라.

김정은 집권 이후 북한은 한국행을 시도한 탈북자는 무조건 살아 나올 수 없는 정치범수용소에 끌어가고 있다. 북송이 곧 죽음인 상황에서 그 가족은 고통스럽게 죽길 원치 않았던 것이다.

지난달 체포된 탈북자들의 한국 가족 모임에 4일 찾아갔다. 북에서 탈출시켜 데려오던 어머니를 잃게 된 딸, 조카를 잃게 된 삼촌……. 일행 중엔 8세 여아도, 10세 남아도 있었다. 탈북 기자가 뭔가 해줄지도 모른다는 실낱같은 희망 앞에 서는 것은 가슴을 허비는 고문이었다. 나는 할 말이 없었다.

이들이 찾아간 청와대와 외교부도 침묵만 지킬 뿐이었다. 9일 중국 대사관 앞에서 '내 가족을 살려달라'고 애원하고 소리쳤지만 소용없었다. 오히려 '투먼'에 수감돼 있던 이들 가족은 14일 북송됐다. 중국이 논란이 커질 것을 우려한 듯싶다. 미국도 중국과 북한을 향해 온갖 제재 카드를 내놓고 있지만 정작 그들의 아킬레스건인 탈북자 문제는 한마디 언급도 없다. 결국 북한은 마음 놓고 탈북자를 죽이고 있고, 중국은 살인방조 행위를 계속 이어가고 있다.

고래 싸움에 새우가 죽는다고 했다. 과거에도 그랬지만, 지금도 탈북자는 한반도에서 비운의 새우 신세를 벗어나지 못하고 있다.

얼마 전 선양(瀋陽) 인근의 한 도시 감옥에 탈북자 50여 명이 수감돼 있다는 소식을 들었다. 그들은 사드 문제가 빨리 원만히 해결되면 혹시 중국이 북송시키지 않을지도 모른다는 한 가닥 희망을 품고 있다고 한

2017

445

다. 사드 전자파와 소음이 환경 기준을 통과했다는 정부의 13일 발표를 접했을 때 난 그들을 떠올렸다.

사드가 앞으로 몇 명의 목숨을 살릴 수 있을지는 모르겠다. 다만 확실한 것은 탈북자 문제에 협조적이던 중국이 돌변하면서 지난 1년간 한국민이 될 뻔한 수백 명이 북에 끌려가 목숨을 잃게 됐다는 것이다. 이런 사실이 알려지지도 않고 있는 현실이 나는 더 슬프다.

평양 여명거리와
김정은의 정경유착

이 글엔 김정은 체제를 이해하는 핵심 포인트가 담겨 있다. 사상 최강의 대북 제재 와중인 올해 4월 김정은이 평양에 호화로운 여명거리를 준공했을 때 북한 연구자들은 수수께끼에 직면했다. 재작년 11월 호화 미래과학자거리가 건설됐을 때도 마찬가지였다.

'김정은이 호화 거리를 지을 막대한 돈은 어디서 나온 것일까. 대북 제재는 정말 북한의 주장대로 무용한 것 아닐까.' 하지만 이 글을 읽고 나면, 이런 거리 건설에 김정은은 1원도 쓰지 않았으며 다른 호화 거리 건설이 또 시작될 것임을 이해하게 될 것이다.

이를 위해 우선 평양 '건설주'들의 활약을 먼저 이해할 필요가 있다. 건설주는 아파트를 지어 파는 부동산 개발업자를 부르는 말이다.

어느 요지에 아파트 몇 동을 짓기 위해 건설주는 우선 투자를 받아야 한다. 하지만 은행이 유명무실해 담보 대출 같은 것은 없다. 북한 고위 권력층이 저축한 뇌물 자금과 무역으로 벌어들인 '돈주'의 달러를 끌어 내야 한다. 어느 레벨의 권력과 돈주를 끼우는지가 곧 건설주의 능력이다. 중앙당 조직지도부 고위 간부 정도를 끼우면 최상위 건설주에 속한다. 권력층 역시 돈을 불리기 위해 건설주라는 하수인이 절대적으로 필요하다. 물론 권력층은 직접 나서는 대신 아내나 자녀를 대신 내세운다.

투자금을 약속받으면 건축 허가를 받기 위해 내각 국토성, 인민위원회 등 7~9개 부서의 승인 도장을 받아야 하는데, 매번 투자한 권력자의 힘을 이용하는 것뿐만 아니라 최소 수만 달러의 뇌물도 써야 한다.

이후 인력은 건설기업이나 군 건설부대에 아파트 몇 채를 주기로 하고 끌어오고 건축 자재는 돈만 있으면 얼마든지 살 수 있다. 요즘 짓는 아파트는 180m²(약 55평) 이상 대형 평수가 대세인데, 보통 20층 이상에 초고속 엘리베이터가 2대 이상 설치된다. 입주자들에게 매달 돈을 거둬 24시간 전기 공급도 가능하다. 이 돈을 배전소와 발전소에 배급 및 석탄 구입비 명목으로 주고 전기 공급 우선권을 받는다. 이는 전력 생산 같은 국가 기간산업까지 개인들이 떠받치고 있다는 뜻이다.

아파트가 완공되면 투자금과 기여도에 비례해 이익을 나눈다. 여기서 주목되는 점은 건설 기획 단계에선 최종 분양가의 10분의 1만 투자해도 아파트 한 채를 받는다는 것이다. 이것은 평양에 존재하는 '강자의 룰'이다. 권력 없는 돈주처럼 '송사리'들은 정보를 알아도 초기 분양에 참여할 수도 없고, 중간 단계에서나 분양가 절반 이상을 투자하고 낄 수 있다.

약삭빠른 건설주는 무조건 잡아야 할 권력층에 약속한 것 이상을 보상한다. 가령 이익을 절반씩 나누기로 약속해도 다 지은 뒤에는 간부 아내에게 6할을 주며 정말 고맙다고 머리를 조아린다. 그러면 권력층의 눈에 들어 돈을 재투자받을 수 있다.

북한의 대다수 아파트 건설은 이런 식이다. 큰돈이 있다면 누구나 부동산 개발에 뛰어들려고 하지 절대 자식에게도 빌려주지 않는다. 민사법도 제대로 없어 북한에선 '빌려준 돈 찾는 것은 나라 찾기 다음으로 힘들다'란 말이 있다. '돈 빌린 사람은 노력영웅이고, 빌려준 돈 받은 사람은 공화국영웅'이란 말도 있다.

이런 메커니즘이 이해됐다면 김정은이 호화판 거리를 세우는 방식을 쉽게 이해할 수 있다. 뒤봐주는 권력층 자리에 김정은을 갈아 끼우면 된다. 김정은이 나서서 어떤 목 좋은 자리를 둘러보고 신도시를 세우라고 지시한다. 이 지시 하나로 승인 도장이 필요 없는 엄청난 부지와 건설 인력이 확보되며 철거 저항도 사라진다. 그다음부턴 구획을 떼어 갖기 위한 보위성, 무역성 등 권력기관의 암투가 벌어진다. 공공건물도 지어야 좋은 구획이 차려진다. 이후 기관은 투자금을 모으는데, 이때 하수인을 내세워 세탁된 권력자의 돈이 대거 유입된다. 김정은이 지시한 공사판은 빠른 완공이 확실해 위험 부담도 매우 적다.

거리가 완공되면 김정은이 나타나 교수나 예술인 등 자기가 생색낼 수 있는 수혜 계층을 지목한다. 자기 몫은 확실히 챙기는 것이다. 김정은이 먼저 먹고 나면 투자자가 달려들어 지분에 따른 분양 파티를 마무리한다. 아파트 한 채가 수십만 달러에 팔려 나간다.

지금 평양 부동산은 돈과 권력이 황금알을 낳는 거대한 투자판이다. 1970년대 강남 개발의 복제판을 보는 듯하다. 투자처를 찾지 못한 막대한 돈이 부동산에 몰려들어 거품을 만드는 것도 남북이 닮았다.

미래과학자거리와 여명거리로 한몫을 챙긴 평양의 권력층과 이에 유착한 돈주들은 지금 김정은이 다시 개발할 곳을 찍길 손꼽아 기다린다. 김정은에겐 나쁘지 않은 거래다. 제재가 무용하다는 대외 선전은 물론이고 체제 유지에 꼭 필요한 이들과의 공생 관계도 다질 수 있다. 핵미사일 개발로 어떠한 대북 제재가 시작돼도 김정은과 권력자들이 의기투합한 신도시 개발이란 투기판은 계속될 것이다. 탐욕에 들뜬 눈들이 평양에서 번뜩이고 있다.

남과 북, 좌와 우의 경계에서

왜 순교의 피는 북한 사람의 몫인가요

J 집사님께.

집사님이 보내신 "북한에서 무기노동교화형을 선고받은 김정욱 목사의 무사 귀환을 위해 기도하자"는 카카오톡 단체 메시지를 받았습니다. 북한에 억류됐던 미국 대학생 오토 웜비어 씨가 지난달 사망한 뒤 북에 억류된 한국인 선교사 3명의 귀환이 다시 관심사가 됐지요. 정부 당국자도 "남북 당국 간 대화 채널이 복원된다면 가장 먼저 할 일이 억류된 우리 국민의 안위를 확인하는 일"이라고 말했죠.

그런데 죄송하지만, 저는 함께 기도하지 못하겠습니다. 제가 악한 것일까요. 제 말도 한번 들어보십시오.

저는 김 목사가 2014년 평양에서 가진 기자회견을 보았습니다.

자신을 범죄자라고 지칭한 그는 "국가정보원의 지시에 따라 북쪽 사람들을 첩자로 소개하고 중개했다"며 "제가 저지른 반국가 범죄 혐의에 대해 북한에 사과한다"고 하더군요. "가족에게 건강하게 있다는 것을 보여주고 싶어서 기자회견을 열었다"는 말도 했습니다. 기자회견장에선 김 목사 지시로 간첩 활동을 했다는 북한 주민들의 자백 영상도 상영됐

습니다. 그들은 이미 국정원 간첩으로 몰려 죽었겠죠. 한 북한 소식통은
그 사건으로 평양에서 최소 30명, 많게는 100명 넘게 체포됐다고 전했
습니다. 북한에선 기독교를 믿으면 살아날 수 없습니다. 하물며 국정원
간첩 혐의까지 썼는데 살 수 있겠습니까. 그들에겐 가족에게 마지막 말
을 남길 기회조차 없습니다. 김 목사가 선고받았다는 무기형이 그들에
겐 간절한 꿈이었을지도 모릅니다.

그들의 죄라곤 중국 단둥에서 한국 선교사를 만났던 것밖에 없습니
다. 몰래 성경 좀 읽고 용돈을 받아 쓰자고 생각했겠죠.

그런데 단둥의 그 선교사가 무책임하게 제 발로 평양에 올 줄은, 보
위부에 체포돼 자신들을 스파이라 할 줄은 상상도 못 했을 것입니다. 고
문당해 어쩔 수 없이 불었다고 자기 때문에 억울하게 죽은 이들에게 용
서받을 수 있을까요.

저만 해도 북-중 국경에 너무 가고 싶지만 가지 않습니다. 제 목숨도
소중하지만, 혹 제가 체포돼 수많은 사람이 연쇄 피해를 볼 것이 더 두
렵기 때문입니다. 독약을 삼킬 각오가 돼 있어도 가기 싫습니다. 지난달
중국에 가서 가족과 접촉하려던 탈북자 6명이 북한에 납치됐다는 이야
기도 들립니다. 제가 자다가 보위부에 납치돼 아는 사람들을 줄줄이 불
어 죽게 하고는 기자회견장에 나와 '제발 나를 살려달라'고 애걸하는 장
면은 상상조차 끔찍합니다.

한때 북-중 국경엔 탈북자 선교를 한다는 사람들이 많았습니다. 탈
북자들을 모아놓고 비밀리에 성경을 가르치는 '통독반'들도 즐비했습니
다. 한국 선교사들은 그들에게 북한의 복음화를 위해 순교하자고 가르
치는 경우도 있다고 합니다. 그런데 이들의 처소가 공안에 발각되면 일

어나는 일은 비슷했습니다. 선교사는 한국으로 추방되고, 탈북자들만 북한에 끌려가 죽음을 당했습니다. 저는 북에서 기독교를 믿었다고 고문받다 죽는 탈북자들을 직접 보았습니다.

왜 순교의 피는 탈북자만의 몫인가요. 물론 납치되거나 테러당한 선교사가 없는 것은 아닙니다만, 대개는 탈북자만 죽고 선교사는 살았습니다. 김 목사가 무사 귀환하면 선교 대상이 됐던 북한 주민들만 죽고 한국 선교사는 살아 돌아오는 기록이 또 하나 생길 겁니다.

저는 자신이 순교할 각오가 됐을 때 탈북자에게 그리 가르치라고 말하고 싶습니다. 자신을 믿어준 사람들을 위해 독약을 삼킬 각오가 됐을 때 북한 선교에 나서라고 말하고 싶습니다. 아프가니스탄 선교보다 열 배 이상의 각오를 가져야 하는 것이 북한 선교입니다.

하지만 그런 각오를 가진 사람이 몇이나 있을까요. 이해할 수 없는 선교사들도 적잖게 봤습니다. 예전에 위험한 북-중 국경에서 탈북 고아들을 키우는 선교사에게 애들을 안전한 한국으로 무사히 오게 해주겠다고 했는데 단칼에 거절당했죠. 얼마 전 러시아에서 탈북한 북한 노동자는 도움을 주는 한국 선교사가 성경 공부만 계속시킬 뿐 한국으로 가는 데 도움 줄 생각조차 없다고 제게 연락해 왔습니다. 중국에서 탈북 고아를 키우면, 탈북 노동자를 개종하면 선교사는 후원자 앞에 면목이 서겠죠. 그러나 그게 고아와 탈북민을 위한 일인가요. 그들에겐 안전하게 살 한국행이 우선입니다.

이 글로 열악한 사역 현장에서 고생하는 많은 선교사가 오해를 받을 수 있다는 생각도 물론 없지 않습니다. 그러나 좋은 사역자도 사소한 부주의로 한순간에 사람을 죽이는 사역자가 된다는 사실을 명심해주시길 바랍니다.

　모두가 북한의 한국 선교사 억류에만 분개하고 당장 구출해야 한다고 할 때, 누군가는 그들 때문에 목숨을 잃은 사람들에 대해서도 이야기해야 한다고 생각합니다. 탈북 기자인 제가 아니면 누가 또 하겠습니까. 집사님, 제 이야기를 이해하실 수 있으십니까.

김정은의 핵미사일 도박 멈추게 하려면

이젠 현실을 받아들여야 한다. 지금의 대북 정책으론 북한의 핵미사일 보유를 막을 수 없다.

북한의 의도는 명백하다. 핵미사일로 미국과 협상해 정권의 장기적 안전을 보장받겠다는 것이다. 즉, 올해 33세인 김정은이 늙어 죽을 때까지 북한을 통치하는 걸 보장받겠다는 의미이다. 북한 모든 정책의 시작과 끝은 김정은의 생존이며, 핵미사일은 김정은이 가진 최후의 카드다. 그러니 끝까지 부둥켜안을 수밖에 없다.

김정은만 살 수 있다면 수백만 명이 굶어 죽는 것쯤은 감수할 수 있는 북한이니 제재와 압박이 잘 먹혀들 리도 만무하다. 김정은은 '이거 받고 나 살려줄 거냐'며 미국을 향해 핵미사일 카드를 내밀었다. "핵 문제는 미국과 풀 문제이니 남조선은 끼어들지 말라"는 말은 김정은의 본심이다. 그의 눈에 한국은 주제 파악 못 하고 끼어드는 성가신 불청객이다. "제 것이란 아무것도 없는 괴뢰들이 그 무슨 '군사적 대응'을 떠들어대고 있는 것은 가소롭기 그지없다"고 한 4일자 노동신문 기사가 곧 김정은의 의중이다.

문재인 대통령은 "북한이 레드라인을 넘어서면 우리가 어떻게 대응할지 알 수 없다"고 했다. 하지만 영토에 포탄이 쏟아져도 미국의 승인이 없으면 원점 폭격도 할 수 없는 것이 우리 현실이다. 이런 상황에서 무슨 말을 비장하게 쏟아내도 '가소롭다'는 반응만 돌아올 수밖에 없다.

지금 김정은은 미국을 저돌적으로 밀어붙이고 있다. 늙고 병든 김정일이 '살날이 얼마 남지 않았으니 흥정하는 척하며 시간이나 끌자'는 생각이 강했다면, 살날이 긴 김정은은 '시간 끌 필요가 없다'고 판단한 듯하다. 젊을 때 큰 도박 한 번으로 평생 편히 살겠다는 속셈이다. 상대가 승부사 기질이 강한 트럼프 대통령이라면 협상이 통하겠다는 판단도 했을 것이다.

정작 트럼프는 북한의 첫 대륙간탄도미사일 발사 소식에 "한국과 일본이 이것을 더 견뎌야 한다는 것이 믿기지 않는다. 중국이 북한을 더 압박해 이 난센스 같은 상황을 끝내야 할 것"이라고 트위터에 글을 올렸다. 남의 일인 듯 한가하게 딴청이다.

북한은 이런 미국에 눈 한 번 떼지 않고 '나 좀 봐줘' 하며 계속 어필하고, 한국은 그 북한에 매달려 '제발 나랑 말 좀 해줘' 하며 구애하고……. 이 우스꽝스러운 관계를 끝장내는 길은 '이거 받고 나 살려줘' 하는 김정은에게 '너 죽을 거냐, 저거 버릴 거냐'라고 역으로 제안하는 길뿐이다.

사실 김정은 제거는 어렵지도 않다. 미국은 물론 한국도 결심만 하면 언제든 가능하다. 진짜 문제는 그 뒤에 벌어질 일이다. 김정은이 제거된 북한에서 펼쳐질 혼란은 주변 국가들엔 대재앙이다. 이 대재앙을 막거나 수습하는 데 드는 대가야말로 김정은이 들고 있는 비싼 생명보험이라 할 수 있다. 이 보험금을 지불할 의지가 없다면 우리는 김정은에게 계속 끌려다닐 수밖에 없다. 핵 실전 배치가 끝나면 김정은이 할 짓이 뻔하지 않은가. 한국을 향해 걸핏하면 '핵 한 방 맞아볼래' 하며 으름장을 놓을 게 분명하다.

우리는 협박을 받아들이며 살지, 아니면 이 관계를 끝낼지를 선택해야 한다. 자존심 있는 국가라면, 분노를 느끼는 인간이라면 협박을 참고 살긴 쉽지 않을 것이다. 그동안 너무 비싸 엄두도 내지 않았던 보험금 계산을 시작할 때가 온 듯하다. 이 계산이야말로 우리가 주체가 돼야 한다. 왜냐하면 김정은의 생명보험금은 한국과 중국이 대부분을 부담해야 할 수밖에 없기 때문이다.

이런 일은 직함이 잔뜩 붙은 나이 많은 명사들을 모아 위원회나 구성한다고 될 일이 아니다. 미래를 읽고, 냉정하게 계산할 수 있는 젊은 인재들을 불러 모아야 한다.

여기서 핵심은 중국을 어떻게 설득할지다. 중국은 누가 강요해도 북한 붕괴에 가담하지 않을 것이다. 대안 리더십이 부재한 북한에서 김정은이 제거되면 혼란은 필연적이며, 이어 쏟아지는 난민은 중국 동북 지역의 혼란을 초래하게 된다. 중국은 수천 년 역사에서 동북이 혼란스러웠을 때 늘 중원이 무너졌다. 가뜩이나 약화되는 공산당의 일당독재 체제가 동북 혼란이란 충격을 감당할 수 있을까.

중국에 북한은 터지면 내게 파편이 쏟아지는 폭탄과 같은 존재다. 이런 중국을 내 편으로 만들려면 파편을 막을 수 있다는 확신을 주는 방법밖에 없다. 그러자면 그게 가능한지, 비용은 얼마나 들지 계산부터 해야 한다. 물론 우리 역시 북한 붕괴를 감당할 수 있을지 냉정히 따져봐야 할 것이다.

김정은은 한국을 포함한 주변국이 북한의 붕괴를 감수할 의지가 없다고 판단하는 한 끝까지 막 나갈 것이다. 그 계산이 맞을 수도 있다. 그래도 우리는 답이 나올 때까지 계산을 멈추지 말아야 할 것이다. 김정은의 핵 도박은 '북한 붕괴를 감당할 수 있다'는 계산서를 보여줄 때에만 끝낼 수 있다.

김정은 승용차 추월했던 사단장의 운명

"와, 도로가 끝내주는데……. 밟아라, 밟아."

2010년 초 북한군 총정치국 회의 참석차 평양에 오던 황해도 주둔 4군단 산하 모 사단장은 기분이 한껏 들떴다.

개성-평양 고속도로의 평양 쪽 관문인 '조국통일3대헌장기념탑' 근처에 오니 시내까지 쭉 뻗은 넓은 도로가 펼쳐졌다. 운전병은 스포츠유틸리티차량(SUV)인 '팔라딘'의 액셀을 힘껏 밟았다. 2007년 북한은 일본 닛산과 중국이 합작으로 설립한 '정저우 닛산'에서 이 차를 300여 대 구매해 사단장과 사단 정치위원들에게 주었다.

6단 자동변속기에 배기량 3275cc인 팔라딘은 당시 북한에선 보기 드문 최신 승용차였다. 이런 차를 먼지가 풀풀 나고 울퉁불퉁한 시골에서 몰고 다니다 모처럼 평양의 넓은 아스팔트에 들어서니 질주 본능이 생겨나는 것은 어쩌면 당연지사.

마침 밤이라 다니는 차도 별로 없었다. 이들은 앞차를 마구 앞지르며 질주했다. 그런데 추월당한 한 고급 차가 갑자기 가속해 팔라딘을 재차 추월한 뒤 앞길을 막고 정지했다. 무려 벤츠600이었다. 북한에서 벤츠는 노동당 간부들만 탄다. 한국에서는 장관급인 노동당 비서의 관용차가 벤츠280임은 웬만한 사람은 안다. 그런데 무려 600이라니 사단장과 운전병은 기가 질려버릴 수밖에 없었다.

멈춰 선 벤츠 창문이 열리더니 새파란 젊은이가 얼굴을 쑥 내밀고 차를 쩨려보았다. 그러다 아무 말 없이 다시 출발했다. 다음 날 열린 총정치국 회의에선 그 사단장과 운전병은 보이지 않았다고 한다. 당시 벤츠 600을 직접 운전했던 김정은에게 걸려 이들이 처벌을 받았다는 설이 파다하게 퍼졌다.

얼마 뒤 김정은을 열받게 만드는 일이 또 있었다. 평양에서 원산으로 가는 도중 마식령을 관통하는 길이 4km의 '무지개 동굴'에서 벌어진 일이다. 이 터널은 좁고 긴 데다 환풍 장치도 제대로 없어 평소 매연으로 꽉 찬다. 이곳에서 김정은 앞으로 매연을 새까맣게 내뿜으며 북한군 화물차가 느릿느릿 달렸는데 비키라고 아무리 경적을 울려도 들은 척도 하지 않았다.

선군정치를 앞세우던 당시 북한에서 군 차량은 교통경찰도 단속할 수 없는 존재였다. 아마 운전병은 차종이 구별되지 않는 민간 승용차가 뒤에서 경적을 울려대니 '감히 군대 차량에게'라는 심정으로 더 천천히 갔을지도 모른다.

김정은은 분노했다. 2010년 5월 5일 군에는 '청년대장 동지 방침'이란 것이 하달됐다. 당시 김정은은 후계자 신분이었음에도 직접 자기 이름으로 지시를 하달한 것이다. '5월 5일 방침'으로 불리는 이 지시에는 "요새 군 운전사들이 무법 천지이니 강하게 단속해 엄중히 책임을 물으라"는 내용이 담겨 있었다.

이때부터 북한군 경무원(헌병)들은 교통질서를 어기는 장성들의 차를 직위에 상관없이 단속했다. 예외는 없었다. 인민무력부장도 단속되면 청사에서 내려다보이는 구내 운동장에서 운전병과 함께 2시간 넘게 제식훈련을 해야 할 정도였다.

'금수저'만 될 수 있는 장성 운전병들은 시장에서 산 맵시 나는 군복과 비싼 내의를 입고 살다가 이때부터 후줄근한 북한군 면내의를 입고 다녀야 했다. 병사들 속에선 '청년대장이 참 쪼잔하다'는 불평이 터져 나왔다.

청년대장은 난폭 운전만 못 견딘 것이 아니었다. 김정은은 후계자 신분일 때 예고 없이 군 관련 시설을 시찰했다. 김정일은 몇 달 준비한 세트장에 가서 안내해주는 동선을 따라 쭉 본 뒤 사진을 찍고 돌아갔지만, 김정은은 뒷마당에도 불쑥 들어가 담배꽁초가 많다며 화를 냈다고 한다. 그때마다 내로라하는 간부들이 빗자루를 들고 나와 쓰느라 난리가 났다.

2012년 5월 김정은이 평양 만경대 유희장을 방문해 보도블록의 잡초를 직접 뽑으면서 "설비의 갱신은 몰라도 손이 있으면서 잡풀을 왜 뽑지 못하는가. 한심하다"라고 강하게 비판했다는 소식이 북한 매체들에 실렸다. 북한 매체에서 지도자가 화를 내는 것을 보도한 것은 매우 이례적이다. 기강을 세우려고 일부러 공개한 것일 수도 있지만, 이러저런 상황을 종합해보면 원래 김정은은 무시당하는 것과 더러운 것을 못 참는 성격인 것 같다.

하지만 자기 맘대로 성질을 부릴 수 있는 국내와 달리 국제무대에서 김정은은 철저히 '왕따' 신세로 무시당해왔다. 압박하면 할수록 핵과 미사일에 집착하는 것은 어쩌면 무시당하는 데 대한 반발일 수도 있다.

우리는 보수 정권 내내 김정은을 별로 상대해본 일이 없고 성격 같은
건 몰라도 됐다. 하지만 앞으론 다르다. 문재인 정부는 김정은과의 대화
를 위해 햇볕정책 시기 남북 협상의 주역들을 요직에 중용했다. 그런데
과거 협상 경험이 얼마나 유효할진 모르겠다. 어쩐지 김정은은 김정일
보다 말을 트기가 훨씬 까다로울 것 같다.

남과 북, 좌와 우의 경계에서

집단 최면에 걸린 사회   2017. 5. 25.

　'파블로프의 개'로 유명한 러시아 생리학자 이반 파블로프는 1917년 러시아혁명 이후 크렘린 혁명정부에 불려갔다. 깜짝 등장한 '혁명의 아버지' 블라디미르 레닌은 그에게 연구 성과를 정리해달라고 요청했다. 레닌은 400쪽의 보고서를 단 하루 만에 다 읽고 이튿날 파블로프를 불렀다. 그는 매우 감격한 표정으로 "이로써 혁명의 미래가 보장됐다"고 말했다. 레닌은 대중에게 박혀 있는 제정 러시아의 전통과 사고방식을 개조하고 사회주의 사고를 세뇌하기 위한 심리 조종 기술을 손에 쥔 것이다. 파블로프에겐 이후 온갖 특혜가 베풀어졌다.

　레닌이 죽고 이오시프 스탈린이 집권한 후 이해할 수 없는 일들이 벌어졌다. 줄줄이 체포된 스탈린의 혁명 동지들이 공개 재판장에서 완전히 조작된 자신의 혐의에 대해 변론을 하기는커녕 오히려 스스로를 반역자나 살인자라고 자인하며 사형시켜달라고 애원했다. 6·25전쟁이 막바지에 이르렀던 1953년에는 포로가 된 미군 고위 장교들과 병사들이 공산주의를 찬양하고 미국을 비난하며 고국에 가길 거절하는 이상한 일이 벌어졌다.

놀란 미국은 심리 전문가들을 참여시켜 공산주의 국가에서 실행된 심리 조작 기술을 분석한 중앙정보국(CIA) 보고서를 만들었다. 이를 통해 소련이 죄수의 의식을 무너뜨린 뒤 거짓을 진실로 믿게 만드는 정교한 단계별 세뇌 과정을 운용하고 있다는 사실이 폭로됐다.

이 내용들은 일본의 유명 심리학자 오카다 다카시(岡田尊司)의 대표 저서 『심리 조작의 비밀』에 나오는 것이다. 다카시는 일본 '옴진리교'나 미국의 '인민사원' 등 컬트 종교(교주가 광적인 사람들에게서 숭배받는 소수 사이비 종교)와 테러리스트를 집중 연구했다. 그는 자신의 연구, CIA 보고서, 중국에서 체포돼 사상 개조를 받은 서방인 수십 명을 면담해 작성된 미국 정신과 의사 로버트 제이 리프턴(Robert Jay Lifton)의 저서 『사상 개조와 전체주의의 심리학』을 토대로 이런 결론을 내린다.

"전체주의나 파시즘, 컬트 종교는 지극히 비슷한 특성을 지녔다."

이 셋의 공통점은 소속원의 심리를 조작해 집단 최면 상태에 빠지게 한다는 것이다. 다카시는 사상 개조를 하는 데 중요한 역할을 하는 8가지 요소와 심리 조작의 5대 원리를 정리해 발표했다.

8대 요소엔 외부와의 접촉을 차단하고 지도자에 대한 신비감을 만들며, 자아비판과 타인에 대한 비판을 강요한다는 내용이 들어 있다. 또한 소속원에겐 '해방' '인민' '제국주의'와 같은 이분법적 사고방식을 주입하며, 이념을 위해선 자기를 서슴없이 바치고 이를 따르지 않으면 생존이 허락되지 않는다는 것을 각인시킨다.

5대 원리에는 정보 입력을 제한하거나 과잉되게 하며, 뇌를 지치게 해 생각할 여유를 빼앗는 동시에 자기 판단을 불허하고 의존 상태를 유지시킨다는 내용 등이 포함됐다.

남과 북, 좌와 우의 경계에서

이런 요소와 원리를 대입해보면 북한을 새로운 시각에서 이해할 수 있다. 왜 쥐꼬리만 한 배급을 줘 굶주린 인민을 '100일 전투'나 '200일 전투'에 쉬지 않고 내모는지, 왜 생활총화와 각종 강연회로 정신없이 들볶는지, 북한 TV에서 김정은 찬양가가 고성으로 쉴 새 없이 나오는 이유는 뭔지 등이 납득된다.

또 3대 세습 김씨 일가가 왜 운명적 공동체를 쉼 없이 강조하면서도 숙청을 끊임없이 일삼고 있는지, 왜 북한은 개방이란 단어에 극도의 거부감을 보이는지 등 수많은 의문도 한꺼번에 풀린다. 남쪽 탈북민 사회에서 나이 들어 온 사람일수록 특정 정파에 대해 무비판적으로 추종하거나 또는 맹렬한 적의를 불태우게 되는지도 이해가 가능하다. 세상을 보는 가치관이 '적' 아니면 '아군'으로만 나누도록 오랫동안 세뇌됐기 때문이다.

북한의 선전 담당 부서엔 세계 최고의 심리 조작 전문가들이 있을 것 같다. 김정은이 물려받는 통치술 중에는 옛 소련과 중국에서 물려받고 북한 나름의 경험까지 합쳐 집대성한 세계 최고 수준의 정교한 심리 조작과 집단 최면에 관한 기법이 있을 수도 있다. 어쩌면 김정은은 스스로가 강력한 최면에 걸려 있는지도 모른다.

북에서 대학을 나와 남에서 15년 넘게 북한을 관찰한 나는 안타깝지만 이런 결론을 내리지 않을 수가 없다.

"북한은 심리 조작으로 집단 최면에 걸린 사회다."

문재인 정부 출범으로 남북 교류는 활성화될 것이다. 평범해 보이는 북한 사람이 갑자기 이해되지 않는 행동을 하거든 '심리 조작과 집단 최면'이란 단어를 떠올리길 권한다. 민주주의 국가에서도 좋은 교육과

2017

465

가정을 가진 평범한 이웃이 사이비 종교에 빠지거나 테러리스트가 되기도 한다는 점을 상기하면서.

북한의 집단 최면은 어떻게 깨야 할까. 이에 대한 다카시의 해답은 의외로 간단하다. 대화하고 논쟁하라는 것이다. 그러기 위해선 먼저 만나는 수밖에 없다.

대통령 집무실을 광화문으로 옮긴다면

2017. 5. 11.

　이제 나의 중요 관심사는 문재인 대통령이 언제 집무실을 광화문 정부서울청사로 옮겨 올지다. 통일부 출입기자로 정부서울청사에서 일하는 처지에서 청와대가 이곳으로 옮겨 오면 당장 매일 출근길 검문검색부터 까다로워질 게 뻔하다. 대통령 교체로 내 삶에 변화가 있음을 직접 피부로 느끼게 되는 것이다.

　청와대 이전은 오래전부터 대통령 후보의 단골 공약이었다. 김대중 전 대통령은 광화문 정부청사로 집무실을 이전하겠다는 의지가 강했지만 끝내 옮기지는 못했다. 2002년 당시 이회창 한나라당 후보는 청와대의 대통령 집무실은 쓰지 않겠다고 약속했고, 노무현 전 대통령은 행정수도를 만들어 이전하겠다는 공약을 내걸었다. 하지만 모두 없던 일이 됐다. 경호와 교통 체증, 민원인 불편, 예산 등 여러 이유에서였다.

　경호나 교통 체증 등의 문제에 더해 정부청사가 안보 측면에서도 약점이 있다는 점을 지적하고 싶다. 처음 정부청사에 와서 22층 옥상에 올라가 주변을 둘러볼 때 '북한 포탄 날아오기 딱 좋은 위치'라는 생각이 제일 먼저 들었다.

북한이 장사정포와 방사포 사거리를 기를 쓰고 60km로 늘린 것은 서울을 타격하기 위해서다. 개성 송악산 뒤에 숨은 북한 장사정포 부대가 서울을 향해 최대 사거리로 쏘면 대략 광화문까지 포탄이 도달한다.

정부청사는 중요도를 따지면 당연히 북한의 1차 집중 타격 대상에 포함된다. 더 문제는 정부청사가 하필이면 북한산과 북악산을 넘어온 북한 포탄의 예상 낙하지점의 맨 앞에 있는 고층 빌딩이라는 점이다. 따로 목표를 정하지 않고 서울 도심을 향해 포를 마구 쏘더라도 포탄을 맞을 가능성이 가장 큰 지점이란 뜻이다. 포탄은 요격도 할 수 없다. 나아가 포탄뿐 아니라 북한의 미사일과 폭탄 공격에도 아주 취약하다. 반면 현 청와대는 북악산이 방패처럼 막고 있어 북한의 포·미사일 공격에 안전하다.

이 때문에 대통령 집무실을 정부청사에 둔다는 것은 북한의 포문 앞에 대한민국의 운명을 내맡기는 격이 되지 않을까 우려된다. 혹시라도 북한이 어느 순간 이성을 잃고 서울을 공격하게 된다면 자칫 청와대 벙커(위기관리센터)에 들어가 비상대책회의를 열 틈조차 없는 상황을 맞을 수도 있다.

문 대통령은 임기 내에 전쟁이 일어날 일이 없다고 확신할 것이다. 나 역시 그렇게 믿고 있다. 그래서 정부청사 내에서도 북쪽 벽에 붙은 자리에 앉아 일을 하고 있지만 북한의 첫 타격에 당할 수 있다는 우려는 하지 않는다.

그렇지만 대통령 집무실은 정말 만에 하나 일어날 만한 상황에도 충분히 대비할 필요가 있다. 남북 관계에선 언제, 어떤 일이 벌어질지 누구도 100퍼센트 장담할 수는 없다. 한 번 옮겨 온 대통령 집무실은 문 대통령만 사용하는 것이 아니라 다음 정부에서도 계속 써야 한다는 점도 감안해야 한다.

문 대통령은 광화문 정부청사로 집무실 이전 공약을 내걸며 "365일 국민과 소통하는 열린 대통령이 되기 위해서"라고 설명했다. 그 취지엔 충분히 공감하고, 광화문으로 집무실을 옮기면 그 나름의 장점도 많으리라 생각한다.

다만 광화문에서 14년 일한 경험에 비춰 볼 때 광장 옆에 살면 오히려 귀를 더 닫게 될 수도 있다는 점도 지적하고 싶다. 광화문광장에서 다양한 집회가 수시로 열리는데 무슨 소리를 하는지 들리지도 않고 귀만 어지러울 때가 잦다. 사람마다 차이가 있겠지만, 내 경우 매일 소음에 익숙해지다 보니 밖에서 뭐라고 하든 상관없이 귀를 꽉 닫고 내 일에 집중하는 습관이 저도 모르게 생겨났다.

대통령 집무실을 옮기려는 곳이 정부청사 본관일지, 그 옆 별관일진 아직 알려지지 않았다. 정부청사에서 길 건너 빤히 내려다보이는 경복궁 안의 고궁박물관도 이전 후보지로 거론된다는 이야기가 있지만 경호를 하기에는 최악의 장소로 보인다. 정부청사 별관에 상주한 외교부 직원들은 대통령이 그곳으로 오면 건물을 통째로 빼서 이사 가야 한다는 소문에 벌써부터 뒤숭숭하다.

집무실이 본관으로 온다면 2개 층을 사용하고 있어서 방을 빼봐야 집무실 만들 자리도 나지 않는 통일부보다는 정부청사의 반을 사용하는 행정자치부가 옮겨 갈 가능성이 크다. 그렇지 않아도 행자부는 종종 타 부서 공무원들의 구설에 오르내리고 있다. 정부 부처 지방 이전 때 '칼자루를' 잡고 다른 부처는 다 지방에 내려보내면서, 정작 굳이 서울

2017

에 있을 필요가 없는 자기들만 남았다는 것이다.

누가 방을 빼야 하든, 일단 광화문을 벗어날 공무원들은 지긋지긋한 소음과 출입 불편에서 해방됐음을 그나마 작은 위안으로 삼아야 할 듯하다. 북한의 제1순위 공격 목표에서 벗어난 것은 덤이다.

"공주님 오셨습니다"　　　　　2017. 4. 27.

2013년 겨울 어느 날, 북한에서 내로라하는 부친을 둔 20대 자녀들이 강원도 마식령스키장에서 신나게 놀고 있었다.

갑자기 사복 입은 건장한 남성들이 우르르 들어와 사람들을 내쫓기 시작했다. 하지만 세상 무서운 줄 모르고 자란 '금수저'들이 순순히 응할 리 만무했다. 어렵게 평양에서 마식령까지 몇 시간 동안 달려와 겨우 좀 놀아보려 했는데 영문도 모르고 내쫓기기에는 자존심이 허락하지 않았다.

화가 난 한 젊은이가 나서 소리쳤다.

"당신들 누구야. 우리 아버지가 누군지 알아? 중앙당 아무개야."

요즘 남쪽에선 이런 짓이 항간의 분노를 자아낼 일이지만, 북한에선 아직도 이런 허세가 아주 진지하게 잘 먹힌다.

한 양복쟁이가 그에게 다가가 속삭였다.

"공주님 오셨습니다."

젊은이가 목을 빼 살펴보니 저쪽에 검은 세단 몇 대가 서 있었다. 북한에서 권력자의 자녀로 살아가려면 눈치 또한 기막히게 빨라야 한다.

금수저들은 즉시 상황을 파악했다. 김여정이 친지들과 스키 타러 온 것이다. 그리고 이 사복 남성들은 김정은 가계를 호위하는 호위사령부 7국 소속일 터이다. 찍소리 못 내고 '공주님'에게 쫓겨나 자존심이 상한 금수저들은 원산의 한 호텔에서 밤새워 술을 퍼마셨다.

여정이 지금도 북한에서 공주님으로 불리는지는 알 수 없다. 하지만 그가 점점 오빠의 그늘 아래 무서운 권력자로 커가고 있다는 정황은 자주 목격된다.

이달 평양에서 진행된 태양절 관련 행사에서 여정은 여러 차례 모습을 드러냈다. 13일 열린 여명거리 준공식에선 여정이 경호 담당으로 보이는 중장 계급 군인과 이야기하며 나란히 행사장으로 들어오다 갑자기 멈춰 서서 뭔가를 지시하는 듯한 모습이 TV 카메라에 포착됐다. 지시를 받은 중장이 뒤돌아서 다시 부하에게 지시 사항을 전달하며 '공주님 지시야' 했을지는 알 수 없다.

여정은 15일 열병식이 거행된 김일성광장 주석단에서도 화제의 인물이었다. 그는 주석단 뒤쪽을 부지런히 오가며 행사를 챙겼고, 최룡해 등 고위 간부들에게 거리낌없이 접근해 이야기를 나누었다. 아버지가 사망했을 때 22세에 불과했던 천진난만했던 공주는 28세인 지금은 권력의 맛을 충분히 깨달은 무서운 공주로 변했을지 모른다. 국정원은 지난해 10월 국회 정보위원회 국정감사에서 "김여정이 최근 간부의 사소한 실수도 수시로 처벌하는 등 권력 남용 행태를 보인다"고 보고한 바있다.

이쯤 되면 간부들도 자기들끼리 공주님이라고 함부로 부르기 어렵게 될 수밖에 없다. 앞으로 여정의 호칭은 공주님에서 '김여정 동지'로 바꿔게 될 것이다.

여정에 앞서 북한 고위급이 아는 공주는 두 명 더 있다. 김정일이 본처인 김영숙과의 사이에서 낳은 딸이자 여정의 이복언니 김설송도 한때 무서운 공주였던 시절이 있었다. 김정일은 2008년 8월 뇌중풍으로 쓰러졌다 깨어난 뒤 거동이 불편해지자 설송에게 자신을 부축하게 했다. 당시 간부들 사이에선 '누가 설송의 눈에 잘못 보여 목이 날아갔다'는 소문이 자주 퍼졌다.

설송에게도 착했던 시절이 있다. 설송이 1989년 김일성대 생물학부에 입학해 처음 등교할 때 일화다. 당시 중앙당에서 근무했다가 은퇴한 남성이 대학 경비원이었는데, 그는 "대학총장 선생님께 전화해달라"는 설송을 잡고 오지랖 넓게 굴었다.

"아버지가 누군데 총장을 불러? 그냥 중앙당에서 일한다고? 과장급이냐, 부부장급이냐. 과장급이면 입학할 때 2000달러쯤 뇌물 줬을 것이고, 부부장급 정도면 그냥 붙었겠네······."

하지만 뒤늦게 총장과 당 비서가 달려와 설송을 황송하게 영접하는 모습을 본 경비원은 사태를 파악하고 그 자리에서 얼어붙었다. 이때 설송이 "아저씨, 괜찮아요" 하고 싱긋 웃고 넘어갔고, 경비원도 처벌받지 않았다는 소문이 대학에서 알 만한 사람들 사이에 퍼졌다. 여담이지만 설송이 생물학부에 입학했던 사실이 알려지자, 생물학부에 자녀를 둔 고위 간부들은 자식을 다른 학부에 옮기기 위해 열심히 뛰어다녔다. 간부들은 '태양의 주변에 가면 타 죽을 가능성이 높다'는 것을 알고 있었던 것이다. 여정이 등장한 이후 설송이 어떻게 됐는지는 듣지 못했다. 김정일이 죽은 뒤 그를 챙겨주는 사람은 없을 것이다.

북한의 '원조 공주'이자 여정의 고모인 김경희는 생사조차 파악되지 않고 있다. 조카의 손에 남편과 시댁 가문이 멸족되는 수모를 당한 경희의 생존 여부는 이제 와 사실 별 의미도 없다.

오빠와 부친이 죽자 비운의 공주로 전락한 고모와 이복언니와 달리 여정은 북한의 새 실세로 등극했다. 하지만 그의 미래 역시 오빠 김정은의 수명에 달렸을 뿐이다. 여정이 훗날 역사책에 '잔혹한 오누이' '마녀 공주'로 기록되는 일은 없었으면 좋겠다.

김일성경기장에서 무너진 정성옥 신화

북한 스포츠에서 정신력의 상징처럼 꼽히는 인물이 1999년 8월 29일 제7회 스페인 세비야 세계육상선수권대회 여자 마라톤에서 우승한 정성옥이다. 정성옥은 '한반도 최초의 세계육상선수권대회 금메달리스트'라는 대단한 업적을 남겼다.

이런 신화 뒤엔 눈물나는 사연이 있다. 정성옥이 우승하기 전 4년 동안 북한은 '고난의 행군' 시절이었다. 마라톤 선수들도 '국수죽'을 먹으며 뛰었다. 옥수수 국수를 물에 몇 시간 담그면 국수오리(국숫발)가 몇 배로 퉁퉁 불어나고 뚝뚝 끊어지는데, 여기에 배추 시래기를 넣고 휘휘 저으면 국수죽이 된다. 양이라도 많아 보이라고 만드는 게 국수죽이지만 당시 북한의 '국민 음식'이었다. 체력 소모가 심한 마라톤 선수들에게도 예외는 아니었다.

얼핏 '라면 소녀'로 알려진 한국 임춘애의 사연과 비슷해 보인다. 1986년 아시아경기 육상에서 금메달 세 개를 목에 걸었던 임춘애는 우승 소감으로 "라면 먹으면서 운동했고 우유 마시는 친구가 부러웠다"고 말한 것으로 전해졌다. 하지만 나중에 본인은 그게 "말도 안 되는 오보"

라고 밝혔다. 실제론 삼계탕으로 체력 보충을 했고, 대회 직전에는 뱀과 개소주를 먹었으며, 우유를 먹으면 설사를 해 마시지 못한다는 것이 본인 설명이었다.

그렇게 보면 정성옥의 환경은 임춘애와 비교조차 안 된다. 게다가 몇몇 사람만 아는 사실이지만 정성옥은 대회 출전 몇 개월 전 임신 중절 수술까지 받았다. 그는 1996년 국가대표팀에서 만난 남자 마라톤 간판 김중원과 연애 중이었다. 김중원은 정성옥이 대회에 출전하기 전 중국의 성(省)급 마라톤 경기에서 우승해 상금 8000달러를 받았다. 김중원은 자기가 받은 상금 일부에서 300달러를 떼서 애인에게 개엿과 개소주를 만들어 먹였다. 그렇다고 체력이 하루아침에 생길 리가 만무한 일이다.

정성옥은 북한 최고의 여성 마라토너도 아니었다. 그는 북한 간판선수 김창옥(당시 대회 10위)의 페이스메이커로 대회에 참가했다. 고맙게도 경기 전 코치는 "버틸 수 있을 때까지 뛰라"고 지시했다. 그런데 그가 누구도 예상하지 못한 우승을 했다.

정성옥의 지인들은 그가 아버지를 살리기 위해 죽기 살기로 뛰었다고 말했다. 황해도 해주의 지방공장에서 18년간 화물차 운전사로 일했던 그의 아버지는 대회 직전 차로 사람을 치어 사망하게 해 재판을 받게 됐다. 감옥에 가게 된 아버지를 살리려면 대회에서 무조건 1등을 해야 한다고 정성옥은 생각했던 것이다. 실제로 딸이 우승해 '공화국영웅'과 '인민체육인' 칭호를 받고 '온 국민이 따라 배워야 할 귀감'이 된 뒤 그의 부친은 누구도 건드리지 못하는 영웅의 아버지가 돼 각종 매체에 출연했다.

남과 북, 좌와 우의 경계에서

대다수 북한 사람들에겐 정성옥이 "결승 지점에서 (김정일) 장군님이 '어서 오라'고 불러주는 모습이 떠올라 끝까지 힘을 냈다"는 아부의 말 한마디로 인생을 바꾼 선수로 기억되는 것도 사실이다. 그런 말을 하지 않았다면 정성옥은 '공화국영웅'이 될 수도, 5만 달러 상금 전부를 하사 받을 수도, 부유층이 사는 평양 보통강구역 서장동의 호화 주택과 벤츠 S500을 선물로 받았을 수도 없었을 것이다.

어쨌든 정성옥의 성적과 임기응변 발언은 아버지도, 자신도 살렸다. "대단한 유명인이 됐으니 나 같은 건 거들떠도 안 볼 것"이라며 한숨을 쉬던 김중원도 버리지 않고 1년 반 뒤 결혼했다.

정성옥의 정신력과 물질적 성공은 지금도 북한 스포츠의 귀감이 되고 있다. 그리고 그 정신력이 가장 잘 먹혔든 분야가 바로 세계 정상급에 올라선 여자축구다. 북한은 지금까지 국제축구연맹(FIFA) 주관 대회에서 4회(U-17 2회, U-20 2회)나 우승했다. 그래서 북한 여성들은 체육을 할 바엔 이왕이면 축구를 하려 한다. 그래야 우승 가능성이 있고, 우승하면 가족과 함께 평양에 살 자격도 얻을 수 있기 때문이다.

북한 여자축구 선수들은 10대 초반부터 남자들과 함께 훈련하며 유럽 선수들에게도 밀리지 않는 체력을 쌓는다. 또 끊임없이 정성옥의 정신력을 배우라는 '정신교육'도 받는다.

하지만 그런 북한 선수들이 안방에서 한 수 아래로 여기던 남한에 밀려 월드컵 출전이 좌절됐다. 남한엔 '정성옥'도 없고, 여자축구가 국민 스포츠도 아니지만 북한과의 경기에서 육체적으로나 정신력으로나 전혀 밀리지 않았다. 콧등이 멍들어도, 팔이 빠져도, 쥐가 나도 뛰었다. 경기 뒤 동료의 등에 업혀 나온 선수도 있었다. 북한 선수들과의 몸싸움도 주저하지 않았다.

'태양절' 분위기에 빠진 평양에서, 김일성의 이름을 딴 경기장에서, 북한의 5만 관중 앞에서 '정성옥의 정신력 신화'는 그렇게 태극 낭자들에게 무너져 내렸다. 한편으론 많은 북한 선수에겐 지방의 가족을 불러 올려 평양에서 살고픈 간절한 꿈이 사라진 순간이기도 했다.

탈북 1호 견 '이리'의 한국 정착 이야기　　2017. 3. 23.

6년 전 10월 어느 초저녁. 평안북도의 한 어촌마을에서 나서 자란 누렁이가 온종일 실컷 뛰어놀고 집에 돌아와 보니 분위기가 심상치 않았다.

자기에게 '이리'란 이름을 붙여준 주인집 식구는 물론이고 얼굴을 알고 지내던 이웃집 식구들이 아이를 등에 업은 채 평소와 달리 살금살금 어디로 이동하는 것이 아닌가. 일행은 무려 21명이나 됐다.

"혹시 나를 버리고 어디로 가는 것 아닐까?"

이리가 몰래 따라가 보니 주인 일행은 부두에 정착한 5톤짜리 꽃게잡이 배에 올라타고 있었다. 두근두근 심장들이 뛰는 소리가 이리에게까지 전해졌다.

이리의 동물적 감각이 명령했다.

"지금은 절대 버려지면 안 돼."

이리는 무작정 주인을 따라 배에 올랐다. 시동을 걸기 전 주인이 이리를 발견했지만 잠시 생각하는 듯하더니 아무 말도 없었다. 배는 사흘 동안 쉼 없이 항해했고, 이들이 한국 해경에 발견된 직후 이리는 '탈북 1호 견'이란 칭호를 얻었다.

남쪽에서의 이리의 '팔자'는 탈북해서 온 사람과 크게 다를 바가 없었다.

이리에게 좋은 점을 설명하라고 하면 제일 먼저 '죽음의 공포'에서 해방된 것을 꼽지 않을까 싶다. 이리가 살던 북한에서 개는 집을 지키다가 언제든지 죽음을 맞을 수 있는 '보신탕용' 운명이었다. 살이 올랐다는 이유로 밧줄에 목이 졸린 뒤 둔기로 머리를 맞아 피 흘리며 죽는 친구들을 이리는 수없이 보았다. 물론 남한에서도 개는 태어날 때부터 '식용견'과 '애완견'으로 신분이 갈려 극과 극의 삶을 살고 있다. 하지만 이리가 남한에서 마주친 개는 대부분 애완견이기 때문에 이리가 이런 사정을 알 리 만무하다.

이리의 초기 1년을 지켜본 목격자는 "처음엔 사람을 보면 겁에 질려 꼬리를 사타구니에 집어넣었는데 반년쯤 지나니 낯선 사람이 나타나면 으르렁거리기 시작할 정도로 기가 살아났다"고 말했다.

또 하나 좋은 점은 식사의 질이 완전히 달라진 것이다. 사료란 것을 구경해본 적이 없는 이리는 초기 1년 동안 하나원에서 나오는 잔반을 먹었다. 멀건 죽만 먹으며 허기를 채우는 데 급급했던 북한과 달리 여기선 기름진 식사가 꼬박꼬박 차려졌다. 처음 왔을 때 말라 있던 이리는 어느새 피둥피둥 살이 쪘다.

하지만 나쁜 점도 있다. 이리는 한국에 와서 가슴 아픈 생이별을 해야 했다. 고향에 두고 온 형제와 친구들 이야기가 아니다. 함께 살던 주인과 떨어져야 했던 것이다.

하나원 초기 석 달 동안은 주인이 밥도 가져다주고 자주 나타나 쓰다듬어주기도 했다. 하지만 대도시에 임대주택을 받은 주인은 '아파트에서 개를 기를 수 없다'는 말에 자리잡을 때까지 이리를 하나원에서 키워달라고 부탁했다. 주인을 따라간다고 해도 10평 남짓한 임대아파트에 여러 식구가 함께 살아야 하는 처지라 이리까지 함께 살 형편이 되지 못했다. 이리는 하나원에 남겨져 주인을 그리워하며 지냈다.

더 나쁜 점은 자유를 박탈당한 것이다. 이리는 하나원에서 사람을 물수 있다는 의심을 받아 목에 쇠사슬을 차고 우리 반경 몇 미터를 벗어날 수 없었다. 산이며 바다를 친구들과 천방지축으로 뛰어놀다 밥 먹을때만 집에 가면 됐던 과거의 삶과는 영영 작별했다. 길을 가다 마주친 이성과 첫눈에 반하는 사랑 같은 건 영영 사라졌다.

이리가 처음 살던 하나원 양주 분원에서는 그래도 사람들이 이리가 외로울 것이라고 친구 하나를 데려와 옆에서 머물게 했다. 하지만 강원도 화천에 하나원 제2분원이 완공돼 이사 간 뒤에는 종일 홀로 외롭게 지내야 했다.

그러다 1년 뒤 드디어 주인이 이리를 데려가려고 나타났다. 눈물이 핑 돌 정도로 반가웠다. 하지만 하나원을 나가서도 이리는 주인 가족과 함께 살 수 없었다. 일하고, 학교에 가는 등 모두가 밖에서 열심히 사느라 배변 훈련이 안 된 덩치 큰 개를 작은 집 안에 가둬서 키우는 것은 무리였다. 이리는 다시 다른 곳에 맡겨졌다.

이리가 동네에서 마주친 남쪽 개들과 잘 소통하는지는 알 수 없다. 탈북민은 말투가 이상하다고 남쪽 사람들이 이상한 눈으로 쳐다보지만, 개들끼리 '너 짖는 투가 이상하네'라며 차별할지는 알 수 없다. 분명한 것은 북에선 다 비슷비슷하게 생긴 친구들과 사귀면 됐는데, 남쪽에 오니 크기와 생김새가 천차만별인 친구가 너무 많다는 점이다.

2017

이리는 진돗개처럼 고귀한 혈통을 타고난 것도 아닌, 그냥 평범한 잡종견일 뿐이다. 하지만 이리는 탈북 도중 조마조마한 주인의 마음을 헤아린 듯 한 번도 짖은 적이 없었던 영리한 개다.

이리의 주인은 지인에게 "탈북하면서 개까지 데려온다는 것은 생각도 못 했지만, 배에까지 따라온 산 생명을 매정히 버릴 수 없어 데리고 왔다"고 말했다 한다. 목숨 건 사선도 함께 넘어왔지만 안타깝게도 남쪽엔 이리와 주인을 위한 마당은 없었다.

남과 북, 좌와 우의 경계에서

북한군 설계연구소장이 처형된 사연

김정은은 농구광으로 알려졌지만 11세 때엔 승마에 푹 빠졌던 적이 있다. 평양 미림승마구락부에 가면 김정은이 1990년부터 2013년까지 총 386차례나 승마를 했고, 특히 1995년 한 해 동안 149차례나 찾아와 집중적인 승마 훈련을 했다고 해설사가 설명한다. 금수산태양궁전 건너편에 위치한 미림승마구락부 자리엔 원래 제534군부대 직속 기마중대 훈련장이 있었다. 말이 기마부대이지 사실 김씨 일가 전용 승마장이다. 김정일도 이곳을 자주 찾았다.

북한에서는 황태자였지만 1990년대 말 스위스에 간 김정은이 현지에서 말과 전용 승마장을 구할 여력은 없었던 것 같다. 김정은은 말 대신 농구에 빠졌다. 당시 동창들에 따르면 김정은은 여학생들에게 말도 못 걸 정도로 수줍음을 많이 탔다. 그러나 농구공만 잡으면 승부욕에 불타 '폭발적 플레이메이커'란 평가를 들었다. 미국프로농구에 푹 빠져 있던 김정은의 방에는 어떻게 찍었는지는 몰라도 그가 LA 레이커스의 코비 브라이언트, 시카고 불스의 토니 쿠코치 등 당대의 유명 농구 선수들과 찍은 사진도 있었다고 했다.

나중에 북한 '최고 존엄'이 된 김정은은 2012년 평양에 물놀이장과 롤러스케이트장을 만들고 마식령에 스키장을 짓는 등 놀이시설 건설에 집착했다. 김정일의 요리사를 지낸 후지모토 겐지는 2008년 8월 김정은이 "우리는 여름이면 제트스키도 타고 승마도 하는데 일반 사람들은 뭘 하면서 놀까" 하고 말했다고 회상했다. 아마 김정은에겐 놀이시설 건설이 인민을 위한 나름의 배려였던 것 같다.

승마의 즐거움도 전하고 싶었던지 김정은은 2012년 11월 미림승마장을 찾았다가 "이곳에 인민을 위한 승마장을 지으라"고 지시했다. 어떤 모양으로 어떻게 지으라고 그림까지 그려가며 자세한 지시를 마원춘 국방위원회 설계국장에게 내렸다. 마원춘은 다시 구체적 설계 지시를 북한군 설계연구소에 맡겼다. 설계소장이 기초 도안을 살펴보니 건물 정면 뾰족한 지붕 모양이 마음에 들지 않았다. 미림승마장은 대동강 바로 옆에 있는데, 겨울엔 강을 따라 강풍이 불어 내려온다.

설계소장이 마원춘에게 말했다.

"강풍이 센 이곳에 이 설계대로 지으면 자칫 지붕이 날아갑니다. 지붕 방향을 강과 반대로 돌려 앉히면 될 것 같은데 이런 의견을 좀 보고해주십시오."

마원춘이 듣고 보니 합리적 의견인지라 "알았어. 내가 보고하지"라고 답변했다. 설계소장은 자기의 뜻이 받아들여진 것으로 믿고 지붕을 반대로 돌려 앉힌 대로 건설을 시작했다. 건설이 한창이던 2013년 5월 김정은이 승마장 건설장을 찾아 둘러보다 갑자기 얼굴이 사색이 됐다.

"뭐야, 지붕이 왜 저 방향이야."

갑자기 당황한 마원춘은 자기가 직접 설명하는 대신 설계소장을 불

남과 북, 좌와 우의 경계에서

렀다.

"여긴 강바람이 너무 셉니다. 바람에 지붕이 날아갈까 봐 뒤로 돌려 앉혀서……."

설계소장의 설명이 끝나기도 전에 갑자기 김정은이 버럭 고함을 질렀다.

"이놈들이 누구 맘대로 설계를 뜯어고쳐. 이런 놈 필요 없어."

그리고는 바로 자리를 박차고 일어나 차를 타고 떠났다. 설계소장은 현장에서 호위사령부에 체포된 뒤 다음 날 처형됐다. 죄명은 '1호 행사 방해죄'였다. 마원춘의 비겁함에 애먼 설계소장이 처형되고 가족도 풍비박산 난 것이다. 당시 김정은이 승마구락부 건설장에서 화를 냈다는 것을 북한 매체가 이례적으로 보도하기도 했다. 마원춘 역시 이듬해 숙청됐다가 다행히 복권되긴 했지만 이후 승마장 사건과는 무관한 일로 처벌을 받았다.

김정은은 그해 10월 미림승마구락부가 완공될 때까지 무려 10여 차례 현장을 방문했다고 한다. 자기 뜻대로 건설되고 있지는 않은지 불안했던 것 같다. 김정은은 왜 승마구락부 지붕에 집착했을까. 비밀은 승마구락부 완공 직후 김정은이 했다는 말에서 풀렸다.

"저 지붕은 내가 위대한 수령님들께 드리는 충성의 경례를 형상화한 것이오."

지붕의 모양이 강 건너편 금수산태양궁전에 미라로 누워 있는 김일성, 김정일에게 보고하는 모양새라는 뜻이다. 그러면 그렇다고 미리 말하면 될 것을, 김정은의 속심을 알 길이 없던 설계소장만 억울하게 죽었다.

이후에도 건물 설계 때문에 여러 명이 목숨을 잃었다. 2015년 2월 양각도 과학기술전당의 지붕 모양을 바꾸란 지시에 토를 달았다는 이유로 국가계획위원회 부위원장이 공개 처형된 것이 대표적이다.

역사에는 궁예가 독심술(讀心術)로 남의 생각을 꿰뚫어 본다며 죄 없는 신하들을 마구 죽였다고 기록돼 있다. 먼 훗날 후손들은 '21세기의 김정은은 궁예와는 반대로 자기 마음을 읽는 독심술이 없다고 사람을 마구 죽인 캐릭터 이상한 폭군'으로 배울지 모르겠다.

남과 북, 좌와 우의 경계에서

김정은은
김옥의 아들일까

'김정남이냐, 김정은이냐.'

김정일의 처지에서 생각해보면 정은을 선택한 것이 합리적인 듯 보인다. 정남은 장자이고 김일성도 인정한 손자이나 약점이 너무 많기 때문이다. 열 살 때 스위스로 유학을 보냈더니 자유분방한 청년이 돼 돌아왔다. 20대엔 여자를 뒤에 태우고 오토바이로 평양시내를 질주했다. 그것까진 부전자전이라 친다 해도 북한에 시장경제를 도입해야 한다는 주장은 북한에선 용납되기 힘든 생각이다. 정남이 집권하면 기득권층인 간부들이 단합해 제거할지도 모른다. 그런데 이걸 이겨낼 권력 의지가 정남에겐 없어 보였다.

유약한 성격 때문에 애초에 지도자감이 아닌 차남 정철은 제쳐놓고, 3남 정은은 어떤가. 나이가 어린 게 최대 약점이지만 권력 의지가 강하다. 그러면 제거되기 전에 먼저 남을 제거할 수 있고, 사회주의니 자본주의니 상관없이 제도도 필요한 대로 고쳐서 활용할 수 있다.

정남은 혈통을 따져도 치명적 약점이 있다. 그가 김정일이 딸까지 있는 유부녀를 가로채 낳은 자식이란 소문이 퍼지면 김정일은 죽어서까지 파렴치한 불륜범으로 매도될 것이 분명하다. 문제는 성혜림은 유명 배우였던지라 이 비밀을 알고 있는 사람이 북한에 너무 많다. 김정일은 그에 비하면 정은의 혈통이 훨씬 낫다고 판단했을 법하다.

사람들은 김정은이 집권 5년이 넘도록 가계 우상화를 못 하는 이유를 두고 어머니가 재일교포 출신이었기 때문이라고 생각한다. 그러나 북한에서 살아본 나는 그 분석에 동의하기 어렵다. 재일교포 출신이 간부 임용 등에서 불이익을 받긴 하지만 무조건 숨겨야 할 치명적인 약점은 아니다. 재일교포가 그렇게 천대를 받는다면 고용희가 누구나 선망하는 만수대예술단 메인 무용수가 될 수 있었을까. 일본 출생이란 점은 북한 주민들이 받아들일 수 있는 범주에 속한다고 본다. 노동당 선전부가 2000년대 초반과 2012년 초반 두 차례나 고용희를 우상화하려 했던 것도 그들 딴엔 큰 문제가 아니라고 여겼기 때문일 것이다. 하지만 우상화는 그때마다 중단됐다. 왜일까. 그동안 난 그것이 이해되지 않았다.

그러다가 이번 김정남 살해를 보면서 갑자기 '정은은 고용희의 아들이 맞을까'라는 의문이 생겼다. 2010년 6월 정남은 국내 모 언론 기자와 마카오에서 만났다. 이 기자의 첫번째 질문이 "아우님(정은)이 김옥 여사의 아드님이라는 말씀을 하고 다니신다는 얘기를 마카오에서 들었습니다"였다.

기자가 그렇게 물은 데에는 이유가 있다. 두 달 동안 정남을 추적한이 기자는 그의 마카오 지인들로부터 "정은은 김옥의 아들로 1984년생"이라고 말하고 다닌다는 정보를 입수했다. 정남은 또 "정은을 고용희가 데려다 키웠는데 이를 아는 사람은 장성택 김경희 등 몇 명뿐"이라고 말했다고 한다. 당시엔 정은의 생일이 1982년으로 알려졌을 때였는데 정남은 정확한 나이를 알고 있었다.

정남이 생전에 이런 말을 공개적으로 한 일은 없다. 그러나 김옥이 정은의 생모라고 가정하면 갑자기 많은 것이 이해된다.

첫째, 정은 출생의 비밀을 알고 있던 사람은 다 죽었다. 장성택과 정남은 죽었고 김경희는 매장된 상황인 만큼 곧 김정은 가계 우상화가 시작될지도 모르겠다.

둘째, 김정일도 정은도 왜 고용희 우상화를 꺼렸는지 이해가 될 수 있다. 비밀을 아는 사람들이 주변에 있는데 가짜 생모를 만들긴 멋쩍었을 것 같다.

셋째, 김정일이 한 여자를 오래 옆에 두는 성격이 아닌데도 왜 김옥만이 그가 사망할 때까지 30년 넘게 그의 곁에 있었는지 이해된다. 고용희조차 30년을 같이 살지 못했다.

넷째, 정은이 제일 먼저 없앨 거라 생각했던 모친의 연적 김옥이 2012년 2월 최고 훈장인 김일성훈장을 받고 그해 7월까지 공식 석상에 나타난 연유도 알 것 같다. 김옥은 정은을 후계자로 준비하는 기간 내내 김정일 옆을 지켰다.

다섯째, 정철과 정은이 성격과 체형이 왜 그리 다른지도 이해될 것 같다. 정철은 감수성도 예민하고 잔인할 것 같지 않을뿐더러 아무리 먹어도 살찔 체질 같진 않다.

끝으로 정남이 왜 굳이 죽었어야 했는지도 알 것 같다. 다른 건 몰라도 이 출생의 비밀은 메가톤급 폭탄이다. 그의 입에서 황당한 족보 이야기가 나오면 북한에 소문 퍼지는 것은 시간문제이고 정은은 얼굴 들고 다니기 어려울 것이다. 정은은 돈 떨어진 정남이 망명할 수 있다는 정보를 들은 것은 아닐까.

　가설의 정답을 알고 있는 정남은 죽었다. 그러나 어쩐지 비망록을 남겼을 것 같다. 그의 아들 김한솔도 이런 비밀을 전해 들었을지 모른다. 한솔이 말하면 사람들은 믿을 것이다. 그래서 한솔의 목숨은 더욱 위태로워졌다. 비망록이 공개되든가, 또는 한솔이 망명하는 날이 올지도 모른다.

남과 북, 좌와 우의 경계에서

예외 없이 토사구팽 당한 북한의 '저승사자'들

'올 것이 왔구나. 나만은 예외일 거라고 간절히 믿고 싶었건만.'

평양의 비밀 장소에서 취조를 받은 김원홍 북한 국가보위상은 지금 이런 심정이 아닐까. 사실 그의 숙청은 오래전부터 예고된 일이다. 나도 2년 전에 이 칼럼에서 "보위부 수장이 바뀌는 것은 시간문제"라고 전망했다.

김원홍은 기적을 기다릴 것이다.

'아직은 해임일 뿐. 내가 김정은을 위해 묻힌 피가 얼마인데 이렇게 죽일 리가 없다.'

노동당 조직지도부는 김원홍을 처형해 그가 갖고 있을 자신들의 약점을 영원히 묻고 싶을 것이다. 살려두면 언젠가는 복수할지 모른다.

김정은에겐 김원홍의 숙청은 매우 골치 아픈 일일 것이다. 지금까지 말 한마디로 죽인 수많은 간부와는 달리 김원홍만큼 김정은 체제에 기여했던 인물도 없다. 그를 죽이면 김정은을 위해 다시 칼을 들겠다는 인물이 나오지 않을지 모른다. 당장 후임 보위상 임명부터 골치가 아프다. 심지어 '죽을 자리에 임명됐으니 내가 먼저 김정은을 제거해야겠다'고

역심을 품을지도 모른다.

그도 그럴 것이 지금까지 보위기관의 수장은 김씨 가문의 저승사자 역할을 충실히 수행했지만 예외 없이 비극적 운명을 맞았다. 또 수장이 숙청될 때 다수의 부하도 순장조(殉葬組)처럼 함께 처형됐고 가족들은 정치범 수용소에 끌려갔다.

1973년 국가정치보위부 출범 이후 초대 보위부장이었던 김병하는 토사구팽의 상징 같은 인물이다. 그는 1970년대 김정일의 후계 구도에 방해되는 인물들을 무자비하게 숙청해 악명이 높았다. 그러나 북한의 모든 권력을 움켜쥔 뒤 김정일은 김병하의 무소불위 권력이 두려워졌다. 김병하는 당의 조사를 받던 중 1980년 자살했다고 알려졌다. 그의 심복들도 대거 처형되면서 기세등등하던 보위부는 쑥대밭이 됐다. 김정일은 "김병하는 애매한 군중을 마구 처형하고 잡아가 당과 대중을 이탈시킨 반당 반혁명 종파"라고 규정했다. 하지만 이후에도 보위부에 잡혀간 사람이 석방된 일은 없다.

2대 보위부장인 이진수는 1987년 황해도 시찰 중 자다가 '밤나무 가스' 중독으로 의문사했다. 이후 김정일은 한동안 보위부장 자리를 공석으로 비우고 1부부장에게 조직을 통솔하게 했다. 3대 보위부 수장인 김영룡은 김정일의 대학 동창이었지만, 그도 1998년 '반당 반혁명 종파분자'로 낙인찍혀 음독자살했다. 이후 10년간 보위부는 사회안전성과 군 보위사령부의 기세에 눌려 존재감을 잃었다.

그랬던 보위부는 2000년대 말 류경 부부장이 김정일의 눈에 들면서 서서히 존재감을 회복했다. 남북회담을 통해 우리에게도 알려졌던 류경은 해외 반탐(방첩) 분야를 담당하면서 '2중 공화국영웅' 칭호를 받았던 머리가 비상한 인물이었다. 김정일은 보위부 간부 중에서 류경만을 수시로 독대하며 신임했다. 이러는 바람에 류경은 김창섭 정치국장 등 보위부 간부들과 장성택의 행정부, 이제강의 조직지도부에서 동시에 미움을 샀다.

김정일은 죽음이 닥쳐온다는 것을 예감하자 아들에게 권력뿐 아니라 돈도 물려주고 싶었다.

"무조건 100억 달러를 유치해 오라."

김정일은 이런 특명을 주어 2010년 12월 류경을 남쪽에 비밀 특사로 파견했다. 비슷한 시기 가신이나 마찬가지인 이수용(가명 이철) 합영투자위원회 위원장을 중국에 보냈다. 이수용은 무산광산 철광으로 갚을 테니 100억 달러의 차관을 달라고 요청했지만 거절당했다. 중국 측에서 "무산의 생산 인프라를 고려할 때 갚으려면 100년이 걸리겠다"는 야유까지 받았다고 한다.

류경이 가져왔던 제안은 지금까지 비밀이지만 정상회담과 경제 협력을 미끼로 대규모 차관을 얻으려 했을 것으로 추정된다. 이명박 전 대통령은 회고록 『대통령의 시간』에서 "2010년 류경이 서울에 와서 남북 정상회담을 합의했지만, 북한의 요구가 지나쳐 무산됐다"고 밝혔다.

류경은 평양에 돌아가자마자 반탐 계열의 심복 10여 명과 함께 처형됐다. 내막을 깊이 알고 있는 북한 전직 고위 간부는 "서울에서 고급 여성 코트 등을 선물로 받았는데 이를 보고하지 않았던 것도 문제가 됐다"고 회상했다. 류경이 빠뜨린 선물 목록은 함께 서울에 동행했던 여성 수행원이 보고하면서 드러났다. 고위급 간부들에게 전달된 류경의 처형 사유는 "파벌을 형성하고 망탕짓을 했다"는 것이다. 해외 반탐 수장으로 한국뿐 아니라 해외에 나가 부화방탕하게 놀았다는 것. 그러나 이것 역시 표면적 이유일 가능성이 크다. 어쩌면 김정일은 어린 김정은에게 물려주기엔 류경이 지나치게 야심만만해 위험하다고 판단했을 수 있다.

김원홍은 이런 보위부 비극의 역사를 누구보다 잘 알고 있었을 것이다. 그럼에도 김정은은 김정일과는 다를지 모를 것이라는 한 가닥 기대를 걸어보진 않았을까. 하지만 세습 독재 체제의 속성은 3대가 아니라 10대가 가도 변하지 않는다.

'세력이 커진 자는 반드시 죽는다.'

'바보' 탈북자, 유상준

탈북민 유상준의 첫인상은 어수룩해 보인다. 말주변도 없다. 느릿느릿 말하다 "저처럼 북에서 농사나 짓던 놈이 뭘 알겠습니까"라며 자주 수줍은 표정을 짓는다. 알고 보면 그는 아주 빨랐던 사람이다. 남한으로 오는 게 아주 어려웠던 2000년 12월 남한으로 왔다. 한국 입국 탈북민 3만여 명 중 선착순 1000명 안에 들어간다.

남한에서 상상했던 그의 꿈은 2001년 7월 부서졌다. 아버지를 찾아 탈북했던 하나밖에 없는 12세 아들 철민이가 몽골 국경을 넘다 굶주림과 탈진으로 숨졌다. 차인표가 열연한 탈북 영화 〈크로싱〉의 실제 인물이 유상준이다.

아들을 잃고 1년 넘게 우울증, 자살 충동과 싸우던 그는 2003년 훌쩍 중국으로 건너갔다.

"중국엔 한국으로 오는 길을 모르는 탈북민이 너무 많았고, 한국엔 혈육을 데려오지 못한 탈북민이 너무 많았습니다. 먼저 온 내가 이들을 데려와야겠다 생각했죠."

2004년 그가 첫번째로 구출한 사람은 철민이 또래인 14세 탈북 소녀였다. 그 소녀는 지금 성균관대학교를 졸업한 27세 여성으로 성장했다.

이듬해엔 직접 새 탈북 루트를 개척했다. 당시만 해도 탈북 브로커들은 한국으로 보내주는 대가로 수백만 원씩 받았다. 유상준은 한 푼도 받지 않았다. 한국에서 7만~8만 원씩 일당을 받으며 몇 달 일해 돈을 벌어선 중국으로 건너가 탈북민을 구출했다. 돈이 떨어지면 다시 한국에 와서 막노동을 했다. 구출한 사람 중 몇 명이 고맙다고 자발적으로 돈 봉투를 건넬 때도 있었지만 100만 원을 주면 50만 원은 다시 돌려줬다. 그 이상은 받아본 일이 없다.

유상준의 도움을 받아 한국까지 온 탈북민은 500명이 넘는다. 이 중 90여 명은 그가 직접 인솔해 몽골 국경을 넘었다. 그러던 중 2007년 7월 중국 공안에 체포돼 5개월 동안 수감 생활도 했다. 내몽골 감옥에서 여름옷을 입고 영하 40도를 견디느라 이가 다 빠질 정도로 골병이 들었다.

한국에 돌아온 뒤 그는 1년 넘게 병치레를 하면서도 세탁소 운영과 아파트 경비 일로 돈을 모았다. 그 돈을 들고 2009년 중국에 건너갔다. 다시 탈북민을 돕기 시작한 것이다.

한국에서 대북전단 풍선이 뉴스에 나오는 것을 보고 그는 '중국에서 대북전단을 날리면 북한 깊숙이 갈 수 있겠다'는 생각을 떠올렸다. 유상준은 중국에서 풍선 가스 구매처를 찾아다녔고, 인쇄물을 찍었다. 그러다 2011년 5월 중국 국가안전국에 잡혔다. 그를 신고한 것은 다름 아닌 탈북 여성이었다.

"눈을 가리고 팬티만 입은 채 24시간 동안 내내 맞았습니다. 2명씩 교대로 들어와 때렸는데 너무 맞아서 지금도 기억력이 성치 못합니다."

그는 다행히 북송되지 않고 한국으로 추방됐다. 몇 년 뒤 자신을 신고했던 여성이 서울에서 탈북 여성을 대상으로 하는 상담사로 일하는 것을 우연히 보고도 "피치 못할 사정이 있었을 것"이라며 앙가품을 하지 않았다.

다시 중국에 갈 수 없게 된 유상준은 한국에 와서도 대북전단을 날려 보내는 일을 하고 싶었다. 그렇게라도 해야 원통하게 숨진 아들의 한을 풀 수 있을 것 같아서였다. 대북전단을 보내는 곳을 몇 개월 따라다녔지만, 핵심 '영업비밀'은 가르쳐주지 않았다고 한다. 탈북 루트를 혼자 개척했던 10년 전처럼 그는 이번에도 혼자 시작했다.

새벽에 일어나 출근 전 풍선 타이머를 연구했고, 퇴근해서도 연구에 매달렸다. 동네 재활용장에 사정을 해서 선풍기 타이머들을 모두 뜯어오기도 했다. 0.01mm 니크롬선(발열체의 일종)을 꿰느라 목 디스크가 걸렸다. 잠을 못 자며 4개월 꼬박 고생해 수천 미터 상공 영하의 온도에서도 작동하는 타이머를 만들어냈다.

유상준은 요즘 지하철 전동차 청소 회사에서 계약직으로 일한다. 월급은 150만 원 남짓. 주거비와 교통비, 통신비, 쌀값 등을 다 합쳐 자기를 위해 쓰는 돈은 30만 원도 안 된다. 그는 임대 및 관리비가 13만 원인 임대주택에 홀로 살면서 돈이 아까워 난방도 틀지 않는다. 그러면서도 오랫동안 탈북 고아 2명을 후원했고, 지금도 탈북자 구출 후원금을 보낸다. 아들 둘을 군에서 잃고 홀로 사는 옆집 할머니를 위해선 TV와 전화기를 사 주고, 눈 수술비까지 보탰다.

몇 달 월급이 모이면 남의 차를 빌려 대북전단을 조용히 북에 날린다. 그러곤 또 돈을 모은다. 필요한 사람에겐 자기가 연구한 노하우를 전부 가르쳐준다.

2017

유상준의 한국 생활 16년은 이렇게 흘렀다. 그의 인생사를 듣다 보면 나도 모르게 울컥해진다. 그는 자랑할 줄 모른다. 위에 쓴 유상준의 일대기는 그의 지인들에게 듣고 본인에게 확인한 것이다. 하나를 하고 열을 했다고 자랑하기 급급한 이 세상에서, 이런 '바보'가 탈북자 중에 소문 없이 숨어 있다는 것이 그렇게 감사할 수가 없다.

남과 북, 좌와 우의 경계에서

김정은의 반성문 정치와
신년사의 자아비판

2013년 초 조선인민군출판사 편집부장이 체포됐다. 불평불만을 내세우며 태업하는 등 출판사를 잘 이끌지 못했다는 죄였다. 군인들을 불평하지 못하도록 세뇌해야 하는 사람이 오히려 남보다 더 많이 불평했으니 문제가 크다고 본 것 같다.

그런데 뜻밖에 편집부장은 '죄를 용서해주라'는 김정은의 지시를 받고 석방됐다. 4월부터 북한 전역에서 이 일을 김정은의 위대한 은덕이라고 선전하는 강연회가 열렸다. 강연회에서 전달된 내용은 이렇다.

"원수님(김정은)께서는 그를 처벌해야 한다는 의견서를 읽으시고 '그가 지금 한순간 잘못했어도 과거 당을 위해 공을 세운 것이 없겠나. 그의 경력 자료를 다 가져오라'고 했다. 그가 병사 생활을 잘했다는 자료를 보시곤 '반성문도 진심으로 솔직히 쓴 것 같으니 99퍼센트 잘못했어도 과거 1퍼센트라도 잘한 것 있으면 용서해주자'고 하셨다."

자칫 정치범으로 낙인찍혀 가족과 함께 사라질 운명에 처했던 편집부장은 그렇게 김정은의 인간미를 전하는 표본이 돼 살아남게 됐다.

문제는 그때부터 시작됐다. 북한에서 사람들에게 시도 때도 없이 반성문을 쓰라는 바람이 불기 시작한 것이다. 그전까지 북한에서도 반성문은 명백히 잘못한 사실이 드러났을 때만 썼다. 그러나 편집부장 사건이 있은 뒤부터는 노인들까지 1년에 최소 한 차례 이상 반성문을 쓰게 했다. 간부나 해외 파견자들은 훨씬 자주 써야 했다. '북한 통치의 10계명'이나 다름없는 '당의 유일적 영도체계 확립의 10대 원칙' 60개 조항별로 위반 사실을 따져서 최소 10장 이상 써야 했고, 다 쓰기 전엔 집에도 보내지 않는다. 이런 위협적인 말도 꼭 따른다.

"솔직히 고백을 하면 과거 잘못은 다 용서가 되지만 반성문에 쓰지 않은 잘못이 드러나면 절대 용서받을 수 없다. 내가 당신을 봐주려면 솔직히 써야 한다."

북한은 급격히 불신 사회로 빠져들었다. 친한 몇 명이 모여서 한 일이나 발언이 누구의 반성문에 올라갈지 모르는 일이 됐기 때문이다.

반성문 바람이 불기 5개월 전인 2012년 12월 김정은은 "어디서 바늘 떨어지는 소리도 모두 파악하라"는 지시를 내렸다. 반성문 쓰기는 동향 파악은 물론이고 불평불만을 막고 공포 분위기를 만드는 데도 매우 효과적이었다.

이런 시스템은 김정일의 통치 방식을 훨씬 능가하는 것이었다. 김정일은 후계자로 내정된 1970년대에 '전국 일일 직보체계'와 '생활총화제도'를 만들어 북한을 틀어쥐었다. 일일 직보체계는 당 조직과 국가보위성, 인민보안성이 해당 지역에서 벌어지는 사건을 각자의 라인을 통해 매일 중앙당 조직지도부에 보고하는 시스템이다. 이런 시스템에선 어떤 사건을 숨길 수가 없다. 가령 당에서 일부러 누락시킨 보고가 보위성을 통해 전달되면 처벌을 피할 수 없기 때문이다. 이런 방식으로 김정일은 전국을 파악해 장악했고 지금도 이런 시스템은 그대로 유지된다. 김정은은 여기에 더해 반성문으로 개인별 약점까지 틀어쥐려 하는 것이다.

반성문은 생활총화의 '약점'도 보완했다. 생활총화는 대중 앞에서 자아비판과 상호 비판을 하는 것인데 함부로 말해 상대에게 해를 입히면 소속 집단에서 따돌림을 당한다. 그래서 남의 결함을 비판할 때 매우 신중할 수밖에 없다. 반면 반성문은 몰래 고자질하는 것이기 때문에 양심적 죄책감조차 무디게 만든다. 세계에서 가장 정보화에 뒤처진 북한이 김정은 시대에 와서 역설적으로 최악의 '빅브라더' 시스템을 구축한 것이다.

지난해 12월 일본 도쿄신문은 북한 내부 관계자를 인용해 흥미로운 기사 하나를 보도했다. 지난해 9월 김정은이 만취한 상태로 군 원로를 모아놓고 "너희가 군사위성 하나 못 만든 것은 반역죄와 같다"고 고함을 치며 밤새 반성문을 쓰게 했다는 것이다. 그런데 다음 날 아침 일어난 김정은은 반성문을 들고 서 있는 군 원로들을 보고는 "왜 모여 있는가. 다들 나이도 많고 하니 더 건강에 신경을 써라" 하고 말했다. 숙청의 공포에 시달리며 밤새 반성문을 썼던 군 원로들은 긴장감이 풀어져 소리 내 눈물을 흘렸다는 내용이다.

일본발 북한 기사들은 사실 신빙성을 신중히 따져봐야 하지만 김정은의 '반성문 사랑'을 감안할 때 이 보도는 사실일 가능성이 높아 보인다. 김정은이 올 신년사에서 자아 반성을 하면서 머리를 숙이는 장면을 보며 북한 간부들과 주민은 섬뜩했을 것 같다.

앞으론 '장군님도 저렇게 겸허히 반성하는데, 너희들은 사소한 잘못도 숨길 생각 마라'며 협박당할 일만 남았다. 누구를 숙청할 때 '당 앞에

맹세하고 쓴 반성문조차 거짓으로 썼다'며 더 가혹하게 처벌해도 할 말이 없게 됐다.

인민 앞에 매일같이 반성해도 부족한 김정은이 거꾸로 인민에게서 반성문을 받아내는 이 기괴한 장면을 보면 기가 막힐 뿐이다.

남과 북, 좌와 우의 경계에서

남과 북, 좌와 우의 경계에서
서울에서 띄우는 평양 소식

초판 1쇄 인쇄 2023년 11월 27일
초판 1쇄 발행 2023년 12월 7일

지은이 주성하

편집 엄기수 정소리 | 디자인 신선아 이혜진 | 마케팅 배희주 김선진
브랜딩 함유지 함근아 김희숙 고보미 박민재 박다솔 조다현 정승민 배진성
저작권 박지영 형소진 최은진 서연주 오서영
제작 강신은 김동욱 이순호 | 제작처 천광인쇄소

펴낸곳 ㈜교유당 | 펴낸이 신정민
출판등록 2019년 5월 24일 제406-2019-000052호

주소 10881 경기도 파주시 회동길 210
전화 031.955.8891(마케팅) | 031.955.2692(편집) | 031.955.8855(팩스)
전자우편 gyoyudang@munhak.com

인스타그램 @thinkgoods | 트위터 @think_paper | 페이스북 @thinkgoods

ISBN 979-11-92968-70-4 03340